参考文献

[1] 中华人民共和国财政部. 企业会计准则［M］. 上海：立信会计出版社，2023.

[2] 中华人民共和国财政部. 企业会计准则——应用指南［M］. 上海：立信会计出版社，2022.

[3] 中国注册会计师协会. 会计［M］. 北京：中国财政经济出版社，2023.

[4] 企业会计准则编审委员会编. 企业会计准则案例讲解（2023年版）［M］. 上海：立信会计出版社，2023.

[5] 戴德明，林钢，赵西卜. 财务会计学［M］. 13版. 北京：中国人民大学出版社，2021.

[6] 刘永泽，陈立军. 中级财务会计［M］. 7版. 大连：东北财经大学出版社，2021.

[7] 财政部会计资格评价中心. 初级会计实务［M］. 北京：经济科学出版社，2023.

[8] 财政部会计资格评价中心. 中级会计实务［M］. 北京：经济科学出版社，2023.

[9] 缪艳娟.中级财务会计［M］. 3版. 大连：东北财经大学出版社，2023.

[10] 郑红梅. 企业财务会计［M］. 3版. 大连：东北财经大学出版社，2022.

[11] 朱学义，高玉梅，吕延荣. 中级财务会计［M］. 6版. 北京：机械工业出版社，2021.

"十二五"职业教育国家规划教材
经全国职业教育教材审定委员会审定

21世纪高职高专精品教材·财政金融类

中国税制

Zhongguo Shuizhi

（第二版）

安仲文 主编

东北财经大学出版社
Dongbei University of Finance & Economics Press
大连

图书在版编目（CIP）数据

中国税制 / 安仲文主编. —2版. —大连：东北财经大学出版社，2017.4
（21世纪高职高专精品教材·财政金融类）
ISBN 978-7-5654-2582-0

Ⅰ.中…　Ⅱ.安…　Ⅲ.税收制度-中国-高等职业教育-教材　Ⅳ.F812.422

中国版本图书馆CIP数据核字（2016）第289493号

东北财经大学出版社出版
(大连市黑石礁尖山街217号　邮政编码　116025)
网　址：http://www.dufep.cn
读者信箱：dufep@dufe.edu.cn

大连图腾彩色印刷有限公司印刷　东北财经大学出版社发行

幅面尺寸：185mm×260mm　字数：424千字　印张：18.25

2017年4月第2版　2017年4月第2次印刷

责任编辑：李丽娟　责任校对：惠恩乐
封面设计：张智波　版式设计：钟福建

定价：34.00元

教学支持　售后服务　联系电话：（0411）84710309
版权所有　侵权必究　举报电话：（0411）84710523
如有印装质量问题，请联系营销部：（0411）84710711

第二版前言

税收是国家财政收入最主要的来源，也是一国政府用以加强宏观调控的重要经济杠杆，对于一国的经济、社会发展具有十分重要的影响，与每个企业、每个公民的利益密切相关。

税收制度是国家以法律或法令形式确定的各种课税办法的总和，反映国家与纳税人之间的经济关系，是国家财政制度的主要内容。

我国的税收制度正处在一个新的变革与发展时期。进入21世纪以来，我国继续实行新一轮税制改革。按照“简税制、宽税基、低税率、严征管”的原则，积极稳妥地分步对现行税制进行有增有减的结构性改革。财税体制改革是建立国家治理体系，实现国家治理能力现代化的基础和核心。“十三五”时期既是中国经济由“旧常态”步入“新常态”的初始阶段，也是中国能否成功跨越“中等收入陷阱”，到2020年实现居民收入翻番，实现小康社会并最终迈向经济更高发展阶段的关键时期，新一轮税制改革主要着眼于全面推进税收制度现代化建设。

《中国税制》一书从税收基础理论和基本知识入手，着重介绍中国现行税制体系中各税种的法律规范，帮助读者全面了解税制的基本理论和基本知识，掌握现行税种的主要政策法规、税额计算、申报缴纳等方面的技能与技巧，为从事涉税工作和纳税筹划奠定基础。

本书在内容上强调理论性和实务性兼备，但以实务性为主。紧扣我国税制改革最新成果，以国家公布的最新税收法律、法规为指南，针对现行教材“教学内容陈旧、理论与实际脱节，针对性、实用性不强，不能满足职业教育需要”的实际情况进行重构和修订。全书共16章，呈现四大特点：

1.实用性。紧扣职业教育的特点，按照“必需、够用”的原则，更加注重税收制度实务操作和实训的需要。

2.案例性。围绕学习目标，结合税种的具体情况，每个税种都配有必要的计税案例，供学生理解和掌握相应税收政策和法规，熟悉纳税征收管理。

3.精练性。尽可能以通俗和精练的语言解析现行税收制度的各项内容，简明扼要。

4.新颖性。我国税制一直处于发展与改革的进程中，力求以最新的税收法律、法规和规章为依据。本次再版是在入选“十二五”职业教育国家规划教材后，在我国全面实施“营改增”和全面推进资源税改革之背景下重新编写的，法律、法规截至2016年12月。

本书之特点决定其适用范围较为广泛，既可作为高职高专（包括中等职业教育）财政、金融、经管类专业教材，又可作为相应的成人教育、在职干部培训教材和广大财税人员、企业财务人员业务学习用书。

本书由安仲文主编，并负责总纂和定稿。具体修订分工为：第一、二、三、四、六、七、八、九、十、十一、十三、十五、十六章由广西建设职业技术学院安仲文教授修订；第五章由广西财经学院李静敏教授修订；第十二章由云南省财经学校刘宁飞高级讲师修订；第十四章由辽东学院张春光副教授修订。

本书在编写过程中参阅了众多同类教材，借鉴和吸收了广大同仁的研究成果。在此，谨对相关作者致以诚挚的谢意。由于编者水平有限，如有疏漏之处，敬请专家和读者批评指正。

编 者

2017年3月

目 录

第一章　税收制度概述

学习目标

通过本章的学习，要求学生了解税收制度的概念；熟悉税收的分类和税制结构模式；掌握税制的构成要素；了解我国税收制度的发展与改革历程；熟悉现行税种以及国税、地税的征管范围。

西方国家有句名言：人生有两件事是不可避免的，一是纳税，二是死亡。

或许你不信，怎么会不可避免呢？死亡不可避免不用说了，纳税也是如此吗？好多人好像都没纳过税啊！

看看纳税是如何不可避免的。如果投资工商业或服务业，如办工厂、开商店、搞修理、跑运输……显然逃不了增值税、消费税等，也避免不了企业所得税、个人所得税。如不经商，做一名普通的员工，是否就不纳税呢？当月应发工资扣除五险一金后超过了3 500元，就要缴纳个人所得税；假如购买彩票中了奖，也要缴纳个人所得税；买房，要缴纳契税；买车，要缴纳车辆购置税，使用车船要缴纳车船税……

什么是税收？为什么要纳税？目前我国开征的税种有哪些？如何计算？如何申报与缴纳？所有这些问题都是税制所包含的内容。本章将揭开中国税制的面纱。

第一节　税收的本质特征

知识链接 1-1

税收的起源

税收在历史上被称为赋税、租税和捐税，是国家的产物。夏朝的“贡”、商朝的“助”、周朝的“彻”，是我国历史上税收的早期形式，是不成熟的税收，是税收的雏形。“贡”是夏代王室对其所属部落以及本国平民征收的农产品。“助”是商代王室借助农户的力役耕种公田，其收获量全部归王室所有，实际上是一种力役之征。“彻”是周代对每户平民耕种的土地要求以产量的一定比例交纳给王室，即“民耕百亩者，彻取十亩以为赋”。彻法按土地数量征收，较贡法、助法有了很大进步。

我国最早出现“税”字，并有历史典籍可查的是《春秋》所记鲁宣公十五年（公元前594年）的“初税亩”；直到20世纪40年代末，“税收”一词才成为中国经济生活中的普遍用语，并专指对各种税的总称。

资料来源：沈关祥. 国家税收［M］. 北京：高等教育出版社，2000.

一、税收概述

税收是一个历史范畴，自从有了国家就有了税收，税收收入是国家财政收入的最主要来源。

马克思指出："赋税是政府机器的经济基础，而不是其他任何东西"，"国家存在的经济体现就是捐税"。

关于税收，可以从各种角度下定义，但比较综合的表述是：税收是国家为了实现其职能，依据政治权力，按照法律规定的标准，参与社会产品分配，无偿取得财政收入和调控经济的重要工具。

对税收的内涵可以从以下几个方面来理解：

（1）国家征税的目的是满足社会成员获得公共产品的需要。

（2）国家征税凭借的是政治权力。税收征收的主体只能是代表社会全体成员行使公共权力的政府，其他任何社会组织和个人是无权征税的。与公共权力相对应的必然是政府管理社会和为民众提供公共产品的义务。

（3）税收是国家筹集财政收入的主要方式。

（4）税收必须借助法律形式进行。

与税收规范筹集财政收入的形式不同，费是政府有关部门为单位和居民个人提供特定服务，或被赋予某种权利而向直接受益者收取的代价。税和费的区别主要表现在：

第一，主体不同。税收的主体是国家，税收管理的主体是代表国家的税务机关、海关或财政部门，而费的收取主体多是行政事业单位、行业主管部门等。

第二，特征不同。税收具有无偿性，纳税人缴纳的税收与国家提供的公共产品和服务之间不具有对称性。费则通常具有补偿性，主要用于成本补偿的需要，特定的费与特定的服务往往具有对称性。税收具有稳定性，而费则具有灵活性。税法一经制定，对全国具有统一效力，并相对稳定；费的收取一般由不同部门、不同地区根据实际情况灵活确定。

第三，用途不同。税收收入由国家预算统一安排，用于社会公共需要支出，而费一般具有专款专用的性质。

中国的税收收入已占到财政收入的95%左右，是财政收入最主要的来源。国家税务总局公布的数据显示，2016年全国税务部门组织税收收入115 878亿元人民币，比上年增长4.8%。在GDP增速下降幅度不大的情况下，2016年税收收入增幅下降较多，实施减税政策是其中一个重要原因。

二、税收的本质

税收的本质是国家凭借政治权力对社会产品和国民收入进行分配所体现的一种特殊的分配关系。

从税收的本质来看，税收是国家与纳税人之间形成的以国家为主体的分配关系，依法纳税是每一个纳税人的神圣义务。如果把税收作为以国家为主体的分配关系来考察，那么税收是一种经济活动，是一个经济过程。在这一经济活动或经济过程中，作为课征者的国家与作为缴纳者的企业、个人之间形成一种特殊的经济关系。这种经济关系包含两个层次的内容：一是征纳关系，它的形式表现为税法，它的运动轨迹是国家依法征税，企业和个人依法纳税；二是分配关系，即国家凭借其政治权力，强制地、无偿地占有企业和个人创造的一部分社会产品价值，并按国家所代表的阶级或集团的利益进行全社会意义上的分配。

不同的社会经济制度和不同的国家性质，决定了不同国家税收的本质。我国社会主义税收的本质是国家筹集社会主义建设资金的工具，是为广大人民利益服务的，体现了一种"取之于民、用之于民"的社会主义分配关系。

三、税收的特征

税收与其他分配方式相比，具有强制性、无偿性和固定性的特征，习惯上称为税收的"三性"。

1.强制性。

税收的强制性是指税收参与社会产品的分配依据的是国家的政治权力，而不是财产权利。税收的强制性具体表现在税收是以国家法律的形式规定的，而税收法律作为国家法律的组成部分，对不同的所有者都是普遍适用的，任何单位和个人都必须遵守，不依法纳税者要受到法律的制裁。

2.无偿性。

税收的无偿性是就具体的征税过程而言的，其表现为国家征税后税款即为国家所有，并不存在对纳税人的偿还问题。税收的无偿性是相对的。对具体的纳税人来说，纳税后并未获得任何报酬。从这个意义上说，税收不具有偿还性或返还性。税收的无偿性是税收三个特征的核心。

3.固定性。

税收的固定性是指课税对象及每一单位课税对象的征收比例或征收数额是相对固定的，而且是以法律形式事先规定的，只能按预定标准征收，而不能无限度征收。对税收的固定性的理解也不能绝对化，并不是标准确定后永远不能改变。随着社会经济条件的变化，具体的征税标准是可以改变的。

税收"三性"相互联系、相辅相成、密不可分，无偿性是其核心，强制性是其基本保障。税收的强制性决定税收的无偿性，强制性和无偿性又决定和要求税收的固定性。

四、税收的分类

一个国家的税收体系通常是由许多不同的税种构成的。税收分类是从一定的目的和要求出发，按照一定的标准，对不同税种隶属税类所做的一种划分。

1.以征税对象为标准，税收可以分为流转税、所得税、资源税、财产税和行为税。

流转税是指以流转额为课税对象的一类税，它是我国税制结构中的主体税类，目前包括增值税、消费税和关税[①]；所得税亦称收益税，是指以各种所得额为课税对象的一类税，它也是我国税制结构中的主体税类，目前包括企业所得税和个人所得税；资源税是对开发和利用自然资源征收的各种税收，目前包括资源税、城镇土地使用税等税种；财产税是指以纳税人所拥有或支配的财产为课税对象的一类税，目前包括房产税、车船税等税种；行为税是指以纳税人的某些特定行为为课税对象的一类税，目前包括城市维护建设税、印花税等税种。

---

① 自2016年5月1日起全面实施"营改增"，营业税正式退出历史舞台。

2.以计税依据为标准，税收可以分为从价税和从量税。

从价税一般是指以征税对象及其计税依据的价格或金额为标准，按一定比例税率征收的一类税收，如增值税、关税等。从量税一般是指以征税对象的重量、容积、面积等为标准，采用固定税额计征的那一类税收，如资源税、车船税等。

3.以税收负担是否转嫁为标准，税收可以分为直接税和间接税。

直接税一般是指税负无法转嫁，而由纳税人直接负担的那一类税收，如所得税、土地使用税、房产税等。间接税一般是指纳税人能够将税负转嫁给他人负担的那一类税收，如消费税、关税等。

4.以管理权限为标准，税收可以分为中央税、地方税及中央地方共享税。

中央税一般是指由中央政府管理并支配其收入的那一类税收，如消费税、关税和车辆购置税。地方税一般是指由地方政府管理并支配其收入的那一类税收，如房产税、车船税等。中央地方共享税一般是指由中央政府与地方政府共同管理并按一定比例分别支配其收入的那一类税收，如增值税、企业所得税等①。

5.以税收与价格的关系为标准，税收可以分为价内税和价外税。

价内税一般是指税金作为商品价格的组成部分的那一类税收，如消费税等。价外税一般是指税金作为商品价格之外的附加额的那一类税收，如增值税等。

6.以税收的缴纳形式为标准，税收可以分为实物税和货币税。

实物税一般是指以实物形式缴纳的那一类税收。货币税是以货币形式缴纳的那一类税收。

7.以税收的用途为标准，税收可以分为一般税（普通税）和目的税（特别税）。

一般税是指用于国家一般经费开支，没有专门用途的那一类税收。目的税一般是指具有专门用途的那一类税收，如城市维护建设税。

8.以税款的确定方法为标准，税收可以分为定率税和配赋税。

定率税一般是指国家事先在税法中按照征税对象规定税率计征的那一类税收。配赋税一般是指国家采取分摊税款办法征收的那一类税收。

第二节　税收制度及其构成要素

一、税收制度

税收制度简称税制，是指国家以法律形式规定的各种税收法律法规和征收管理制度的总称，是国家处理税收分配关系的总规范。税收法律、法规及规章是税收制度的主体。

税收制度可从广义和狭义两个角度理解：广义的税收制度是指一国政府在一定条件下设置的税收制度结构，即国家设置的所有税种组成的税收体系及各项征收管理制度；狭义的税收制度是指国家设置某一具体税种的课征制度，它是由纳税人、征税对象、税率、纳税环节、纳税期限、税收优惠、违章处理等基本要素所组成的。

从税收制度的形式来看，一个国家的税收制度，可按照构成方法和形式分为简单型税

① 增值税（不含进口环节由海关代征的部分）：中央政府分享75%，地方政府分享25%。为进一步完善分税制财政体制，落实全面推开营改增试点后调整中央与地方增值税收入划分过渡方案，国务院决定，从2016年起，调整中央对地方原体制增值税返还办法，由1994年实行分税制财政体制改革时确定的增值税返还，改为以2015年为基数实行定额返还，对增值税增长或下降地区不再实行增量返还或扣减。返还基数的具体数额由财政部核定。

制及复合型税制。结构简单的税制主要是指税种单一、结构简单的税收制度；而结构复杂的税制主要是指由多个税种构成的税收制度。税收制度的内容主要有两个层次：一是不同的要素构成税种；二是不同的税种构成税收制度。

我国税制的法律级次（或法律形式）分为四个层次：一是由全国人民代表大会及其常务委员会制定并发布的税收法律，这是税收制度的最高法律级次；二是由国务院制定和颁发的各种税收法律的实施条例、各种税制的暂行条例等，这一级次的税收制度属于税收行政法规；三是由财政部和国家税务总局根据税收法律和行政法规的规定，制定和发布的税收暂行条例的实施细则，以及有关具体征税问题的规定、通知、批复等，这一级次的税制属于税收规章；四是地方人民代表大会及其授权的地方政府和有关的职能部门，根据税收法律、法规的规定制定和发布的地方性税收法规和规章。

二、税收制度的构成要素

税制要素是构成税收制度，尤其是构成税种的基本要素。其主要有：

（一）纳税人

纳税人是国家行使课税权所指向的单位和个人，即税法规定的直接负有纳税义务的单位和个人。

纳税人与负税人、扣缴义务人不同。纳税人是直接向国家缴纳税款的单位和个人；负税人是实际负担税款的单位和个人；扣缴义务人是税法上规定的负有扣缴税收义务的单位和个人，其并不一定是纳税人，也不发生自身的纳税义务，有可能仅是代行税务机关职责向纳税人扣收税款的中介人。税法规定扣缴义务人的目的是实行源泉控制，保证国家财政收入。

（二）课税对象

课税对象又称征税对象，是税法规定的课税目的物，即国家对什么事物征税。课税对象决定税收的课税范围，是区别征税与不征税的主要界限，也是区别不同税种的主要标志。根据课税对象性质的不同，全部税种分为五大类：流转税、所得税、财产税、资源税和行为目的税。

（三）税基

税基是课税基础的简称，是指计算应纳税额时的课税基础，它是建立某种税或税制的经济基础或依据。它有两层含义：一是税基的质，即课税的具体对象，有实物量和价值量两类；二是税基的量，即课税对象中，有多少可以作为计算应课税的基数。

（四）税率

税率是据以计算应纳税额的比率，即对课税对象的征收比例，体现征税的深度。在课税对象和税目不变的情况下，课税额与税率成正比。税率是税收制度和政策的中心环节，直接关系到国家财政收入和纳税人的负担。

我国按税率和税基的关系划分，税率主要有比例税率、定额税率和累进税率三类。

1. 比例税率是对同一课税对象，不论其数额大小，统一按相同比例征税。例如，我国的企业所得税等采用的就是比例税率。

2. 定额税率又称固定税额，是按课税对象的一定计量单位直接规定一个固定的税额，而不规定征收比例。例如，我国的资源税采用的就是定额税率。

3. 累进税率是按课税对象数额的大小，划分若干等级，各等级由低到高规定相应的税率。课税对象数额越大，税率越高；数额越小，税率越低。因计算方法不同，累进税率又可分为超率累进税率与超额累进税率两种。

（1）超率累进税率是将征税对象数额的相对率划分若干级距，分别规定相应的差别税率，相对率每超过一个级距的，对超过的部分就按高一级的税率计算征税。例如，我国的土地增值税目前就采用这种税率。

（2）超额累进税率是把课税对象按数额大小划分为不同的等级，每个等级由低到高分别规定税率，各等级分别计算税额，一定数额的课税对象同时使用几个税率。例如，我国的个人所得税对工资薪金所得课税采用的就是超额累进税率。

（五）附加、加成和减免

纳税人负担的轻重，主要通过税率的高低来调节，但还可以通过附加、加成和减免措施来调节。

1.附加和加成是加重纳税人负担的措施。

（1）附加是地方附加的简称，是地方政府在正税之外附加征收的一部分税款。通常把按国家税法规定的税率征收的税款称为正税，把正税以外征收的附加称为副税。

（2）加成是加成征收的简称。对特定的纳税人实行加成征税，加一成等于加正税的10%，加两成等于加正税的20%，依此类推。

加成与附加不同，加成只对特定的纳税人加征，附加对所有纳税人加征；加成一般是在收益课税中采用，以便有效地调节某些纳税人的收入，附加则不一定。

2.减税、免税以及规定起征点和免征额是减轻纳税人负担的措施。

（1）减税就是减征部分税款，免税就是免交全部税款。减免税是国家根据一定时期的政治、经济、社会政策的要求而对某些特定的生产经营活动或某些特定的纳税人给予的优惠。

（2）起征点是指税法规定的对课税对象开始征税的最低界限。例如，我国个人所得税就设有起征点。

（3）免征额是指税法规定的课税对象全部数额中免于征税的数额。

（六）纳税环节

纳税环节是指对处于运动之中的征税对象选定的应该缴纳税款的环节，一般是指在商品流转过程中应该缴纳税款的环节。商品从生产到消费，中间往往要经过许多环节，如工业品要经过工厂生产、商业采购、商业批发和商业零售等环节。具体确定在哪个环节纳税，关系到税制结构和整个税收体系的布局，关系到对商品生产、流通是否有利，影响到物价的变化，关系到税款能否及时足额地入库，国家财政收入能否得到保证，关系到地区间对税款收入的分配，也关系到是否方便纳税人缴纳税款和能否促进企业加强经济核算等诸多方面。因此，正确确定纳税环节是一个比较特殊又十分重要的问题。

（七）纳税义务发生时间

纳税义务发生时间是指税法规定的纳税人应当承担纳税义务的起始时间。不同税种的纳税义务发生时间不尽相同。规定纳税义务发生时间，一是为了明确纳税人承担纳税义务的具体日期；二是有利于税务机关实施税务管理，合理规定申报期限和纳税期限，监督纳税人依法履行纳税义务，保证国家财政收入。

（八）纳税期限

纳税期限是指纳税人发生纳税义务后，向国家缴纳税款的间隔时间。各种税收都需要明确规定缴纳税款的期限，这是由税收固定性决定的，也是税收收入及时性的体现。纳税期限如何确定呢？首先，应根据国民经济各部门生产经营的特点和不同的征税对象来确定；其次，应根据纳税人缴纳税款的数额多少来确定；最后，应根据纳税义务发生的特殊性和加强税收征管的要求来确定。我国现行税法规定，纳税期限有按年征收、按季征收、按月征收、按天征收和按次征收等多种形式。

（九）纳税地点

纳税地点是指纳税人依据税法规定向征税机关申报纳税的具体地点。它说明纳税人应向哪里的征税机关申报纳税，以及哪里的征税机关有权进行税收管辖的问题。我国税法上规定的纳税地点主要是机构所在地、经济活动发生地、财产所在地、报关地等。

（十）法律责任

税收法律责任是指税收法律关系主体违反税法规定的义务而应承担的法律后果，包括纳税主体应承担的法律责任和征税主体应承担的法律责任。

纳税主体的税收违法行为是指纳税人和其他纳税主体实施的不履行法定的纳税义务，侵害国家税收管理秩序的行为，这一直是各国税收法律责任制度的中心内容。纳税主体的违法行为根据其是否与应纳税额的确定与征收直接相关，可分为违反税款征收制度的行为和违反税收管理制度的行为两类。违反税款征收制度的行为，是指纳税主体违反税款申报缴纳义务，直接侵害国家税收债权的行为，如欠税、偷税①、骗税、抗税等。

征税主体的违法又叫税收行政违法，即征税机关和其他行使征税权的组织实施的违法征税行为，如征税越权、征税滥用职权、征税不作为、征税程序违法等。

第三节　税制结构

一、税制结构

税制结构是指实行复合税制的国家，在按一定标准进行税种分类的基础上所形成的税种分布格局及其相互联系的系统。税制结构的研究范围主要包括主体税种的选择以及主体税与辅助税的配合等问题。税制结构分为单一税制与复合税制。单一税制是指以一种课税对象为基础设置税种所形成的税制。它表现为单一的消费税、单一的土地税、单一的财产税、单一的所得税等较为单纯的税种构成形式。复合税制则是指由各种不同税种组成并相互补充的税收制度。在实践中，单一税制由于其自身缺乏弹性，难以发挥税收筹集财政收入和调节经济的作用。只有在复合税制下才涉及税制结构问题，即税制体系内部税种之间的协调与配合问题，特别是主体税种的选择及与其他税种的相互关系问题。

税制结构是一国税制体系建设的主体工程，合理地设置各类税种，从而形成一个相互协调、相互补充的税制体系，是有效发挥税收职能作用的前提，也是充分体现税收公平与效率原则的有力保证。一国税制结构的形成与发展，受其客观的社会经济条件的制约，不以人们的主观意志为转移。绝不像某些热衷于重塑税制模式的税收改革家们所想象的那样，只要按照“最优”税制理论，并由此推导出理想的税制模式作为税制改革的目标，就

① 《刑法》第201条规定，纳税人采取欺骗、隐瞒手段进行虚假纳税申报或者不申报，逃避缴纳税款数额较大并且占应纳税额10%以上的，构成逃避缴纳税款罪。

可以取得圆满的结果。

二、税制结构模式

税制结构模式是指由主体税特征所决定的税制结构类型。

(一) 以商品和劳务税为主体的税制结构模式

以商品和劳务税为主体的税制结构模式，就其内部主体税特征而言，又称以间接税为主的税制结构模式，还可以进一步分为以下两种类型：

1.以一般商品和劳务税为主体，也就是对全部商品和劳务，在生产制造、批发、零售及劳务服务等各个环节实行普遍征税。一般商品税具有普遍征收、收入稳定、调节中性等特点。一般商品税在课税对象确定上，既可以对收入全额征税，也可以对增值额征税。前者称为周转税（产品税），征收简便易行，但重复课税，不利于专业化协作；后者称为增值税，可避免重复征税，但对征管有较高要求。

2.以选择性商品和劳务税为主体，也就是对部分商品和劳务，在生产制造、批发、零售及劳务服务等环节选择性征税。选择性商品税具有特殊调节作用。

(二) 以所得税为主体的税制结构模式

以所得税为主体的结构模式就其内部主体税特征而言，又称以直接税为主的税制结构模型，可进一步分为以下三种类型：

1.以个人所得税为主体。以个人所得税为主体税一般是在经济比较发达的国家，个人收入水平较高，收入差异较大，需运用个人所得税来稳定财税收入，促进个人收入的公平分配。

2.以企业所得税为主体。在经济比较发达，又实行公有制经济的国家，在由间接税制向直接税制转换过程中，有可能选择以企业所得税而不是个人所得税为主体税。

3.以社会保障税为主体。在部分福利国家，政府为实现社会福利经济政策，税制结构已由以个人所得税为主体转向以社会保障税为主体。

(三) 商品劳务税和所得税双主体的税制结构模式

双主体税制结构模式，是指在整个税制体系中，商品劳务税和所得税占有相近比重，在财政收入和调节经济方面共同起着主导作用。一般说来，在由商品劳务税为主体向所得税为主体的税制结构转换的过程中，或由所得税为主体扩大到商品劳务税的过程中，均会形成双主体税制结构模式。从发展的角度看，这种税制模式是一种过渡性税制结构模式，最终会被其中一种主体税取代其双主体地位。

三、我国税制结构的形成及其演变

新中国成立以来，我国的税制结构发展演变具体经历了三个阶段：

第一阶段是新中国建国初期到党的十一届三中全会以前。在这一阶段，我国税制实行以流转税为主体的“多种税、多次征”的税制结构模式。当时流转税收入在整个税收收入中的比重达80%以上。在国有经济占绝对比重、国家财政收入以利润上缴为主的计划经济背景下，这种税制结构虽然可以基本满足政府的财政需要，但是却排斥了税收发挥调节经济作用的功效。

第二阶段是党的十一届三中全会以后到1994年税制改革以前。在这一阶段，我国实行经济体制改革并逐步深化。在税收制度改革方面，为了适应税源格局的变化，我国政府于1983年和1984年分两步进行了“利改税”改革，首次对国有企业开征了所得税，并改革了原工商税制。“利改税”后，我国所得税收入占工商税收收入的比重迅速上升。1985年，这一比重达到34.3%，基本形成了以流转税为主体、所得税次之、其他税种相互配合的税制结构。

第三阶段是1994年税制改革以后到现阶段，形成以流转税为主体、所得税次之的双主体税制结构。我国现行的税制结构模式是在1994年工商税制改革的基础上形成的。1994年的工商税制改革侧重于税制结构的调整和优化，在普遍开征增值税的基础上，建立了以增值税为主体，消费税、营业税彼此配合的流转税体系；颁布并实施了统一的内资企业所得税和个人所得税的法律法规。由于改革过于强化以流转税为主体的税制结构，在税种的设计上过于突出增值税的作用，使增值税收入在税收总收入中所占比重过大，造成我国税制结构以流转税为主体的特征较为明显，而所得税收入比重偏低，主体税种的特征不明显。这种税制结构格局是与我国生产力发展状况以及经营管理水平基本相适应的。

第四节　我国税收制度的发展与改革

一、1950年统一全国税政

新中国成立以前，革命根据地的税收主要是农业税。此外，还有向单位和个人征收的工商所得税、营业税、交易税、烟税、酒税、盐税、出入口税、屠宰税、薪给报酬所得税等，其中，以农业税为主体税种。税收体系的一个重要特征是革命老区和新解放区的税收制度不统一。

1949年11月24日至12月9日，中央人民政府召开了第一届税务会议，会议制定了《关于统一全国税政的决议》《全国税政实施要则》《全国各级税务机关暂行组织规程》，并于1950年1月由政务院颁布实施。《全国税政实施要则》规定了全国开征14种税：货物税、工商业税（包括坐商、行商、摊贩营业税及所得税）、盐税、关税、薪给报酬所得税、存款利息所得税、印花税、遗产税、交易税、屠宰税、房产税、特种消费行为税（筵席、娱乐、冷食、旅店）、使用牌照税；同时规定了各级政府的税收立法权限以及税务机关的任务和职权等内容。1950年4月，中央人民政府还公布了《契税暂行条例》。

1950年6月，党中央召开了七届三中全会。政务院对税收作了如下调整：（1）调整税种。决定暂不开征薪给报酬所得税和遗产税；将房产税和地产税合并为城市房地产税。（2）调整税目。将货物税原定的1 136个税目减并为358个；将印花税原定的30个税目调整为25个。（3）调整税率。降低了货物税中部分税目的税率；对所得税通过调整累进级距调减了税负；对营业税、临时商业税、印花税、利息所得税、房地产税、特种消费行为税以及车船使用牌照税的税负作了部分调整。

经过这次建立和调整，新中国的税制体系初步建立起来了。这一税制体系的特点是以流转税为主要税种，实行多种税、多次征。

二、1953年修订税制

至1953年，国民经济结构发生了很大变化，国营、合作经营、公私合营经济在整个国民经济中所占的比重显著提高。这种经济成分的变化也导致了经营方式（商品流通渠道）的变化，委托加工、代购代销和内部调拨的范围日益扩大，商品中间周转次数大大减少，这使得征税环节相应减少，出现了“经济日益繁荣，税收相对下降”的局面。而1950年颁布实施的税制主要是针对私有经济的，税制显得过分复杂，也需要改进。1952年召开的第四届全国税务会议提出了“保证税收，简化手续”的原则。政务院颁布了《关于税制若干修正及实行日期的通告》，并从1953年1月起实施。修订的主要内容有：

1.试行商品流通税。这是指以原来征收货物税的一部分应税项目为基础，把原来在生产和流通各环节征收的货物税、工商营业税及其附加税、印花税简化合并而成的一种税，实行一次课征制。凡已缴纳商品流通税的商品，不再征收其他各种税。未试行商品流通税的商品仍按有关规定分别征收货物税、工商营业税及其附加、印花税。

2.修订货物税。其主要是调整了货物税的税目、税率。

3.修订工商业税。其主要是将向工商企业征收的印花税、营业税及其附加并入营业税。对已纳入商品流通税的商品不再征收营业税；对已征货物税的货物，在批发或零售时仍征收营业税；对既不征商品流通税又不征货物税的货物，征收营业税。临时商业税部分主要是将临时商业经营者应纳的地方附加及印花税并入临时商业税。

4.其他各种税的修订。其调整了印花税税目；取消棉纱统销税，将其并入商品流通税；屠宰商应纳的印花税、营业税及其附加，均并入屠宰税征收；交易税中只保留牲畜交易税，粮食交易税并入货物税，棉花交易税并入商品流通税；取消特种消费行为税，将“电影、戏剧及娱乐”税目独立成“文化娱乐税”。

经过1953年的修订后，我国仍有14种税：商品流通税、货物税、工商业税、盐税、关税、农（牧）业税、印花税、屠宰税、牲畜交易税、城市房地产税、文化娱乐税、车船使用牌照税、利息所得税和契税。

三、1958年至1978年的税制改革

（一）1958年建立了工商统一税，统一了全国农业税

1956年，我国完成了对农业、手工业和资本主义工商业的社会主义改造，所有制结构发生了根本的变化，原来主要针对私营经济的税制需要进一步简化。1958年9月，全国人大常委会通过了《工商统一税条例（草案）》。其主要内容是：

1.合并税种。把对工商企业原来征收的商品流通税、货物税、工商业税中的营业税、印花税合并为工商统一税。

2.简化纳税环节。对工农业产品基本上实行在生产或采购环节征收一次、在商业零售环节再征收一次的两次课征制，取消了批发环节的营业税。

3.简化计税价格。工农业产品以实际出厂价和实际采购价格计税，商业服务以实际业务收入计税。

4.简化对中间产品征税。由原来对26种中间产品征税，改为只对棉纱、皮革、白酒3种产品征收中间产品税。

5.适当调整税率。在保持原税负的前提下，对个别产品利润过高或过低的适当调整了税率。

6.把工商所得税从工商业税中独立出来，建立独立的工商所得税。此税又在1963年进行了重大调整。

在农业税制方面，由于“三大改造”完成后的农业也走上了合作化的道路，1958年6月公布了《中华人民共和国农业税条例》，统一了农业税，具有划时代的意义。

（二）1973年进一步简化税制，试行工商税

经过1958年以后的陆续税制改革，我国还有11个税种：工商统一税、工商所得税、盐税、关税、农（牧）业税、屠宰税、城市房地产税、车船使用牌照税、牲畜交易税、集市交易税（保留税种，但未开征）和契税。1973起在全国范围内实施了工商税。

1.合并税种。把工商统一税及其附加、城市房地产税、车船使用牌照税、盐税和屠宰税合并为工商税（盐税暂时按原办法征收）。

2.简化税目税率。实行工商税后，税目由过去的108个减少到44个；税率由过去的141个减少到82个，其中真正不同档次的税率只有16个。

3.简化征收办法。其主要是废除了许多在当时被认为是不合理的烦琐的征税办法。

经过这次税制改革，对国有企业只征收工商税，对集体企业只征收工商税和工商所得税。城市房地产税、车船使用牌照税和屠宰税只对个人和外侨征收。

四、1980年和1981年公布涉外所得税

1980年全国人大常委会公布了《中华人民共和国合资企业所得税法》和《中华人民共和国个人所得税法》，1981年又公布了《中华人民共和国外国企业所得税法》。这三个涉外税种主要是为了适应我国实行对外开放的局面。1991年又将《中华人民共和国合资企业所得税法》和《中华人民共和国外国企业所得税法》合并成《中华人民共和国外商投资企业和外国企业所得税法》，1993年将《中华人民共和国个人所得税法》与针对我国公民的《中华人民共和国个人收入调节税条例》合并为统一的适用于所有外国人和中国公民的《中华人民共和国个人所得税法》。

五、1983年至1991年的税制改革

20世纪80年代是中国税制改革展开全面探索的时期，关于有计划的社会主义商品经济的理论为税制改革指明了方向。按照国务院批准的《关于改革工商税制的设想》，以国营企业利改税为标志，启动了中国改革开放以来第一次工商税制的全面改革。

1983年，国务院决定在全国范围试行国营企业利改税，将国营企业向国家上缴利润改为征收企业所得税。这是新中国成立以来第一次对国营企业征收所得税，突破了国营企业只向国家上缴利润、国家不能向国营企业征收企业所得税的理论禁区。

从1984年10月起，中国开始实施第二步利改税和工商税制改革，先后发布了关于征收国营企业所得税、国营企业调节税、产品税、增值税、营业税、盐税和资源税的一系列行政法规。

此后，国务院又陆续发布了征收集体企业所得税、私营企业所得税、城乡个体工商业户所得税、个人收入调节税、城市维护建设税、奖金税（包括国营企业奖金税、集体企业奖金税和事业单位奖金税）、国营企业工资调节税、固定资产投资方向调节税、特别消费税、房产税、车船使用税、城镇土地使用税、印花税和筵席税等税收法规。

到20世纪80年代末90年代初，中国的工商税收已有32个税种，初步形成了内外有别的、以流转税和所得税为主体的、其他税种相配合的一整套税收制度，大体适应了中国经济体制改革起步和发展阶段的形势要求。

六、20世纪90年代税制改革的深化

1992年，中国共产党的第十四次全国代表大会提出了建立社会主义市场经济体制的战略目标，这标志着中国的改革开放事业进入了一个新的历史发展阶段，税制改革也进入

了又一个黄金时代。同年，财税部门就开始加快税制改革的准备工作，制定了全面改革工商税制的总体方案和各项具体措施。1993年底，政府陆续公布了新的税收条例，统一于1994年开始实施新税制。

（一）指导思想和基本原则

1994年税制改革的指导思想是：统一税法，公平税负，简化税制，合理分权，理顺分配关系，保障财政收入，建立符合社会主义市场经济要求的税收体系。税制改革的基本原则是：统一税法，公平税负，简化税制，合理分权。

（二）改革的主要内容

1.流转税改革。建立以增值税为主体，并实行增值税、消费税、营业税相配套的税制格局，即在生产环节、商品批发和零售环节全面实行增值税，在第三产业中的加工和修理修配劳务领域也实行增值税，并且增值税的税率是对大部分征收对象实行17%的基本税率，只对少数有关国计民生的货物和劳务实行13%的优惠税率。在征收增值税的基础上选择少数商品再征收一道消费税，实行增值税与消费税交叉调节；对不实行增值税的劳务交易、转让无形资产和销售不动产征收营业税。取消对外商投资企业征收的工商统一税，对内外资企业实行统一的流转税。

2.企业所得税改革。将原国有企业所得税、集体企业所得税和私营企业所得税合并为企业所得税（2001年起又将不具有法人资格的私营企业划入个人所得税的纳税人范围），实行统一的33%的比例税率，对盈利水平低的企业实行27%和18%两档过渡税率，取消国有企业调节税和税后上交的国家能源交通重点建设基金和国家预算调节基金。

3.个人所得税改革。将原来的个人所得税、个人收入调节税和城乡个体工商户所得税合并为个人所得税。

4.其他工商税制的改革。一是扩大资源税征收范围；二是开征土地增值税，对房地产交易中的过高利润进行适当调节；三是调整了其他一些税种，如取消集市交易税、牲畜交易税、烧油特别税、奖金税和工资调节税。将特别消费税并入消费税，将盐税并入资源税，将屠宰税、筵席税征收或停征权下放给地方。

5.农业税制的改革。为增强税制改革的协同效应，将原农林特产农业税、原产品税和原工商统一税中的农林牧水产品税目合并，改为农业特产农业税（简称农业特产税），扩大了征收范围，适当降低了部分产品的税率，明确了减免税条件，规定了扣缴义务人等。

6.征收管理制度的改革。一是建立普遍纳税申报制度；二是积极推行税务代理制度；三是加速推进税收征管计算机化的进程；四是建立严格的税务稽核制度；五是适应实行分税制的需要，组建中央和地方两套税务机构；六是加强税收法制建设，逐步建立税收立法、司法、执法相互独立、相互制约的机制。

七、21世纪以来的税制改革

我国1994年的税制改革初步建立了适应社会主义市场经济体制的税制体系框架。从2004年1月1日起，我国对出口退税机制进行了重大改革：降低一批产品出口退税率，取消部分资源性商品和国家限制出口商品出口退税。并按照党的十六届三中全会关于“分步实施税收制度改革”的部署，新一轮的税制改革自2004年起陆续启动。

1.取消农业税和农业特产税。从2001年起，随着农村税费改革试点的逐步扩大，我国各地开始逐步取消屠宰税。2005年12月，第十届全国人大常委会第十九次会议通过决定，自2006年1月1日起废止《农业税条例》。取消农业税有助于进一步减轻农民负担，更好地解决“三农”[①]问题，保障农业生产的发展。

2.修订城镇土地使用税。2006年底，国务院颁布了《关于修改〈中华人民共和国城镇土地使用税暂行条例〉的决定》，主要改革内容有：（1）从2007年1月1日起，将城镇土地使用税的纳税人拓宽到外商投资企业、外国企业，促进了内外企业平等纳税和公平竞争；（2）将单位税额大致提高了2倍。

3.2012年1月1日起实行新的《车船税法》。针对外资企业适用1951年颁布的《车船使用牌照税暂行条例》，而内资企业适用1986年发布的《车船使用税暂行条例》，内外税制不统一，不符合简化税制与公平税负的要求的情况，国务院在合并修订的基础上新发布了《车船税暂行条例》，自2007年1月1日起施行。2011年2月25日，第十一届全国人民代表大会常务委员会第十九次会议通过了《中华人民共和国车船税法》，自2012年1月1日起施行。

4.合并内外资企业所得税。2007年3月16日，第十届全国人民代表大会第五次会议通过了《中华人民共和国企业所得税法》，将内资企业原适用的《中华人民共和国企业所得税暂行条例》和外资企业原适用的《中华人民共和国外商投资企业和外国企业所得税法》两法合一。国务院于2007年12月11日发布《中华人民共和国企业所得税法实施条例》，自2008年1月1日起施行。

5.个人所得税改革。《中共中央关于制定国民经济和社会发展第十二个五年规划的建议》指出，“十二五”期间“加快财税体制改革”，并提出逐步建立健全综合和分类相结合的个人所得税制度，全面改革资源税，开征环境保护税。2011年6月30日，第十一届全国人民代表大会常委会第二十一次会议表决通过了关于修改《个人所得税法》的决定。工资、薪金所得，以每月收入额减除费用3 500元后的余额为应纳税所得额，适用超额累进税率，税率为3%～45%，自2011年9月1日起施行。

6.增值税转型改革。我国增值税转型（即生产型增值税转为消费型增值税）改革试点始于2004年7月，是被作为支持东北振兴的优惠政策而加以运用的。2007年7月，又逐步扩展到中部六省26个老工业基地城市、内蒙古自治区东部5个盟市和四川汶川地震受灾严重地区等部分地区的部分行业。自2009年1月1日起，在全国所有地区、所有行业推行消费型增值税。

7.“营改增”。2011年10月，国务院决定开展“营改增”试点，逐步将征收营业税的行业改为征收增值税。2012年1月1日起，率先在上海实施了交通运输业和部分现代服务业“营改增”试点。2012年9月1日至2012年12月1日，交通运输业和部分现代服务业“营改增”试点由上海市分4个批次扩大至北京市、江苏省、安徽省、福建省、广东省（含深圳市）、天津市、浙江省、湖北省等8省（直辖市）；2013年8月1日起，交通运输业和部分现代服务业“营改增”试点推向全国，同时将广播影视服务业纳入试点范围。2014年1月1日起，铁路运输业和邮政业在全国范围实施“营改增”试点；2014年6月1日起，电信业在全国范围实施“营改增”试点。至此，“营改增”试点已覆盖“3+7”个行业，即交通运输业、邮政业、电信业3个大类行业，以及研发技术、信息技术、文化创

① 指农业、农村、农民这三个问题。

意、物流辅助、有形动产租赁、鉴证咨询、广播影视7个现代服务业。2016年5月1日起，全面实施"营改增"，一次性把建筑业、房地产业、金融业、生活服务业全部纳入"营改增"范围，将新增不动产所含增值税全部纳入抵扣范围。这标志着在新中国税制中有着66年历史的营业税正式退出历史舞台，我国现行税种由18个减少到17个。

8.资源税改革。资源税涵盖的资源以自然资源为主，大致分为金属矿资源类，非金属矿资源类和水、森林、草场、滩涂等资源类三大类别。资源税在我国并非新设税种，1984年开始通过征缴基金的形式收取。1994年国家颁行《资源税征收暂行条例》，资源税征缴开始有了法规依据，但主要集中在原油、天然气、煤炭等少数资源领域。2010年，原油、天然气、煤炭、稀土等6种资源税由先前的从量计征统一改为从价计征。2011年9月21日，国务院第173次常务会议通过《关于修改〈中华人民共和国资源税暂行条例〉的决定》。同年10月31日，财政部修订通过《中华人民共和国资源税暂行条例实施细则》。继原油、天然气之后，煤炭资源税从2014年12月1日起实施从价计征改革①。2016年5月，财政部、国家税务总局出台了《关于全面推进资源税改革的通知》，此前一刀切的"从量计征"正逐步转向"从价计征"。

八、现行税制体系与税收征收管理范围的划分

（一）现行税制体系

目前，我国已形成了以流转税为主、所得税次之、其他税种辅助的复合税制体系。正式征收的税种有：增值税、消费税、企业所得税、个人所得税、资源税、城镇土地使用税、房产税、城市维护建设税、耕地占用税、土地增值税、车辆购置税、车船税、印花税、契税、烟叶税、关税、船舶吨税17个税种②。

各税种中，除企业所得税、个人所得税、车船税是以国家法律的形式发布实施外，其他各税种均是经全国人民代表大会授权立法，由国务院以暂行条例的形式发布实施的。

除了税收以外，国家规定统一由税务部门征收的非税财政收入项目有3个：教育费附加、矿区使用费和文化事业建设费，以及省级人民政府规定由税务机关征收的社会保险费。

（二）我国税务机构的设置

我国中央政府设立国家税务总局，作为我国税务管理工作的最高职能机构。为适应分税制财政管理体制的需要，省及省以下的税务机构分设为国家税务局（以下简称"国税局"）和地方税务局（以下简称"地税局"）两个系统。

国家（地方）税务局系统依法设置，对外称谓统一为国家（地方）税务局、税务分局、税务所和国家（地方）税务局稽查局，按照行政级次、行政（经济）区划或隶属关系命名税务机关名称并明确其职责。各级税务局为全职能局，按照省（自治区、直辖市），副省级城市，地区（市、盟、州）以及直辖市的区、副省级市的区，县（旗），县级市、地级市城区的行政区划设置，地级以上城市的区也可按经济区划设置。税务分局、税务所为非全职能局（所），是上级税务机关的派出机构。可按行政区划设置，也可按经济区划设置。较大县的城区、管辖五个以上乡镇（街道）的可设置税务分局。管辖四个以下乡镇

① 将煤炭、原油、天然气矿产资源补偿费费率降为零，并停止征收价格调节基金。

② 国务院决定从2000年起暂停征收固定资产投资方向调节税；自2016年5月1日起全面实施"营改增"，营业税正式退出历史舞台。

（街道）的机构称税务所。

各级税务局稽查局是各级税务局依法对外设置的直属机构。地级市的城区如有需要，可以设置稽查局，城区稽查局视不同情况既可按行政区划设置，也可跨区设置。2012年8月，国家税务总局启动稽查管理方式改革，在河北、河南、安徽、湖南4省和山东省青岛市开展试点。全国国税系统第一家税收稽查局——湖南省国税局第一稽查局2012年9月正式挂牌成立；2014年11月，广西地税将地税稽查工作从市、县（市）地税局职责中剥离，设立8个片区稽查局，为自治区地税局直属正处级机构，主要负责辖区内的税收稽查工作等。

我国现有北京、天津、上海、重庆4个直辖市，均设有地税局。比较特殊的是，目前，上海市国税局、地税局实行合署办公。

国家税务局系统实行国家税务总局垂直管理的领导体制，在机构、编制、经费、领导干部的职务审批等方面按照下管一级的原则，实行垂直管理；省级地税局受省级人民政府和国家税务总局双重领导，省级以下地税系统由省级地税机关垂直领导，地方税务系统的管理体制、机构设置、人员编制按地方人民政府组织法的规定办理。

目前，我国的税收分别由税务和海关系统负责征收管理。

（三）税收征收管理范围的划分

现阶段，我国税收征收管理机关有：国家税务局、地方税务局和海关。

1.国家税务局负责征收管理的税种。

目前国税局系统负责征收和管理的项目有：增值税，消费税（其中进口环节的增值税、消费税由海关代征），车辆购置税，铁道部门、各银行总行、各保险总公司集中缴纳的企业所得税和城市维护建设税，中央企业缴纳的企业所得税，地方银行、非银行金融企业缴纳的企业所得税，海洋石油企业缴纳的企业所得税、资源税，从2002年至2008年期间注册的企业、事业单位缴纳的企业所得税，对储蓄存款利息征收的个人所得税（目前暂免征收），对股票交易征收的印花税。

从2009年起，以下新增企业的企业所得税由国税局征收：应当缴纳增值税的企业、企业所得税全额为中央收入的企业，在国家税务局缴纳营业税的企业、银行（信用社）、保险公司，外商投资企业和外国企业常驻代表机构，在中国境内设立机构、场所的其他非居民企业。

2.地方税务局负责征收管理的税种。

目前，地税局系统负责征收和管理的税收有：企业所得税、个人所得税、资源税、印花税和城市维护建设税（不包括上述由国税局负责征收管理的部分）、房产税、城镇土地使用税、耕地占用税、契税、土地增值税、车船税、烟叶税。

西藏自治区只设立国家税务局，征收和管理税务系统负责的所有项目，但是暂不征收消费税、房产税、城镇土地使用税、契税和烟叶税。

3.海关系统负责征收和管理的项目有：关税、船舶吨税。此外，海关系统还负责代征进口环节的增值税和消费税。

（四）税收征收管理的法律依据

我国税收管理的基本法律依据是《中华人民共和国税收征收管理法》（以下简称《征管法》）及《中华人民共和国税收征收管理法实施细则》。

《征管法》只适用于由税务机关征收的各种税收的征收管理。

目前还有一部分费由税务机关征收，如教育费附加、文化事业费等。这些费用不适用《征管法》，不能采用《征管法》规定的措施，其具体管理办法由各种费用的条例和规章决定。

知识链接 1-2

美国的税收制度

美国是世界上经济最发达的国家之一，同时也是一个高收入的国家。但这并不意味着美国的税负是世界上最高的，相反，大多数欧洲国家的税负却要高一些。

美国实行彻底的分税制，属于联邦、州与地方分权型国家。美国的税收管理体制分为联邦、州及地方政府三级。现行税制中的主要税种有：公司所得税、个人所得税、销售税、遗产和赠与税、社会保障税、财产税、资本或净财富税、累积盈余税、环境税、奢侈品消费税等。联邦税以个人所得税、社会保障税为主，其次有公司所得税、消费税、遗产和赠与税、关税等；州税以销售税为主，辅之以所得税等；地方税以财产税为主。

本章小结

税收在历史上也称为租税、赋税或捐税，它体现的是以国家为主体的一种特殊分配关系。税收收入是政府的经济基础，是国家财政收入的主要来源。税收的分类与结构是税收体系的主要内容，一国现行的税收体系是由该国现行的税种构成的，包括由哪些税种构成、哪些是主体税种、哪些是辅助税种，其调节方向如何等。最常用的是以征税对象的性质分类，分为流转税、所得税、资源税、财产税和行为税。

税收制度构成要素简称“税制要素”，它是构成税收制度，尤其是构成税种的基本要素。常见的税制结构模式有：以商品劳务税为主体的税制模式、以所得税为主体的税制模式和双主体税制模式。我国目前的税制基本上是以流转税和所得税双主体并重，财产税、行为税为补充的税制结构。

从总体上来看，我国的税收制度先后进行了六次重大改革：第一次是新中国成立之初的1950年，全国统一税政；第二次是1958年的简化税制改革；第三次是1973年的简化税制改革；第四次是1984年的 “利改税”；第五次是1994年的税制改革；第六次是2004年以来的新一轮税制改革。

目前，我国已形成了以流转税为主、所得税次之、其他税种辅助的复合税制体系，正式征收的税种有17个。其中，15个税种由税务部门负责征收；关税和船舶吨税由海关部门征收；进口货物的增值税、消费税由海关部门代征。

关键概念

税收　税收分类　税收制度　税制要素　税制结构　现行税制体系

基本训练

一、单项选择题

1.税收改变了社会成员与政府各自占有社会产品价值量的份额，税收属于（　　）

范畴。

A.生产 B.分配 C.交换 D.消费

2.公元前594年，鲁国实行的（ ）改革，标志着中国的税收已经从雏形阶段进入成熟时期。

A.贡助彻 B.商鞅变法 C.初税亩 D.关市之赋

3.体现课税深度的税制要素是（ ）。

A.课税对象 B.税率 C.纳税人 D.纳税环节

4.将课税对象中的一定数额给予减免，只就剩余部分计征税款，这一数额为（ ）。

A.起征点 B.征税标准 C.减征额 D.免征额

5.税法构成要素中，用以区分不同税种的是（ ）。

A.纳税义务人 B.征税对象 C.税目 D.税率

6.把税收分为流转税、所得税、财产税、资源税和行为税是按（ ）进行的税收分类。

A.税负能否转嫁 B.课税对象性质

C.税收管辖和支配权 D.计税依据采用价值量还是实物量

7.税收三性是一个完整的统一体，它们相辅相成、缺一不可。其中，（ ）是核心。

A.无偿性 B.强制性 C.平等性 D.固定性

8.中国现行税制中采用的累进税率有（ ）。

A.全额累进税率 B.超率累进税率

C.超额累进税率 D.超倍累进税率

9.我国税收管理的最高权力机构为（ ）。

A.国务院 B.财政部

C.国家税务总局 D.全国人民代表大会

10.税法的特点体现在许多方面，从法律性质来看，税法属于（ ）。

A.义务性法规 B.授权性法规 C.习惯法 D.制定法

二、多项选择题

1.我国现行税法规定的税率有（ ）。

A.比例税率 B.超率累进税率 C.定额税率 D.超额累进税率

2.我国现阶段是以（ ）为双主体并重的税制结构模式。

A.所得税 B.流转税 C.资源税 D.行为税

3.我国现行税制的纳税期限主要有（ ）形式。

A.按期纳税 B.按次纳税

C.按年计征，分期缴纳 D.预提税

4.在我国现行的下列税种中，属于流转税类的是（ ）。

A.增值税 B.消费税 C.印花税 D.个人所得税

5.税制要素，即税制中最重要的基本要素包括（ ）。

A.纳税义务人 B.征税对象 C.税目 D.税率

6.以税负能否转嫁为标准，税收可分为（ ）。

A.价内税 B.价外税 C.直接税 D.间接税

7.按税收与价格的关系，可将税种分为（　　）。

A.价内税　　B.价外税　　C.直接税　　D.间接税

8.按照一国税制开征税种的多少或税种组成的情况，税制类型可分为（　　）。

A.一元税制　　B.多元税制　　C.单一税制　　D.复合税制

9.下列属于国家税务局系统负责征收和管理税种的有（　　）。

A.消费税　　B.增值税　　C.印花税　　D.车船税

10.税务部门启动的“三证合一”的登记制度是指企业分别由工商行政管理部门、质量技术监督部门以及税务部门核发的（　　），改为一次申请，由工商行政管理部门核发一个加载法人和其他组织统一社会信用代码营业执照的登记制度。

A.营业执照　　B.组织机构代码证

C.税务登记证　　D.安全许可证

三、判断题

1.税收的固定性表明税收在课税对象、范围和征收比例上是稳定不变的。（　　）

2.税收的“三性”是判别税与非税的主要标志。（　　）

3.税收是一个经济范畴，因此，税收制度是一个经济基础的范畴。（　　）

4.扣缴义务人与纳税人在实质上是等同的。（　　）

5.国家取得财政收入是凭借政治权力取得的。（　　）

6.在中国特色社会主义市场经济条件下，不少企业是自觉纳税的，这意味着税收在一定程度上不带有强制性。（　　）

7.我国税收的征税主体包括各级税务机关、海关、财政机关和工商机关。（　　）

8.国家凭借政治权力征税，可以不受生产资料所有制的限制。（　　）

第二章 增值税

学习目标

通过本章的学习，要求学生了解增值税计税原理和类型；掌握增值税的征税范围和计算方法；熟悉一般纳税人和小规模纳税人的划分、税率和征收率的运用，以及增值税的纳税义务发生的时间、期限、地点和专用发票的管理。

河海市彩虹电视机厂是一家大型股份制企业，生产的彩虹牌电视机除内销外，还出口东欧、东南亚等国家和地区。该厂生产销售彩电的行为主要涉及什么税？家电出口可否办理出口退（免）税？本章将揭开增值税的面纱。

第一节 增值税的基本要素

知识链接 2-1

增值税始于1954年的法国，20世纪60年代为西欧各国纷纷采纳，70年代在拉丁美洲风靡一时并波及一部分亚洲国家，80年代以来其实施范围已遍布世界各大洲。我国从1979年在部分地区试点实行增值税，到1994年已全面实行。目前，增值税已成为中国第一大税，其税收收入占全部税收收入的比重高达40%左右。

资料来源：蒙丽珍，安仲文. 国家税收［M］. 大连：东北财经大学出版社，2012.

一、增值税概述

增值税是以商品（含应税劳务和应税服务）在流转过程中产生的增值额作为征税对象而征收的一种流转税。

按照我国增值税相关法律法规的规定，增值税是对在我国境内从事销售货物或者提供加工、修理修配劳务（以下简称“应税劳务”）、销售服务（以下简称“应税服务”）、不动产或转让无形资产的企业单位和个人，就其货物销售或提供应税劳务或服务的增值额和货物进口金额为计税依据而课征的一种流转税。

我国现行增值税的基本规范是2008年11月5日国务院第34次常务会议修订通过的《中华人民共和国增值税暂行条例》（以下简称《增值税暂行条例》），自2009年1月1日起施行。

增值税始于1954年的法国，20世纪60年代为西欧各国纷纷采纳，70年代在拉丁美洲风靡一时并波及一部分亚洲国家，80年代以来其实施范围已遍布世界各大洲。

增值税之所以能够在世界上众多国家推广，是因为其可以有效地防止商品在流转过程中的重复征税问题，并使其具备保持税收中性、普遍征收、税收负担由最终消费者承担、实行税款抵扣制度、实行比例税率、实行价外税制度等特点。

我国从1979年开始在部分城市试行生产型增值税，到1994年已全面实行；2008年国务院决定全部实施增值税改革，2009年实行了增值税的全面“转型”，增值税由过去的生产型增值税转变为消费型增值税。

2011年10月，国务院决定率先在上海开展交通运输业和部分现代服务业“营改增”试点；2016年5月1日起，全面实施“营改增”。

（一）增值税的计税原理

增值税的计税原理是通过增值税的计税方法体现出来的。增值税的计税方法是以每一生产经营环节上发生的货物、劳务或服务的销售额为计税依据，然后按规定税率计算出整体税负，同时通过税款抵扣方式将外购项目在以前环节已纳的税款予以扣除，从而完全避免了重复征税。

应纳税额=增值额×适用税率
=（销售额-进价）×适用税率
=销售额×适用税率-进价×适用税率
=销项税额-进项税额

（二）增值税的类型

对购进固定资产已纳税款的处理方式不同，各国增值税可以分为生产型、收入型和消费型三种类型：

（1）生产型增值税，不允许抵扣固定资产的进项税额。

（2）收入型增值税，允许分期抵扣固定资产的进项税额。

（3）消费型增值税，购入时一次性抵扣固定资产的进项税额。

目前，只有极少数发展中国家实行生产型增值税，极少数拉丁美洲国家实行收入型增值税，90%以上的国家开征的都是消费型增值税。相比之下，生产型增值税的税基最大，消费型增值税的税基最小、纳税人的税负最小。

二、征税范围

我国增值税征税范围可概括为在我国境内销售货物、提供加工修理修配劳务、销售服务、不动产或转让无形资产的应税行为。

判别是否征税的要件有：第一，发生了税法规定的应税行为；第二，应税行为发生在境内；第三，该行为是有偿的（以从受让方取得货币、货物或其他经济利益等代价为条件的销售或转让行为）；第四，销售服务、转让无形资产或不动产都是向他人，不是自我服务。

在境内是指：

（1）销售货物的起运地或者所在地在境内；

（2）提供的应税劳务发生在境内；

（3）服务（租赁不动产除外）或者无形资产（自然资源使用权除外）的销售方或者购买方在境内；

（4）所销售或者租赁的不动产在境内；

（5）所销售自然资源使用权的自然资源在境内；

（6）财政部和国家税务总局规定的其他情形。

（一）基本范围

1.销售（包括进口）货物

“货物”是指有形动产，包括电力、热力、气体在内。对进口货物在报关进口时向海关缴纳进口环节增值税。

“销售”货物是指有偿转让货物所有权的行为，即以从受让方取得货币、货物或其他经济利益等代价为条件转让货物。

“进口”货物是指直接从境外进口的货物，同时包括从境内保税工厂、保税仓库、保税区运往境内其他地区的货物。

2.提供加工、修理修配劳务

“加工”是指受托加工货物，即委托方提供原料及主要材料，受托方按照委托方的要求制造货物并收取加工费的业务。

“修理修配”是指受托方对损伤和丧失功能的货物进行修复，使其恢复原状和功能的业务。

单位或者个体工商户聘用的员工为本单位或者雇主提供的加工、修理修配劳务，不包括在内。

3.销售服务

销售服务是指提供交通运输服务、邮政服务、电信服务、建筑服务、金融服务、现代服务、生活服务，包括以下7项：

（1）交通运输服务，指利用运输工具将货物或者旅客送达目的地，使其空间位置得到转移的业务活动，包括以下5项：

①陆路运输服务，指通过陆路（地上或者地下）运送货物或者旅客的运输业务活动，包括以下2项：

A.铁路运输服务，指通过铁路运送货物或者旅客的运输业务活动。

B.其他陆路运输服务，指铁路运输以外的陆路运输业务活动，包括公路运输、缆车运输、索道运输、地铁运输、城市轻轨运输等。

出租车公司向使用本公司自有出租车的出租车司机收取的管理费用，按照陆路运输服务缴纳增值税。

②水路运输服务，指通过江、河、湖、川等天然、人工水道或者海洋航道运送货物或者旅客的运输业务活动，包括以下2项：

A.程租业务，指运输企业为租船人完成某一特定航次的运输任务并收取租赁费的业务。

B.期租业务，指运输企业将配备有操作人员的船舶承租给他人使用一定期限，承租期内听候承租方调遣，不论是否经营，均按天向承租方收取租赁费，发生的固定费用均由船东负担的业务。

③航空运输服务，指通过空中航线运送货物或者旅客的运输业务活动，包括以下2项：

A.湿租业务，指航空运输企业将配备有机组人员的飞机承租给他人使用一定期限，承租期内听候承租方调遣，不论是否经营，均按一定标准向承租方收取租赁费，发生的固定费用均由承租方承担的业务。

B.航天运输服务，指利用火箭等载体将卫星、空间探测器等空间飞行器发射到空间轨道的业务活动。

④管道运输服务，指通过管道设施输送气体、液体、固体物质的运输业务活动。

⑤无运输工具承运业务，指经营者以承运人身份与托运人签订运输服务合同，收取运费并承担承运人责任，然后委托实际承运人完成运输服务的经营活动。

（2）邮政服务，指中国邮政集团公司及其所属邮政企业提供邮件寄递、邮政汇兑和机要通信等邮政基本服务的业务活动，包括以下3项：

①邮政普遍服务，指函件、包裹等邮件寄递，以及邮票发行、报刊发行和邮政汇兑等业务活动，主要包括：

A.函件，指信函、印刷品、邮资封片卡、无名址函件和邮政小包等。

B.包裹，指按照封装上的名址递送给特定个人或者单位的独立封装的物品，其重量不超过50千克，任何一边的尺寸不超过150厘米，长、宽、高合计不超过300厘米。

②邮政特殊服务，指义务兵平常信函、机要通信、盲人读物和革命烈士遗物的寄递等业务活动。

③其他邮政服务，指邮册等邮品销售、邮政代理等业务活动。

（3）电信服务，指利用有线、无线的电磁系统或者光电系统等各种通信网络资源，提供语音通话服务，传送、发射、接收或者应用图像、短信等电子数据和信息的业务活动，包括以下2项：

①基础电信服务，指利用固网、移动网、卫星、互联网，提供语音通话服务的业务活动，以及出租或者出售带宽、波长等网络元素的业务活动。

②增值电信服务，指利用固网、移动网、卫星、互联网、有线电视网络，提供短信和彩信服务、电子数据和信息的传输及应用服务、互联网接入服务等业务活动。

卫星电视信号落地转接服务属于增值电信服务。

（4）建筑服务，指各类建筑物、构筑物及其附属设施的建造、修缮、装饰，线路、管道、设备、设施等的安装以及其他工程作业的业务活动，包括以下5项：

①工程服务，指新建、改建各种建筑物、构筑物的工程作业，包括与建筑物相连的各种设备或者支柱、操作平台的安装或者装设工程作业，以及各种窑炉和金属结构工程作业。

②安装服务，指生产设备、动力设备、起重设备、运输设备、传动设备、医疗实验设备以及其他各种设备、设施的装配、安置工程作业，包括与被安装设备相连的工作台、梯子、栏杆的装设工程作业，以及被安装设备的绝缘、防腐、保温、油漆等工程作业。固定电话、有线电视、宽带、水、电、燃气、暖气等经营者向用户收取的安装费、初装费、开户费、扩容费以及类似收费，按照安装服务缴纳增值税。

③修缮服务，指对建筑物、构筑物进行修补、加固、养护、改善，使之恢复原来的使用价值或者延长其使用期限的工程作业。

④装饰服务，指对建筑物、构筑物进行修饰装修，使之美观或者具有特定用途的工程作业。

⑤其他建筑服务，指上述工程作业之外的各种工程作业服务，如钻井（打井）、拆除建筑物或者构筑物、平整土地、园林绿化、疏浚（不包括航道疏浚）、建筑物平移、搭脚手架、爆破、矿山穿孔、表面附着物（包括岩层、土层、沙层等）剥离和清理等工程作业。

（5）金融服务，指经营金融保险的业务活动，包括以下4项：

①贷款服务，指将资金贷予他人使用而取得利息收入的业务活动。各种占用、拆借资金取得的收入，包括金融商品持有期间（含到期）利息（保本收益、报酬、资金占用费、补偿金等）收入、信用卡透支利息收入、买入返售金融商品利息收入、融资融券收取的利息收入，以及融资性售后回租、押汇、罚息、票据贴现、转贷等业务取得的利息及利息性质的收入，或者以货币资金投资收取的固定利润或者保底利润，均按照贷款服务缴纳增值税。其中，融资性售后回租是指承租方以融资为目的，将资产出售给从事融资性售后回租业务的企业后，从事融资性售后回租业务的企业将该资产出租给承租方的业务活动。

②直接收费金融服务，指为货币资金融通及其他金融业务提供相关服务并且收取费用的业务活动，包括提供货币兑换、账户管理、电子银行、信用卡、信用证、财务担保、资产管理、信托管理、基金管理、金融交易场所（平台）管理、资金结算、资金清算、金融支付等服务。

③金融商品转让，指转让外汇、有价证券、非货物期货和其他金融商品所有权的业务活动。其他金融商品转让包括基金、信托、理财产品等各类资产管理产品和各种金融衍生品的转让。

④保险服务，指投保人根据合同约定，向保险人支付保险费，保险人对于合同约定的可能发生的事故因其发生所造成的财产损失承担赔偿保险金责任，或者当被保险人死亡、伤残、疾病或者达到合同约定的年龄、期限等条件时承担给付保险金责任的商业保险行为，包括人身保险服务和财产保险服务。人身保险服务是指以人的寿命和身体为保险标的的保险业务活动。财产保险服务是指以财产及其有关利益为保险标的的保险业务活动。

（6）现代服务，指围绕制造业、文化产业、现代物流产业等提供技术性、知识性服务的业务活动，包括以下9项：

①研发和技术服务，包括以下4项：

A.研发服务，指就新技术、新产品、新工艺或者新材料及其系统进行研究与试验开发的业务活动，也称技术开发服务。

B.合同能源管理服务，指节能服务公司与用能单位以契约形式约定节能目标，节能服务公司提供必要的服务，用能单位以节能效果支付节能服务公司投入及其合理报酬的业务活动。

C.工程勘察勘探服务，指在采矿、工程施工前后，对地形、地质构造、地下资源蕴藏情况进行实地调查的业务活动。

D.专业技术服务，指气象服务、地震服务、海洋服务、测绘服务、城市规划、环境与生态监测服务等专项技术服务。

②信息技术服务，指利用计算机、通信网络等技术对信息进行生产、收集、处理、加工、存储、运输、检索和利用，并提供信息服务的业务活动，包括以下5项：

A.软件服务，指提供软件开发服务、软件维护服务、软件测试服务的业务活动。

B.电路设计及测试服务，指提供集成电路和电子电路产品设计、测试及相关技术支持服务的业务活动。

C.信息系统服务，指提供信息系统集成、网络管理、网站内容维护、桌面管理与维护、信息系统应用、基础信息技术管理平台整合、信息技术基础设施管理、数据中心、托管中心、信息安全服务、在线杀毒、虚拟主机等业务活动，包括网站对非自有的网络游戏提供的网络运营服务。

D.业务流程管理服务，指依托信息技术提供的人力资源管理、财务经济管理、审计管理、税务管理、物流信息管理、经营信息管理和呼叫中心等服务的活动。

E.信息系统增值服务，指利用信息系统资源为用户附加提供的信息技术服务，包括数据处理、分析和整合、数据库管理、数据备份、数据存储、容灾服务、电子商务平台等。

③文化创意服务，包括以下4项：

A.设计服务，指把计划、规划、设想通过文字、语言、图画、声音、视觉等形式传递出来的业务活动，包括工业设计、内部管理设计、业务运作设计、供应链设计、造型设计、服装设计、环境设计、平面设计、包装设计、动漫设计、网游设计、展示设计、网站设计、机械设计、工程设计、广告设计、创意策划、文印晒图等。

B.知识产权服务，指处理知识产权事务的业务活动，包括对专利、商标、著作权、软件、集成电路布图设计的登记、鉴定、评估、认证、检索服务。

C.广告服务，指利用图书、报纸、杂志、广播、电视、电影、幻灯、路牌、招贴、橱窗、霓虹灯、灯箱、互联网等各种形式为客户的商品、经营服务项目、文体节目或者通告、声明等委托事项进行宣传和提供相关服务的业务活动，包括广告代理和广告的发布、播映、宣传、展示等。

D.会议展览服务，指为商品流通、促销、展示、经贸洽谈、民间交流、企业沟通、国际往来等举办或者组织安排的各类展览和会议的业务活动。

④物流辅助服务，包括以下7项：

A.航空服务，包括航空地面服务和通用航空服务。航空地面服务，指航空公司、飞机场、民航管理局、航站等向在境内航行或者在境内机场停留的境内外飞机或者其他飞行器提供的导航等劳务性地面服务的业务活动，包括旅客安全检查服务、停机坪管理服务、机场候机厅管理服务、飞机清洗消毒服务、空中飞行管理服务、飞机起降服务、飞行通信服务、地面信号服务、飞机安全服务、飞机跑道管理服务、空中交通管理服务等。通用航空服务，指为专业工作提供飞行服务的业务活动，包括航空摄影、航空培训、航空测量、航空勘探、航空护林、航空吊挂播洒、航空降雨、航空气象探测、航空海洋监测、航空科学实验等。

B.港口码头服务，指港务船舶调度服务、船舶通讯服务、航道管理服务、航道疏浚服务、灯塔管理服务、航标管理服务、船舶引航服务、理货服务、系解缆服务、停泊和移泊服务、海上船舶溢油清除服务、水上交通管理服务、船只专业清洗消毒检测服务和防止船只漏油服务等为船只提供服务的业务活动。港口设施经营人收取的港口设施保安费按照港口码头服务缴纳增值税。

C.货运客运场站服务，指货运客运场站提供货物配载服务、运输组织服务、中转换乘服务、车辆调度服务、票务服务、货物打包整理、铁路线路使用服务、加挂铁路客车服务、铁路行包专列发送服务、铁路到达和中转服务、铁路车辆编解服务、车辆挂运服务、铁路接触网服务、铁路机车牵引服务等业务活动。

D.打捞救助服务，指提供船舶人员救助、船舶财产救助、水上救助和沉船沉物打捞服务的业务活动。

E.装卸搬运服务，指使用装卸搬运工具或者人力、畜力将货物在运输工具之间、装卸现场之间或者运输工具与装卸现场之间进行装卸和搬运的业务活动。

F.仓储服务，指利用仓库、货场或者其他场所代客贮放、保管货物的业务活动。

G.收派服务，指接受寄件人委托，在承诺的时限内完成函件和包裹的收件、分拣、派送服务的业务活动。其中，收件服务是指从寄件人收取函件和包裹，并运送到服务提供方同城的集散中心的业务活动。分拣服务是指服务提供方在其集散中心对函件和包裹进行归类、分发的业务活动。派送服务是指服务提供方从其集散中心将函件和包裹送达同城的收件人的业务活动。

⑤租赁服务，包括以下2项：

A.融资租赁服务，指具有融资性质和所有权转移特点的租赁活动。即出租人根据承租人所要求的规格、型号、性能等条件购入有形动产或者不动产租赁给承租人，合同期内租赁物所有权属于出租人，承租人只拥有使用权，合同期满付清租金后，承租人有权按照残值购入租赁物，以拥有其所有权。不论出租人是否将租赁物销售给承租人，均属于融资租赁。

按照标的物的不同，融资租赁服务可分为有形动产融资租赁服务和不动产融资租赁服务。

B.经营租赁服务，指在约定时间内将有形动产或者不动产转让给他人使用且租赁物所有权不变更的业务活动。按照标的物的不同，经营租赁服务可分为有形动产经营租赁服务和不动产经营租赁服务。

将建筑物、构筑物等不动产或者飞机、车辆等有形动产的广告位出租给其他单位或者个人用于发布广告，按照经营租赁服务缴纳增值税。

车辆停放服务、道路通行服务（包括过路费、过桥费、过闸费等）等按照不动产经营租赁服务缴纳增值税。

水路运输的光租业务、航空运输的干租业务，属于经营租赁。光租业务是指运输企业将船舶在约定的时间内出租给他人使用，不配备操作人员，不承担运输过程中发生的各项费用，只收取固定租赁费的业务活动。干租业务是指航空运输企业将飞机在约定的时间内出租给他人使用，不配备机组人员，不承担运输过程中发生的各项费用，只收取固定租赁费的业务活动。

⑥鉴证咨询服务，包括以下3项：

A.认证服务，指具有专业资质的单位利用检测、检验、计量等技术，证明产品、服务、管理体系符合相关技术规范、相关技术规范的强制性要求或者标准的业务活动。

B.鉴证服务，指具有专业资质的单位受托对相关事项进行鉴证，发表具有证明力的意见的业务活动，包括会计鉴证、税务鉴证、法律鉴证、职业技能鉴定、工程造价鉴证、工程监理、资产评估、环境评估、房地产评估、建筑图纸审核、医疗事故鉴定等。

C.咨询服务，指提供信息、建议、策划、顾问等服务的活动，包括金融、软件、技术、财务、税收、法律、内部管理、业务运作、流程管理、健康等方面的咨询。

翻译服务和市场调查服务按照咨询服务缴纳增值税。

⑦广播影视服务，包括以下3项：

A.广播影视节目（作品）制作服务，指进行专题（特别节目）、专栏、综艺、体育、动画片、广播剧、电视剧、电影等广播影视节目和作品制作的服务。其具体包括与广播影视节目和作品相关的策划、采编、拍摄、录音、音视频文字图片素材制作、场景布置、后期的剪辑、翻译（编译）、字幕制作、片头、片尾、片花制作、特效制作、影片修复、编目和确权等业务活动。

B.广播影视节目（作品）发行服务，指以分账、买断、委托等方式，向影院、电台、电视台、网站等单位和个人发行广播影视节目（作品）以及转让体育赛事等活动的报道及播映权的业务活动。

C.广播影视节目（作品）播映服务，指在影院、剧院、录像厅及其他场所播映广播影视节目（作品），以及通过电台、电视台、卫星通信、互联网、有线电视等无线或者有线装置播映广播影视节目（作品）的业务活动。

⑧商务辅助服务，包括以下4项：

A.企业管理服务，指提供总部管理、投资与资产管理、市场管理、物业管理、日常综合管理等服务的业务活动。

B.经纪代理服务，指各类经纪、中介、代理服务，包括金融代理、知识产权代理、货物运输代理、代理报关、法律代理、房地产中介、职业中介、婚姻中介、代理记账、拍卖等服务。其中，货物运输代理服务是指接受货物收货人、发货人、船舶所有人、船舶承租人或者船舶经营人的委托，以委托人的名义，为委托人办理货物运输、装卸、仓储和船舶进出港口、引航、靠泊等相关手续的业务活动。代理报关服务是指接受进出口货物的收、发货人委托，代为办理报关手续的业务活动。

C.人力资源服务，指提供公共就业、劳务派遣、人才委托招聘、劳动力外包等服务的业务活动。

D.安全保护服务，指提供保护人身安全和财产安全，维护社会治安等的业务活动，包括场所住宅保安、特种保安、安全系统监控以及其他安保服务。

⑨其他现代服务，指除研发和技术服务、信息技术服务、文化创意服务、物流辅助服务、租赁服务、鉴证咨询服务、广播影视服务和商务辅助服务以外的现代服务。

（7）生活服务，指为满足城乡居民日常生活需求提供的各类服务活动，包括以下6项：

①文化体育服务，包括以下2项：

A.文化服务，指为满足社会公众文化生活需求提供的各种服务，包括：文艺创作、文艺表演、文化比赛，图书馆的图书和资料借阅，档案馆的档案管理，文物及非物质遗产保护，组织举办宗教活动、科技活动、文化活动，提供游览场所。

B.体育服务，指组织举办体育比赛、体育表演、体育活动，以及提供体育训练、体育指导、体育管理的业务活动。

②教育医疗服务，包括以下2项：

A.教育服务，指提供学历教育服务、非学历教育服务、教育辅助服务的业务活动。

其中，学历教育服务是指根据教育行政管理部门确定或者认可的招生和教学计划组织教学，并颁发相应学历证书的业务活动，包括初等教育、初级中等教育、高级中等教育、高等教育等。非学历教育服务包括学前教育、各类培训、演讲、讲座、报告会等。教育辅助服务包括教育测评、考试、招生等服务。

B.医疗服务，指提供医学检查、诊断、治疗、康复、预防、保健、接生、计划生育、防疫等方面的服务，以及与这些服务有关的提供药品、医用材料器具、救护车、病房住宿和伙食的业务。

③旅游娱乐服务，包括以下2项：

A.旅游服务，指根据旅游者的要求，组织安排交通、游览、住宿、餐饮、购物、文娱、商务等服务的业务活动。

B.娱乐服务，指为娱乐活动同时提供场所和服务的业务。其具体包括：歌厅、舞厅、夜总会、酒吧、台球、高尔夫球、保龄球、游艺（包括射击、狩猎、跑马、游戏机、蹦极、卡丁车、热气球、动力伞、射箭、飞镖等）。

④餐饮住宿服务，包括以下2项：

A.餐饮服务是指通过同时提供饮食和饮食场所的方式为消费者提供饮食消费服务的业务活动。

B.住宿服务是指提供住宿场所及配套服务等的活动，包括宾馆、旅馆、旅社、度假村和其他经营性住宿场所提供的住宿服务。

⑤居民日常服务，指主要为满足居民个人及其家庭日常生活需求提供的服务，包括市容市政管理、家政、婚庆、养老、殡葬、照料和护理、救助救济、美容美发、按摩、桑拿、氧吧、足疗、沐浴、洗染、摄影扩印等服务。

⑥其他生活服务，指除文化体育服务、教育医疗服务、旅游娱乐服务、餐饮住宿服务和居民日常服务之外的生活服务。

4.销售无形资产

销售无形资产是指转让无形资产所有权或者使用权的业务活动。无形资产是指不具有实物形态，但能带来经济利益的资产，包括技术、商标、著作权、自然资源使用权和其他权益性无形资产。

技术，包括专利技术和非专利技术。

自然资源使用权，包括土地使用权、海域使用权、探矿权、采矿权、取水权和其他自然资源使用权。

其他权益性无形资产，包括基础设施资产经营权、公共事业特许权、配额、经营权（包括特许经营权、连锁经营权、其他经营权）、经销权、分销权、代理权、会员权、席位权、网络游戏虚拟道具、域名、名称权、肖像权、冠名权、转会费等。

5.销售不动产

销售不动产是指转让不动产所有权的业务活动。不动产是指不能移动或者移动后会引起性质、形状改变的财产，包括建筑物、构筑物等。

建筑物，包括住宅、商业营业用房、办公楼等可供居住、工作或者进行其他活动的建造物。

构筑物，包括道路、桥梁、隧道、水坝等建造物。

转让建筑物有限产权或者永久使用权的，转让在建的建筑物或者构筑物所有权的，以及在转让建筑物或者构筑物时一并转让其所占土地的使用权的，按照销售不动产缴纳增值税。

（二）不征增值税的项目

1.行政单位收取的同时满足以下条件的政府性基金或者行政事业性收费：

（1）由国务院或者财政部批准设立的政府性基金，由国务院或者省级人民政府及其财政、价格主管部门批准设立的行政事业性收费；

（2）收取时开具省级以上（含省级）财政部门监（印）制的财政票据；

（3）所收款项全额上缴财政。

2.单位或者个体工商户聘用的员工为本单位或者雇主提供取得工资的服务。

3.单位或者个体工商户为聘用的员工提供服务。

4.根据国家指令无偿提供的铁路运输服务、航空运输服务。

5.存款利息。

6被保险人获得的保险赔付。

7.房地产主管部门或者其指定机构、公积金管理中心、开发企业以及物业管理单位代收的住宅专项维修资金。

8.财政部和国家税务总局规定的其他情形。

（三）特殊项目

1.纳税人销售货物的同时代办保险而向购买方收取的保险费，以及从事汽车销售的纳税人向购买方收取的代购买方缴纳的车辆购置税、牌照费，不作为价外费用征收增值税。

2.对增值税纳税人收取的会员费收入不征收增值税。

3.各燃油电厂从政府财政专户取得的发电补贴不属于增值税规定的价外费用，不计入应税销售额，不征收增值税。

4.经批准允许从事二手车经销业务的纳税人，收购二手车时将其办理过户登记到自己名下，销售时再将该二手车过户登记到买家名下的行为，属于销售货物的行为，应按照现行规定征收增值税。

除上述行为以外，纳税人受托代理销售二手车，凡符合条件的，不征收增值税。

（四）特殊行为

1.视同销售行为

（1）将货物交付其他单位或者个人代销；

（2）销售代销货物；

（3）设有两个以上机构并实行统一核算的纳税人，将货物从一个机构移送其他机构用于销售，但相关机构设在同一县（市）的除外；

（4）将自产或者委托加工的货物用于非增值税应税项目；

（5）将自产、委托加工的货物用于集体福利或者个人消费；

（6）将自产、委托加工或者购进的货物作为投资，提供给其他单位或者个体工商户；

（7）将自产、委托加工或者购进的货物分配给股东或者投资者；

（8）将自产、委托加工或者购进的货物无偿赠送给其他单位或者个人；

（9）单位或者个体工商户向其他单位或者个人无偿提供服务或单位或者个人向其他单

位或者个人无偿转让无形资产或者不动产，但用于公益事业或者以社会公众为对象的除外；

（10）财政部、国家税务总局规定的其他情形。

2.混合销售行为

一项销售行为如果既涉及服务又涉及货物，则为混合销售。从事货物的生产、批发或者零售的单位和个体工商户（包括以从事货物的生产、批发或者零售为主，并兼营销售服务的单位和个体工商户在内）的混合销售行为，按照销售货物缴纳增值税；其他单位和个体工商户的混合销售行为，按照销售服务缴纳增值税。

界定混合销售行为标准有两点：一是其销售行为必须是一项；二是该项行为必须既涉及服务又涉及货物。其中，货物是指增值税暂行条例中规定的有形动产，包括电力、热力和气体；服务是指属于改征范围的交通运输服务、建筑服务、金融保险服务、邮政服务、电信服务、现代服务和生活服务等。

在确定混合销售是否成立时，其行为标准中的上述两点必须同时存在，如果一项销售行为只涉及销售服务，不涉及货物，这种行为就不是混合销售行为；反之，如果涉及销售服务和涉及货物的行为，不是存在于一项销售行为之中，这种行为也不是混合销售行为。

三、纳税人

在我国境内发生增值税应税行为的单位和个人，为增值税的纳税人，主要包括以下几类：

1.单位，指企业、行政单位、事业单位、军事单位、社会团体及其他单位。

2.个人，指个体工商户和其他个人。

3.承租人或承包人。单位以承包、承租、挂靠方式经营的，承包人、承租人、挂靠人（以下统称承包人）以发包人、出租人、被挂靠人（以下统称发包人）名义对外经营并由发包人承担相关法律责任的，以该发包人为纳税人；否则，以承包人为纳税人。

境外的单位和个人在境内提供应税劳务和应税劳务，在境内未设置经营机构的，以其境内代理人为扣缴义务人；在境内没有代理人的，以购买方为扣缴义务人。

为简化手续，便于征收管理，现行增值税根据生产经营规模和财会核算健全程度，在确认纳税人的前提下，具体划分为小规模纳税人和一般纳税人。

1.小规模纳税人，指年应税销售额在规定标准以下，并且会计核算不健全导致不能按规定报送有关税务资料的增值税纳税人。

小规模纳税人的标准为：（1）生产企业（含加工、修理修配企业），年应税销售额在50万元以下（含本数）的；（2）纳税人提供应税服务年销售额在500万元以下的；（3）其他企业（流通企业），年应税销售额在80万元以下的。

年应税销售额超过规定标准的其他个人不属于一般纳税人。年应税销售额超过规定标准但不经常发生应税行为的单位和个体工商户可选择按照小规模纳税人纳税。

2.一般纳税人，指会计核算健全且年应税销售额超过小规模纳税人标准的企业和企业性单位。会计核算健全，是指能够按照国家统一的会计制度规定设置账簿，根据合法、有效凭证核算。

年应税销售额未超过规定标准的纳税人，会计核算健全，能够提供准确税务资料的，可以向主管税务机关办理一般纳税人资格登记，成为一般纳税人。

一般纳税人资格认定的权限，在县（市、区）国家税务局或者同级别的税务分局。

（1）纳税人应当在申报期结束后40日（工作日）内向主管税务机关报送“增值税一般纳税人申请认定表”，申请一般纳税人资格认定。

（2）认定机关应当在主管税务机关受理申请之日起20日内完成一般纳税人资格认定。

（3）纳税人自认定机关认定为一般纳税人的次月起（新开业纳税人自主管税务机关受理申请的当月起），按一般纳税人的计税方法计算应纳税额，并按照规定领购、使用增值税专用发票。

（4）可做“一般”或“小规模”选择性认定的纳税人，即使不办理一般纳税人认定，也须申请“认定”或“不认定”，并得到“认定”或“不认定”批准。

（5）除国家税务总局另有规定外，纳税人一经认定为一般纳税人后，不得转为小规模纳税人。

（6）主管税务机关可在一定期限内对下列新认定的一般纳税人的企业实行辅导期管理：

①小型商贸批发企业，辅导期管理期限3个月；

②国家税务总局规定的其他企业（有违规行为的企业），辅导期管理期限6个月；

③“营改增”试点纳税人取得增值税一般纳税人资格后，发生增值税偷税、骗取出口退税和虚开增值税凭证等行为的，主管税务机关可以对其实行不少于6个月的纳税辅导期管理。

辅导期纳税人应在“应交税金”科目下增设“待抵扣进项税额”明细科目。主管税务机关对辅导期纳税人实行限量限额发售专用发票，每次发售数量不得超过25份，增购前3%预缴增值税。

四、税率

现行增值税适用税率分为一般纳税人适用的税率，小规模纳税人和实行简易征税办法的纳税人适用的征收率，以及出口货物（劳务）适用的零税率。

增值税税率是一般纳税人计算货物或应税劳务税额的尺度，而增值税征收率是小规模纳税人计算其应纳税额的尺度。两者实质的区别在于：增值税税率计算的税额反映货物或应税劳务的整体税款，而不是本环节的实际税款；增值税征收率计算的税额反映本环节的实际税款。

（一）税率

增值税的税率适用于一般纳税人，目前有17%、13%、11%、6%和0共五档税率，见表2-1。

纳税人兼营销售货物、劳务、服务、无形资产或者不动产，适用不同税率或者征收率的，应当分别核算适用不同税率或者征收率的销售额；未分别核算的，从高适用税率或者征收率。

（二）征收率

增值税的征收率适用于小规模纳税人和特定一般纳税人，采用简易办法计税，不得抵扣进项税额。

1.小规模纳税人统一适用3%的征收率。

2.下列按简易办法征收增值税，不得抵扣进项税额：

表2-1 增值税适用税率表

税率		适用范围
1.基本税率	17%	①销售货物（低税率适用范围除外）； ②加工、修理修配； ③有形动产租赁服务
2.低税率	13%	①粮食、食用植物油（包括橄榄油）、鲜奶； ②自来水、暖气、冷气、热水、煤气、石油液化气、天然气、沼气、居民用煤炭制品； ③图书、报纸、杂志； ④饲料、化肥（有机肥免税）、农药、农机(不含零部件)、农膜； ⑤国务院规定的其他货物*
	11%	①交通运输业服务； ②邮政服务； ③基础电信服务； ④建筑； ⑤不动产租赁服务； ⑥销售不动产； ⑦转让土地使用权
	6%	①研发和技术服务； ②信息技术服务； ③文化创意服务； ④物流辅助服务； ⑤签证咨询服务； ⑥广播影视服务服务； ⑦电信增值服务
3.零税率	0	①出口货物和财政部、国务院另有规定除外； ②国际运输服务（纳税人取得相关资质的，适用增值税零税率政策;未取得的，适用增值税免税政策）和航天运输服务； ③向境外单位提供的完全在境外消费的服务； ④财政部和国家税务总局规定的其他服务

注：*指初级农产品，不包括深加工，如初级农产品、音像制品、电子出版物、二甲醚、食用盐等。

（1）纳税人（包括一般纳税人和小规模纳税人）销售自己使用过的固定资产和旧货，适用按简易办法以3%的征收率为基数减按2%征收增值税。

应纳税额=含税售价÷（1+3%）×2%

（2）典当业销售死当物品、寄售商店代销寄售物品（包括居民个人寄售的物品在内）和经国务院或国务院授权机关批准的免税商店零售的免税品，按照简易办法依照3%的征收率征收增值税。

（3）县级及县级以下小型水力发电单位生产的电力、建筑用和生产建筑材料所用的砂、土、石料，以及以自己采掘的砂、土、石料或其他矿物连续生产的砖、瓦、石灰（不含粘土实心砖、瓦)、商品混凝土(仅限于以水泥为原料生产的水泥混凝土),用微生物、微生物代谢产物、动物毒素、人或动物的血液或组织制成的生物制品,按照简易办法依照3%的征收率征收增值税。

(4)对属于一般纳税人的自来水公司销售自来水按简易办法依照3%的征收率征收增值税,不得抵扣其购进自来水取得增值税扣税凭证上注明的增值税税款。

需要注意的是:

(1)增值税的征收率不仅小规模纳税人适用,增值税一般纳税人在一些特殊情况下也适用该征收率。

(2)小规模纳税人适用的征收率,一般涉及两种情况:3%,减按2%。

(3)采用征收率计算的税额,不能称其为销项税额,对于小规模纳税人来说就是应纳税额;对于一般纳税人来说,是其应纳税额的组成部分。

3.“营改增”纳税人销售不动产和发生不动产租赁等业务适用5%的过渡征收率。

第二节　增值税的计算

一、增值税的计税方法

增值税的计税方法包括一般计税方法、简易计税方法和扣缴计税方法。

1.一般纳税人适用的计税方法

一般纳税人销售货物或者提供应税劳务和应税服务适用一般计税方法(当期购进扣税法)计税。其计算公式为:

当期应纳增值税税额=当期销项税额-当期进项税额

一般纳税人发生特定的增值税应税行为,可以选择适用简易计税方法计税,一经选择,36个月内不得变更。

2.小规模纳税人适用的计税方法

小规模纳税人销售货物或者提供应税劳务和应税服务适用简易计税方法计税。计算公式为:

当期应纳增值税额=当期销售额×征收率

3.扣缴义务人适用的计税方法

境外的单位或者个人在境内提供应税劳务,在境内未设有经营机构的,扣缴义务人按照下列公式计算应扣缴税额:

应扣缴税额=接受方支付的价款÷(1+税率)×税率

二、一般计税方法应纳税额的计算

我国目前针对一般纳税人采用的是国际上通行的购进扣税法,即先按当期销售额和适用税率计算出销项税额,然后对当期购进项目向对方支付税款进行抵扣,从而间接计算出对当期增值额部分的应纳税额。

增值税一般纳税人发生增值税应税行为的应纳税额等于当期销项税额抵扣当期进项税额后的余额。其计算公式如下:

当期应纳税额=当期销项税额-当期进项税额

　　　　　　=当期销售额×适用税率-当期进项税额

式中，应纳税额是纳税人实际应缴纳的增值税税额，即纳税人当期销项税额抵扣进项税额后的余额。

上述公式结果为正数时，为纳税人当期应纳税额；结果为负数时，也就是当期销项税额小于当期进项税额而发生不足抵扣，其不足部分可以结转至下期继续抵扣。其计算公式如下：

当期应纳税额=当期销项税额-当期进项税额-上期留抵税额

增值税一般纳税人当期应纳税额的多少，取决于当期销项税额和当期进项税额这两个因素。而当期销项税额的确定关键在于确定当期销售额。对当期进项税额的确定在税法中也做了一些具体的规定。在分别确定销项税额和进项税额的情况下，就不难计算出应纳税额。

（一）销项税额的确定

销项税额是指纳税人发生应税行为按照销售额和增值税税率计算并收取的增值税额。其计算公式为：

销项税额=销售额×税率

其含义包括两个方面：一是销项税额是通过计算得出来的，对于销货方来说，在没有依法抵扣其进项税额前，销项税额不是其应纳税额，而是销售货物或应税劳务的整体税负；二是销售额是不含增值税的，是从购买方收取的，体现了价外税的特点。

1.销售额的确定

（1）一般方式下的销售额

销售额是指纳税人销售货物或者应税劳务和应税服务向购买方收取的全部价款和价外费用，但财政部和国家税务总局另有规定的除外。

价外费用，是指价外收取的各种性质的收费，但不包括以下项目：

①受托加工应征消费税的消费品所代收代缴的消费税。

②同时符合以下条件的代垫运费：承运部门的运费发票开具给购买方，并且由纳税人将该项发票转交给购买方。

③同时符合以下条件代为收取的政府性基金或者行政事业性收费：第一，由国务院或者财政部批准设立的政府性基金，由国务院或者省级人民政府及其财政、价格主管部门批准设立的行政事业性收费；第二，收取时开具省级以上财政部门印制的财政票据；第三，所收款项全额上缴财政。

④销售货物的同时代办保险等而向购买方收取的保险费，以及向购买方收取的代购买方缴纳的车辆购置税、车辆牌照费。

⑤由于消费税属于价内税，凡征收消费税的货物在计征增值税时，应税销售额应包括消费税税金。

价外费用无论其会计制度如何核算，均应并入销售额计算，因其一般是含增值税的，要价税分离。

纳税人兼营免税、减税项目的，应当分别核算免税、减税项目的销售额；未分别核算的，不得免税、减税。

纳税人按照人民币以外的货币结算销售额的，应当折合成人民币计算，折合率可以选择销售额发生的当天或者当月1日的人民币汇率中间价。纳税人应当事先确定采用何种折合率，确定后12个月内不得变更。

（2）销售额的价税分离

增值税属于价外税，即计算增值税的计税依据中不含增值税税额。一般纳税人销售货物、提供应税劳务或者销售服务、转让无形资产或不动产，采用销售额和销项税额合并定价的，应将含税销售额换算为不含税销售额，计算公式为：

销售额=含税销售额÷（1+税率）

（3）对视同销售货物行为的销售额的确定

《税法》规定，对视同销售征税而无销售额的按下列顺序确定其销售额。

①按纳税人最近时期同类货物的平均销售价格确定。

②按其他纳税人最近时期同类货物的平均销售价格确定。

③按组成计税价格确定。组成计税价格的公式为：

组成计税价格=成本×（1+成本利润率）

属于应征消费税的货物，其组成计税价格中应加上消费税税额，其公式为：

组成计税价格=成本×（1+成本利润率）+消费税

=成本×（1+成本利润率）÷（1−消费税税率）

式中，成本是指销售自产货物的为实际生产成本，销售外购货物的为实际采购成本。成本利润率由国家税务总局确定。

纳税人提供应税服务的价格明显偏低或者偏高且不具有合理商业目的的，或者发生视同提供应税服务而无销售额的，主管税务机关有权按照下列顺序确定销售额：

①按照纳税人最近时期提供同类应税服务的平均价格确定。

②按照其他纳税人最近时期提供同类应税服务的平均价格确定。

③按照组成计税价格确定。组成计税价格的公式为：

组成计税价格=成本×（1+成本利润率）

式中，成本利润率由国家税务总局确定。

（4）特殊销售方式下销售额

①折扣销售、销售折扣和销售折让。

折扣销售亦称商业折扣，价款和折扣额在同一张发票上分别注明的，以折扣后的价款为销售额；未在同一张发票上分别注明的，以价款为销售额，不得扣减折扣额。

销售折扣亦称现金折扣，不得从销售额中减除。

销售折让可从销售额中减除折让。

必须指出的是，折扣仅限于价格的折扣，对于实物折扣多付出的实物，不按照折扣销售处理，应按视同销售计算增值税。

②采取以旧换新方式销售。以旧换新是指纳税人在销售自己的货物时，有偿收回旧货物的行为。纳税人采取该以旧换新方式销售货物的（金银首饰除外），应按新货物的同期销售价格确定销售额，不得扣减旧货物的收购价格。对金银首饰以旧换新业务，按销售方实际收取的不含增值税的全部价款计征增值税。

③采取还本销售方式销售。还本销售是指销货方将货物出售之后，按约定的时间，一次或分次将购货款部分或全部退还给购货方，退还的货款即为还本支出。纳税人采取还本销售货物的，不得从销售额中减除还本支出。

④采取以物易物方式销售。以物易物是一种较为特殊的购销活动，是指购销双方不是以货币结算，而是以同等价款的货物相互结算、实现货物购销的一种方式。以物易物双方都应作购销处理，以各自发出的货物核算销售额并计算销项税额，以各自收到的货物按规定核算购货额并计算进项税额（必须有专用发票）。

⑤包装物押金。销售货物而出租、出借包装物收取的押金，单独记账核算的，不并入销售额征税。但对因逾期（按合同约定实际逾期或以一年为期限）未收回包装物不再退还的押金，应换算为不含税价按所包装货物的适用税率计算销项税额。对于酒类（啤酒、黄酒除外）包装物押金，收到就作销售处理。

必须注意的是，包装物押金不应混同于包装物租金，包装物租金在销货时应作为价外费用并入销售额计算销项税额。

⑥一般纳税人销售自己使用过的固定资产。一般纳税人销售2008年12月31日以前购进或者自制的固定资产（未抵扣进项税额），按简易办法，依3%征收率减按2%征收增值税。

销售自己使用过的2009年以后购进或者自制的固定资产（进项税额在购进当期已抵扣），按正常销售货物适用税率征收增值税。

发生固定资产视同销售行为，无法确定销售额的，以固定资产净值为销售额。

“营改增”纳税人销售已使用的未抵扣进项税的固定资产，依3%征收率减按2%征收增值税；销售已使用的已抵扣进项税的固定资产，按适用税率征收。

⑦直销企业先将货物销售给直销员，直销员再将货物销售给消费者的，直销企业的销售额为其向直销员收取的全部价款和价外费用。直销员将货物销售给消费者时，应按照现行规定缴纳增值税。

（5）建筑服务业销售额的确认

一般纳税人提供建筑服务的税率为11%，对于小规模纳税人及特殊项目适用3%的征收率。

一般纳税人适用一般计税方法，一般计税方法的应纳税额计算公式为：

应纳税额=当期销项税额−当期进项税额

=当期销售额×11%−当期进项税额

纳税人的销售额为纳税人提供建筑服务收取的全部价款和价外费用，财政部和国家税务总局另有规定的除外。

价外费用，是指价外收取的各种性质的收费，但不包括以下项目：

①代为收取并符合规定的政府性基金或者行政事业性收费。

②以委托方名义开具发票代委托方收取的款项。

适用一般计税方法的试点纳税人，2016年5月1日后取得并在会计制度上按固定资产核算的不动产或者2016年5月1日后取得的不动产在建工程，其进项税额应自取得之日起分2年从销项税额中抵扣，第一年抵扣比例为60%，第二年抵扣比例为40%。

取得不动产，包括以直接购买、接受捐赠、接受投资入股、自建以及抵债等各种形式取得不动产，不包括房地产开发企业自行开发的房地产项目。

融资租入的不动产以及在施工现场修建的临时建筑物、构筑物，其进项税额不适用分2年抵扣的规定。

纳税人提供建筑服务适用简易计税方法的，以取得的全部价款和价外费用扣除支付的分包款后的余额为销售额。

建筑施工企业在四种情况下可以采用简易计税方法计税：

①纳税人为小规模纳税人。

②以清包工方式（指施工方不采购建筑工程所需的材料或只采购辅助材料，并收取人工费、管理费或者其他费用的建筑服务）提供建筑服务。

③为甲供工程（指全部或部分设备、材料、动力由工程发包方自行采购的建筑工程）提供建筑服务。

④为建筑工程老项目（指“建筑工程施工许可证”注明的合同开工日期在2016年4月30日前的建筑工程项目或未取得“建筑工程施工许可证”的，建筑工程承包合同注明的开工日期在2016年4月30日前的建筑工程项目）提供建筑服务。

一般纳税人存在上述②～④情形的可以选择简易计税方法计税，但一经选择，36个月内不得变更，且会丧失“营改增”后取得不动产的进项税额自取得之日起分2年从销项税额中抵扣的权利。

纳税人跨县（市、区）提供建筑服务，按照以下规定预缴税款：

第一，一般纳税人跨县（市、区）提供建筑服务，适用一般计税方法计税的，以取得的全部价款和价外费用扣除支付的分包款后的余额，按照2%的预征率计算应预缴税款。

应预缴税款=（全部价款和价外费用－支付的分包款）÷（1+11%）×2%

选择适用简易计税方法计税的，以取得的全部价款和价外费用扣除支付的分包款后的余额，按照3%的征收率计算应预缴税款。

应预缴税款=（全部价款和价外费用－支付的分包款）÷（1+3%）×3%

纳税人按规定从取得的全部价款和价外费用中扣除支付的分包款，应当取得符合法律、行政法规和国家税务总局规定的合法有效凭证，否则不得扣除。

纳税人取得的全部价款和价外费用扣除支付的分包款后的余额为负数的，可在结转下次预缴税款时继续扣除。

第二，小规模纳税人跨县（市、区）提供建筑服务，以取得的全部价款和价外费用扣除支付的分包款后的余额，按照3%的征收率计算应预缴税款。

（6）金融、保险业销售额的确认

金融、保险业销售额为纳税人提供金融服务收取的全部价款和价外费用。其具体规定包括：

①贷款服务，以提供贷款服务取得的全部利息及利息性质的收入为销售额。纳税人接受贷款服务向贷款方支付的与该笔贷款直接相关的投融资顾问费、手续费、咨询费等费用，其进项税额不得从销项税额中抵扣。

②直接收费金融服务，以提供直接收费金融服务收取的手续费、佣金、酬金、管理费、服务费、经手费、开户费、过户费、结算费、转托管费等各类费用为销售额。

③金融商品转让，以卖出价扣除买入价后的余额为销售额。

转让金融商品出现的正负差，以盈亏相抵后的余额为销售额。若相抵后出现负差，可结转下一纳税期与下期转让金融商品销售额相抵，但年末时仍出现负差的，不得转入下一个会计年度。

金融商品的买入价，可以选择按照加权平均法或者移动加权平均法进行核算，一经选择，36个月内不得变更。金融商品转让，不得开具增值税专用发票。

④保险服务收入。

⑤融资租赁和融资性售后回租业务。

第一，经人民银行、银监会或者商务部批准从事融资租赁业务的试点纳税人，提供融资租赁服务，以取得的全部价款和价外费用，扣除支付的借款利息（包括外汇借款和人民币借款利息）、发行债券利息和车辆购置税后的余额为销售额。

第二，经人民银行、银监会或者商务部批准从事融资租赁业务的试点纳税人，提供融资性售后回租服务，以取得的全部价款和价外费用（不含本金），扣除对外支付的借款利息（包括外汇借款和人民币借款利息）、发行债券利息后的余额作为销售额。

第三，试点纳税人根据2016年4月30日前签订的有形动产融资性售后回租合同，在合同到期前提供的有形动产融资性售后回租服务，可继续按照有形动产融资租赁服务缴纳增值税。

⑥经纪代理服务，以取得的全部价款和价外费用，扣除向委托方收取并代为支付的政府性基金或者行政事业性收费后的余额为销售额。向委托方收取的政府性基金或者行政事业性收费，不得开具增值税专用发票。

⑦纳税人接受贷款服务向贷款方支付的与该笔贷款直接相关的投融资顾问费、手续费、咨询费等费用，其进项税额不得从销项税额中抵扣。

（7）转让不动产销售额的确认

①一般纳税人转让其2016年4月30日前取得（不含自建）的不动产，可以选择简易计税方法计税，以取得的全部价款和价外费用扣除不动产购置原价或者取得不动产时的作价后的余额为销售额，按照5%的征收率计算应纳税额，并向不动产所在地主管地税机关预缴税款，向机构所在地主管国税机关申报纳税。

一般纳税人转让其2016年4月30日前自建的不动产，可以选择适用简易计税方法计税，以取得的全部价款和价外费用为销售额，按照5%的征收率计算应纳税额。

②一般纳税人转让其2016年4月30日前取得（不含自建）的不动产，选择一般计税方法计税的，以取得的全部价款和价外费用为销售额计算应纳税额。纳税人应以取得的全部价款和价外费用扣除不动产购置原价或者取得不动产时的作价后的余额，按照5%的预征率向不动产所在地主管地税机关预缴税款，向机构所在地主管国税机关申报纳税。

一般纳税人转让其2016年4月30日前自建的不动产，选择一般计税方法计税的，以取得的全部价款和价外费用为销售额计算应纳税额。纳税人应以取得的全部价款和价外费用，按照5%的预征率向不动产所在地主管地税机关预缴税款，向机构所在地主管国税机关申报纳税。

③一般纳税人转让其2016年5月1日后取得（不含自建）的不动产，适用一般计税方法，以取得的全部价款和价外费用为销售额计算应纳税额。纳税人应以取得的全部价款和价外费用扣除不动产购置原价或者取得不动产时的作价后的余额，按照5%的预征率向不动产所在地主管地税机关预缴税款，向机构所在地主管国税机关申报纳税。

一般纳税人转让其2016年5月1日后自建的不动产，适用一般计税方法，以取得的全部价款和价外费用为销售额计算应纳税额。纳税人应以取得的全部价款和价外费用，按照

5%的预征率向不动产所在地主管地税机关预缴税款，向机构所在地主管国税机关申报纳税。

④小规模纳税人转让其取得的不动产，除个人转让其购买的住房外，按照以下规定缴纳增值税：

第一，小规模纳税人转让其取得（不含自建）的不动产，以取得的全部价款和价外费用扣除不动产购置原价或者取得不动产时的作价后的余额为销售额，按照5%的征收率计算应纳税额。

第二，小规模纳税人转让其自建的不动产，以取得的全部价款和价外费用为销售额，按照5%的征收率计算应纳税额。

除其他个人之外的小规模纳税人，应按规定的计税方法向不动产所在地主管地税机关预缴税款，向机构所在地主管国税机关申报纳税；其他个人向不动产所在地主管地税机关申报纳税。

⑤个人转让其购买的住房，按照以下规定缴纳增值税：

第一，个人转让其购买的住房，按照有关规定全额缴纳增值税的，以取得的全部价款和价外费用为销售额，按照5%的征收率计算应纳税额。

第二，个人转让其购买的住房，按照有关规定差额缴纳增值税的，以取得的全部价款和价外费用扣除购买住房价款后的余额为销售额，按照5%的征收率计算应纳税额。

个体工商户应按规定的计税方法向住房所在地主管地税机关预缴税款，向机构所在地主管国税机关申报纳税；其他个人应按规定的计税方法向住房所在地主管地税机关申报纳税。

⑥其他个人以外的纳税人转让其取得的不动产，区分以下情形计算应向不动产所在地主管地税机关预缴的税款：

第一，以转让不动产取得的全部价款和价外费用作为预缴税款计算依据的，计算公式为：

应预缴税款=全部价款和价外费用÷（1+5%）×5%

第二，以转让不动产取得的全部价款和价外费用扣除不动产购置原价或者取得不动产时的作价后的余额作为预缴税款计算依据的，计算公式为：

应预缴税款=（全部价款和价外费用-不动产购置原价或者取得不动产时的作价）÷（1+5%）×5%

纳税人按规定从取得的全部价款和价外费用中扣除不动产购置原价或者取得不动产时的作价的，应当取得符合法律、行政法规和国家税务总局规定的合法有效凭证；否则，不得扣除。

⑦房地产开发企业中的一般纳税人销售其开发的房地产项目（选择简易计税方法的房地产老项目除外），以取得的全部价款和价外费用，扣除受让土地时向政府部门支付的土地价款后的余额为销售额。

（8）不动产经营租赁服务

①一般纳税人以经营租赁方式出租其2016年4月30日前取得的不动产（包括以直接购买、接受捐赠、接受投资入股、自建以及抵债等各种形式取得的不动产），可以选择简易计税方法，按照5%的征收率计算应纳税额。一般纳税人出租其2016年5月1日后取得的不动产，适用一般计税方法计税。

②小规模纳税人出租不动产，按照以下规定缴纳增值税：

单位和个体工商户出租不动产（不含个体工商户出租住房），按照5%的征收率计算应纳税额。个体工商户出租住房，按照5%的征收率减按1.5%计算应纳税额。

其他个人出租不动产（不含住房），按照5%的征收率计算应纳税额，向不动产所在地主管地税机关申报纳税。其他个人出租住房，按照5%的征收率减按1.5%计算应纳税额，向不动产所在地主管地税机关申报纳税。

③纳税人出租不动产，按照本办法规定需要预缴税款的，应在取得租金的次月纳税申报期或不动产所在地主管国税机关核定的纳税期限预缴税款。

纳税人出租不动产适用一般计税方法计税的，按照以下公式计算应预缴税款：

应预缴税款=含税销售额÷（1+11%）×3%

纳税人出租不动产适用简易计税方法计税的，除个人出租住房外，按照以下公式计算应预缴税款：

应预缴税款=含税销售额÷（1+5%）×5%

个体工商户出租住房，按照以下公式计算应预缴税款：

应预缴税款=含税销售额÷（1+5%）×1.5%

④其他个人出租不动产，按照以下公式计算应纳税款：

出租住房：

应纳税款=含税销售额÷（1+5%）×1.5%

出租非住房：

应纳税款=含税销售额÷（1+5%）×5%

纳税人以预缴税款抵减应纳税额，应以完税凭证作为合法有效凭证。

小规模纳税人中的单位和个体工商户出租不动产，不能自行开具增值税发票的，可向不动产所在地主管国税机关申请代开增值税发票。

其他个人出租不动产，可向不动产所在地主管地税机关申请代开增值税发票。

纳税人向其他个人出租不动产，不得开具或申请代开增值税专用发票。

单位和个体工商户出租不动产，向不动产所在地主管国税机关预缴的增值税款，可以在当期增值税应纳税额中抵减，抵减不完的，结转下期继续抵减。

（9）部分服务业销售额的特殊规定

①航空运输企业的销售额，不包括代收的机场建设费和代售其他航空运输企业客票而代收转付的价款。

②一般纳税人提供客运场站服务，以其取得的全部价款和价外费用扣除支付给承运方运费后的余额为销售额。其从承运方取得的增值税专用发票注明的增值税，不得抵扣。

③纳税人提供旅游服务，可以选择以取得的全部价款和价外费用，扣除向旅游服务购买方收取并支付给其他单位或者个人的住宿费、餐饮费、交通费、签证费、门票费和支付给其他接团旅游企业的旅游费用后的余额为销售额，向旅游服务购买方收取并支付的上述费用，不得开具增值税专用发票，可以开具普通发票。

④中国移动通信集团公司、中国联合网络通信集团有限公司、中国电信集团公司及其成员单位通过手机短信公益特服号为公益性机构接受捐款服务，以其取得的全部价款和价外费用，扣除支付给公益性机构捐款后的余额为销售额。

⑤一般纳税人提供知识产权代理服务、货物运输代理服务和代理报关服务，以取得的全部价款和价外费用，扣除向委托方收取并代为支付的政府性基金或行政事业性收费后的余额为销售额。向委托方收取并代为支付的政府性基金或行政事业性收费，不得开具增值税专用发票。

⑥一般纳税人提供国际货物运输代理服务，以其取得的全部价款和价外费用扣除支付给国际运输企业的国际运输费后的余额为销售额。

必须指出的是，上述一般纳税人从全部价款和价外费用中扣除价款，应当取得符合法律、行政法规和国家税务总局规定的有效凭证（包括发票、境外签收单据、完税凭证、财政票据等）；否则，不得扣除。

2.销项税额的计算

当期销项税额=当期销售额或组成计税价格×税率

所谓当期，是指销售实现的时间在本期。增值税纳税义务发生时间和纳税期限对纳税人在什么时间计算销项税额作了具体规定。

（二）进项税额的确定

进项税额是纳税人购进货物、加工修理修配劳务、服务、无形资产或者不动产所支付或负担的增值税额，它与销售方收取的销项税额相对应。

进项税额有三方面的含义：

第一，必须是增值税一般纳税人，才涉及进项税额的抵扣问题；

第二，产生进项税额的行为包括购进货物、加工修理修配劳务、服务、无形资产或者不动产；

第三，支付或者负担的进项税额是指支付给销货方或者购买方自己负担的增值税税额。

每一个增值税一般纳税人都会有收取的销项税额和支付的进项税额，一般纳税人当期应纳增值税税额采用购进抵扣法计算，即以当期的销项税额扣除当期进项税额，其余额为应纳增值税税额。一般纳税人应纳税额的大小取决于两个因素：销项税额和进项税额。进项税额的大小影响纳税人实际缴纳的增值税。需要注意的是，并不是购进货物或者接受应税劳务和应税服务所支付或者负担的增值税都可以在销项税额中抵扣，税法对哪些进项税额可以抵扣、哪些进项税额不能抵扣作了严格的规定。

1.准予从销项税额中抵扣的进项税额

（1）一般纳税人购进货物、接受应税劳务（加工、修理修配劳务）或者应税服务（包括但不限于交通运输业服务）的进项税额，为从销售方（或者提供方）取得的“增值税专用发票”（含货物运输业增值税专用发票、税控机动车销售统一发票）上注明的增值税税额。

（2）从海关取得的海关进口增值税专用缴款书上注明的增值税税额。

（3）接受境外单位或者个人提供的应税服务，从税务机关或者境内代理人取得的解缴税款的税收缴款凭证上注明的增值税税额。

（4）购进农产品，除取得增值税专用发票或者海关进口增值税专用缴款书外，按照农产品收购发票或者销售发票上注明的农产品买价和13%的扣除率计算的进项税。

农产品买价，包括农产品收购发票或者销售发票上注明的价款和按规定缴纳的烟叶税。

农产品中收购烟叶的进项税抵扣公式比较特殊：

烟叶收购金额=烟叶收购价款×（1+10%）

烟叶税应纳税额=烟叶收购金额×税率（20%）

准予抵扣进项税=（烟叶收购金额+烟叶税应纳税额）×扣除率（13%）

（5）增值税一般纳税人提供货物运输服务，使用增值税专用发票和增值税普通发票，开具发票时应将起运地、到达地、车种车号以及运输货物信息等内容填写在发票备注栏中，如内容较多可另附清单。铁路运输企业受托代征的印花税款信息，可填写在发票备注栏中。

外购运输劳务的进项税额=支付的运费金额×11%

需要注意的是：

①购买或销售免税货物（购进免税农产品除外）所发生的运输费用，也不得计算进项税额抵扣。

②准予计算进项税额抵扣的货物运费金额是指在运输单位开具的运费结算单据上注明的运费和建设基金。

③一般纳税人在生产经营过程中所支付的运输费用，取得增值税专用发票的，允许计算抵扣进项税额。

（6）增值税一般纳税人购置增值税防伪税控系统专用设备（包括税控金税卡、税控IC卡和读卡器）和通用设备（包括用于防伪税控系统开具专用发票的计算机、打印机和税控收款机），可凭购货所取得的专用发票所注明的税额从增值税销项税额中抵扣。

（7）外贸企业购进货物后，无论内销还是出口，须将所取得的增值税专用发票在规定的认证期限内到税务机关办理认证手续。凡未在规定的认证期限内办理认证手续的增值税专用发票，不予抵扣或退税。

（8）增值税一般纳税人在资产重组过程中，将全部资产、负债和劳动力一并转让给其他增值税一般纳税人，并按程序办理注销税务登记的，其在办理注销登记前尚未抵扣的进项税额可结转至新纳税人处继续抵扣。

2.不得从销项税额中抵扣的进项税额

增值税不可抵扣进项税额的政策主要针对两方面问题：一是增值税链条中断；二是涉税凭证不规范。

（1）用于简易计税方法计税项目、免征增值税项目、集体福利或者个人消费（包括纳税人的交际应酬费）的购进货物、加工修理修配劳务、服务、无形资产和不动产。

（2）非正常损失的购进货物，以及相关的加工修理修配劳务和交通运输服务。非正常损失，是指因管理不善造成被盗、丢失、霉烂变质的损失，以及被执法部门依法没收或者强令自行销毁的货物。

（3）非正常损失的在产品、产成品所耗用的购进货物（不包括固定资产）、加工修理修配劳务和交通运输服务。

（4）非正常损失的不动产，以及该不动产所耗用的购进货物、设计服务和建筑服务。

（5）非正常损失的不动产在建工程所耗用的购进货物、设计服务和建筑服务。纳税人新建、改建、扩建、修缮、装饰不动产，均属于不动产在建工程。

（6）购进的旅客运输服务、贷款服务、餐饮服务、居民日常服务和娱乐服务。

（7）纳税人取得的增值税扣税凭证不符合法律、行政法规或者国家税务总局有关规定的，其进项税额不得从销项税额中抵扣。

（8）财政部和国家税务总局规定的其他情形。

一般纳税人兼营免税项目或者非增值税应税劳务而无法划分不得抵扣的进项税额的，按下列公式计算：

$$\frac{\text{不得抵扣的}}{\text{进项税额}}=\frac{\text{当月无法划分的}}{\text{全部进项税额}}\times\frac{\text{当期简易计税方法计税项目销售额、当月免税}}{\text{项目销售额、非增值税应税劳务营业额合计}}\div\frac{\text{当月全部销售额、}}{\text{营业额合计}}$$

已抵扣进项税额的固定资产、无形资产或者不动产，发生用于非应税项目或免税项目的，按照下列公式计算不得抵扣的进项税额：

不得抵扣的进项税额=固定资产、无形资产或者不动产净值×适用税率

固定资产、无形资产或者不动产净值，是指纳税人根据财务会计制度计提折旧或摊销后的余额。

纳税人进口货物向境外实际付款低于进口报关价格的差额部分以及从境外供应商取得的退还或返还的资金，不作进项税额转出处理。

有下列情形之一者，应当按照销售额和增值税税率计算应纳税额，不得抵扣进项税，也不得使用增值税专用发票：

①一般纳税人会计核算不健全，或者不能提供准确税务资料；

②应当申请办理一般纳税人资格认定而未申请的。

3.进项税额的抵扣期限

现行税法对增值税扣税凭证规定了认证抵扣期限。纳税人应按时合法取得增值税扣税凭证，并在规定的时间内认证抵扣或勾选确认抵扣。

关于进项税额的抵扣时间，总的原则是：进项税额的抵扣不得提前。

（1）增值税一般纳税人取得的增值税专用发票（含货物运输业增值税专用发票、税控机动车销售统一发票），应在开具之日起180日内到税务机关办理认证，并在认证通过的次月申报期内，向主管税务机关申报抵扣进项税额。

（2）增值税一般纳税人取得的海关进口增值税专用缴款书，应在开具之日起180日内向主管税务机关报送“海关完税凭证抵扣清单”（包括纸质资料和电子数据），申请稽核比对。

（3）增值税一般纳税人取得的增值税扣税凭证已认证或已采集上报信息但未按照规定期限申报抵扣；实行纳税辅导期管理的增值税一般纳税人以及实行海关进口增值税专用缴款书“先比对后抵扣”管理办法的增值税一般纳税人，取得的增值税扣税凭证稽核比对结果相符但未按规定期限申报抵扣，属于发生真实交易且属于客观原因的，经主管税务机关审核，允许纳税人继续申报抵扣其进项税额。

（4）适用一般计税方法的“营改增”试点纳税人，2016年5月1日后取得并在会计制度上按固定资产核算的不动产，其进项税额应自取得之日起分2年从销项税额中抵扣，第一年抵扣比例为60%，第二年抵扣比例为40%。

4.进项税额不足抵扣与进项税额转出

增值税实行当期购进扣税法，可能导致当期购进货物或接受应税劳务支付的增值税税

额大于当期销售货物提供应税劳务收到的增值税税额，即当期进项税额大于当期销项税额，就出现了进项税额不足抵扣，当期进项税额不足抵扣的部分可结转下期继续抵扣。

一般纳税人已抵扣进项税额的购进货物或者应税劳务，发生税法所规定的不准予抵扣进项税额的事项（免税项目、非增值税应税劳务除外），应当将该项购进货物或者应税劳务的进项税额从当期发生的进项税额中扣减；无法确定该项进项税额的，按当期实际成本计算应扣减的进项税额。

原增值税一般纳税人兼有应税服务，截止到本地区试点实施之日前的增值税期末留抵税额不得从应税服务的销项税额中抵扣。

5.不得抵扣增值税的进项税额的处理

增值税进项税额不得抵扣的情形，以及进项税额不得抵扣与进项税额转出的关系，错综复杂。进项税额不得抵扣，不一定就要转出，是否要转出，要看进项税额有没有抵扣，要分清进项税发生的时间与物品转移的时间差异，在计算不得抵扣进项税额时尤为重要。对于不得从销项税额中抵扣的进项税额的情况，实务中应该分别处理：

第一类，购入时不予抵扣，直接计入购货的成本。

第二类，已抵扣后改变用途、发生损失、出口不得免抵退税额，作进项税转出处理。其具体分为三种情况：

（1）直接计算转出法，适用于材料的非正常损失或改变用途。

（2）还原计算转出法，适用于免税农产品、运费的非正常损失。

（3）比例计算转出法，适用于半成品、产成品的非正常损失。

第三类，平销返利的返还收入，冲减当期进项税额。

对商业企业向供货方收取的与商品销售量、销售额挂钩（如以一定比例、金额、数量计算）的各种返还收入，均应按照平销返利行为的有关规定冲减当期增值税进项税额。

$$\text{当期应冲减进项税额}=\text{当期取得的返还收入}\div(1+\text{所购货物适用增值税税率})\times\text{所购货物适用增值税税率}$$

商业企业向供货方收取的各种返还收入，一律不得开具增值税专用发票。

6.销货退回或折让涉及销项税额和进项税额的税务处理

一般纳税人销售货物或者提供应税劳务和应税服务，开具增值税专用发票后，发生销售货物退回或者折让、开票有误等情形，应按国家税务总局的规定开具红字增值税专用发票。未按规定开具红字增值税专用发票的，不得扣减销项税额或者销售额。

一般纳税人因销货退回或折让退还给购买方的增值税额，应从发生销货退回或折让当期的销项税额中扣减；因进货退出或折让而收回的增值税税额，应从发生进货退出或折让当期的进项税额中扣减。

纳税人提供的适用一般计税方法计税的应税服务，因服务中止或者折让而退还给购买方的增值税税额，应当从当期的销项税额中扣减；发生服务中止、购进货物退出、折让而收回的增值税税额，应当从当期的进项税额中扣减。

（三）一般纳税人应纳税额的计算

一般纳税人应纳税额的计算公式为：

应纳税额=当期销项税额-当期进项税额

如果计算结果为正数，则当期应纳增值税；如果计算结果为负数，则形成留抵税额待下期抵扣。其计算公式为：

应纳税额=当期销项税额-当期进项税额-上期留抵税额

【例2-1】某食品加工厂（增值税一般纳税人）2016年9月发生下列业务：

（1）向农民收购大麦10吨，收购凭证上注明价款20 000元，验收后送另一食品加工厂（增值税一般纳税人）加工膨化食品，支付加工费价税合计600元，取得增值税专用发票；

（2）从县城某工具厂（小规模一般纳税人）购入小工具一批，取得税务机关代开的增值税专用发票，支付价税合计3 605元；

（3）将以前月份购入的10吨玉米渣对外销售9吨，取得不含税销售额21 000元，将1吨玉米渣无偿赠送给客户；

（4）生产夹心饼干销售，开具的增值税专用发票上注明销售额100 000元；

（5）上月向农民收购的小米因保管不善霉烂，账面成本为4 477.27元（含运费127.27元）；

（6）转让2010年3月购入的小型生产设备一台，从购买方取得支票8 000元（含税），发生清理费支出400元。

假定上述需要认证的发票均已通过认证并允许在当月抵扣。

要求：（1）计算该食品加工厂当期可以抵扣的进项税额；（2）计算该食品加工厂当期的增值税销项税额；（3）计算该食品加工厂当期应缴纳的增值税税额。

解：

（1）计算该食品加工厂当期可抵扣的进项税额：

收购大麦可以抵扣的进项税=20 000×13%=2 600（元）

加工费可以抵扣的进项税=600÷（1+17%）×17%=87.18（元）

购买工具可以抵扣的进项税=3 605÷（1+3%）×3%=105（元）

小米因管理不善霉烂作进项税额转出时，注意将农产品账面成本还原成计算进项税时的基数。

进项税额转出=（4 477.27-127.27）÷（1-13%）×13%+127.27×11%=664（元）

当期可以抵扣的进项税=2 600+87.18+105-664=2 128.18（元）

（2）计算该食品加工厂当期的增值税销项税额：

销售玉米渣的销项税=21 000×13%=2 730（元）

无偿赠送给客户的玉米渣视同销售的销项税=21 000÷9×13%=303.33（元）

销售夹心饼干的销项税=100 000×17%=17 000（元）

因设备是在增值税转型后购入，转让时则应计算销项税：

销项税=8 000÷（1+17%）×17%=1 162.39（元）

当期销项税额合计=2 730+303.33+17 000+1 162.39=21 195.72（元）

（3）计算该食品加工厂当期应纳增值税税额：

当期应纳税额=21 195.72-2 128.18=19 067.54（元）

【例2-2】某企业（增值税一般纳税人）兼有货物生产和技术服务业务，2015年7月底留抵税额32万元，2015年8月技术服务业务纳入“营改增”试点。该企业8月销售货物金额（不含税）200万元；购入生产货物的原材料金额150万元，取得了增值税专用发票；购入送货用三轮摩托车10台，每台金额2万元，取得了增值税专用发票注明价款20万元；当月提供技术服务收取服务费金额20万元，为提供技术服务发生进项税0.8万元。

要求：计算该企业当期应纳的增值税。

解：原增值税一般纳税人兼有应税服务的，截止到本地区试点实施之日前的增值税期末留抵税额，不得从应税服务的销项税额中抵扣。

当期货物销售应纳增值税=200×17%-（150+20）×17%-32=-26.9（万元）

当期提供技术服务应纳增值税=20×6%-0.8=0.4（万元）

该企业当期应纳增值税为0.4万元。

三、简易计税方法应纳税额的计算

简易计税方法的适用对象，既包括小规模纳税人销售货物、加工修理修配劳务、服务、不动产或转让无形资产，也包括一般纳税人的特殊销售、提供特定应税劳务或服务。

简易计税方法的应纳税额是按照销售额和增值税征收率计算的增值税额，不得抵扣进项税额。其计算公式为：

应纳税额=销售额×征收率

简易计税方法的销售额不包括其应纳税额，纳税人采用销售额和应纳税额合并定价方法的，按照下列公式计算销售额：

销售额=含税销售额÷（1+征收率）

纳税人适用简易计税方法计税的，因销售折让、中止或者退回而退还给购买方的销售额，应当从当期销售额中扣减。扣减当期销售额后仍有余额造成多缴的税款，可以从以后的应纳税额中扣减。

【例2-3】某会计代理公司为小规模纳税人，2016年7—9月份取得会计代理收入5万元、会计咨询收入2万元。当月购进办公用品支付价款1.03万元，并取得增值税普通发票。

要求：计算该公司当期应纳增值税税额。

解：应纳增值税税额=（5+2）÷（1+3%）×3%=0.2（万元）

四、进口货物应纳增值税的计算

凡是增值税征税范围内的进口货物，不分产地，不分用途，不分是否付款，除特殊规定外，都要缴纳进口环节的增值税。

纳税人进口货物按组成计税价格和规定的税率计算应纳增值税税额，不得抵扣任何税额（指在计算进口环节的应纳增值税税额时，不得抵扣发生在我国境外的各种税金）。

一般贸易中，进口货物以海关审定的成交价格为基础的到岸价格作为完税价格。所谓成交价格，是指一般贸易项下进口货物的买方为购买该项货物向卖方实际支付或应当支付的价格；到岸价格是货价加上货物运抵我国关境输入地点起卸前的包装费、运费、保险费和其他劳务费等费用的一种价格。组成计税价格计算公式为：

组成计税价格=关税完税价格+关税税额

=关税完税价格×（1+关税税率）

属于征收消费税的进口货物，还需在组成计税价格中加上消费税税额。其计算公式为：

组成计税价格=关税完税价格+关税税额+消费税税额

或 =关税完税价格×（1+关税税率）÷（1-消费税税率）

应纳税额=组成计税价格×税率

纳税人进口货物取得的合法海关完税凭证是计算增值税进项税额的唯一依据，其价格差额部分以及从境外供应商取得的退还或返还的资金，不作进项税额转出处理。

进口货物的增值税由海关代征。个人携带或者邮寄进境自用物品的增值税，连同关税一并计征，具体办法由国务院关税税则委员会会同有关部门制定。

进口货物增值税纳税义务发生时间为报关进口的当天，其纳税地点应当由进口人或其代理人向报关地海关申报纳税，其纳税期限应当自海关填发海关进口增值税专用缴款书之日起15日内缴纳税款。

【例2-4】某市综合工贸公司为增值税一般纳税人，2016年11月进口实木地板一批，支付国外的买价为300万元（关税税率为20%），支付购货佣金6万元，办理海关相关手续后，海关放行，支付运抵我国海关地前的运输费用为20万元、装卸费用和保险费用11万元，支付海关地再运往商贸公司的运输费用为8万元，取得运费发票。（实木地板消费税税率为5%）

要求：计算该公司进口环节应缴纳的关税、消费税和增值税。

解：关税=（300+20+11）×20%=66.2（万元）

进口增值税=（300+20+11+66.2）÷（1−5%）×17%=71.08（万元）

进口消费税=（300+20+11+66.2）÷（1−5%）×5%=20.91（万元）

第三节　增值税出口货物和服务退（免）税的计算

一、出口货物退（免）税基本政策

出口货物退（免）税是指在国际贸易业务中，对报关出口的货物退还在国内各生产环节和流转环节按税法规定已缴纳的增值税和消费税或免征应缴纳的增值税和消费税。其目的是使本国出口商品以不含税的价格或成本进入国际市场，避免国际双重征税和税负不公平，增强本国产品的出口竞争能力。

我国出口货物退（免）税的基本政策包括以下三种形式：

1.出口免税并退税（又免又退）

出口免税并退税（又免又退）分为“免抵退税”和“免退税”两种。

出口免税是指对货物在出口环节不征增值税、消费税，这是把货物出口环节与出口前的销售环节都视为同样的征税环节。

出口退税是指对货物在出口前实际承担的税收，按规定的退税率计算后予以退还。

2.出口货物免税不退税（只免不退）

出口货物不退税是指适用该政策的出口货物因在前一道生产销售环节或进口环节是免税的，出口时该货物的价格中本身就不含税，也无须退税，即适用免税政策。

3.出口不免税也不退税（不免不退）

出口不免税是指对国家限制或禁止出口的某些货物的出口环节视同内销环节，照常征税；出口不退税是指对这些货物出口不退还出口前其所负担的税款。简而言之，出口不免税也不退税适用征税政策。

二、出口退（免）税税种范围

根据《增值税暂行条例》和《消费税暂行条例》的规定，出口货物退（免）税的税种仅限增值税和消费税。

三、出口货物和劳务及应税服务增值税退（免）税政策

（一）适用增值税退（免）税政策的范围（又免又退）

1.出口企业出口货物。

出口企业是指依法办理了工商、税务、外贸经营登记，自营或委托出口货物的生产企业（包括个体工商）。

出口货物是指向海关报关后实际离境并销售给境外单位或个人的货物，分为自营出口货物和委托出口货物两类。

出口企业出口货物共有8项，其中重点是：

（1）出口企业对外援助、对外承包、境外投资的出口货物。

（2）出口企业经海关报关进入国家批准的出口加工区、保税物流园区、保税港区、综合保税区等特殊区域并销售给特殊区域内单位或境外单位、个人的货物。

（3）免税品经营企业销售的货物。

（4）出口企业或其他单位销售给用于国际金融组织或外国政府贷款国际招标建设项目的中标机电产品。

（5）生产企业向海上石油天然气开采企业销售的自产的海洋工程结构物。

（6）出口企业或其他单位销售给国际运输企业用于国际运输工具上的货物，例如外轮供应公司、远洋运输供应公司销售给外轮、远洋国轮的货物，国内航空供应公司生产销售给国内和国外航空公司国际航班的航空食品。

2.出口企业或其他单位视同出口货物。

出口企业或其他单位视同出口货物共有9项，其中重点是：

（1）用于对外承包工程项目下的货物。

（2）用于境外投资的货物。

（3）用于对外援助的货物。

（4）生产自产货物的外购设备和原材料（农产品除外）。

3.出口企业对外提供加工修理修配劳务。

对外提供加工修理修配劳务是指对进境复出口货物或从事国际运输的运输工具进行的加工修理修配。

4.外贸综合服务企业以自营方式出口国内生产企业与境外单位或个人签约的出口货物，同时具备以下情形的，可由外贸综合服务企业按自营出口的规定申报退（免）税：

（1）出口货物为生产企业自产货物。

（2）生产企业已将出口货物销售给外贸综合服务企业。

（3）生产企业与境外单位或个人已经签订出口合同，并约定货物由外贸综合服务企业出口至境外单位或个人，货款由境外单位或个人支付给外贸综合服务企业。

（4）外贸综合服务企业以自营方式出口。

境内的单位和个人提供适用增值税零税率的服务或者无形资产，如果属于适用简易计税方法的，实行免征增值税办法。如果属于适用增值税一般计税方法的，生产企业实行“免、抵、退”税办法；外贸企业外购服务或者无形资产出口实行免退税办法；外贸企业自行开发的研发服务和设计服务出口，视同生产企业连同其出口货物统一实行“免、抵、退”税办法。

（二）适用增值税免税政策的出口货物劳务（只免不退）

对符合条件的出口货物劳务，除另有规定外，实行免征增值税政策。

1.出口企业或其他单位出口规定的货物，具体是指：

（1）增值税小规模纳税人出口的货物。

（2）避孕药品和用具、古旧图书。

（3）软件产品，含黄金、铂金成分的货物，钻石及其饰品，已使用过的设备。

（4）非出口企业委托出口的货物，非列名生产企业出口的非视同自产货物，农业生产者自产农产品。

（5）油画、花生果仁、黑大豆等财政部和国家税务总局规定的出口免税的货物。

（6）外贸企业取得普通发票、废旧物资收购凭证、农产品收购发票、政府非税收入票据的货物。

（7）来料加工复出口的货物、特殊区域内的企业出口的特殊区域内的货物。

（8）以人民币现金作为结算方式的边境地区出口企业从所在省（自治区）的边境口岸出口到接壤国家的一般贸易和边境小额贸易出口货物。

（9）以旅游购物贸易方式报关出口的货物。

2.出口企业或其他单位视同出口的下列货物劳务：

（1）国家批准设立的免税店销售的免税货物（包括进口免税货物和已实现退（免）税的货物）。

（2）特殊区域内的企业为境外的单位或个人提供加工修理修配劳务。

（3）同一特殊区域、不同特殊区域内的企业之间销售特殊区域内的货物。

3.出口企业或其他单位未按规定申报或未补齐增值税退（免）税凭证的出口货物劳务。

（1）未在国家税务总局规定的期限内申报增值税退（免）税的出口货物劳务。

（2）未在规定期限内申报开具“代理出口货物证明”的出口货物劳务。

（3）已申报增值税退（免）税，却未在国家税务总局规定的期限内向税务机关补齐增值税退（免）税凭证的出口货物劳务。

对于适用增值税免税政策的出口货物劳务，出口企业或其他单位可以依照现行增值税有关规定放弃免税，并依照相应规定缴纳增值税。

（三）适用增值税征税政策的出口货物劳务（不免不退）

下列出口货物劳务，不适用增值税退（免）税和免税政策，按规定征收增值税（征税政策）：

（1）出口企业出口或视同出口财政部和国家税务总局根据国务院决定明确取消出口退（免）税的货物（不包括来料加工复出口货物、中标机电产品、列名原材料、输入特殊区域的水电气、海洋工程结构物）。

（2）出口企业或其他单位销售给特殊区域内的生活消费用品和交通运输工具。

（3）出口企业或其他单位因骗取出口退税被税务机关停止办理增值税退（免）税期间出口的货物。

（4）出口企业或其他单位提供虚假备案单证的货物。

（5）出口企业或其他单位增值税退（免）税凭证有伪造或内容不实的货物。

（6）出口企业或其他单位未在国家税务总局规定期限内申报免税核销以及经主管税务机关审核不予免税核销的出口卷烟。

（7）出口企业或其他单位具有以下情形之一的出口货物劳务：

①将空白的出口货物报关单、出口收汇核销单等退（免）税凭证交由除签有委托合同的货代公司、报关行，或由境外进口方指定的货代公司（提供合同约定或者其他相关证明）以外的其他单位或个人使用的。

②以自营名义出口，其出口业务实质上是由本企业及其投资的企业以外的单位或个人借该出口企业名义操作完成的。

③以自营名义出口，其出口的同一批货物既签订购货合同，又签订代理出口合同（或协议）的。

④出口货物在海关验放后，自己或委托货代承运人对该笔货物的海运提单或其他运输单据等上的品名、规格等进行修改，造成出口货物报关单与海运提单或其他运输单据有关内容不符的。

⑤以自营名义出口，但不承担出口货物的质量、收款或退税风险之一的，即出口货物发生质量问题不承担购买方的索赔责任（合同中有约定质量责任承担者除外）；不承担未按期收款导致不能核销的责任（合同中有约定收款责任承担者除外）；不承担因申报出口退（免）税的资料、单证等出现问题造成不退税责任的。

⑥未实质参与出口经营活动、接受并从事由中间人介绍的其他出口业务，但仍以自营名义出口的。

简而言之，出口货物退（免）税的方式主要有免退税、免抵退税、免税三种，出口货物也有按照规定征税不退税的情形，见表2-2。

表2-2 **出口货物劳务退（免）税的方式**

增值税处理	适用情况
免抵退税	生产企业
免退税	不具有生产能力的外贸企业或其他企业
免税	免税货物的出口；增值税小规模纳税人出口自产货物；来料加工复出口；非出口企业委托出口货物；旅游购物贸易
征税	取消出口退税的货物、劳务；特殊销售对象；违规企业；无实质性出口

四、增值税退（免）税办法

1.“免、抵、退”税办法，适用于生产企业出口自产货物和视同自产货物及对外提供加工修理修配劳务，以及列名的生产企业出口非自产货物，免征增值税，相应的进项税额抵减应纳增值税额（不包括适用增值税即征即退、先征后退政策的应纳增值税额），未抵减完的部分予以退还。

营改增纳税人（适用一般计税方法）提供零税率应税服务，也适用“免、抵、退”税办法。

2.免退税办法，适用于不具有生产能力的出口企业或其他单位出口货物劳务，免征增值税，相应的进项税额予以退还。

外贸企业外购的研发服务和设计服务出口，免征增值税，其对应的外购应税服务的进项税额予以退还。

五、出口退税率

出口货物的退税率是出口货物的实际退税额与退税计税依据的比例。国家鼓励出口的货物，退税率就高一些；限制出口的，退税率就低一些。现行出口退税率有17%、16%、15%、13%、9%、5%和3%等若干档。

1.一般规定：除单独规定外，出口货物的退税率为其适用征税率。

2.特殊规定：

（1）外贸企业购进按简易办法征税的出口货物、从小规模纳税人购进的出口货物，其退税率分别为简易办法实际执行的征收率、小规模纳税人征收率。该出口货物取得增值税专用发票的，退税率按照增值税专用发票上的税率和出口货物退税率孰低的原则确定。

（2）出口企业委托加工修理修配货物，其加工修理修配费用的退税率，为出口货物的退税率。

3.适用不同退税率的货物、劳务及应税服务，应分开报关、核算并申报退（免）税；否则从低适用退税率。

六、增值税退（免）税的计税依据

出口货物、劳务及应税服务的增值税退（免）税的计税依据，按出口货物、劳务及应税服务的出口发票（外销发票）、其他普通发票或购进出口货物、劳务及应税服务的增值税专用发票、海关进口增值税专用缴款书确定，见表2-3。

七、增值税“免、抵、退”税和“免退税”的计算

（一）“免、抵、退”税的计算

“免、抵、退”税办法适用于生产企业出口自产货物和视同自产货物及对外提供加工修理修配劳务，以及列名的生产企业出口非自产货物。

“免”税是指生产企业出口的自产（含视同自产）货物和应税劳务等免征本企业生产销售环节增值税；

“抵”税是指生产企业出口自产货物、应税劳务等所耗用的原材料、零部件、燃料、动力等所含应予退还的进项税额，抵顶内销货物的应纳税额；

“退”税是指生产企业出口自产货物、应税劳务等在当月内应抵顶的进项税额大于内销应纳税额时，对未抵顶完的部分予以退税。

在计算“免、抵、退”税时，考虑到退税率低于征税率，需要计算不予“免、抵、退”税的金额从进项税中剔除出去，转入出口产品的销售成本中。“免、抵、退”税计算实际上涉及免、剔、抵、退四个步骤。

剔，就是作进项税额转出的过程，把退税率低于征税率而需要剔除的增值税转入外销的成本。

抵，用出口应退税额抵减内销应纳税额，让企业用内销少缴税的方式得到出口退税的实惠。“抵”之后企业应纳税额可能出现的情况——结果为正数或结果为负数。

退，在企业计算出当期应纳税额小于0时，才会涉及出口退税。即内销的应纳税已经全部被出口应退税额冲抵掉了，而出口应退税还存在没有被抵完的金额。其基本计算公式为：

表2-3 增值税退（免）税的计税依据

出口企业	出口行为	退免税计税依据
1.生产企业	①出口货物劳务（进料加工复出口货物除外）	出口货物劳务的实际离岸价（FOB）。实际离岸价应以出口发票上的离岸价为准，但如果出口发票不能反映实际离岸价，主管税务机关有权予以核定
	②进料加工复出口货物	按出口货物的离岸价（FOB）扣除出口货物所含的海关保税进口料件的金额后确定
	③国内购进无进项税额且不计提进项税额的免税原材料加工后出口的货物	按出口货物的离岸价（FOB）扣除出口货物所含的国内购进免税原材料的金额后确定
	④中标机电产品	为销售机电产品的普通发票注明的金额
	⑤向海上石油天然气开采企业销售的自产的海洋工程结构物	销售海洋工程结构物的普通发票注明的金额
	⑥输入特殊区域的水电气	作为购买方的特殊区域内生产企业购进水（包括蒸汽）、电力、燃气的增值税专用发票注明的金额
2.外贸企业	①出口货物（委托加工修理修配货物除外）	为购进出口货物的增值税专用发票注明的金额或海关进口增值税专用缴款书注明的完税价格
	②出口委托加工修理修配货物	为加工修理修配费用增值税专用发票注明的金额。外贸企业应将加工修理修配使用的原材料（进料加工海关保税进口料件除外）作价销售给受托加工修理修配的生产企业，受托加工修理修配的生产企业应将原材料成本并入加工修理修配费用开具发票
	③中标机电产品	为购进货物的增值税专用发票注明的金额或海关进口增值税专用缴款书注明的完税价格
3.出口企业	出口进项税额未计算抵扣的已使用过的设备	退（免）税计税依据＝增值税专用发票上的金额或海关进口增值税专用缴款书注明的完税价格×已使用过的设备固定资产净值÷已使用过的设备原值 已使用过的设备固定资产净值＝已使用过的设备原值－已使用过的设备已提累计折旧
4.免税品经营企业	销售的货物	为购进货物的增值税专用发票注明的金额或海关进口增值税专用缴款书注明的完税价格
备注	增值税退（免）税的计税依据，对于生产企业而言，一般是扣减所含保税和免税金额之后的离岸价；对于外贸企业而言，一般是购进货物增值税专用发票注明的金额或海关进口增值税专用缴款书注明的完税价格	

$$\text{当期不得免征和抵扣税额抵减额}=\text{当期免税购进原材料价格}\times(\text{出口货物适用税率}-\text{出口货物退税率})$$

如果当期实际不得免征和抵扣税额抵减额大于当期出口货物离岸价×外汇人民币折合率×（出口货物适用税率-出口货物退税率）的，则：

$$\text{当期不得免征和抵扣税额抵减额}=\text{当期出口货物离岸价}\times\text{外汇人民币折合率}\times(\text{出口货物适用税率}-\text{出口货物退税率})$$

$$\text{当期不得免征和抵扣税额}=\text{当期出口货物离岸价}\times\text{外汇人民币折合率}\times(\text{出口货物适用税率}-\text{出口货物退税率})-\text{当期不得免征和抵扣税额抵减额}$$

当期免抵退税额抵减额=当期免税购进原材料价格×出口货物退税率

$$\text{当期免抵退税额}=\text{当期出口货物离岸价}\times\text{外汇人民币折合率}\times\text{出口货物退税率}-\text{当期免抵退税额抵减额}$$

当期应纳税额=当期销项税额-（当期进项税额-当期不得免征和抵扣税额） 上期留抵税额

当期应纳税额<0，为期末留抵税额，要退税；当期应纳税额>0，为应纳税额，没有退税。

当期期末留抵税额≤当期免抵退税额，则：

当期应退税额=当期期末留抵税额

当期免抵税额=当期免抵退税额-当期应退税额

当期期末留抵税额>当期免抵退税额，则：

当期应退税额=当期免抵退税额

当期免抵税额=0

当期期末留抵税额为当期增值税纳税申报表中“期末留抵税额”。

需要注意的是：

（1）退税率低于适用税率的，相应计算出的差额部分的税款计入出口货物劳务成本。

（2）出口企业既有适用增值税“免、抵、退”税项目，也有增值税即征即退、先征后退项目的，增值税即征即退和先征后退项目不参与出口项目“免、抵、退”税计算。出口企业应分别核算增值税“免、抵、退”税项目和增值税即征即退、先征后退项目，并分别申请享受增值税即征即退、先征后退和“免、抵、退”税政策。

用于增值税即征即退或者先征后退项目的进项税额无法划分的，按照下列公式计算：

$$\text{无法划分进项税额中用于增值税即征即退或者先征后退项目的部分}=\text{当月无法划分的全部进项税额}\times\text{当月增值税即征即退或者先征后退项目销售额}\div\text{当月全部销售额、营业额合计}$$

（3）当期免税购进原材料价格，包括当期国内购进的无进项税额且不计提进项税额的免税原材料的价格和当期进料加工保税进口料件的价格。其中，当期进料加工保税进口料件的价格需要计算求得。

免税购进料件的价格分为按“购进法”核算的购进价格和按“实耗法”核算的实耗价格。

（1）采用“购进法”的计算公式：

当期进料加工保税进口料件的组成计税价格为当期实际购进的进料加工进口料件的组成计税价格。其计算公式为：

$$\text{当期进料加工保税进口料件的组成计税价格}=\text{当期进口料件到岸价格}+\text{海关实征关税}+\text{海关实征消费税}$$

（2）采用“实耗法”的计算公式：

当期进料加工保税进口料件金额=当期进料加工出口货物人民币离岸价×进料加工计划分配率

计划分配率=核销上年进料加工业务时确定的实际分配率

实际分配率=年度进料加工耗用的保税进口料件金额/年度进料加工出口货物总额

【例2-5】某自营出口生产企业（增值税一般纳税人）出口货物的征税税率为17%，退税率为13%。11月购进原材料一批，取得的增值税专用发票注明的价款200万元，外购货物准予抵扣进项税款34万元。上期期末留抵税额3万元。当月内货物销售额为100万元，销项税额为17万元；当月出口货物销售额折合人民币200万元。

要求：计算该企业本期“免、抵、退”税额、应退税额和免抵税额。

解：当期“免、抵、退”税不得免征和抵扣税额=200×（17%-13%）=8（万元）

应纳增值税额=100×17%-（34-8）-3=-12（万元）

出口货物“免、抵、退”税额=200×13%=26（万元）

因为：当期期末留抵税额12万元<当期“免、抵、退”税额26万元

所以：当期应退税额=当期期末留抵税额12万元

当期免抵税额=26-12=14（万元）

【例2-6】某自营出口生产企业（增值税一般纳税人）出口货物的征税税率为17%，退税率为13%。11月购进原材料一批，取得的增值税专用发票注明的价款为400万元，外购货物准予抵扣进项税款68万元。上期期末留抵税额3万元。当月内销货物销售额100万元，销项税额17万元。本月出口货物销售折合人民币200万元。

要求：计算该企业本期“免、抵、退”税额、应退税额和免抵税额。

解：当期“免、抵、退”税不得免征和抵扣税额=200×（17%-13%）=8（万元）

应纳增值税税额=100×17%-（68-8）-3=-46（万元）

出口货物“免、抵、退”税额=200×13%=26（万元）

因为：当期期末留抵税额46万元>当期“免、抵、退”税限额

所以：当期应退税额=当期“免、抵、退”税限额26万元

当期留抵税额=46-26=20（万元）

【例2-7】某自营出口生产企业是增值税一般纳税人，出口货物的征税税率为17%，退税税率为13%。2016年11月有关经营业务为：购原材料一批，取得的增值税专用发票注明的价款为200万元，外购货物准予抵扣进项税额34万元通过认证；当月进料加工免税进口料件的组成计税价格为100万元（该企业采用“购进法”核算）；上期末留抵税款6万元；本月内销货物不含税销售额100万元，收款117万元存入银行；本月出口货物销售额折合人民币200万元。

要求：计算该企业当期的“免、抵、退”税额。

解：（1）$\begin{matrix}\text{“免、抵、退”税不得免征}\\\text{和抵扣税额抵减额}\end{matrix}=\begin{matrix}\text{免税进口料件的}\\\text{组成计税价格}\end{matrix}\times\left(\begin{matrix}\text{出口货物}\\\text{征税税率}\end{matrix}-\begin{matrix}\text{出口货物}\\\text{退税税率}\end{matrix}\right)$

=100×（17%-13%）=4（万元）

（2）$\begin{matrix}\text{“免、抵、退”税}\\\text{不得免征和}\\\text{抵扣税额}\end{matrix}=\begin{matrix}\text{当期出口}\\\text{货物}\\\text{离岸价}\end{matrix}\times\begin{matrix}\text{外汇}\\\text{人民币}\\\text{牌价}\end{matrix}\times\left(\begin{matrix}\text{出口}\\\text{货物}\\\text{征税税率}\end{matrix}-\begin{matrix}\text{出口}\\\text{货物}\\\text{退税税率}\end{matrix}\right)-\begin{matrix}\text{“免、抵、退”税}\\\text{不得免征和}\\\text{抵扣税额抵减额}\end{matrix}$

=200×（17%-13%）-4=8-4=4（万元）

（3）当期应纳税额=100×17%-（34-4）-6=17-30-6=-19（万元）

（4）“免、抵、退”税额抵减额=免税购进原材料×材料出口货的退税税率=100×13%=13（万元）

（5）出口货物“免、抵、退”税额=200×13%−13=13（万元）

（6）按规定，如当期期末留抵税额>当期“免、抵、退”额，则：

当期应退税额=当期免抵退税额=13万元

（7）当期免抵税额=当期免抵退税额−当期应退税额=13−13=0（万元）

（8）期末留抵结转下期继续抵扣税额=19−13=6（万元）

归纳起来：

全部进项=34+6=40（万元）

内销销项=17万元

进项税转出=8−4=4（万元）

对进项修正，计入外销成本。

计算免、抵、退税限度=26−13=13（万元）（退）

留抵税额=19−13=6（万元）

（二）免退税办法的计算

免退税办法适用于不具有生产能力的出口企业（简称外贸企业）或其他单位出口货物劳务。

外贸企业出口货物劳务增值税实行免征增值税，相应的进项税额予以退还的政策，即出口免退税。消费税实行退还购进出口货物前一环节已征的消费税，即出口退税。

按照政策分类，外贸企业一般贸易出口免退税分为委托加工修理修配货物以外的货物和委托加工修理修配货物出口两种形式。一是外购货物出口，以出口货物增值税专用发票的计税金额和海关进口增值税专用缴款书注明的完税价格为依据，申报出口免退税。二是委托加工出口，外贸企业将加工修理修配使用的原材料（进料加工海关保税进口料件除外）作价销售给受托加工修理修配的生产企业，受托加工修理修配的生产企业应将原材料成本并入加工修理修配费用开具发票，并以此作为计税依据申报出口免退税。

1.外贸企业出口委托加工修理修配货物以外的货物：

增值税应退税额=增值税退（免）税计税依据×出口货物退税率

2.外贸企业出口委托加工修理修配货物：

增值税应退税额=委托加工修理修配的增值税退（免）税计税依据×出口货物退税率

3.外贸企业兼营的零税率应税服务增值税免退税，依下列公式计算：

外贸企业兼营的零税率应税服务应退税额=外贸企业兼营的零税率应税服务免退税计税依据×零税率应税服务增值税退税率

【例2-8】某外贸公司3月份购进及出口情况如下：

(1) 第一次购进电风扇500台，单价150元/台；第二次购进电风扇200台，单价148元/台（均已取得增值税专用发票）。

(2) 将二次外购的电风扇700台报关出口，离岸单价20美元/台，此笔出口已收汇并做销售处理（美元与人民币比价为1∶6.4，退税率为15%）。

要求：计算该笔出口业务增值税应退税额为多少？

解：增值税应退税额=（500×150+200×148）×15%=15 690（元）

八、出口货物退（免）税管理

1.预申报与正式申报

企业出口货物劳务及适用增值税零税率的应税服务（以下简称出口货物劳务及服

务)，在正式申报出口退（免）税之前，应按现行申报办法向主管税务机关进行预申报，在主管税务机关确认申报凭证的内容与对应的管理部门电子信息无误后，方可提供规定的申报退（免）税凭证、资料及正式申报电子数据，向主管税务机关进行正式申报。

2.预申报出现问题的处理

税务机关受理企业出口退（免）税预申报后，如果审核发现申报退（免）税的凭证没有对应的管理部门电子信息或凭证的内容与电子信息不符，区分三类情况，企业按下列方法处理：

（1）录入有错误——属于凭证信息录入错误的，应更正后再次进行预申报；

（2）操作不规范——属于未在“中国电子口岸出口退税子系统”中进行出口货物报关单确认操作或未按规定进行增值税专用发票认证操作的，应进行上述操作后，再次进行预申报；

（3）不明原因——除上述原因外，可填写“出口企业信息查询申请表”，将缺失对应凭证管理部门电子信息或凭证的内容与电子信息不符的数据和原始凭证报送至主管税务机关，由主管税务机关协助查找相关信息。

3.“免、抵、退”税申报

签订出口合同的交通运输工具和机器设备，在退税凭证尚未收集齐全的情况下，可凭出口合同和销售明细账等，向主管税务机关申报。

生产企业申请时应同时满足以下条件：

（1）已取得增值税一般纳税人资格；

（2）已经持续经营2年及2年以上；

（3）生产的交通运输工具和机器设备生产周期在1年及1年以上；

（4）上一年度净资产大于同期出口货物增值税、消费税退税额之和的3倍；

（5）持续经营以来没有逃税、骗税等恶意违规行为。

生产企业应根据“免、抵、退”税正式申报的出口销售额计算免抵退税不得免征和抵扣税额，并填报在当期“增值税纳税申报表附列资料（二）”中的“‘免、抵、退’税办法出口货物不得抵扣进项税额”栏（第18栏）、“‘免、抵、退’税申报汇总表”中“‘免、抵、退’税不得免征和抵扣税额”栏（第15栏）。

出口退（免）税凭证、资料应当保存10年。

出口企业或其他单位骗取国家出口退税款的，经省级以上税务机关批准可以停止其退（免）税资格半年以上。

第四节 增值税的申报与缴纳

一、减免税

增值税的免税、减税项目由国务院规定。任何地区、部门均不得规定免税、减税项目。

（一）法定免税项目

1.农业生产者（包括从事农业生产的单位和个人）销售的自产农产品。

2.避孕药品和用具。

3.古旧图书（指向社会收购的古书和旧书）。

4.直接用于科学研究、科学试验和教学的进口仪器、设备。

5.外国政府、国际组织无偿援助的进口物资和设备。

6.由残疾人组织直接进口供残疾人专用的物品。

7.销售自己使用过的物品（指其他个人自己使用过的物品）。

纳税人兼营免税、减税项目的，应当分别核算免税、减税项目的销售额；未分别核算销售额的，不得免税、减税。

纳税人销售货物或者应税劳务和应税服务适用免税规定的，可以放弃免税，依照规定缴纳增值税。放弃免税后，36个月内不得再申请免税。

（二）其他减免税

1.粮食和食用植物油。对承担粮食收储任务的国有粮食购销企业销售的粮食免征增值税。

2.农业生产资料，包括农膜、批发和零售的种子、种苗、化肥、农药、农机、有机肥、滴灌带和滴灌管产品。

3.资源综合利用产品。

（1）对销售下列自产货物实行免征增值税政策：①再生水；②以废旧轮胎为全部生产原料生产的胶粉；③翻新轮胎；④生产原料中掺兑废渣比例不低于30%的特定建材产品。

（2）对污水处理劳务免征增值税。

（3）对销售自产的综合利用生物柴油实行增值税先征后退政策。

（三）全面推行“营改增”后，免征增值税的项目

1.托儿所、幼儿园提供的保育和教育服务。

2.养老机构提供的养老服务。

3.残疾人福利机构提供的育养服务。

4.婚姻介绍服务。

5.殡葬服务。

6.残疾人员本人为社会提供的服务。

7.医疗机构提供的医疗服务。

8.从事学历教育的学校提供的教育服务，包括符合规定的从事学历教育的民办学校，但不包括职业培训机构等国家不承认学历的教育机构。学校以各种名义收取的赞助费、择校费等，不属于免征增值税的范围。

9.学生勤工俭学提供的服务。

10.农业机耕、排灌、病虫害防治、植物保护、农牧保险以及相关技术培训业务，家禽、牲畜、水生动物的配种和疾病防治。

11.纪念馆、博物馆、文化馆、文物保护单位管理机构、美术馆、展览馆、书画院、图书馆在自己的场所提供文化体育服务取得的第一道门票收入。

12.寺院、宫观、清真寺和教堂举办文化、宗教活动的门票收入。

13.行政单位之外的其他单位收取的符合规定的政府性基金和行政事业性收费。

14.个人转让著作权。

15.个人销售自建自用住房。

16.2018年12月31日前，公共租赁住房经营管理单位出租公共租赁住房。

17.台湾航运公司、航空公司从事海峡两岸海上直航、空中直航业务在大陆取得的运输收入。

18.纳税人提供的直接或者间接国际货物运输代理服务。

19.以下利息收入：

（1）2016年12月31日前，金融机构农户小额贷款。

（2）国家助学贷款。

（3）国债、地方政府债。

（4）中国人民银行对金融机构的贷款。

（5）住房公积金管理中心用住房公积金在指定的委托银行发放的个人住房贷款。

（6）外汇管理部门在从事国家外汇储备经营过程中，委托金融机构发放的外汇贷款。

（7）统借统还业务中，企业集团或企业集团中的核心企业以及集团所属财务公司按不高于支付给金融机构的借款利率水平或者支付的债券票面利率水平，向企业集团或者集团内下属单位收取的利息。

20.被撤销金融机构以货物、不动产、无形资产、有价证券、票据等财产清偿债务。

21.保险公司开办的一年期以上人身保险产品取得的保费收入。

22.符合条件的金融商品转让收入。

23.金融同业往来利息收入。

24.符合条件的担保机构从事中小企业信用担保或者再担保业务取得的收入（不含信用评级、咨询、培训等收入）3年内免征增值税。

25.国家商品储备管理单位及其直属企业承担商品储备任务，从中央或者地方财政取得的利息补贴收入和价差补贴收入。

26.纳税人提供技术转让、技术开发和与之相关的技术咨询、技术服务。

27.符合条件的合同能源管理服务。

28.2017年12月31日前，科普单位的门票收入，以及县级及以上党政部门和科协开展科普活动的门票收入。

29.政府举办的从事学历教育的高等、中等和初等学校（不含下属单位），举办进修班、培训班取得的全部归该学校所有的收入。

30.政府举办的职业学校设立的主要为在校学生提供实习场所、并由学校出资自办、由学校负责经营管理、经营收入归学校所有的企业，从事《销售服务、无形资产或者不动产注释》中“现代服务”（不含融资租赁服务、广告服务和其他现代服务）、“生活服务”（不含文化体育服务、其他生活服务和桑拿、氧吧）业务活动取得的收入。

31.家政服务企业由员工制家政服务员提供家政服务取得的收入。

32.福利彩票、体育彩票的发行收入。

33.军队空余房产租赁收入。

34.为了配合国家住房制度改革，企业、行政事业单位按房改成本价、标准价出售住房取得的收入。

35.将土地使用权转让给农业生产者用于农业生产。

36.涉及家庭财产分割的个人无偿转让不动产、土地使用权。

37.土地所有者出让土地使用权和土地使用者将土地使用权归还给土地所有者。

38.县级以上地方人民政府或自然资源行政主管部门出让、转让或收回自然资源使用权（不含土地使用权）。

39.随军家属就业，军队转业干部就业。

40.军队转业干部就业。

（四）起征点

个人发生应税行为的销售额未达到增值税起征点的，免征增值税；达到起征点的，全额计算缴纳增值税。

增值税起征点不适用于登记为一般纳税人的个体工商户。

增值税起征点幅度如下：

（1）按期纳税的，为月销售额5 000～20 000元（含本数）。

（2）按次纳税的，为每次（日）销售额300～500元（含本数）。

起征点的调整由财政部和国家税务总局规定。省、自治区、直辖市财政厅（局）和国家税务局应当在规定的幅度内，根据实际情况确定本地区适用的起征点，并报财政部和国家税务总局备案。

对增值税小规模纳税人中月销售额未达到2万元的企业或非企业性单位，免征增值税。2017年12月31日前，对月销售额2万元（含本数）至3万元的增值税小规模纳税人，免征增值税。

二、纳税义务发生时间

1.纳税人发生应税行为并收讫销售款项或者取得索取销售款项凭据的当天；先开具发票的，为开具发票的当天。

收讫销售款项，是指纳税人销售服务、无形资产、不动产过程中或者完成后收到款项。

取得索取销售款项凭据的当天，是指书面合同确定的付款日期；未签订书面合同或者书面合同未确定付款日期的，为服务、无形资产转让完成的当天或者不动产权属变更的当天。

根据销售结算方式的不同，具体规定如下：

（1）采取直接收款方式销售货物，不论货物是否发出，均为收到销售款或者取得索取销售款凭据的当天；对于纳税人生产经营活动中采取直接收款方式销售货物，已将货物移送对方并暂估销售收入入账，但既未取得销售款或取得索取销售款凭据也未开具销售发票的，其增值税纳税义务发生时间为取得销售款或者取得索取销售款凭据的当天；先开具发票的，为开具发票的当天。

（2）采取托收承付和委托银行收款方式销售货物，为发出货物并办妥托收手续的当天。

（3）采取赊销和分期收款方式销售货物，为书面合同约定的收款日期的当天，无书面合同的或者书面合同没有约定收款日期的，为货物发出的当天。

（4）采取预收货款方式销售货物，为货物发出的当天，但生产销售生产工期超过12个月的大型机械设备、船舶、飞机等货物，为收到预收款或者书面合同约定的收款日期的当天。

（5）委托其他纳税人代销货物，为收到代销单位的代销清单或者收到全部或者部分货款的当天，未收到代销清单及货款的，为发出代销货物满180天的当天。

（6）销售应税劳务，为提供劳务同时收讫销售款或者取得索取销售款凭据的当天。

（7）纳税人发生视同销售行为，货物为移送的当天；服务、无形资产转让为完成的当天或者不动产权属变更的当天。

2.纳税人提供建筑服务、租赁服务采取预收款方式的，其纳税义务发生时间为收到预收款的当天。

3.纳税人从事金融商品转让的，为金融商品所有权转移的当天。

4.增值税扣缴义务发生时间为纳税人增值税纳税义务发生的当天。

三、纳税期限

增值税的纳税期限分别为1日、3日、5日、10日、15日、1个月或者1个季度。纳税人的具体纳税期限，由主管税务机关根据纳税人应纳税额的大小分别核定。

以1个季度为纳税期限的规定适用于小规模纳税人、银行、财务公司、信托投资公司、信用社，以及财政部和国家税务总局规定的其他纳税人。

不能按照固定期限纳税的，可以按次纳税。

纳税人以1个月或者1个季度为1个纳税期的，自期满之日起15日内申报纳税；以1日、3日、5日、10日或者15日为1个纳税期的，自期满之日起5日内预缴税款，于次月1日起15日内申报纳税并结清上月应纳税款。

扣缴义务人解缴税款的期限，依照上述规定执行。

四、纳税地点

1.固定业户应当向其机构所在地或者居住地主管税务机关申报纳税。总机构和分支机构不在同一县（市）的，应当分别向各自所在地的主管税务机关申报纳税；经财政部和国家税务总局或者其授权的财政和税务机关批准，可以由总机构汇总向总机构所在地的主管税务机关申报纳税。

2.非固定业户应当向应税行为发生地主管税务机关申报纳税；未申报纳税的，由其机构所在地或者居住地主管税务机关补征税款。

3.其他个人提供建筑服务，销售或者租赁不动产，转让自然资源使用权，应向建筑服务发生地、不动产所在地、自然资源所在地主管税务机关申报纳税。

4.扣缴义务人应当向其机构所在地或者居住地主管税务机关申报缴纳扣缴的税款。

五、增值税专用发票的使用及管理

增值税专用发票（简称专用发票）是增值税一般纳税人销售货物或者提供应税劳务开具的发票，是购买方支付增值税税额并可按照增值税有关规定据以抵扣增值税进项税额的凭证。

专用发票只限于增值税的一般纳税人领购使用。一般纳税人应通过防伪税控系统领购、开具、缴销、认证纸质专用发票及其相应的数据电文。

专用发票由基本联次或者基本联次附加其他联次构成，基本联次为三联：发票联、抵扣联和记账联。

①发票联，作为购买方核算采购成本和增值税进项税额的记账凭证；

②抵扣联，作为购买方报送主管税务机关认证和留存备查的凭证；

③记账联，作为销售方核算销售收入和增值税销项税额的记账凭证。

其他联次用途，由一般纳税人自行确定。

专用发票实行最高开票限额（指单份专用发票开具的销售额合计数不得达到的上限额度）管理。最高开票限额为10万元及以下的，由区县级税务机关审批；最高开票限额为100万元的，由地市级税务机关审批；最高开票限额为1 000万元及以上的，由省级税务机关审批。防伪税控系统的具体发行工作由区县级税务机关负责。一般纳税人申请最高开票限额时，需填报《最高开票限额申请表》。一般纳税人领购专用设备后，凭《最高开票限额申请表》、《发票领购簿》到主管税务机关办理初始发行。

属于下列情形之一的，不得开具增值税专用发票：

（1）向消费者个人销售服务、无形资产或者不动产。

（2）适用免征增值税规定的应税行为。

小规模纳税人发生应税行为，购买方索取增值税专用发票的，可以向主管税务机关申请代开。

自2015年1月1日起对新认定的增值税一般纳税人和新办小规模纳税人推行增值税发票系统升级版。

1.发票使用

（1）一般纳税人销售货物、提供应税劳务和应税服务开具增值税专用发票、货物运输业增值税专用发票和增值税普通发票。

（2）小规模纳税人销售货物、提供应税劳务和应税服务开具增值税普通发票，需要开具专用发票时，可向其主管税务机关申请代开。

税务机关为小规模纳税人（包括个体经营者以及国家税务总局确定的其他可予代开增值税专用发票的纳税人）代开增值税专用发票和货物运输业增值税专用发票，应当使用增值税防伪税控代开票系统开具，非防伪税控代开票系统开具的代开专用发票不得作为增值税进项税额抵扣凭证。

（3）一般纳税人和小规模纳税人从事机动车（旧机动车除外）零售业务开具机动车销售统一发票。

（4）通用定额发票、客运发票和二手车销售统一发票继续使用。

（5）纳税人使用增值税普通发票开具收购发票，系统在发票左上角自动打印“收购”字样。

2.红字发票开具

（1）一般纳税人开具增值税专用发票或货物运输业增值税专用发票（以下统称专用发票）后，发生销货退回、开票有误、应税服务中止以及发票抵扣联、发票联均无法认证等情形但不符合作废条件，或者因销货部分退回及发生销售折让，需要开具红字专用发票的，暂按以下方法处理：

①专用发票已交付购买方的，购买方可在增值税发票系统升级版中填开并上传“开具红字增值税专用发票信息表”或“开具红字货物运输业增值税专用发票信息表”（以下统称“信息表”）。“信息表”所对应的蓝字专用发票应经税务机关认证（所购货物或服务不属于增值税扣税项目范围的除外）。经认证结果为“认证相符”并且已经抵扣增值税进项税额的，购买方在填开“信息表”时不填写相对应的蓝字专用发票信息，应暂依“信息

表”所列增值税税额从当期进项税额中转出，未抵扣增值税进项税额的可列入当期进项税额，待取得销售方开具的红字专用发票后，与“信息表”一并作为记账凭证；经认证结果为“无法认证”“纳税人识别号认证不符”“专用发票代码、号码认证不符”，以及所购货物或服务不属于增值税扣税项目范围的，购买方不列入进项税额，不作进项税额转出，填开“信息表”时应填写相对应的蓝字专用发票信息。

②专用发票尚未交付购买方或者购买方拒收的，销售方应于专用发票认证期限内在增值税发票系统升级版中填开并上传“信息表”。

（2）纳税人需要开具红字增值税普通发票的，可以在所对应的蓝字发票金额范围内开具多份红字发票。红字机动车销售统一发票需与原蓝字机动车销售统一发票一一对应。

知识链接 2-2

财经趣闻：世界九大最离奇的税收种类

世界上有各种各样名目繁多的税种，有的税可以理解，比如增值税、营业税、关税等，但是有的税却让人感觉莫名其妙，比如灵魂税、信仰税、小便税等。

1.热气球税。在2010年，美国肯萨斯州税务部门向热气球征收税收，理由是，热气球也会提供载人等服务。

2.小便税。这种税收是公元一世纪由古罗马的君主尼禄和维斯帕先征收的，理由是，有些厂家利用阴沟里的尿液制造氨水。

3.百吉饼税。在2010年，纽约市强行推行了一种税收“百吉饼税”，意思是如果你在店里购买这种纽约销量最大的食物，但是你带回家吃的话，不额外收税；而如果你购买之后，在店里食用，就需要额外缴纳这种税。

4.信仰税。在德国，教堂不仅仅是一个信仰的群体，还是合法的税收主体，可以向信徒们征税。那些反对缴税的信徒们要么自动退出教堂，要么被逐出教会。

5.假发粉税。在1795年，假发粉在人们之中风靡一时，由于想要弥补海外军费的开支，英国首相威廉·皮特征收了一种“假发粉税”，由于人们的抗议，这种税最后不了了之。在1820年，这种假发粉也逐渐退出了历史舞台。

6.纹身税。从2005年之后，美国阿肯色州的人们如果想要在身上做纹身的话，就需要额外缴纳6%的税，同时，电解治疗也需要付税。

7.巫术税。像很多国家一样，罗马尼亚是一个经济不断衰退的国家，所以它竭尽所能地征税，希望经济复苏。这一年，罗马尼亚政府征收了一种前所未有的税种——巫术税，真是令人叹为观止。

8.灵魂税。俄罗斯沙皇彼得大帝在1718年强行通过了一项税种——灵魂税。这是和人头税类似的一种税，意思是谁都要缴税。

9.垃圾税。在这儿，你只要制造垃圾，就需要付款。这是2004年美国马里兰州法院为了保护切撒皮克湾及其支流而制定的一项法律，名称就命名为“垃圾税”。

资料来源：佚名. 财经趣闻：世界九大最离奇的税收种类［EB/OL］.［2016-06-12］. http：//yiyang.hnds.gov.cn/hnxx/fdjl/ssqw/content_634127.html.

本章小结

增值税是我国现行税制中的主体税种。按照对外购固定资产处理方式的不同，增值税可划分为生产型、收入型和消费型三种类型。

增值税的本质是对增值额征税。但在实际运用中则采取间接计税法，即扣税法。因此，增值税不直接通过计算增值额来计算应纳税额，而是通过销售计算销项税额，通过专用发票上注明的税款确定进项税额，最后两者相减求出应纳税额。为了正确计算增值税的应纳税额，必须准确核算销售额，准确确定或计算进项税额。要准确确定销售和进项税额，必须掌握销售额的构成内容，了解允许抵扣和不允许抵扣的进项税额的有关规定。

我国增值税征税范围可概括为在我国境内销售货物、提供加工修理修配劳务、销售服务、不动产或转让无形资产的应税行为。按经营规模大小及会计核算健全与否划分为一般纳税人和小规模纳税人。一般纳税人适用17%和13%两档税率，销售货物或者提供应税劳务，应纳税额为当期销项税额抵扣当期进项税额后的余额。计算公式为：

应纳税额=当期销项税额-当期进项税额

增值税小规模纳税人征收率为3%，按简易方法计算纳税，不得抵扣进项税额。计算公式为：

应纳税额=销售额×征收率

纳税人进口货物，按组成计税价格和规定的税率计算应纳增值税税额，不得抵扣任何税额。计算公式为：

应纳税额=组成计税价格×税率

出口货物和服务退（免）税是国家对出口货物已承担或应承担的增值税和消费税实行退还或免征。我国对出口货物采取出口退税与免税相结合的政策，有出口免税并退税、出口免税不退税和出口不免税也不退税（出口征税）三种政策。

适用增值税退（免）税政策的出口货物和劳务，实行增值税免抵退税或免退税办法。生产企业出口自产货物和视同自产货物及对外提供加工修理修配劳务适用免抵退税办法；不具有生产能力的出口企业（简称外贸企业）或其他单位出口货物劳务适用免退税办法。

增值税征收管理制度规定了增值税纳税义务发生的时间、期限、地点。增值税专用发票只限于增值税的一般纳税人领购使用，增值税的小规模纳税人和非增值税纳税人不得领购使用。

关键概念

增值税　货物、应税劳务　销售服务　销售不动产　转让无形资产　一般纳税人　小规模纳税人　税率　征收率　销售额　销项税额　进项税额　出口货物和劳务退（免）税　“免、抵、退”税　免退税　专用发票

基本训练

一、单项选择题

1.按照现行《增值税暂行条例》规定，小规模纳税人适用的法定征收率是（　　）。

A.4%　　B.6%　　C.3%　　D.2%

2.我国增值税实行全面“转型”指的是（　　）。

A.由过去的生产型转为收入型　　B.由过去的收入型转为消费型

C.由过去的生产型转为消费型　　D.由过去的消费型转为生产型

3.下列各项中，既是增值税法定税率，又是增值税进项税额扣除率的是（　　）。

A.7%　　B.10%　　C.13%　　D.17%

4.A公司采取分期收款方式向B公司销售货物，双方于2016年3月18日签订了一份买卖合同，合同约定B公司于4月28日、5月28日，分别向A公司付款50万元。但A公司在4月10日就收到B公司的预付货款，并全额开具了增值税发票；A公司于5月30日发出货物。按我国《增值税暂行条例》及其实施细则的规定，A公司增值税纳税义务发生时间应当为（　　）。

A.3月18日　　B.4月10日　　C.4月28日　　D.5月30日

5.下列项目中，属于有形动产租赁行为的是（　　）。

A.房屋出租的业务　　B.远洋运输的程租业务

C.远洋运输的光租业务　　D.航空运输的湿租业务

6.下列境内单位提供增值税适用零税率应税服务项目中，属于实行免征增值税办法的是（　　）。

A.适用简易计税方法的出口货物

B.适用增值税一般计税方法的生产企业出口货物

C.适用增值税一般计税方法的外贸企业外购研发服务和设计服务出口

D.适用增值税一般计税方法的外贸企业自己开发的研发服务和设计服务出口

7.下列项目中，属于增值税征税范围的是（　　）。

A.股票交易

B.典当业中的活当业务

C.纳税人提供软件开发服务

D.纳税人在资产重组过程中，通过合并方式将实物资产转让给其他单位和个人

8.某外贸企业2016年5月从小规模纳税人处购进出口货物，该小规模纳税人的征收率为3%，实际执行的征收率为2%。该外贸企业在购进出口货物时取得了增值税专用发票，上面注明的税率为6%。则该外贸企业适用的退税率为（　　）。

A.3%　　B.2%　　C.6%　　D.17%

9.下列项目中，符合新认定为一般纳税人的小型商贸批发企业实行纳税辅导期管理的期限是（　　）。

A.6个月　　B.3个月　　C.1个月　　D.180天

10.根据增值税的计税原理，增值税对同一商品而言，无论流转环节的多与少，只要增值额相同，税负就相同，不会影响商品的生产结构、组织结构和产品结构。这一特点体现了增值税特点中的（　　）。

A.保持税收中性　　B.普遍征收

C.税收负担由商品的最终消费者承担　　D.实行价外税制度

11.下列各项中，适用增值税出口退税“免退税”办法的是（　　）。

A.收购货物出口的外贸企业　　B.受托代理出口货物的外贸企业

C.自营出口自产货物的生产企业　　　　D.委托出口自产货物的生产企业

12.增值税一般纳税人申请抵扣的防伪税控系统开具的增值税专用发票，必须到税务机关认证，否则不予抵扣进项税额。其认证最长期限是自开具增值税专用发票之日起的（　　）。

A.180日内　　　B.90日内　　　C.60日内　　　D.30日内

13.下列项目中，符合进口货物纳税期限规定的是（　　）。

A.自海关填发海关进口增值税专用缴款书之日起5日内

B.自海关填发海关进口增值税专用缴款书之日起10日内

C.自海关填发海关进口增值税专用缴款书之日起15日内

D.自海关填发海关进口增值税专用缴款书之日起30日内

14.下列属于增值税视同销售行为，应计算缴纳增值税的是（　　）。

A.某生产企业将外购钢材用于扩建仓库

B.某电器厂委托商店代销小电器

C.某KTV购进一批饮料销售给客户

D.某餐饮企业购进服装用于集体福利

15.下列项目中，属于视同提供应税服务的是（　　）。

A.向希望工程小学无偿提供电影播映服务

B.向甲企业无偿提供交通运输服务

C.向举办减灾募捐活动的单位无偿提供交通运输服务

D.向红十字会无偿提供交通运输服务

二、多项选择题

1.下列项目中，属于增值税法中的非营业活动有（　　）。

A.非企业性单位按照法律和行政法规的规定，为履行国家行政管理和公共服务职能收取政府性基金或者行政事业性收费的活动

B.单位聘用的员工为本单位或者雇主提供应税服务

C.个体工商户为员工提供应税服务

D.个体工商户聘用的员工为本单位或者雇主提供应税服务

2.下列项目中，属于在中国境内提供应税服务的有（　　）。

A.境外单位向境内单位提供完全在境外消费的应税服务

B.境内单位向境外单位提供完全在境内消费的应税服务

C.境外单位向境内单位出租完全在境外使用的有形动产

D.境内单位向境外单位出租完全在境内使用的有形动产

3.下列项目中，属于可以选择按照小规模纳税人缴纳增值税的有（　　）。

A.旅店业纳税人销售非现场消费的食品

B.饮食业纳税人销售非现场消费的食品

C.年应税销售额超过小规模纳税人标准的其他个人

D.社会团体发生了销售货物的行为

4.下列项目中，适用6%增值税税率的有（　　）。

A.有形动产租赁　　　　B.文化创意服务

C.装卸搬运服务　　　　　　　　D.基础电信服务

5.下列项目中，属于允许抵扣进项税额的有（　　）。

A.一般纳税人接受的交通运输服务取得的增值税专用发票上注明的进项税额

B.一般纳税人购置小汽车取得的增值税专用发票上注明的进项税额

C.一般纳税人接受境外单位的应税服务取得的解缴税款的税收缴款凭证上注明的增值税额

D.一般纳税人购进货物或者接受应税劳务用于应税服务项目发生的进项税额

6.下列项目中，符合零税率增值税退（免）税计税依据的有（　　）。

A.以铁路运输方式载运旅客的，为按照铁路合作组织清算规则清算后的实际运输收入

B.以铁路运输方式载运货物的，为按照铁路合作组织清算规则清算后的实际运输收入

C.实行免退税办法的退（免）税计税依据为购进应税服务的增值税专用发票或解缴税款的中华人民共和国税收缴款凭证上注明的金额

D.生产企业进料加工复出口货物增值税退（免）税的计税依据，按出口货物的离岸价（FOB）扣除出口货物所含的海关保税进口料件的金额后确定

7.除适用增值税零税率的以外，境内的单位和个人提供的下列应税服务免征增值税的有（　　）。

A.会议展览地点在境外的会议展览服务

B.存储地点在境外的仓储服务

C.为出口货物提供的邮政业服务和收派服务

D.标的物在境外使用的有形动产租赁服务

8.在计算增值税销项税额时，下列项目可以不计入销售额的有（　　）。

A.销售折扣部分

B.折扣销售部分

C.代销商品超过180天仍未收到代销清单及货款的

D.销售折让部分

9.下列关于增值税优惠政策的表述中，属于正确的有（　　）。

A.纳税人兼营免税、减税项目的，应当分别核算免税、减税项目的销售额；未分别核算销售额的，不得免税、减税

B.纳税人兼营免税、减税项目的，应当分别核算免税、减税项目的销售额；未分别核算销售额的，可以按照各自的比重分别核算免税、减税项目的销售额

C.纳税人提供应税服务同时适用免税和零税率规定的，优先适用零税率

D.纳税人提供应税服务同时适用免税和零税率规定的，优先适用免税政策

10.下列项目中，符合增值税纳税义务发生时间规定的有（　　）。

A.有形动产出租的为收到预收款的当天

B.视同销售的应税服务为服务完成的当天

C.采取预收货款方式销售货物的为货物发出的当天

D.采取托收承付方式销售货物的为发出货物并办妥托收手续的当天

11.下列项目中，属于不得开具增值税专用发票的有（　　）。
A.向消费者个人提供的应税服务
B.适用免征增值税规定的应税服务
C.商业企业一般纳税人零售的烟、酒等消费品
D.小规模纳税人提供的应税服务
12.下列项目中，不须办理一般纳税人资格认定的有（　　）。
A.个体工商户
B.自然人
C.选择按照小规模纳税人纳税的不经常发生应税行为的企业
D.选择按照小规模纳税人纳税的非企业性单位
13.下列项目中，属于不包括在价外费用中的代垫运费的条件有（　　）。
A.承运部门将运输发票开具给购买方　　B.承运部门将运输发票开具给供货方
C.纳税人将运输发票转交给购买方　　D.纳税人将运输发票自用
14下列项目中，属于可以“退、免、税”的出口货物一般应具备的条件有（　　）。
A.必须是属于增值税、消费税征税范围的货物
B.必须是离境的货物
C.必须是在财务上作销售处理的货物
D.必须是出口收汇并已核销的货物
15.下列项目中，属于非正常损失的购进货物有（　　）。
A.因管理不善造成被盗　　B.因管理不善造成丢失
C.因管理不善造成霉烂变质　　D.自然灾害造成的损失
三、判断题
1.《增值税暂行条例》所说的货物是指有形资产，不包括固定资产和流动资产。（　　）
2.增值税的征收率，仅适用于小规模纳税人，不适用于一般纳税人。（　　）
3.按照增值税税法有关规定，销售折扣可以从销售额中减除。（　　）
4.增值税一般纳税人购进用于对外捐赠的货物，取得法定扣税凭证的，可以抵扣增值税进项税额。（　　）
5.避孕药品和用具、古旧图书，内销免税，出口不免税。（　　）
6.一般纳税人购买或销售免税货物所发生的运输费用，可以根据运输部门开具的运费结算单据所列运费金额，依照7%的扣除率计算进项税额抵扣。（　　）
7.纳税人采取以旧换新方式销售金银首饰的，在计算缴纳增值税时，不得从新货物销售额中减除收购旧货物的款项。（　　）
8.某商贸公司进口残疾人专用物品，可以按规定享受减免进口增值税。（　　）
9.金银首饰的委托加工，增值税纳税人是受托方。（　　）
10.视同销售货物也应征收增值税，这一规定的主要目的是平衡各类经营方式的税收负担。（　　）
四、计算题
1.2016年9月10日，甲企业根据合同向乙公司发货200箱，每箱不含税售价1 000

元。双方协商含税运费2 000元由乙公司承担，但承运部门（一般纳税人）将增值税专用发票开具给甲企业。当天甲企业办妥托收手续，要求乙企业支付款项共计119 000元。

要求：计算甲企业该笔业务应纳的增值税。

2.某进出口公司2016年12月进口高档化妆品一批，经海关审定的货价为180万元。另外，运抵我国关境内输入地点起卸前的包装费8万元，运输费10万元，保险费2万元。

已知：高档化妆品关税税率为20%，消费税税率为15%，增值税税率为17%。

要求：（1）计算进口该批高档化妆品应缴纳的关税。

（2）计算该批进口高档化妆品应缴纳的消费税。

（3）计算该批进口高档化妆品应缴纳的增值税。

提示：计算结果的金额单位用万元表示。

3.某小规模纳税人电器修理部2016年10—12月取得修理收入24 000元，当期清理转让一台已使用3年的修理机械，普通发票注明金额3 000元，转让一批自用过的包装物，普通发票注明金额1 000元；外购一台税控收款机，普通发票注明金额2 800元。

要求：计算当期应纳增值税。

4.某自营出口生产企业（增值税一般纳税人）出口货物的征税税率为17%，退税率为13%。2016年12月购进原材料一批，取得的增值税专用发票注明的价款400万元，外购货物准予抵扣进项税款68万元。上期期末留抵税额6万元。当月内销货物销售额200万元，销项税额34万元；本月出口货物销售折合人民币400万元。

要求：计算该企业本期免抵退税额、应退税额和免抵税额。

5.某交通运输企业为增值税一般纳税人，具备提供国际运输服务的条件和资质。12月该企业承接境内运输业务，收取运费价税合计444万元；当月购进柴油并取得增值税专用发票，注明价款400万元、税款68万元；当月购进两辆货车用于货物运输，取得增值税专用发票，注明价款60万元、税款10.2万元；当月对外承接将货物由境内载运出境的业务，收取价款70万美元。（退税率11%，汇率为1∶6.30）

要求：计算该企业本期免抵退税额、应退税额和免抵税额。

第三章 消费税

学习目标

通过本章的学习,要求学生了解消费税的概念和特点;掌握消费税的征税范围、税目和计算方法;熟悉消费税的纳税人、适用税率、纳税义务发生时间、纳税期限和地点。

某珠宝有限责任公司，注册资金3 000万元，主营生产、销售钻石和金银首饰，兼营钻石的购销业务以及对外承接加工劳务。该公司会计核算制度健全，取得了增值税一般纳税人资格。经营行为除缴纳增值税外，为什么还要缴纳消费税？本章将揭开消费税的面纱。

第一节 消费税的基本要素

知识链接 3-1

消费税简介

消费税是一个古老的税种，其雏形最早产生于古罗马帝国时期。我国早在唐代就对鱼、茶、燃料等征收过消费税性质的税，现行的消费税是在1950年货物税和特种消费行为税的基础上逐步形成的。1950年1月，政务院公布了《货物税暂行条例》，对烟、酒等货物，在产制环节和进口环节实行从价定率和一次课征的征税办法。此外，曾开征了特种消费行为税，对列入娱乐、筵席、冷食、旅馆4个税目的消费行为征税，1953年停征。1984年税改，实行产品税、增值税、营业税和盐税制度，这些税种都带有个别消费税的某些烙印。1989年，为缓解彩色电视机和小轿车的供求矛盾，对其开征了特别消费税。1994年税改时，在取消原有的产品税、盐税和调整了增值税、营业税的基础上，开征了比较符合国际惯例的消费税，建立了独立的消费税税种，在商品生产经营领域形成了以增值税普遍征收和消费税特殊调节的税制格局。

资料来源：安仲文. 中国税制［M］. 大连：东北财经大学出版社，2009.

一、消费税概述

消费税是对在我国境内从事生产、委托加工和进口应税消费品的单位和个人，就其销售额或销售数量征收的一种税。

现行消费税的基本规范是2008年11月5日国务院第34次常务会议修订通过的《中华

人民共和国消费税暂行条例》（以下简称《消费税暂行条例》），自2009年1月1日起施行。

消费税具有以下特点：

我国现行的消费税是1994年税制改革中新设置的一个税种，与过去相同或类似的税种相比，不论是在外延上还是在内涵上都有很大的区别。

1.征税范围具有选择性，且范围不断扩大。根据征税范围的宽窄，可将消费税分为有限型、中间型和延伸型。有限型消费税征税对象主要是传统的消费品，税目一般在10~15种，如英国，仅对酒精、烟草等征收消费税；中间型消费税范围较宽，除包括有限型消费税征税范围外，还包括奢侈消费品及一些服务行业，世界上有30%左右的国家采用这种形式；延伸型消费税已经接近于无选择的消费税，除了包括上述两类外，还将生产、生活资料列为消费税的征税对象，如韩国、意大利等。从实践上看，许多国家消费税征税范围逐步由有限型向中间型延伸。

2.税率档次多，且不统一。对基本消费品税规定低税率，对非生活必需品、奢侈品、危害人们身体健康以及违反社会公德的商品规定高税率；对国内生产销售的消费品规定较低的税率，对进口的同类消费品规定较高的税率；对供不应求的消费品要比供过于求的消费品规定的税率高。

3.征收环节单一。消费税是一种单环节征税的商品税。世界各国的消费税都是选择在生产或销售的某一环节课税，而不是对每个环节都征税。

4.税负具有转嫁性

我国现行的消费税是价内税，纳税人在生产销售、进口等环节缴纳的消费税是商品价格的重要组成部分。商品出售时，包含在商品价格中的税款也转嫁给购买者，消费者为税负的最终归宿，故税负具有转嫁性。

二、征税范围

我国消费税的征收对象有烟、酒、成品油、小汽车、摩托车、高档化妆品、贵重首饰和珠宝玉石、鞭炮和焰火、高尔夫球及球具、高档手表、游艇、木制一次性筷子、实木地板、电池、涂料等14个税目[①]。按照性质不同来划分，我国消费税的征收对象可分为4种类型。

第一类是过度消费会对人类健康、社会秩序和生态环境等方面造成危害的特殊消费品，如烟、酒、鞭炮和焰火等。通过对这类消费品征税，可以体现“寓禁于征”的政策。

第二类是奢侈品和非生活必需品，如贵重首饰和珠宝玉石、高档化妆品、游艇、高档手表、高尔夫球和球具等。对这类消费品征税，可以调节高收入者的消费支出。

第三类是资源类消费品，如成品油、木质一次性筷子、实木地板等。对这类消费品征税，可以抑制消费，节约资源。

第四类是其他消费品，如对小汽车、摩托车等。这些消费品既属于高档消费品也属于资源消耗品。

14个税目具体包括：

1.烟。凡是以烟叶为原料加工生产的产品，不论使用何种辅料，均属于本税目的征收

① 自2014年12月1日起，取消汽车轮胎消费税；自2016年10月1日起，取消对普通美容、修饰类化妆品征收消费税，将“化妆品”税目名称更名为“高档化妆品”，适用税率调整为15%。

范围。本税目下设卷烟、雪茄烟、烟丝3个子目。

自2009年5月1日起，纳税人批发销售的所有牌号规格的卷烟，在卷烟批发环节加征一道从价计征的消费税，适用税率为5%，计税依据为批发卷烟的销售额（不含增值税）。

2.酒。本税目下设粮食白酒、薯类白酒、黄酒、啤酒、其他酒5个子目。

我国已经出台了调味品分类国家标准，按照该标准，调味料酒属于调味品，不属于配置酒和泡制酒，对调味料酒不再征收消费税。

3.高档化妆品。本税目征收范围包括高档美容、修饰类化妆品、高档护肤类化妆品和成套化妆品，即指生产（进口）环节销售（完税）价格（不含增值税）在10元/毫升（克）或15元/片（张）及以上的美容、修饰类化妆品和护肤类化妆品。

4.贵重首饰及珠宝玉石。本税目征收范围包括各种金银珠宝首饰和经采掘、打磨、加工的各种珠宝玉石。

5.鞭炮、焰火。本税目征收范围包括各种鞭炮、焰火，通常分为13类，即喷花类、旋转类、旋转升空类、火箭类、吐珠类、线香类、小礼花类、烟雾类、造型玩具类、爆竹类、摩擦炮类、组合烟花类、礼花弹类。

体育上用的发令纸、鞭炮药引线，不按本税目征收。

6.高尔夫球及球具。本税目征收范围包括高尔夫球、高尔夫球杆、高尔夫球包（袋）。高尔夫球杆的杆头、杆身和握把属于本税目的征收范围。

7.高档手表。高档手表是指销售价格（不含增值税）每只在10 000元（含）以上的各类手表。

8.游艇。本税目征收范围包括艇身长度大于8米（含）小于90米（含），内置发动机，可以在水上移动，一般为私人或团体购置，主要用于水上运动和休闲娱乐等非营利活动的各类机动艇。

9.木制一次性筷子。本税目征收范围包括各种规格的木制一次性筷子。未经打磨、倒角的木制一次性筷子属于本税目征税范围。

10.实木地板。本税目征收范围包括各类规格的实木地板、实木指接地板、实木复合地板及用于装饰墙壁、天棚的侧端面为榫、槽的实木装饰板。未经涂饰的素板属于本税目征税范围。

11.成品油。本税目包括汽油、柴油、石脑油、溶剂油、航空煤油、润滑油、燃料油7个子目。

12.摩托车。本税目征收范围包括两摩托车和三轮摩托车两种。

13.小汽车。本税目征收范围包括含驾驶员座位在内最多不超过9个座位（含）的，在设计和技术特性上用于载运乘客和货物的各类乘用车和含驾驶员座位在内的座位数在10至23座（含23座）的在设计和技术特性上用于载运乘客和货物的各类中轻型商用客车。

14.电池、涂料。自2015年2月1日起对电池、涂料在生产、委托加工和进口环节征收消费税。2015年12月31日前对铅蓄电池缓征消费税，自2016年1月1日起，对铅蓄电池按4%的税率征收消费税。

三、纳税人

在我国境内生产、委托加工和进口应税消费品的单位和个人，以及国务院确定的销售应税消费品的其他单位和个人为消费税的纳税人，具体包括：

1.生产销售（包括自用）应税消费品的，以生产销售的单位和个人为纳税人，由生产者直接纳税。

2.委托加工的应税消费品，除受托方为个人外，由受托方在向委托方交货时代收代缴税款。委托个人加工的应税消费品，由委托方收回后缴纳消费税。

3.进口应税消费品的，以进口的单位和个人为纳税人，由海关代征。个人携带或者邮寄进境的应税消费品的消费税，连同关税一并计征。

4.在我国境内从事卷烟批发业务的单位和个人。

此外，金银首饰、钻石及钻石饰品消费税的纳税人，为在我国境内从事商业零售金银首饰、钻石及钻石饰品的单位和个人。消费者个人携带、邮寄进境的金银首饰，以消费者个人为纳税人。经营单位进口的金银首饰，在进口时不缴纳消费税，待其在国内零售时再纳税。

四、税率

消费税采用了比例税率、定额税率和复合税率三种税率形式。消费税税率设计的原则主要有四个方面：一要体现国家产业政策和消费政策；二要正确引导消费方向，有效抑制超前消费倾向，调节供求关系；三要适应消费者的经济支付能力和心理承受能力；四要考虑有一定的财政意义。

纳税人生产两种以上不同税率应税消费品的，应该分别核算不同税率应税消费品的销售额或销售数量，分别适用不同税率纳税；未分别核算的，按最高税率计征。纳税人若将应税消费品与非应税消费品以及适用税率不同的应税消费品组成成套消费品出售的，应根据组合产制品的销售金额按应税消费品的最高税率计征。

表3-1　**消费税税目税率表**

税　目	税率（税额）
一、烟	
1.卷烟	
（1）每标准条（200支）对外调拨价在70元以上的（含）	56%+150元/标准箱或56%+0.0003元/支
（2）每标准条（200支）对外调拨价在70元以下的	36%+150元/标准箱或36%+0.0003元/支
（3）商业批发	11%+0.005元/支
2.雪茄烟	36%
3.烟丝	30%
二、酒	
1.白酒	20%+0.5元/500克（或500毫升）
2.黄酒	240元/吨
3.啤酒	
（1）每吨出厂价格（含包装物及包装物押金）在3 000元（不含增值税）以上的（含）	250元/吨
（2）每吨出厂价格在3 000元（不含增值税）以下的	220元/吨
（3）娱乐和饮食业自制的啤酒	250元/吨
4.其他酒	10%

续表

税目		税率（税额）
三、高档化妆品		15%
四、贵重首饰及珠宝玉石 1.金银首饰、铂金首饰、钻石及钻石饰品 2.其他贵重首饰及珠宝玉石		 5% 10%
五、鞭炮、焰火		15%
六、成品油 1.汽油 2.柴油 3.航空煤油 4.石脑油 5.溶剂油 6.润滑油 7.燃料油		 1.12元/升 0.94元/升 0.8元/升 1元/升 1元/升 1元/升 0.8元/升
七、摩托车	气缸容量在250毫升	3%
	气缸容量在250毫升以上	10%
八、小汽车 1.乘用车： （1）气缸容量（排气量）在1.0升（含）以下的 （2）气缸容量（排气量）在1.0升以至1.5升（含）的 （3）气缸容量（排气量）在1.5升以上至2.0升（含）的 （4）气缸容量（排气量）在2.0升以上至2.5升（含）的 （5）气缸容量（排气量）在2.5升以上至3.0升（含）的 （6）气缸容量（排气量）在3.0升以上至4.0升（含）的 （7）气缸容量（排气量）在4.0升以上的 2.中轻型商用客车		 1% 3% 5% 9% 12% 25% 40% 5%
九、高尔夫球及球具		10%
十、高档手表		20%
十一、游艇		10%
十二、木制一次性筷子		5%
十三、实木地板		5%
十四、电池、涂料		4%

注：

1.自2014年12月1日起：

（1）取消气缸容量250毫升（不含）以下的小排量摩托车消费税。气缸容量250毫升和250毫升（不含）以上的摩托车继续分别按3%和10%的税率征收消费税。

（2）自2010年10月1日起，对应征消费税的“润滑油”，不征收消费税。

（3）取消车用含铅汽油消费税，汽油税目不再划分二级子目，统一按照无铅汽油税率征收消费税。

（4）取消酒精消费税。取消酒精消费税后，“酒及酒精”品目相应改为“酒”，并继续按现行消费税政策执行。

2.自2015年5月10日起，卷烟批发环节从价税税率由5%提高至11%，并按0.005元/支加征从量税。

3.卷烟在生产销售过程中，定额税率为每标准箱（50 000支）150元，而进口卷烟消费定额税税率为每标准条0.6元，消费税适用比例税率视销售价格而定，消费价格≥50元人民币，比例税率为45%；消费价格＜50元人民币，比例税率为30%。

五、减免税

1.对子午线轮胎免征消费税。

2.对航空煤油暂缓征收消费税。

3.对用外购或委托加工收回的已税汽油生产的乙醇汽油免税。

4.从2009年1月1日起，对符合生产原料中废弃的动物油和植物油用量所占比重不低于70%且生产的纯生物柴油符合国家《柴油机燃料调合用生物柴油（BD100）》标准的纯生物柴油免征消费税。

5.自2011年10月1日起，生产企业自产石脑油、燃料油用于生产乙烯、芳烃类化工产品的，按实际耗用数量暂免征收消费税。

6.军品以及军队系统所属企业出口军需工厂生产的应税产品在生产环节免征消费税，出口不再退税。

7.对无汞原电池、金属氢化物镍蓄电池（又称“氢镍蓄电池”或“镍氢蓄电池”）、锂原电池、锂离子蓄电池、太阳能电池、燃料电池和全钒液流电池免征消费税。

第二节 消费税的计算

消费税实行从价定率、从量定额，或者从价定率和从量定额混合的计算方法。在13类应税消费品中，黄酒、啤酒、成品油这三种应税消费品实行从量定额计算方法，卷烟和白酒实行混合计算方法；其他的应税消费品实行从价定率计算方法。

一、从价定率计征消费税的计算方法

实行从价定率计征方法的应税消费品，其消费税税基和增值税税基是一致的，都是以含消费税（价内税）而不含增值税（价外税）的销售额作为计税依据。

（一）销售额的确定

销售额是指纳税人销售应税消费品向购买方收取的全部价款和价外费用。

销售是指有偿转让应税消费品所有权的行为，即以从受让方取得货币、货物、劳务或其他经济利益为条件转让应税消费品所有权的行为。

价外费用，是指价外向购买方收取的手续费、补贴、基金、集资费、返还利润、奖励费、违约金、滞纳金、延期付款利息、赔偿金、代收款项、代垫款项、包装费、包装物租金、储备费、优质费、运输装卸费以及其他各种性质的价外收费。但下列项目不包括在内：

（1）同时符合以下条件的代垫运输费用：①承运部门的运输费用发票开具给购买方的；②纳税人将该项发票转交给购买方的。

（2）同时符合以下条件代为收取的政府性基金或者行政事业性收费：①由国务院或者财政部批准设立的政府性基金，由国务院或者省级人民政府及其财政、价格主管部门批准设立的行政事业性收费；②收取时开具省级以上财政部门印制的财政票据；③所收款项全额上缴财政。

（二）含税销售额的换算

应税消费品在缴纳消费税的同时还要缴纳增值税。如果纳税人应税消费品的销售额中未扣除增值税税款或者因不得开具增值税专用发票而发生价款和增值税税款合并收取的，在计算消费税时，应当换算为不含增值税税款的销售额。其换算公式为：

应税消费品的销售额=含增值税的销售额÷（1+增值税税率或者征收率）

（三）应税消费品连同包装物销售计税的规定

应税消费品连同包装物销售的，无论包装物是否单独计价以及在会计上如何核算，均应并入应税消费品的销售额中缴纳消费税。如果包装物不作价随同产品销售，而是收取押金，此项押金则不应并入应税消费品的销售额中征税。但对因逾期未收回的包装物不再退还的和已收取1年以上的押金，应并入应税消费品的销售额，按照应税消费品的适用税率缴纳消费税。

对既作价随同应税消费品销售，又另外收取押金的包装物的押金，凡纳税人在规定的期限内没有退还的，均应并入应税消费品的销售额，按照应税消费品的适用税率缴纳消费税。

包装物押金一般为含增值税收入，在并入销售额征税时，应将其换算为不含增值税的收入。

（四）销售额的其他规定

1.纳税人销售的应税消费品，以外汇结算销售额的，其销售额的人民币折合率可以选择销售额发生的当天或者当月1日的国家外汇牌价（原则上为中间价），纳税人应在事先确定采用何种折合率，确定后1年内不得变更。

2.纳税人通过自设非独立核算门市部销售的自产应税消费品，应当按照门市部对外销售数量或者销售额计算缴纳消费税。

3.纳税人用于换取生产资料和消费资料、投资入股和抵偿债务等方面的应税消费品，应当以纳税人同类应税消费品的最高销售价格作为计税依据，计算缴纳消费税。

4.纳税人将自产的应税消费品与外购或自产的非应税消费品组成套装销售的，以套装产品的销售额（不含增值税）为计税依据。

（五）应纳税额的计算

从价计征消费税按应税消费品的销售额和适用税率计算征收。其计算公式为：

应纳税额=销售额×适用税率

纳税人销售的应税消费品，如因质量等原因由购买者退回时，经机构所在地或者居住地主管税务机关审核批准后，可退还已缴纳的消费税税款。

【例3-1】甲企业为高尔夫球及球具生产厂家，是增值税一般纳税人，2016年10月发生以下业务：

（1）购进一批PU材料，增值税专用发票注明价款10万元、增值税款1.7万元，委托乙企业将其加工成100个高尔夫球包，支付加工费2万元、增值税税款0.34万元；乙企业当月销售同类球包不含税销售价格为0.25万元/个。

（2）将委托加工收回的球包批发给代理商，收到不含税价款28万元。

（3）购进一批碳素材料、钛合金，增值税专用发票注明价款150万元、增值税税款25.5万元，委托丙企业将其加工成高尔夫球杆，支付加工费用30万元、增值税税款5.1万元。

（4）委托加工收回的高尔夫球杆的80%当月已经销售，收到不含税款300万元，尚有20%留存仓库。

（5）主管税务机关在11月初对甲企业进行税务检查时发现，乙企业已经履行了代收代缴消费税义务，丙企业未履行代收代缴消费税义务。

（其他相关资料：高尔夫球及球具消费税税率为10%，以上取得的增值税专用发票均已通过主管税务机关认证）

要求：根据上述资料，按序号回答下列问题，如有计算，每问需要计算出合计数。

（1）计算乙企业应代收代缴的消费税。

（2）计算甲企业批发球包应缴纳的消费税。

（3）计算甲企业销售高尔夫球杆应缴纳的消费税。

（4）计算甲企业留存仓库的高尔夫球杆应缴纳的消费税。

（5）计算甲企业当月应缴纳的增值税。

解：（1）乙企业应代收代缴的消费税=0.25×100×10%=2.5（万元）

（2）委托加工收回的高尔夫球包已经在委托加工环节缴纳了消费税，甲企业用于批发销售不用再缴纳消费税。

（3）甲企业销售高尔夫球杆应缴纳的消费税=300×10%=30（万元）

（4）甲企业留存仓库的高尔夫球杆应缴纳的消费税=（150+30）÷（1−10%）×10%×20%=4（万元）

（5）进项税额=1.7+0.34+25.5+5.1=32.64（万元）

销项税额=28×17%+300×17%=55.76（万元）

应纳增值税=55.76−32.64=23.12（万元）

丙企业未代收代缴消费税，主管税务机关应处以丙企业应代收代缴消费税的50%以上3倍以下的罚款。

二、从量定额计征消费税的计算方法

实行从量定额计征的应税消费品，计税依据为应税消费品的销售数量。

（一）应税数量的确定

销售数量是指应税消费品的数量，具体为：

（1）销售应税消费品的，为应税消费品的销售数量；

（2）自产自用应税消费品的，为应税消费品的移送使用数量；

（3）委托加工应税消费品的，为纳税人收回的应税消费品数量；

（4）进口应税消费品的，为海关核定的应税消费品进口征税数量。

（二）计量单位的换算标准

黄酒、啤酒以吨为税额单位；成品油以升为税额单位。实行从量定额办法计算应纳税额的应税消费品，计量单位的换算标准如下。

（1）黄酒：1吨=962升。

（2）啤酒：1吨=988升。

（3）汽油：1吨=1 388升。

（4）柴油：1吨=1 176升。

（5）航空煤油：1吨=1 246升。

（6）石脑油：1吨=1 385升。

（7）溶剂油：1吨=1 282升。

（8）润滑油：1吨=1 126升。

（9）燃料油：1吨=1 015升。

（三）应纳税额的计算

从量计征消费税以应税消费品的销售数量乘以适用的单位税额计算征收。其计算公式为：

应纳税额=销售数量×定额税率

【例3-2】某啤酒厂销售A型啤酒20吨给副食品公司，开具税控专用发票，收取价款58 000元，收取包装物押金3 000元；销售B型啤酒10吨给宾馆，开具普通发票，收取价款32 760元，收取包装物押金1 500元。

要求：计算该啤酒厂应缴纳的消费税。

解：A型啤酒的单位售价=（58 000+3 000÷1.17）÷20=3 028.21（元/吨）

每吨出厂价格在3 000元以上的适用消费税率250元/吨，所以：

应纳消费税额=20×250=5 000（元）

B型啤酒的单位售价=（32 760+1 500）÷1.17÷10=2 928.21（元/吨）

每吨出厂价格在3 000元以下的适用消费税率是220元/吨，所以：

应纳消费税额=10×220=2 200（元）

该啤酒厂应缴纳的消费税=5 000+2 200=7 200（元）

三、从价定率和从量定额混合计征消费税的计算方法

现行消费税的征税范围中，只有卷烟、白酒采用既从价又从量的混合计征办法计算消费税。其计算公式为：

应纳税额=销售额×比例税率+销售数量×定额税率

【例3-3】某酒厂为增值税一般纳税人，主要生产粮食啤酒和白酒。2016年11月“主营业务收入”账户反映销售粮食白酒60 000斤，取得不含税销售额105 000元，销售啤酒150吨，每吨不含税销售价为2 900元。“其他业务收入”账户反映收取粮食白酒品牌使用费4 680元，“其他应付款”账户反映本月销售粮食白酒收取包装物押金9 360元，销售啤酒收取包装物押金1 170元。该酒厂本月应缴纳消费税税额（白酒单位税额为每斤0.5元，比例税率为20%，啤酒单位税额为每吨220元）。

要求：计算该酒厂11月份应缴纳的消费税。

解：（1）粮食白酒品牌使用费、包装物租金，属于价外费用，应并入白酒的销售额计算消费税；粮食白酒的包装物押金收取时即并入销售额征收消费税，无论是否退还。

本月粮食白酒应缴纳的消费税 $=60\ 000\times0.5+[105\ 000+(4\ 680+9\ 360)\div(1+17\%)]\times20\%=53\ 400$（元）

（2）啤酒消费税从量征收，其包装物租金、包装物押金与消费税计税依据没有关系。

本月啤酒应缴纳的消费税 $=150\times220=33\ 000$（元）

（3）该酒厂11月份应纳消费税税额 $=53\ 400+33\ 000=86\ 400$（元）

四、自产自用、用于连续生产应税消费品应纳消费税的计算

自产自用的应税消费品，是指纳税人生产应税消费品后，不是用于直接对外销售，而是用于自己连续生产应税消费品，或用于其他方面。

纳税人自产自用的应税消费品，用于连续生产应税消费品的，不纳税；用于其他方面的，于移送使用时纳税。

用于连续生产应税消费品，是指纳税人将自产自用的应税消费品作为直接材料生产最终应税消费品，自产自用应税消费品构成最终应税消费品的实体。例如，卷烟厂生产出烟丝，再用生产出的烟丝生产卷烟。

用于其他方面，是指纳税人将自产自用的应税消费品用于生产非应税消费品、在建工程、管理部门、非生产机构、提供劳务、馈赠、赞助、集资、广告、样品、职工福利、奖励等方面。例如，生产企业将自产石脑油用于本企业连续生产汽油等应税消费品的，不缴纳消费税；用于连续生产乙烯等非应税消费品或其他方面的，于移送使用时缴纳消费税。

纳税人自产自用的应税消费品，按照纳税人生产的同类消费品的销售价格计算纳税；没有同类消费品销售价格的，按照组成计税价格计算纳税。

实行从价定率计算纳税的组成计税价格计算公式为：

组成计税价格=（成本+利润）÷（1−消费税税率）=成本×（1+成本利润率）÷（1−消费税税率）

实行混合计算纳税的组成计税价格计算公式为：

组成计税价格=（成本+利润+自产自用数量×定额税率）÷（1−消费税税率）

公式中的成本，是指应税消费品的产品生产成本；利润，是指根据应税消费品的全国平均成本利润率计算的利润。

应税消费品全国平均成本利润率由国家税务总局确定。具体规定如下：（1）甲类卷烟10%；（2）乙类卷烟5%；（3）雪茄烟5%；（4）烟丝5%；（5）粮食白酒10%；（6）薯类白酒5%；（7）其他酒5%；（8）酒精5%；（9）高档化妆品5%；（10）鞭炮、焰火5%；（11）贵重首饰及珠宝玉石6%；（12）汽车轮胎5%；（13）摩托车6%；（14）高尔夫球及球具10%；（15）高档手表20%；（16）游艇10%；（17）木制一次性筷子5%；（18）实木地板5%；（19）乘用车8%；（20）中轻型商用客车5%。

【例3−4】2016年11月，某化妆品厂将一批自产高档护肤类化妆品用于集体福利，生产成本35 000元；将新研制的高档香水用于广告样品，生产成本20 000元，成本利润率为5%，消费税税率为15%。上述货物已全部发出，均无同类产品售价。

要求：计算该厂上述业务应纳消费税。

解：将自产应税消费品用于其他方面的，于移送使用时纳税。计税价格，没有同类消费品的销售价格，按照组成计税价格确定。

上述业务应纳消费税 $=(35\ 000+20\ 000)\times(1+5\%)\div(1-15\%)\times15\%=10\ 191.18$（元）

五、委托加工应税消费品应纳消费税的计算

委托加工的应税消费品，是指由委托方提供原料和主要材料，受托方只收取加工费和代垫部分辅助材料加工的应税消费品。对于由受托方提供原材料生产的应税消费品，或者受托方先将原材料卖给委托方，然后再接受加工的应税消费品，以及由受托方以委托方名义购进原材料生产的应税消费品，不论在财务上是否作销售处理，都不得作为委托加工应税消费品，而应当按照销售自制应税消费品缴纳消费税。

委托加工的应税消费品，除受托方为个人外，由受托方在向委托方交货时代收代缴税款。委托个人加工的应税消费品，由委托方收回后缴纳消费税。

委托加工的应税消费品，按照受托方的同类消费品的销售价格计算纳税；没有同类消费品销售价格的，按照组成计税价格计算纳税。

实行从价定率办法计算纳税的组成计税价格计算公式为：

组成计税价格=（材料成本+加工费）÷（1−消费税税率）

实行混合计算纳税的组成计税价格计算公式为：

组成计税价格=（材料成本+加工费+委托加工数量×定额税率）÷（1−消费税税率）

公式中的材料成本，是指委托方所提供加工材料的实际成本。委托加工应税消费品的纳税人，必须在委托加工合同上如实注明（或者以其他方式提供）材料成本，凡未提供材料成本的，受托方主管税务机关有权核定其材料成本。

加工费，是指受托方加工应税消费品向委托方所收取的全部费用（包括代垫辅助材料的实际成本）。

委托加工的应税消费品直接出售的，不再缴纳消费税。

【例3−5】某烟花厂受托加工一批烟花，委托方提供原材料成本30 000元，该厂收取加工费10 000元、代垫辅助材料款5 000元，没有同类烟花销售价格。

要求：计算该厂应代收代缴消费税（以上款项均不含增值税）。

解：该厂应代收代缴消费税=（30 000+10 000+5 000）÷（1−15%）×15%=7 941.18（元）

六、外购或委托加工应税消费品已纳税款扣除的计算办法

消费税实行“一物一税，税不重征”原则。用于生产的应税消费品为已税消费品的，应当从生产的应税消费品的应纳税额中扣除其已纳消费税。例如，外购已税烟丝生产卷烟，烟丝支付了30%的消费税，把它生产成卷烟，对卷烟整体征税时，如果不让扣除烟丝已交的消费税，那么对卷烟整体征税，对烟丝就征了两次。

1.准予从应纳税额中扣除已纳消费税的应税消费品的范围为：

（1）以外购或委托加工收回的已税烟丝为原料生产的卷烟；

（2）以外购或委托加工收回的已税化妆品为原料生产的高档化妆品；

（3）以外购或委托加工收回已税珠宝玉石为原料生产的贵重首饰及珠宝玉石；

（4）以外购或委托加工收回已税鞭炮、焰火为原料生产的鞭炮、焰火；

（5）用外购或委托加工的已税摩托车连续生产的摩托车；

（6）以外购或委托加工收回的已税杆头、杆身和握把为原料生产的高尔夫球杆；

（7）以外购或委托加工收回的已税木制一次性筷子为原料生产的木制一次性筷子；

（8）以外购或委托加工收回的已税实木地板为原料生产的实木地板；

（9）以外购或委托加工收回的已税石脑油为原料生产的应税消费品；

（10）以外购或委托加工收回的已税润滑油为原料生产的润滑油；

（11）以外购或委托加工收回的汽油、柴油用于连续生产甲醇汽油、生物柴油。

$$\text{当期准予扣除的外购应税消费品已纳税款}=\text{当期准予扣除的外购应税消费品买价}\times\text{外购应税消费品适用税率}$$

$$\text{当期准予扣除的外购应税消费品买价}=\text{期初库存的外购应税消费品的买价}+\text{当期购进的应税消费品的买价}-\text{期末库存的外购应税消费品的买价}$$

$$\text{当期准予扣除的委托加工应税消费品已纳税款}=\text{期初库存的委托加工应税消费品已纳税款}+\text{当期收回的委托加工应税消费品已纳税款}-\text{期末库存的委托加工应税消费品已纳税款}$$

自2012年9月1日起，委托方将收回的应税消费品，以不高于受托方的计税价格出售的，为直接出售，不再缴纳消费税；委托方以高于受托方的计税价格出售的，不属于直接出售，需按照规定申报缴纳消费税，在计税时准予扣除受托方已代收代缴的消费税。

增值税有进项税额抵扣的问题，消费税也存在已纳消费税抵扣的问题，但扣除环节是不同的，进项税是购进扣税法，购进时取得增值税专用发票或取得合法凭证可以计算抵税的，可以在当期抵扣；而消费税是领用扣税法。

2.在处理准予按规定抵扣应税消费品已纳税款时，应把握的几个原则是：

（1）外购已税消费品的买价是指购货发票上注明的销售额（不包括增值税税款）。

（2）纳税人用外购或委托加工收回的已税珠宝玉石生产的改在零售环节征收消费税的金银首饰，在计税时一律不得扣除外购或委托加工收回的珠宝玉石的已纳消费税税款。

（3）对自己不生产应税消费品而只是购进后再销售应税消费品的工业企业，其销售的高档化妆品、鞭炮和焰火以及珠宝玉石，凡不能构成最终消费品进入市场而需进一步生产加工的，应当缴纳消费税，同时允许扣除上述外购应税消费品的已纳税款。

（4）允许扣除已纳税款的应税消费品只限于从工业企业购进的应税消费品和进口环节已缴纳消费税的应税消费品，对从境内商业企业购进的应税消费品的已纳税款一般不得扣除（符合抵扣条件的除外）。

（5）对当期投入生产的原材料可抵扣的已纳消费税大于当期应纳消费税情形的，在目前消费税纳税申报表未增加上期留抵消费税填报栏目的情况下，采用按当期应纳消费税的数额申报抵扣、不足抵扣部分结转下一期申报抵扣的方式处理。

（6）对用外购或委托加工收回的已税汽油生产的乙醇汽油免税。用自产汽油生产的乙醇汽油，按照生产乙醇汽油所耗用的汽油数量申报纳税。

（7）卷烟消费税在生产和批发两个环节缴纳后，批发企业在计算纳税时不得扣除已含的生产环节的消费税税款。

【例3-6】某卷烟厂（地处市区）为增值税一般纳税人，2016年9月发生下列经济业务：

（1）购进A种烟丝一批，取得的防伪税控增值税专用发票上注明的价款为100 000元，增值税17 000元，供货方代垫运费1 000元，款项已付，材料已验收入库，并取得了运输企业开具的运费发票，当月认证通过。

（2）购进B种烟丝一批，取得的防伪税控增值税专用发票上注明的价款为40 000元，增值税6 800元，当月未去认证。款项已付，材料尚未入库。

（3）购进机器设备一台，取得的防伪税控增值税专用发票注明的价款为300 000元，增值税51 000元，款项已付，支付安装费30 000元，设备已投入使用。

计税的办法上采用了特殊的办法，不同于国内生产卷烟。国内生产卷烟的价格不包括定额消费税，但是进口卷烟的计税价格是包括定额消费税的。所以，对于海关代征进口环节消费税，有两个步骤：第一要确定适用税率，第二要计算应纳税额。

1.确定税率的办法

(1) $$\frac{\text{每标准条进口卷烟（200支）}}{\text{确定消费税适用比例税率的价格}}=\left(\frac{\text{关税完税}}{\text{价格}}+\text{关税}+\frac{\text{消费税}}{\text{定额税}}\right)\div\left(1-\frac{\text{消费税}}{\text{税率}}\right)$$

其中，消费税定额税率为每标准条（200支）0.6元，消费税税率固定为30%。

(2) 每标准条进口卷烟（200支）确定消费税适用比例税率的价格≥70元人民币的，适用的比例税率为56%；每标准条进口卷烟（200支）确定消费税适用比例税率的价格<70元人民币的，适用的比例税率为36%。

2.确定进口卷烟消费税组成计税价格

$$\frac{\text{进口卷烟消费税}}{\text{组成计税价格}}=\left(\frac{\text{关税完税}}{\text{价格}}+\text{关税}+\frac{\text{消费税}}{\text{定额税}}\right)\div\left(1-\frac{\text{进口卷烟消费税}}{\text{适用的比例税率}}\right)$$

3.计算进口卷烟应纳消费税税额

应纳消费税税额=进口卷烟消费税组成计税价格×进口卷烟消费税适用的比例税率+消费税定额税

消费税定额税=海关核定的进口卷烟数量×消费税定额税率

【例3-7】某市卷烟生产企业为增值税一般纳税人，2016年9月有关经营业务如下：

(1) 2日向农业生产者收购烟叶一批，收购凭证上注明的价款为500万元，并向烟叶生产者支付了国家规定的价外补贴；支付运输费用10万元，取得运输公司开具的运输发票，烟叶当期验收入库。

(2) 3日领用自产烟丝一批，生产A牌卷烟600标准箱。

(3) 5月从国外进口B牌卷烟400标准箱，支付境外成交价折合人民币260万元，到达我国海关前的运输费用10万元，保险费用5万元。

(4) 16日销售A牌卷烟300标准箱，每箱不含税售价1.35万元，款项收讫，将10标准箱A牌卷烟作为福利发给本企业职工。

(5) 25日销售进口B牌卷烟380标准箱，取得不含税销售收入720万元。

(6) 27日购进税控收款机一批，取得的增值税专用发票上注明的价款为10万元、增值税1.7万元；外购防伪税控通用设备，取得的增值税专用发票上注明的价款为1万元、增值税0.17万元。

(7) 30日盘点，发现由于管理不善，库存的外购已税烟丝15万元（含运输费用0.89万元）霉烂变质。

(其他相关资料：①卷烟的进口关税税率为20%；②相关票据已通过主管税务机关认证)

要求：根据上述资料，按下列序号计算回答问题，每问需计算出合计数。

(1) 外购烟叶可以抵扣的进项税额。

(2) 进口卷烟应缴纳的关税。

(3) 进口卷烟应缴纳的消费税。

(4) 进口卷烟应缴纳的增值税。

(5) 直接销售和视同销售卷烟的增值税销项税额。

（6）购进税控收款机和防伪税控通用设备可抵扣的进项税额。

（7）损失烟丝应转出的进项税额。

（8）企业当月份国内销售应缴纳的增值税。

（9）企业当月份国内销售应缴纳的消费税。

解：（1）外购烟叶可以抵扣的进项税额=500×（1+10%）×（1+20%）×13%+10×11%=86.9（万元）

（2）进口卷烟应纳关税=（260+10+5）×20%=55（万元）

（3）计算进口卷烟应纳消费税

①计算进口卷烟每标准条的价格以确定适用税率

每条价格=（275+55+150×0.04）÷（1−30%）÷（250×400）=0.0048（万元）=48（元）<70（元），则适用税率为36%。

②进口卷烟应纳的消费税=（275+55+150×0.04）÷（1−36%）×36%+150×0.04=195（万元）

（4）进口卷烟应纳增值税=（275+55+150×0.04）÷（1−36%）×17%=89.25（万元）

（5）直接销售和视同销售卷烟的增值税销项税额=（300+10）×1.35×17%+720×17%=193.55（万元）

（6）购进税控收款机和防伪税控通用设备可抵扣的进项税额=1.7+0.17=1.87（万元）

（7）损失烟丝应转出的进项税额=（15−0.89）×17%+0.89÷（1−11%）×11%=2.51（万元）

（8）企业当月国内销售应纳增值税=193.55−（86.9+89.25+1.87）+2.51=18.04（万元）

（9）计算国内销售A卷烟应纳消费税

①计算A卷烟每标准条的价格以确定适用税率

A卷烟单价=13 500÷250=54（元）<70（元），则适用税率为36%。

②企业当月国内销售卷烟应纳消费税=（300+10）×1.35×36%+（300+10）×0.015=155.31（万元）

八、金银首饰应纳消费税的计算

改在零售环节计征消费税的金银首饰、钻石及钻石饰品以销售额为计税依据，应纳消费税税额的计算公式为：

应纳税额=应税销售额×适用税率

金银首饰消费品的计税依据为纳税人销售金银首饰时向购买方收取的不含增值税的全部价款和价外费用。具体规定如下：

1.纳税人采用以旧换新、翻新改制方式销售的金银首饰，计税依据为实际收取的不含增值税的全部价款，包括增加或添加的材料价格以及收取的加工费。

2.纳税人连同包装物一同销售的金银首饰，无论包装物是否单独计价，也无论会计上如何核算，均应并入金银首饰的销售额中计征消费税。

3.用于馈赠、赞助、集资、广告、样品、职工福利、奖励等方面的金银首饰，计税依据为纳税人销售同类金银首饰的销售价格；没有同类金银首饰销售价格的，计税依据为组成计税价格。其计算公式为：

组成计税价格=购进原价（或生产成本）×（1+成本利润率）÷（1−金银首饰消费税税率）

式中，购进原价是对商业企业而言的，生产成本是对生产企业而言的，利润率统一规定为6%。

4.带料加工的金银首饰，计税依据为受托方同类金银首饰的销售价格；没有同类金银首饰销售价格的，计税依据为组成计税价格。其计算公式为：

组成计税价格=（材料成本+加工费）÷（1-金银首饰消费税税率）

式中，材料成本是指委托方所提供加工材料的实际成本。委托方必须在委托加工合同上如实注明（或以其他方式提供）材料成本；凡未提供材料成本的，受托方所在地主管税务机关有权核定其材料成本。加工费是指受托方加工金银首饰向委托方所收取的全部费用（包括代垫辅助材料的实际成本），但不包括收取的增值税。

5.纳税人用已税珠宝玉石生产的金、银和金基、银基合金的镶嵌首饰，一律不得扣除购买或已缴纳的消费税税款。经营单位兼营生产、加工、批发、零售金银首饰业务的，应分别核算销售额，未分别核算或划分不清的，一律视同零售金银首饰征收消费税。

【例3-8】某首饰商城为增值税一般纳税人，2016年11月发生以下业务：

（1）零售金银首饰与镀金首饰组成的套装礼盒，取得收入29.25万元，其中金银首饰收入20万元，镀金首饰收入9.25万元；

（2）采取“以旧换新”方式向消费者销售金项链2 000条，新项链每条零售价0.25万元，旧项链每条作价0.22万元，每条项链取得差价款0.03万元；

（3）为个人定制加工金银首饰，商城提供原料含税金额30.42万元，取得个人支付的含税加工费收入4.68万元（商城无同类首饰价格）；

（4）用300条银基项链抵偿债务，该批项链账面成本为39万元，零售价为70.2万元；

（5）外购金银首饰一批，取得的普通发票上注明的价款为400万元；外购镀金首饰一批，取得经税务机关认可的增值税专用发票，注明价款50万元、增值税8.5万元。

其他相关资料：金银首饰零售环节消费税税率为5%。

要求：根据上述资料，计算回答下列问题，每道题目需计算出合计数。

（1）销售成套礼盒应缴纳的消费税；

（2）“以旧换新”销售金项链应缴纳的消费税；

（3）定制加工金银首饰应缴纳的消费税；

（4）用银基项链抵偿债务应缴纳的消费税；

（5）商城当月应缴纳的增值税。

解：（1）销售成套礼盒应缴纳的消费税=29.25÷（1+17%）×5%=1.25（万元）

（2）“以旧换新”销售金项链应缴纳的消费税=2 000×0.03÷（1+17%）×5%=2.56（万元）

（3）定制加工金银首饰应缴纳的消费税=（30.42+4.68）÷（1+17%）÷（1-5%）×5%=1.58（万元）

（4）用银基项链抵偿债务应缴纳的消费税=70.2÷（1+17%）×5%=3（万元）

（5）应纳增值税=［29.25÷（1+17%）+2 000×0.03÷（1+17%）+31.58+70.2÷（1+17%）］×17%-8.5

=20.04（万元）

九、卷烟批发环节征收消费税的规定

自2009的5月1日起，在卷烟批发环节加征一道从价税。

1.纳税义务人：在我国境内从事卷烟批发业务的单位和个人。

2.征税范围：纳税人批发销售的所有牌号规定的卷烟。

3.计税依据：纳税人批发卷烟的不含增值税的销售额。

纳税人应将卷烟销售额与其他商品销售额分开核算，未分开核算的，一并征收消费税。

纳税人销售给纳税人以外的单位和个人的卷烟于销售时纳税。纳税人之间销售的卷烟不缴纳消费税。

卷烟消费税在生产和批发两个环节征收后，批发企业在计算纳税时不得扣除已含的生产环节的消费税税款。

4.适用税率：自2015年5月10日起，卷烟批发环节从价税税率由5%提高至11%，并按0.005元/支加征从量税。

5.纳税义务发生时间：纳税人收讫销售款或取得索取销售款凭据的当天。

6.纳税地点：卷烟批发企业的机构所在地，总机构与分支机构不在同一地区的，由总机构申报纳税。

【例3-9】甲卷烟批发企业2016年11月份发生以下业务：

（1）从卷烟厂购进A卷烟10个标准箱，取得对方开具的增值税专用发票抵扣联，注明的价款为25万元；

（2）甲批发企业将国内采购的卷烟的40%销售给乙卷烟批发企业，开具了专用发票，取得销售收入15万元；

（3）甲批发企业将国内采购卷烟的另外60%销售给丙烟草专卖店，共计取得不含税销售额30万元。

要求：回答以下问题：

（1）A卷烟属于甲类卷烟还是乙类卷烟?

（2）甲卷烟批发企业将卷烟批发给乙、丙应该适用什么样的消费税政策?

（3）计算甲卷烟批发企业应纳的消费税。

（4）计算甲卷烟批发企业应纳的增值税。

解：（1）A卷烟每个标准条价格=250 000÷10÷250=100（元），属于甲类卷烟。

（2）甲卷烟批发企业将卷烟批发给乙卷烟批发企业，属于纳税人之间销售卷烟，不征收批发环节的消费税；甲卷烟批发企业将卷烟批发给丙，属于消费税法规定的纳税人销售给纳税人以外的单位和个人，应该在销售时缴纳批发环节的消费税。

（3）甲卷烟批发企业应纳的消费税=［300 000×11%+（50 000×0.005）×6］=3.45（万元）

（4）甲卷烟批发企业应纳的增值税的计算：

当期应纳销项税额=（15+30）×17%=7.65（万元）

当期允许抵扣的进项税额=25×17%=4.25（万元）

当期应纳增值税=7.65−4.25=−3.40（万元）

第三节　出口应税消费品退（免）税的计算

纳税人出口应税消费品与已纳增值税出口货物一样，国家都给予退（免）税优惠。出口应税消费品同时涉及退（免）增值税和消费税，且退（免）消费税与出口货物退（免）增值税在退（免）税范围的限定、退（免）税办理程序、退（免）税审核及管理上基本一致。

本节的重点是出口应税消费品退（免）消费税不同于出口货物退（免）增值税的特殊规定。

一、出口应税消费品退（免）税政策

出口应税消费品退（免）消费税在政策上分为以下三种情况：

（一）出口免税并退税

出口企业出口或视同出口适用增值税退（免）税的货物，免征消费税，如果属于购进出口的货物，退还前一环节对其已征的消费税。

（二）出口免税但不退税

出口企业出口或视同出口适用增值税免税政策的货物，免征消费税，但不退还其以前环节已征的消费税，且不允许在内销应税消费品应纳消费税款中抵扣。

（三）出口不免税也不退税

出口企业出口或视同出口适用增值税征税政策的货物，应按规定缴纳消费税，不退还其以前环节已征的消费税，且不允许在内销应税消费品应纳消费税款中抵扣。

二、出口退税率

计算出口应税消费品应退消费税的税率或单位税额，依据《消费税暂行条例》所附《消费税税目税率（税额）表》执行。这是退（免）消费税与退（免）增值税的一个重要区别。当出口的货物是应税消费品时，其退还增值税要按规定的退税率计算；而退还消费税则按该应税消费品所适用的消费税税率计算。

企业应将不同消费税税率的出口应税消费品分开核算和申报，凡划分不清适用税率的，一律从低适用税率计算应退消费税税额。

三、出口应税消费品退税的计算

出口应税消费品只有适用出口免税并退税政策时，才会涉及计算应退消费税的问题。生产企业直接出口应税消费品或委托外贸企业出口应税消费品，按规定直接予以免税的，可不计算应缴消费税。外贸企业出口应税消费品，按规定计算（退）消费税。

（一）消费税退税的计税依据

出口货物的消费税应退税额的计税依据，按购进出口货物的消费税专用缴款书和海关进口消费税专用缴款书确定。

属于从价定率计征消费税的，为已征且未在内销应税消费品应纳税额中抵扣的购进出口货物金额；属于从量定额计征消费税的，为已征且未在内销应税消费品应纳税额中抵扣的购进出口货物数量；属于复合计征消费税的，按从价定率和从量定额的计税依据分别确定。

（二）消费税应退税额的计算

$$\text{应退税额}=\text{从价定率计征消费税的退税计税依据}\times\text{比例税率}+\text{从量定额计征消费税的退税计税依据}\times\text{定额税率}$$

【例3-10】某化妆品厂为增值税一般纳税人，高档化妆品平均售价为0.12万元/箱，成套化妆品0.3万元/套，均为不含税售价。2016年12月发生下列业务：

（1）购进业务：从国内购进生产用原材料，取得增值税专用发票，注明价款500万元、增值税85万元，支付购货运费30万元，运输途中发生合理损耗2%；从国外进口一台检测设备，海关填发的增值税专用缴款书注明增值税5.3万元。

（2）产品、材料领用情况：在建的职工文体中心领用外购材料，购进成本24.45万元，其中包括运费4.45万元；生产车间领用外购原材料，购进成本125万元；下属宾馆领用为本企业宾馆特制的化妆品，生产成本6万元。

（3）销售业务：内销化妆品1 700箱，取得不含税销售额200万元；销售成套化妆品，取得不含税销售额90万元，发生销货运费40万元；出口化妆品取得销售收入500万元人民币；出口护发品取得销售收入140万元人民币。

假定化妆品和护发品的出口退税率为13%，本月发生的运费均取得货运发票，取得的相关凭证符合税法规定，在本月认证抵扣，出口业务单据齐全并符合规定，在当月办理退税手续（化妆品成本利润率5%，消费税税率15%）。

要求：根据上述资料回答以下问题：

（1）12月该企业准予从销项税额中抵扣的进项税额；

（2）12月该企业销项税额；

（3）12月该企业应缴（退）增值税。

解：该企业12月购进原材料在运输途中合理损耗的进项税额准予抵扣；在建工程领用外购货物应转出进项税，购进货物和销售货物的运费可以计算抵扣进项税额。

（1）准予抵扣的进项税额=85+5.3+（40+30）×11%-（24.45-4.45）×17%-4.45÷（1-11%）×11%
=94.05（万元）

内销化妆品及成套化妆品均按照不含税销售额计算销项税额，出口化妆品及护肤品免税；所属宾馆领用自产的特制的化妆品属于视同销售。

（2）销项税额=［200+90+6×（1+5%）÷（1-15%）］×17%=50.56（万元）

（3）应纳增值税=50.56-［94.05-（500+140）×（17%-13%）］=-17.89（万元）

免抵退税额=（500+140）×13%=83.2（万元）

应退增值税17.89万元。

【例3-11】某酒业制造有限公司2016年11月28日委托某进出口公司向美国加利福尼亚州出口黄酒400吨，按规定实行先征后退方法。

要求：计算该公司应退消费税税款（黄酒单位税额为240元/吨）。

解：应退税额=400×240=96 000（元）

四、出口应税消费品办理退（免）税后的管理

适用增值税退（免）税或免税、消费税退（免）税或免税政策的出口企业或其他单位，应办理退（免）税认定。

经过认定的出口企业及其他单位，应在规定的增值税纳税申报期内向主管税务机关申报增值税退（免）税和免税、消费税退（免）税和免税。委托出口的货物，由委托方申报增值税退（免）税和免税、消费税退（免）税和免税。输入特殊区域的水电气，由作为购买方的特殊区域内生产企业申报退税。

出口企业或其他单位骗取国家出口退税款的，经省级以上税务机关批准可以停止其退（免）税资格。

开展进料加工业务的出口企业若发生未经海关批准将海关保税进口料件作价销售给其他企业加工的，应按规定征收增值税、消费税。

卷烟出口企业经主管税务机关批准按国家批准的免税出口卷烟计划购进的卷烟免征增值税、消费税。

发生增值税、消费税不应退税或免税但已实际退税或免税的，出口企业和其他单位应当补缴已退或已免税款。

第四节 消费税的申报与缴纳

一、纳税环节

消费税的纳税环节是指应税消费品从生产到消费的流转过程中，应当在哪个环节发生纳税义务。我国现行消费税实行价内税，采用一次课征制，即只征一道税，一般选择在应税消费品的生产、委托加工或进口环节缴纳。具体纳税环节的规定如下：

1.生产环节。纳税人生产的应税消费品，由生产者于销售时纳税。自产自用的应税消费品，用于连续生产应税消费品的，不纳税；用于其他方面的，于移送使用时纳税。

2.委托加工环节。委托加工的应税消费品，除受托方为个人外，由受托方在向委托方交货时代收代缴税款。委托加工收回的应税消费品用于连续生产应税消费品的，允许在计税时扣除其在委托加工环节缴纳的消费税税款；委托加工收回的应税消费品直接出售的，不再征收消费税。

3.进口环节。进口应税消费品由进口报关者于报关进口时纳税。

4.销售（零售）环节。金银首饰消费税在零售环节征收。

5.批发环节。自2009年5月1日起，纳税人批发销售的所有牌号规格的卷烟，在卷烟批发环节加征一道从价计征的消费税。

二、纳税义务发生时间

1.纳税人销售应税消费品的，按不同的销售结算方式分别为：

（1）采取赊销和分期收款结算方式的，为销售合同规定的收款日期的当天；

（2）采取预收货款结算方式的，为发出应税消费品的当天；

（3）采取托收承付和委托银行收款方式的，为发出应税消费品并办妥托收手续的当天；

（4）采取其他结算方式的，为收讫销售款或者取得索取销售款凭据的当天。

2.纳税人自产自用应税消费品的，为移送使用的当天。

3.纳税人委托加工应税消费品的，为纳税人提货的当天。

4.纳税人进口应税消费品的，为报关进口的当天。

三、纳税期限

消费税的纳税期限分别为1日、3日、5日、10日、15日、1个月或者1个季度。纳税人的具体纳税期限，由主管税务机关根据纳税人应纳税额的大小分别核定；不能按照固定期限纳税的，可以按次纳税。

纳税人以1个月或者1个季度为1个纳税期的，自期满之日起15日内申报纳税；以其他纳税期限纳税的，自期满之日起5日内预缴税款，于次月1日起15日内申报纳税并结清上月应纳税款。

纳税人进口应税消费品，应当自海关填发海关进口消费税专用缴款书之日起15日内缴纳税款。

四、纳税地点

消费税由国家税务局系统所属征收管理机关征收，进口货物的消费税由海关代征。

1.纳税人销售应税消费品以及自产自用应税消费品的纳税地点

（1）纳税人销售的应税消费品及自产自用的应税消费品，除国家另有规定外，应当向纳税人机构所在地或者居住地的主管税务机关申报纳税。

（2）纳税人到外县（市）销售或者委托外县（市）代销自产应税消费品的，应事先向其所在地主管税务机关提出申请，并于应税消费品销售后，回纳税人核算地缴纳税款。

（3）纳税人总机构与分支机构不在同一县（市）的，应在生产应税消费品的分支机构所在地申报纳税；经省（自治区、直辖市）财政厅（局）、国家税务局同意，对在同一省（自治区、直辖市）范围内的，可以由总机构汇总向总机构所在地的主管税务机关申报纳税。

（4）卷烟批发环节加征的消费税纳税地点为卷烟批发企业的机构所在地，总机构与分支机构不在同一地区的，由总机构申报纳税。

2.委托加工的应税消费品，除受托方为个人外，由受托方向机构所在地或者居住地的主管税务机关解缴消费税税款；委托个人加工的应税消费品，由委托方向其机构所在地或者居住地主管税务机关申报纳税。

3.进口的应税消费品，由进口人或者其代理人向报关地海关申报纳税（改在零售环节征收消费税的金银首饰除外）。

4.退关或国外退货的应税消费品的补税地点。

（1）出口的应税消费品办理退税后，发生退关，或者国外退货进口时予以免税的，报关出口者必须及时向其机构所在地或者居住地主管税务机关申报补缴已退的消费税税款。

（2）纳税人直接出口的应税消费品办理免税后，发生退关或者国外退货，进口时已予以免税的，经机构所在地或者居住地主管税务机关批准，可暂不办理补税，待其转为国内销售时，再申报补缴消费税。

知识链接 3-2

瑞典的消费税

消费税在瑞典是选择型消费税。近些年来，瑞典也采取了一些扩大消费税范围和提高税负的措施。2003年，瑞典对从广告业到杀虫剂共21个税目的产品和服务征收消费税，但主要是针对能源、环保、道路车辆、酒和烟4大税目的产品征收消费税，特别是对能源及环保征收的消费税占到2/3左右。对酒精含量在8.5%～15%的葡萄酒每升征收22.8瑞典克朗的消费税。目前消费税收入占瑞典全部税收收入的8%左右，其中进口消费税全部上缴欧盟。

资料来源：中华人民共和国驻瑞典王国大使馆经济商务参赞处. 消费税［EB/OL］.（2013-04-23）［2016-10-15］. http：//se.mofcom.gov.cn/article/ddfg/sshzhd/.

本章小结

消费税是在对货物普遍征收增值税的基础上，选择少数消费品再征收的一个税种。其主要目的是为了调节产品结构，引导消费方向，保证国家财政收入。征收范围主要包括5大类14个税目，实行价内税，只在应税消费品的生产、委托加工和进口环节缴纳（卷烟在批发环节征收）。

消费税的税率包括比例税率、定额税率（单位税额）和复合税率三种形式。采用从价定率、从量定额或者从价定率和从量定额复合计税方法计算应纳税额。

在消费税从价计征的情况下，销售额的界定与增值税相同，即为纳税人销售应税消费品向购买方收取的全部价款和一切价外费用。

为避免重复征税，对生产领用外购已税原材料继续生产应税消费品销售的，计算应纳消费税时，按当期生产领用的数量计算扣除已纳的消费税税额。

关键概念

消费税　征税范围　税目　委托加工应税消费品　销售额　价外费用　复合税率　退免税政策　纳税义务发生时间　纳税期限　纳税地点

基本训练

一、单项选择题

1.根据消费税的相关规定，下列行为中应缴纳消费税的是（　　）。

A.进口雪茄烟　　B.零售粮食白酒

C.零售高档化妆品　　D.进口服装

2.依据消费税的有关规定，下列消费品中属于消费税征税范围的是（　　）。

A.用中轻型商用客车底盘改装的商务车

B.电动汽车

C.护肤护发品

D.高尔夫车

3.下列单位经营的应税消费品，不需缴纳消费税的是（　　）。

A.啤酒屋利用啤酒生产设备生产的啤酒

B.商场销售高档手表

C.出国人员免税商店销售金银首饰

D.汽车制造厂公益性捐赠的自产小轿车

4.依据消费税的有关规定，下列货物中属于消费税征税范围的是（　　）。

A.高尔夫球包　　B.竹制筷子　　C.鞭炮药引线　　D.电动汽车

5.下列关于消费税的征收规定说法不正确的是（　　）。

A.单位和个人进口货物属于消费税征税范围的，在进口环节一般也要缴纳消费税

B.改在零售环节征收消费税的金银首饰仅限于金基、银基合金首饰以及金、银和金基、银基合金的镶嵌首饰

C.卷烟消费税在生产和批发两个环节征收后，批发企业在计算纳税时可以扣除已含的生产环节的消费税税款

D.消费税的征收环节包括生产销售、委托加工、批发销售、进口环节、零售环节

6.下列各项中，应按当期生产领用数量计算准予扣除已纳消费税税款的是（　　）。

A.委托加工已税高档手表生产的高档手表

B.委托加工收回的汽油用于连续生产应税成品油

C.委托加工已税涂料生产的涂料

D.委托加工已税珠宝玉石生产的金银镶嵌首饰

7.下列各项属于消费税纳税义务人的是（　　）。

A.进口金银首饰的外贸企业　　B.受托加工烟丝的工业企业

C.生产护手霜销售的工业企业　　D.将自产卷烟用于抵债的卷烟厂

8.下列各项，属于消费税征税范围的是（　　）。

A.烟叶　　B.医用酒精

C.影视演员化妆用的上妆油　　D.鞭炮药引线

9.下列应税消费品，适用从价定率和从量定额复合计征办法计算消费税应纳税额的是（　　）。

A.雪茄烟　　B.啤酒　　C.白酒　　D.小汽车

10.甲卷烟批发企业为增值税一般纳税人，2016年11月销售给乙卷烟批发企业A牌卷烟100标准箱，开具的增值税专用发票上注明销售额200万元；对外零售A牌卷烟20标准箱，开具普通发票，取得零售额58.5万元。甲卷烟批发企业当月应缴纳消费税（　　）万元。

A.2.5　　B.12.5　　C.113.5　　D.141.8

11.委托个体经营者加工应税消费品，其消费税的纳税义务人应当是（　　）。

A.委托方　　B.受托方

C.委托方或受托方　　D.销售方

12.某高尔夫球具厂以外购已税杆头为原料生产高尔夫球杆，下列关于外购已税杆头已纳消费税税款的处理，正确的是（　　）。

A.外购已税杆头已纳消费税可以按购进入库数量在计算高尔夫球杆应纳消费税税款中扣除

B.外购已税杆头已纳消费税可以按生产领用数量在计算高尔夫球杆应纳消费税税款中扣除

C.外购已税杆头已纳消费税可以按高尔夫球杆的出厂销售数量在计算高尔夫球杆应纳消费税税款中扣除

D.外购已税杆头已纳消费税不可以在计算高尔夫球杆应纳消费税税款中扣除

13.消费税纳税人以一个季度为一个纳税期限的，应当自期满之日起（　　）内申报纳税。

A.7日　　B.10日　　C.15日　　D.30日

14.下列出口业务中，实行消费税免税并退税的是（　　）。

A.有出口经营权的生产性企业自营出口的自产应税消费品

B.有出口经营权的外贸企业购进应税消费品直接出口的

C.生产企业委托外贸企业代理出口自产的应税消费品

D.外贸企业受非生产性的商贸企业委托代理出口的应税消费品

二、多项选择题

1.下列贵重首饰中，在零售环节缴纳消费税的有（　　）。

A.包金首饰　　B.镀金首饰

C.金基、银基合金首饰　　D.钻石饰品

2.下列关于金银首饰应纳消费税的说法中，不正确的有（　　）。

A.既销售金银首饰，又销售非金银首饰的生产、经营单位，凡未分别核算销售额的，一律按照金银首饰征收消费税

B.对出国人员免税商店销售的金银首饰免征消费税

C.带料加工的金银首饰，应按受托方销售同类金银首饰的销售价格确定计税依据征收消费税

D.纳税人采用翻新改制方式销售的金银首饰，应按同类新金银首饰的销售价格确定计税依据征收消费税

3.下列业务中，应当征收消费税的有（　　）。

A.化妆品厂将自产的高档香水作为样品赠送给客户

B.卷烟厂将其自产的烟丝用于继续生产卷烟

C.鞭炮厂将自产的鞭炮用于职工福利

D.地板厂将自产的实木地板用于抵偿债务

4.下列关于从量计征消费税销售数量确定方法的表述中，正确的有（　　）。

A.销售应税消费品的，为应税消费品的销售数量

B.自产自用应税消费品的，为应税消费品的生产数量

C.委托加工应税消费品的，为纳税人收回的应税消费品数量

D.进口应税消费品的，为海关核定的应税消费品进口征税数量

5.纳税人将自产的应税消费品用于下列情形的，应当以纳税人同类应税消费品的最高销售价格作为计税依据计算消费税的有（　　）。

A.用于换取生产资料　　B.用于抵偿债务

C.用于投资入股　　D.用于换取消费资料

6.下列关于消费税的表述，正确的有（　　）。

A.纳税人兼营不同税率的应税消费品，未分别核算销售额、销售数量的，应由税务机关分别核定销售额、销售数量，按照各自适用的税率计征消费税

B.纳税人兼营不同税率的应税消费品，未分别核算销售额、销售数量的，应从高适用税率征收消费税

C.以外购已税燃料油为原料继续生产的应税消费品，应按生产领用数量计算准予扣除的外购燃料油已纳的消费税税款

D.纳税人将不同税率的应税消费品组成成套消费品销售的，从高适用税率计征消费税

7.根据消费税的有关规定，下列说法中不正确的有（　　）。

A.委托个体工商户加工的应税消费品，由委托方收回后在委托方所在地缴纳消费税

B.计算委托加工环节应税消费品组成计税价格的加工费不包括代垫辅助材料的成本和增值税税金

C.受托方没有按规定代收代缴消费税税款的，由受托方补缴税款和滞纳金

D.委托加工的应税消费品，其消费税纳税义务发生时间为纳税人提货的当天

8.下列关于消费税纳税义务发生时间的表述中，正确的有（　　）。

A.纳税人进口的应税消费品，其纳税义务发生时间为报关进口的当天

（4）接受某公司投资转入材料一批，取得的防伪税控增值税专用发票上注明的价款为100 000元，增值税17 000元，材料已验收入库并当月认证通过。

（5）上月购入的A种烟丝因火灾损失30 000元，等待处理。

（6）销售甲种卷烟6箱，价款150 000元，增值税25 500元。

（7）将自产乙种卷烟2箱（成本价10 000元）赠送友好单位。

（8）从农民手中收购一批烟叶，收购价款200 000元。

（9）将已收购入库的烟叶100 000元发往丙企业（地处县城），委托丙企业加工烟丝，支付加工费5 000元，增值税850元，取得增值税专用发票并认证通过；丙企业无同类烟丝的销售价格。

（10）将委托加工收回的烟丝直接出售，取得价款180 000元，增值税30 600元。

要求：

（1）计算卷烟厂当期准予抵扣的增值税进项税额；

（2）计算卷烟厂当期的增值税销项税额；

（3）计算卷烟厂当期应缴纳的增值税；

（4）计算卷烟厂当期应缴纳的消费税（不含代扣代缴消费税）。

解：（1）卷烟厂当期准予抵扣的增值税进项税额=17 000+1 000×11%+17 000−30 000×17%+200 000×（1+10%）×（1+20%）×13%+850=64 180（元）

（2）卷烟厂当期增值税销项税额=25 500+［10 000×（1+10%）+2×150］÷（1−36%）×17%+30 600
=59 101.56（元）

（3）卷烟厂当期应缴纳的增值税=59 101.56−64 180=−5 078.44（元）

（4）卷烟厂当期应缴纳的消费税=150 000×56%+150×6+［10 000×（1+10%）+2×150］÷（1−36%）×36%+150×2−［100 000×50%×36%+（6+2）×150］
=72 356.25（元）

七、进口应税消费品应纳消费税的计算

（一）进口应税消费品（卷烟除外）应纳消费税的计算

进口的应税消费品，于报关进口时缴纳消费税，由海关代征。个人携带或者邮寄进境的应税消费品的消费税，连同关税一并计征。

进口的应税消费品，按照组成计税价格计算纳税。

实行从价定率办法计算纳税的组成计税价格计算公式为：

组成计税价格=（关税完税价格+关税）÷（1−消费税比例税率）

实行混合计算纳税的组成计税价格计算公式为：

组成计税价格=（关税完税价格+关税+进口数量×消费税定额税率）÷（1−消费税比例税率）

式中，关税完税价格是指海关核定的关税计税价格。

应税消费品的计税价格的核定权限规定如下：

（1）卷烟、白酒和小汽车的计税价格由国家税务总局核定，送财政部备案；

（2）其他应税消费品的计税价格由省、自治区和直辖市国家税务局核定；

（3）进口的应税消费品的计税价格由海关核定。

（二）进口卷烟应纳消费税的计算

进口卷烟比较特殊，原来的成本比我国低，价格也低，对国内市场有冲击，因此，在

B.纳税人自产自用的应税消费品，其纳税义务发生时间为移送使用的当天

C.纳税人采取分期收款结算方式销售的应税消费品，其纳税义务发生时间为销售合同规定的收款日期的当天

D.纳税人采取托收承付方式销售的应税消费品，其纳税义务发生时间为取得销售款的当天

9.下列外购商品中已缴纳的消费税，可以从本企业应纳消费税额中扣除的有（　　）。

A.进口已税烟丝生产的卷烟

B.从工业企业购进已税珠宝玉石为原料生产的珠宝玉石

C.进口已税溶剂油为原料生产的溶剂油

D.从工业企业购进已税摩托车生产的摩托车

10.根据委托加工应税消费品的规定，下列选项中不属于应当征收消费税的是（　　）。

A.受托方负责采购委托方所需原材料的

B.受托方提供原材料和全部辅助材料的

C.受托方代垫原料和主要材料，委托方提供辅助材料的

D.委托方提供原料和主要材料，受托方代垫部分辅助材料的

11.下列有关消费税征税规定的表述，正确的有（　　）。

A.商场零售化妆品时，其包装物无论是否分别核算，均应并入销售额中计征消费税

B.收取啤酒包装物押金时间超过一年不再退还的，该押金应换算为不含税价计征消费税

C.摩托车厂收取的逾期不再退还的摩托车包装物押金，应计算征收消费税

D.按现行税法规定，酒类生产企业白酒的包装物押金无论如何核算均在收取当期计征消费税

12.下列属于复合计征消费税的货物有（　　）。

A.烟丝　　B.卷烟　　C.啤酒　　D.粮食白酒

13.某化妆品生产企业，销售化妆品的同时，向购买方收取的以下款项属于价外费用性质的收入有（　　）。

A.手续费

B.返还利润

C.承运部门的运输费用发票开具给购买方由销售方转交的运费

D.违约金

14.下列关于消费税纳税申报的陈述，正确的有（　　）。

A.自产应税消费品于销售环节纳税

B.委托加工应税消费品，由受托方办理代收代缴消费税申报

C.委托加工应税消费品，委托方应向税务机关提供已由受托方代收代缴税款完税证明

D.纳税人进口应税消费品，应当自海关填发进口消费税专用缴款书之日起10日内申报缴纳税款

15.根据现行税法，下列消费品的生产经营环节，既征收增值税又征收消费税的（　　）。

A.批发环节销售的卷烟　　B.零售环节销售的金基合金首饰

C.批发环节销售的白酒　　　　　　　D.申报进口的高尔夫球具

三、判断题

1.在现行消费税的征税范围中，除卷烟、白酒外，其他一律不得采用从价定率和从量定额相结合的混合计税方法。　（　）

2.对委托加工应税消费品，受托方没有代扣代缴消费税时，应在税务检查中要求受托方补缴税款并对受托方进行处罚。　（　）

3.应税消费品征收消费税的，其税基含有增值税；应税消费品征收增值税的，其税基不含消费税。　（　）

4.纳税人除委托个体经营者加工应税消费品一律于委托方收回后在委托方所在地缴纳消费税外，其余的委托加工应税消费品均由受托方在向委托方交货时代收代缴消费税。　（　）

5.外贸企业只有受其他外贸企业委托，代理出口应税消费品才可办理消费税的退税。　（　）

6.从其他工、商企业购进的已税消费品，用于继续生产应税消费品销售的，在计征消费税时，生产耗用的外购应税消费品的已纳消费税税款准予扣除。　（　）

7.企业应将不同消费税税率的出口应税消费品分开核算和申报退税，凡划分不清适用税率的，一律从低适用税率计算应退消费税税额。（　）

8.对饮食业、商业、娱乐业举办的啤酒屋（啤酒坊）利用啤酒生产设备生产的啤酒，应当征收消费税和增值税。　（　）

9.纳税人通过自设独立核算门市部销售的自产应税消费品，应当按照门市部对外销售额或者销售数量征收消费税。　（　）

10.出口应税消费品的消费税退税率为该应税消费品的消费税税率。　（　）

四、计算题

1.某烟草进出口公司2016年9月从国外进口卷烟80 000条（每条200支），支付买价2 000 000元，支付到达我国海关前的运输费用120 000元、保险费用80 000元。关税完税价格2 200 000元。（假定进口卷烟关税税率为20%）

要求：计算进口卷烟消费税和增值税。

2.某酒厂2016年12月发生以下业务：

（1）以外购粮食白酒和自产糠麸白酒勾兑的散装白酒1吨并销售，取得不含税收入3.8万元，货款已收到。

（2）自制粮食白酒5吨，对外售出4吨，收到不含税销售额20万元（含包装费3万元），另收取包装物押金（单独核算）0.2万元。

（3）以自制白酒1 000斤继续加工成药酒1 200斤，全部售出，普通发票上注明销售额7.2万元。

（4）从另一酒厂购入粮食白酒800斤（已纳消费税0.4万元），全部勾兑成低度白酒出售，数量1 000斤，取得不含税收入2.5万元。

（5）为厂庆活动特制白酒2 000公斤，全部发放职工，无同类产品售价。每公斤成本为15元。

要求：请计算该酒厂本月应纳消费税。（白酒定额税率为0.5元／斤，比例税率为

20%，药酒比例税率为10%，粮食白酒的成本利润率为10%）

3.某化妆品生产企业为增值税一般纳税人，2016年12月上旬从国外进口一批散装高档化妆品，关税完税价格150万元。本月内企业将进口的散装化妆品的80%生产加工为成套化妆品7 800件，对外批发销售6 000件，取得不含税销售额290万元；向消费者零售800件，取得含税销售额51.48万元。（高档化妆品的进口关税税率为40%、消费税税率为15%）

要求：

（1）计算该企业在进口环节应缴纳的增值税、消费税。

（2）计算该企业国内生产销售环节应缴纳的增值税、消费税。

4.露露酒厂（一般纳税人）生产白酒、啤酒。2016年10月主要有以下业务：

（1）销售自产白酒30吨，每吨售价4 000元（不含税），并负责送货，收取运输及装卸费1 000元，并开具运输发票，另收取包装物押金1 000元。货物发出，款项已收到。

（2）特制一批葡萄酒发给本厂职工，生产成本总额4 0000元。

（3）销售啤酒当月生产的啤酒100吨，每吨生产成本1 580元，出厂价3 200元（不含税），共取得销售收入320 000元，另收取包装物押金3 000元。

要求：根据上述资料计算该酒厂当月应缴纳的消费税。

第四章　关　税

学习目标

通过本章的学习，要求学生了解关税的概念和分类；熟悉关税的征税对象、纳税人和税率运用；掌握关税完税价格的确定和应纳关税的计算；了解关税的减免税和缴纳。

小李在一家国外的购物网站上相中了一款品牌数码摄像机，性价比很高，决定邮购。当他前去领取包裹时，却被告知要缴税。交了钱领回包裹后一算账，前前后后花的钱竟然比在国内市场上买的还要贵。小李很不理解，只知道企业进口货物要缴关税，没听说个人的小件邮递物品也要缴税的。小李的说法正确吗？本章将揭开关税的面纱。

第一节　关税的基本要素

知识链接 4-1

关税简介

关税最早产生于古希腊时期。我国关税的历史比欧洲大陆更为久远。秦、汉时期的关税是我国最早有较详细文字记载的关税。鸦片战争以后，我国的关税自主权丧失。1930年5月，我国才恢复关税自主权。新中国成立以后，我国取消了列强在我国的一切特权，收回了海关的管理权，实行独立自主的关税政策。1950年5月，我国颁布了《中华人民共和国暂行海关法》和《中华人民共和国海关进出口税则》、《中华人民共和国海关进出口税则暂行实施条例》和《税则注释》，建立了中国统一的关税政策。改革开放以后，国家对关税法律制度进行了完善，分别于1985年和1992年重新制定了《海关进出口税则》。

资料来源：根据相关资料整理所得。

一、关税概述

关税是对进出国境或关境的货物和物品征收的一种税。关境是指海关征收关税的领域；国境是一个国家以边界为界线，全面行使主权的境域，包括领土、领海、领空。关境和国境含义一般是一致的，但有时关境小于国境，比如当某一国在国境内设立了自由港、自由贸易区等，如中国香港和澳门；还有一些国家只对来自或运往其他国家的货物进出共同关境征收关税，这些国家的关境大于国境，如欧盟。

我国现行关税法律规范以2000年7月第九届全国人民代表大会修订颁布的《中华人民

共和国海关法》、国务院2003年11月发布的《中华人民共和国进出口关税条例》，以及国务院关税税则委员会审定并报国务院批准作为条例组成部分的《中华人民共和国海关进出口税则》和《中华人民共和国海关入境旅客行李物品和个人邮递物品征收进口税办法》为基本法规。

关税具有以下特点：

（1）以进出国境或关境的货物和物品为征税对象。关税不同于因商品交换或提供劳务取得收入而课征的流转税，也不同于因取得所得或拥有财产而课征的所得税或财产税，而是对特定货物和物品途经海关通道进出口征税。

（2）关税由海关管理机构代表国家征收。关税的征收管理一般独立于其他国内税收，我国关税由专门负责进出口事务管理的海关总署及其所属机构具体管理和征收。

（3）关税具有涉外统一性，执行统 的对外经济政策。征收关税不单纯是为了满足政府财政上的需要，更重要的是利用关税来贯彻执行统一的对外经济政策，实现国家的政治经济目的。通过关税税率来调节进出口贸易：在出口方面，通过低税、免税和退税来鼓励商品出口；在进口方面，通过税率的高低、减免来调节商品的进口。

（4）实行复式税则。同一进口货物设置优惠税率和普通税率的复式税则制。优惠税率是一般的、正常的税率，适用于同我国签订有贸易条约或协定的国家；普通税率适用于同我国没有签订贸易条约或协定的国家。这种复式税则充分反映了关税具有维护国家主权、平等互利、发展国际贸易往来和经济技术合作的特点。

依据不同的标准，关税可以划分为不同的种类。

1.按征税对象进行分类

按征税对象进行分类，关税可以分为进口关税、出口关税和过境关税。我国的关税分为进口关税和出口关税两类。

（1）进口关税，是指海关对进口货物和物品征收的关税。进口税有正税和附加税之分。附加税亦称特别关税，是因某种特定的目的而对进口的货物和物品征收的关税，如反倾销税、反补贴税、报复关税等。附加税不是一个独立的税种，是从属于进口正税的。

①反倾销税：是针对实行商品倾销的进口商品而征收的一种进口附加税。

②反补贴税：是对于直接或间接接受奖金或补贴的进口货物和物品所征收的一种进口附加税。

我国政府规定，任何国家或者地区对其进口的原产于中华人民共和国的货物征收歧视性关税或者给予其他歧视性待遇的，我国海关对原产于该国家或地区的进口货物，可以征收特别关税。

（2）出口关税，是指海关对出口货物和物品征收的关税。大部分国家已取消了出口税；也有部分国家基于限制本国某些产品或自然资源的输出等原因，对部分出口货物征收出口税。

（3）过境关税，是对外国经过本国国境运往另一国的货物所征收的关税。目前，世界上大多数国家都不征收过境税，我国也不征收过境税。

2.按征收关税的标准

按征收关税的标准，关税可以分为从价税、从量税、复合税、滑准税。

（1）从价税，是一种最常用的关税计税标准。它是以货物的价格或者价值为征税标准，以应征税额占货物价格或者价值的百分比为税率，价格越高，税额越高。目前，我国海关计征关税标准主要是从价税。

（2）从量税，是以货物的数量、重量、体积、容量等计量单位为计税标准，以每计量单位货物的应征税额为税率。我国目前对原油、啤酒和胶卷等进口商品征收从量税。

（3）复合税又称混合税，即订立从价、从量两种税率，随着完税价格和进口数量而变化，征收时两种税率合并计征。它是对某种进口货物混合使用从价税和从量税的一种关税计征标准。我国目前仅对录像机、放像机、摄像机、数字照相机和摄录一体机等进口商品征收复合税。

（4）滑准税，是根据货物的不同价格适用不同税率的一类特殊的从价关税。它是一种关税税率随进口货物价格由高至低而由低至高设置计征关税的方法。我国目前仅对进口新闻纸实行滑准税。

3.按货物国别来源而区别对待的原则

按货物国别来源而区别对待的原则，关税可以分为最惠国关税、协定关税、特惠关税和普通关税。

（1）最惠国关税适用原产于与我国共同适用最惠国待遇条款的WTO成员国或地区的进口货物，或原产于与我国签订有相互给予最惠国待遇条款的双边贸易协定的国家或地区的进口货物。

（2）协定关税适用原产于我国参加的含有关税优惠条款的区域性贸易协定的有关缔约方的进口货物。

（3）特惠关税适用原产于与我国签订有特殊优惠关税协定的国家或地区的进口货物。

（4）普通关税适用原产于上述国家或地区以外的国家或地区的进口货物。

二、征税对象

关税征税的对象仅限于准许进出境的货物或物品。货物是指贸易性的进出口商品；物品是指非贸易性的进出口商品，包括入境旅客随身携带的行李物品，个人邮递进境的物品，各种运输工具上的服务人员携带的进口物品、馈赠物品以及以其他方式进境的个人物品。关税在货物或物品进出关境的环节一次性征收。

三、纳税人

进口货物的收货人、出口货物的发货人、进出境物品的所有人，是关税的纳税人。进出口货物的收、发货人是依法取得对外贸易经营权，并从事进口或者出口货物业务的法人或者其他社会团体。进出境物品的所有人包括该物品的所有人和推定为所有人的人。一般情况下，对携带进境的物品，推定其携带人为所有人；对分离运输的行李，推定相应的进出境旅客为所有人。对以邮递方式进境的物品，推定其收件人为所有人；对以邮递或其他运输方式出境的物品，推定其寄件人或托运人为所有人。

四、税率

（一）进出口税则

关税的进出口税则是指一国政府制定并公布实施的进出口货物和物品应税的关税税率表。我国现行税则包括《中华人民共和国进出口关税条例》、《税率适用说明》、《中华人民共和国海关进口税则》、《中华人民共和国海关出口税则》及《进口商品从量税、复合税、滑准税税目税率表》、《进口商品关税配额税目税率表》、《进口商品税则暂定税率表》、《出口商品税则暂定税率表》、《非全税目信息技术产品税率表》等附录。

税率表作为税则主体，包括税则商品分类目录和税率栏两大部分。税则商品分类目录是把种类繁多的商品加以综合，按照其不同特点分门别类地简化成数量有限的商品类目，分别编号按序排列，称为税则号列，并逐号列出该号中应列入的商品名称。商品分类的原则即归类规则，包括归类总规则和各类、章、目的具体注释。税率栏是按商品分类目录逐项定出的税率栏目。我国现行进口税则为四栏税率，出口税则为一栏税率。税则归类，就是按照税则的规定，将每项具体进出口商品按其特性在税则中找出其最适合的某一个税号，即"对号入座"，以便确定其适用的税率，计算关税税负。税则归类错误会导致关税的多征或少征，影响关税作用的发挥。

关税的税日和税率由《海关进出口税则》规定。《海关进出口税则》是根据世界海关组织（WCO）发布《商品名称及编码协调制度》（HS）而制定的。《商品名称及编码协调制度》是一部科学、系统的国际贸易商品分类体系，是国际上多个商品分类目录协调的产物，适合于与国际贸易有关的多方面的需要，如海关、统计、贸易、运输、生产等，成为国际贸易商品分类的一种"标准语言"。它包括三个主要部分：归类总规则、进口税率表、出口税率表。其中，归类总规则是进出口货物分类的具有法律效力的原则和方法。

《海关进出口税则》中的商品分类目录，由类、章、项目、一级子目和二级子目五个等级、八位数码组成。按照税则归类总规则及其归类方法，每一种商品都能找到一个最适合的对应税目。

2012年版《商品名称及编码协调制度》在2007年版基础上进行了大范围的修订，共有225组修订。修订后的《商品名称及编码协调制度》六位子目总数将从5 052个增加到5 205个，涉及53个章的产品。自2013年1月1日起实施。

（二）税率

我国现行关税税率分为进口关税税率和出口关税税率。

1.进口关税税率

加入世界贸易组织（WTO）之前，我国进口税则设有两栏税率，即普通税率和优惠税率。对原产于与我国未订有关税互惠协议的国家或者地区的进口货物，按照普通税率征税；对原产于与我国订有关税互惠协议的国家或者地区的进口货物，按照优惠税率征税。

加入WTO之后，为履行我国在加入WTO关税减让谈判中承诺的有关义务，享有WTO成员应有的权利，自2002年1月1日起，我国进口税则设有最惠国税率、协定税率、特惠税率、普通税率、关税配额税率等税率。

此外，对进口货物在一定期限内可以实行暂定税率。不同税率的运用是以进口货物的原产地为标准的：确定进境货物原产国的主要原因之一，是便于正确运用进口税则的各栏税率，对产自不同国家或地区的进口货物适用不同的关税税率。我国原产地规定基本上采用了"全部产地生产标准""实质性加工标准"两种国际上通用的原产地标准。

全部产地生产标准，是指进口货物"完全在一个国家内生产或制造"，生产或制造国即为该货物的原产国。

实质性加工标准是适用于确定有两个或两个以上国家参与生产的产品的原产国的标准，其基本含义是：经过几个国家加工、制造的进口货物，以最后一个对货物进行经济上可以视为实质性加工的国家作为有关货物的原产国。"实质性加工"，是指产品加工后，在进出口税则中四位数税号一级的税则归类已经有了改变，或者加工增值部分所占新产品总值的比例已超过30%及以上的。

（1）最惠国税率适用原产于与我国共同适用最惠国待遇条款的WTO成员国或地区的进口货物，或原产于与我国签订有相互给予最惠国待遇条款的双边贸易协定的国家或地区进口的货物，以及原产于我国境内的进口货物。

（2）协定税率适用原产于我国参加的含有关税优惠条款的区域性贸易协定有关缔约方的进口货物，如曼谷协定税率。

（3）特惠税率适用原产于与我国签订有特殊优惠关税协定的国家或地区的进口货物，如曼谷协定特惠税率。

（4）普通税率适用原产于上述国家或地区以外的其他国家或地区的进口货物。

此外，按照国家规定实行关税配额管理的进口货物，如对部分进口农产品和化肥产品实行关税配额制度，关税配额内的，适用较低的关税配额税率；关税配额外的，其税率的适用按上述税率的形式的规定执行，适用较高的配额外税率。

根据经济发展需要，国家对部分进口原材料、零部件、农药原药和中间体、乐器及生产设备实行暂定税率。适用最惠国税率的进口货物有暂定税率的，应当适用暂定税率；适用协定税率、特惠税率的进口货物有暂定税率的，应当从低适用税率；适用普通税率的进口货物，不适用暂定税率。进境物品税调整方案自2011年11月27日起实施。中华人民共和国进境物品进口税率表见表4-1。

表4-1 **中华人民共和国进境物品进口税率表**

税号	税率（%）	物品名称
1	10	书报，刊物，教育专用电影片，幻灯片，原版录音带，录像带，金、银及其制品，计算机，视频摄录一体机，数字照相机等信息技术产品，照相机，食品，饮料，本表税号2、3、4税号及备注不包含的其他商品
2	20	纺织品及其制成品、电视摄像机及其他电器用具、自行车、手表、钟表（含配件、附件）
3	30	高尔夫球及球具、高档手表
4	50	烟、酒、高档化妆品

2.出口关税税率

我国出口税则为一栏税率，即出口税率。国家仅对少数资源性产品及易于竞相杀价、盲目进口、需要规范出口秩序的半制成品征收出口关税。1992年对47种商品计征出口关税，税率为20%~40%。现行税则对100余种商品计征出口关税，主要是鳗鱼苗、部分有色金属矿砂及其精矿、生锑、磷、氟钽酸钾、苯、山羊板皮、部分铁合金、钢铁废碎料、铜和铝原料及其制品、镍锭、锌锭、锑锭。但对上述范围内的部分商品实行0~25%的暂定税率，此外，根据需要对其他200种商品征收暂定税率。与进口暂定税率一样，出口暂定税率优先适用于出口税则中规定的出口税率。我国真正征收出口关税的商品只有20种，税率也较低。

（三）税率的运用

我国《进出口关税条例》规定，进出口货物，应当依照税则规定的归类原则归入合适的税号，并按照适用的税率征税。其中：

1.进出口货物，应当按照纳税义务人申报进口或者出口之日实施的税率征税。

2.进口货物到达前，经海关核准先行申报的，应当按照装载此货物的运输工具申报进境之日实施的税率征税。

3.进出口货物的补税和退税，适用该进出口货物原申报进口或者出口之日所实施的税率，但下列情况除外：

（1）按照特定减免税办法批准予以减免税的进口货物，后因情况改变经海关批准转让或出售或移作他用需补税的，适用海关接受纳税人再次填写报关单申报办理纳税及有关手续之日实施的税率征税。

（2）加工贸易进口料、件等属于保税性质的进口货物，如经批准转为内销，应按向海关申报转为内销之日实施的税率征税；如未经批准擅自转为内销的，则按海关查获日期所施行的税率征税。

（3）暂时进口货物转为正式进口需补税时，应按其申报正式进口之日实施的税率征税。

（4）分期支付租金的租赁进口货物，分期付税时，适用海关接受纳税人再次填写报关单申报办理纳税及有关手续之日实施的税率征税。

（5）溢卸、误卸货物事后确定需征税时，应按其原运输工具申报进口日期所实施的税率征税。如原进口日期无法查明的，可按确定补税当天实施的税率征税。

（6）对由于税则归类的改变、完税价格的审定或其他工作差错而需补税的，应按原征税日期实施的税率征税。

（7）对经批准缓税进口的货物以后缴税时，不论是分期或一次交清税款，都应按货物原进口之日实施的税率征税。

（8）查获的走私进口货物需补税时，应按查获日期实施的税率征税。

（四）进出口关税调整

为支持产业转型升级，推动对外贸易发展方式转变，促进经济持续健康发展，经国务院关税税则委员会审议并报请国务院批准，自2015年1月1日起，中国对进出口关税进行部分调整，税则税目总数由8 277个增加到8 285个。

（1）对部分进口商品实施低于最惠国税率的进口暂定税率。其中，首次实施进口暂定税率和进一步降低税率的产品包括光通信用激光器、全自动铜丝焊接机等先进制造业所需的设备、零部件；电动汽车用电子控制制动器等有利于节能减排的环保设备；乙烯、镍铁等国内生产所需的能源资源性产品；降脂原料药、夏威夷果、相机镜头等药品和日用消费品。同时，统筹考虑产业、技术发展和市场情况，对制冷压缩机、汽车收音机、喷墨印刷机等商品不再实施进口暂定税率，适当提高天然橡胶等商品的暂定税率水平。

（2）继续对小麦等7种农产品和尿素等3种化肥的进口实施关税配额管理，并对尿素等3种化肥实施1%的暂定配额税率。对关税配额外进口一定数量的棉花继续实施滑准税，税率不变。

（3）继续以暂定税率的形式对煤炭、原油、化肥、铁合金等产品征收出口关税。根据国内化肥、煤炭供需情况的变化，适当调整化肥出口关税，对氮肥、磷肥实施全年统一的出口关税税率，适当降低煤炭产品出口关税税率。

（4）依据中国与有关国家或地区签署的自由贸易协定或关税优惠协定，继续对原产于东盟各国、智利、巴基斯坦、新西兰、秘鲁、哥斯达黎加、韩国、印度、斯里兰卡、孟加拉、瑞士、冰岛等国家的部分进口产品实施协定税率，部分税率水平进一步降低。在内地与香港、澳门更紧密经贸关系安排框架下，对原产于港澳地区且已制定优惠原产地标准的产品实施零关税。根据海峡两岸经济合作框架协议，对原产于台湾地区的部分产品实施零关税。对原产于埃塞俄比亚、也门、苏丹等41个国家的部分商品实施特惠税率，其中对埃塞俄比亚等24个国家的97%的税目商品实施零关税特惠税率。

第二节 关税的计算

一、计税依据

关税以进出口货物的完税价格为计税依据。关税的完税价格是指海关计征关税的价格，由海关以该货物的成交价格为基础审查确定。成交价格不能确定时，完税价格由海关依法估定。

（一）一般进口货物完税价格

进口货物以海关审定的以成交价格为基础的到岸价格为完税价格。实际成交价格是一般贸易项目下进口或者出口货物的买方为购买该货物向卖方实付或应付的价格。到岸价格是指货物在采购地的正常批发价格，加上国外已征的出口税和运抵我国输入地点起卸前的包装费、运费、保险费、手续费等一切费用。用公式表示为：

进口货物关税完税价格=货价+采购费用（包括货物运抵中国关境内输入地起卸前的运输、保险和其他劳务等费用）

进口货物的成交价格，因有不同的成交条件而有不同的价格形式，常用的价格条款，有FOB、CFR、CIF三种。

FOB是含义为“船上交货”的价格术语的简称，又称“离岸价格”。

CFR是含义为“成本加运费”的价格术语的简称，又称“离岸加运费价格”。

CIF是含义为“成本加运费、保险费”的价格术语的简称，习惯上又称“到岸价格”。

实付或应付价格调整规定如下：

1.下列费用或者价值未包括在进口货物的实付或者应付价格中，应当计入完税价格：

（1）由买方负担的除购货佣金以外的佣金和经纪费。购货佣金是指买方为购买进口货物向自己的采购代理人支付的劳务费用。经纪费是指买方为购买进口货物向代表买卖双方利益的经纪人支付的劳务费用。

（2）由买方负担的与该货物视为一体的容器费用。

（3）由买方负担的包装材料和包装劳务费用。

（4）可以按照适当比例分摊的，由买方直接或间接免费提供或以低于成本价方式销售给卖方或有关方的货物或服务的价值。

（5）与该货物有关并作为卖方向我国销售该货物的一项条件，应当由买方直接或间接支付的特许权使用费。

（6）卖方直接或间接从买方对该货物进口后转售、处置或使用所得中获得的收益。

2.下列费用，如能与该货物实付或者应付价格区分，不得计入完税价格：

（1）厂房、机械、设备等货物进口后的基建、安装、装配、维修和技术服务的费用。

（2）货物运抵境内输入地点之后的运输费用。

（3）进口关税及其他国内税。

3.进口货物的价格不符合成交价格条件或者成交价格不能确定的，海关应当依下列顺序估定完税价格：

（1）相同货物成交价格方法。

（2）类似货物成交价格方法。

（3）倒扣价格方法。

（4）计算价格方法。

（5）以其他合理方法确定的价格为基础估定完税价格。

（二）特殊进口货物完税价格

1.加工贸易进口料件及其制成品。

（1）进口时须征税的进料加工进口料件，以料件申报进口时的价格估定。

（2）内销进料加工进口料件或其制成品，以料件原进口时的价格估定。

（3）内销来料加工进口料件或其制成品，以料件申报内销时的价格估定。

（4）出口加工区内企业内销的制成品，以制成品申报内销时的价格估定。

（5）保税区内加工企业内销进口料件或其制成品，分别以料件或制成品申报内销时的价格估定（制成品中扣除境内采购料件价格）。

（6）加工贸易过程中产生的边角料，以申报内销时的价格估定。

2.保税区或出口加工区销往区外、保税仓库出库内销的进口货物（不含加工贸易进口料件及其制成品），以海关审定的价格估定（含区内、库内发生的仓储、运输及相关费用）。

3.运往境外修理的货物，规定期限内复运进境，以海关审定的境外修理费、料件费、复运进境运输及相关费用、保险费估定价格。

4.运往境外加工的货物，以海关审定的境外加工费、料件费、复运进境运输及相关费用、保险费估定价格。

5.暂时进境的货物，按一般进口货物估价办法估定价格。

6.租赁方式进口货物：

（1）租金方式支付，以海关审定的租金估定价格；

（2）留购的租赁货物，以海关审定的留购价格估定价格；

（3）承租人一次缴纳税款，按一般进口货物估价办法估定价格。

7.留购进口货样，以海关审定的留购价格估定。

8.予以补税的减免税货物，原进口时价格扣除折旧，即“原进口价格×（1−实际使用时间）÷监管年限×12”。

9.其他方式进口货物，按一般进口货物估价办法估定价格。

（三）进口货物完税价格中运输及相关费用、保险费的计算

1.以一般陆运、空运、海运方式进口的货物

在进口货物的运输及相关费用、保险费计算中，海运进口货物可计算至货物运抵境内

的卸货口岸（包括内江、内河口岸）；陆运进口货物可计算至该货物境内的第一口岸；如果运输及相关费用、保险费支付至目的地口岸，则计算至目的地口岸；空运进口货物，计算至该货物境内的第一口岸；如果该货物的目的地为境内的第一口岸外的其他口岸，则计算至目的地口岸。

陆运、空运、海运进口货物的运费、保险费应当按照实际支付的费用计算。如果进口货物的运费无法确定或未实际发生，应当按照该货物进口同期运输行业公布的运费率（额）计算运费。按照“货价+运费”两者总额的3‰计算保险费。

2.以其他方式进口的货物

邮运的进口货物，应当以邮费作为运输及相关费用、保险费；以境外边境口岸价格条件成交的铁路或公路运输进口货物，应当按照货价的1%计算运输及相关费用、保险费；作为进口货物的自驾进口的运输工具，可以不另行计算运费。

（四）出口货物的完税价格

1.以成交价格为基础的完税价格

出口货物的完税价格，以该货物向境外销售的成交价格为基础审查确定，并应包括货物运至我国境内输出地点装卸前的运输及相关费用、保险费，但不含出口关税和支付给境外能单独列明的佣金。

2.出口货物海关估价方法

出口货物的成交价格不能确定时，完税价格由海关依次使用下列方法估定：

（1）同时或大约同时向同一国家或地区出口的相同货物的成交价格；

（2）同时或大约同时向同一国家或地区出口的类似货物的成交价格；

（3）根据境内生产相同或类似货物的成本、利润和一般费用、境内发生的运费及相关费用、保险费计算所得的价格；

（4）按照合理方法估定的价格。

二、应纳关税的计算

（一）应纳进口关税的计算

1.从价关税的计算公式

应纳关税税额=应税进（出）口货物数量×单位完税价格×税率=完税价格×税率

2.从量关税的计算公式

应纳关税税额=应税进口货物数量×单位货物税额

3.复合关税的计算公式

应纳关税税额=应税进口货物数量×单位货物税额+完税价格×税率

4.滑准关税的计算公式

应税关税税额=完税价格×滑准关税税率

【例4-1】某商贸公司具有进出口经营权，2016年11月相关经营业务如下：

（1）进口高档化妆品一批，支付国外的买价220万元、境内复制权费6万元、购货佣金4万元；支付运抵我国海关地前的运输费用20万元、装卸费用和保险费用11万元；支付海关地再运往商贸公司的运输费用8万元、装卸费用和保险费用3万元；关税税率为20%。

（2）将一台设备运往境外修理，出境时向海关报明价值100 000美元，支付境外修理费4 000美元，料件费1 000美元；支付复运进境的运输费2 000美元和保险费500美元。（当期汇率1：7.00；关税税率为7%）

（3）2011年11月1日，该公司经批准进口一台符合国家特定免征关税的科研设备用于研发项目，设备进口时经海关审定的完税价格折合人民币800万元（关税税率为10%），海关规定的监管年限为5年；2016年11月1日，公司研发项目完成后，将已计提折旧200万元的免税设备出售给国内另一家企业。

要求：按顺序回答下述问题：

（1）计算业务（1）应缴纳的关税、消费税、增值税；

（2）计算业务（2）应缴纳的关税、增值税；

（3）计算业务（3）应补缴的关税。

解：（1）业务（1）：

进口货物在境内的复制权费不得计入完税价格；购货佣金不计入完税价格；支付运抵我国海关地前的费用应计入完税价格。

①关税=（220+20+11）×20%=50.20（万元）

②进口化妆品组成计税价格=（220+20+11+50.20）÷（1−15%）=354.35（万元）

③进口化妆品的消费税=354.35×15%=53.15（万元）

④进口化妆品的增值税=354.35×17%=60.24（万元）

（2）业务（2）：

通过报明海关运往境外修理的设备复运进境，以海关审定的境外修理费和料件费估定完税价格。

①完税价格=（4 000+1 000）×7.00=35 000（元）

②应纳关税=35 000×7% =2 450（元）

③应纳增值税=（35 000+2 450）×17%=6 366.5（元）

（3）业务（3）：

①完税价格= 800×（1−2÷5）=480（万元）

②应补缴的关税=480×10%=48（万元）

（二）应纳出口关税的计算

我国出口关税有从价和从量征收两种计征标准。

1.实行从价计征标准的出口关税的计算方法

（1）计算公式

应征出口关税税额=完税价格×出口关税税率

完税价格=成交价格/（1+出口关税税率）

（2）计算程序

①按照归类原则确定税则归类，将应税货物归入恰当的税目税号；

②根据完税价格审定办法、规定，确定应税货物的完税价格；

③根据汇率使用原则和税率使用原则，将外币折算成人民币；

④按照计算公式正确计算应征出口关税税款。

【例4−2】某外贸企业2016年12月从某钢铁厂购进钢铁废料1 000吨，直接报关离境出口。钢铁废料出厂价每吨4 800元，离岸价每吨720美元（汇率1：6.20），假设出口关税税率为30%。

要求：计算该批钢铁废料应缴出口关税税额。

解：（1）完税价格=1 000×720×6.20 ÷（1+30%）=3 433 846.15（元）

（2）出口关税税额=3 433 846.15×30%=1 030 153.85（元）

2.实行从量计征标准的出口关税的计算方法

（1）计算公式：

应征出口关税税额=货品数量×单位税额

（2）计算程序：

①按照归类原则确定税则归类，将应税货物归入恰当的税目税号；

②根据原产地规则和税率使用原则，确定应税货物所适用的税率；

③确定其实际出口量；

④按照计算公式正确计算应征出口关税税款。

【例4-3】某纺织品进出口集团公司从山东省威海市出口棉质女式大衣2 000件、毛制男式长裤2 250条，成交总价（FOB）分别为6 000美元、7 875美元。

要求：计算应征出口关税（棉质女式大衣归入税目税号6202.1290，税率为4元/件；毛制男式长裤归入税目税号6203.4100，税率为3元/条）。

解：应征从量出口关税税额=2 000×4+2 250×3=14 750（元）

三、行李和邮递物品进口税

行李和邮递物品进口税，是海关对入境旅客行李物品和个人邮递物品征收的进口税，由于其中包含了在进口环节由海关代征的增值税、消费税，因而也是对个人非贸易性入境物品征收的进口关税和进口工商税收的总称。

（一）征税对象

我国《关于入境旅客行李物品和个人邮递物品征收进口税办法》规定的应征税物品的范围有：入境旅客行李物品中的应税行李物品，个人邮递物品中的应税自用物品，运输工具服务人员携带进口的应税自用物品，用其他方式进口的个人应税自用物品。目前，入境个人物品征税范围新增设了个人数字助理机（PDA）、MP3播放机、MP4播放机等新型电子产品。

进口应税个人自用汽车、摩托车及其配件、附件所适用的征税办法不同于其他个人自用物品。对进口应税个人自用汽车、摩托车及其配件、附件，应按《中华人民共和国海关进出口税则》和其他有关税法、规定征税。

海关总署规定数额以内的个人自用进境物品，免征进口税。超过海关总署规定数额但仍在合理数量以内的个人自用进境物品，由进境物品的纳税义务人在进境物品放行前按照规定缴纳进口税。超过合理、自用数量的进境物品应当按照进口货物依法办理相关手续。

国务院关税税则委员会规定按货物征税的进境物品，按照《中华人民共和国进出口关税条例》第二章至第四章的规定征收关税。

（二）纳税人

携带应税行李物品、自用物品进境的旅客及运输工具服务人员、进境个人邮递物品的收件人、以其他方式进口个人自用物品的收件人，是进口税的纳税义务人。

（三）税目与税率

海关按照《进境物品进口税税率表》及海关总署制定的《中华人民共和国进境物品归类表》、《中华人民共和国进境物品完税价格表》对进境物品进行归类、确定完税价格和确定适用税率。

自2016年4月15日起，进口税的征税项目从原来四类调整为三类，实行15%、30%、60%三档比例税率。

（1）适用15%税率的物品包括书报、刊物及其他各类印刷品，教育用影视资料，贵重首饰及珠宝玉石（不含钻石），计算机及其外围设备，食品、饮料，电话机等信息技术产品，家具，视频摄录一体机、数字照相机、存储卡等信息技术产品，耳机及耳塞机，磁盘、磁带、半导体媒体以及其他影音类信息技术产品，玩具、游戏品、节日或其他娱乐用品。

（2）适用30%税率的物品包括纺织品及其制成品，皮革服装及配饰，箱包及鞋靴，表、钟及其配件、附件，钻石及钻石首饰，洗护用品，家用医疗、保健及美容器材，厨卫用具及小家电，空调及其配件、附件，电冰箱及其配件、附件，洗衣设备及其配件、附件，电视机及其配件、附件，摄影（像）设备及其配件、附件，影音设备及其配件、附件，文具用品，邮票、艺术品、收藏品，乐器，运动用品、钓鱼用品（不含高尔夫球及球具），自行车，税目1、3未包含的其他商品。

（3）适用30%税率的物品包括烟、酒，高尔夫球及球具，高档手表，贵重首饰及珠宝玉石（不含钻石）。

（四）应纳税额的计算

进口税实行从价计征，计税依据为完税价格。由于个人物品来自世界各地，数量零星，品种繁杂，同样的物品，价格并不完全相同，甚至同一品种物品的价格在同一地区也有差异，因而海关一般是参照国际市场平均零售价格确定完税价格。其计算公式为：

进口税税额=完税价格×进口税税率

进境物品，适用海关填发税款缴款书之日实施的税率和完税价格。纳税义务人应当在海关放行应税个人自用物品之前缴纳税款。

【例4-4】某出国人员回国带入境内1台数码相机，完税价格折合人民币4 000元，进口税适用税率为20%。

要求：计算该回国人员应纳多少关税。

解：应纳税额=4 000×20%= 800（元）

（五）税款追征和退税

进境物品放行后，海关发现少征或者漏征税款，自纳税义务人缴纳税款或者物品放行之日起1年内，向纳税义务人补征。因纳税义务人违反规定而造成的少征或者漏征税款，海关在3年以内可以追征。海关多征的税款，海关发现后应当立即退还；纳税义务人亦可要求海关退还，但应在缴纳税款之日起1年内申请退还，逾期不予办理。

第三节 关税的申报与缴纳

一、减免税

关税减免是对进出口货物关税予以减征或者免征的简称，是对某些纳税人和征税对象给予鼓励和照顾的一种特殊调节手段。正是有了这一手段，使关税政策工作兼顾了普遍性和特殊性、原则性和灵活性。因此，关税减免是贯彻国家关税政策的一项重要措施。关税减免分为法定减免、特定减免和临时减免。根据《海关法》的规定，除法定减免税外的其他减免税均由国务院决定。

（一）法定减免

法定减免税是税法中明确列出的减税或免税。符合税法规定可予减免税的进出口货物，纳税义务人无须提出申请，海关可按规定直接予以减免税。海关对法定减免税货物一般不进行后续管理。

我国《海关法》和《进出口条例》明确规定，下列货物、物品予以减免关税：

（1）关税税额在人民币50元以下的一票货物，可免征关税。

（2）无商业价值的广告品和货样，可免征关税。

（3）外国政府、国际组织无偿赠送的物资，可免征关税。

（4）进出境运输工具装载的途中必需的燃料、物料和饮食用品，可予免税。

（5）经海关核准暂时进境或者暂时出境，并在6个月内复运出境或者复运进境的货样、展览品、施工机械、工程车辆、工程船舶、供安装设备时使用的仪器和工具、电视或者电影摄制器械、盛装货物的容器以及剧团服装道具，在货物收发货人向海关缴纳相当于税款的保证金或者提供担保后，可予暂时免税。

（6）为境外厂商加工、装配成品和为制造外销产品而进口的原材料、辅料、零件、部件、配套件和包装物料，海关按照实际加工出口的成品数量免征进口关税；或者对进口料、件先征进口关税，再按照实际加工出口的成品数量予以退税。

（7）因故退还的中国出口货物，经海关审查属实，可予免征进口关税，但已征收的出口关税不予退还。

（8）因故退还的境外进口货物，经海关审查属实，可予免征出口关税，但已征收的进口关税不予退还。

（9）进口货物如有以下情形，经海关查明属实，可酌情减免进口关税：

①在境外运输途中或者在起卸时，遭受损坏或者损失的；

②起卸后海关放行前，因不可抗力遭受损坏或者损失的；

③海关查验时已经破漏、损坏或者腐烂，经证明不是保管不慎造成的。

（10）无代价抵偿货物，即进口货物在征税放行后，发现货物残损、短少或品质不良，而由国外承运人、发货人或保险公司免费补偿或更换的同类货物，可以免税。但有残损或质量问题的原进口货物如未退运国外，其进口的无代价抵偿货物应照章征税。

（11）我国缔结或者参加的国际条约规定减征、免征关税的货物、物品，按照规定予以减免关税。

（12）法律规定减征、免征的其他货物。

（二）特定减免税

特定减免税也称政策性减免税。在法定减免税之外，国家按照国际通行规则和我国实际情况，制定发布的有关进出口货物减免关税的政策，称为特定或政策性减免税。特定减免税货物一般有地区、企业和用途的限制，海关需要进行后续管理，也需要进行减免税统计。

1.科教用品。为有利于我国科研、教育事业的发展，国务院制定了《科学研究和教学用品免征进口税收暂行规定》，对科学研究机构和学校，不以营利为目的，在合理数量范围内进口国内不能生产的科学研究和教学用品，直接用于科学研究或者教学的，免征进口关税和进口环节增值税、消费税。

2.残疾人专用品。国务院制定的《残疾人专用品免征进口税收暂行规定》，对规定的残疾人个人专用品，免征进口关税和进口环节增值税、消费税；对康复、福利机构、假肢厂和荣誉军人康复医院进口国内不能生产的、该规定明确的残疾人专用品，免征进口关税和进口环节增值税。

3.扶贫、慈善性捐赠物资。财政部、国家税务总局、海关总署发布了《扶贫、慈善性捐赠物资免征进口税收的暂行办法》，对境外自然人、法人或者其他组织等境外捐赠人，无偿向经国务院主管部门依法批准成立的，以人道救助和发展扶贫、慈善事业为宗旨的社会团体以及国务院有关部门和各省、自治区、直辖市人民政府捐赠的，直接用于扶贫、慈善事业的物资，免征进口关税和进口环节增值税。

4.加工贸易产品。（1）加工装配和补偿贸易的关税优惠为：进境料件不予征税，准许在境内保税加工为成品后返销出口；进口外商的不作价设备和作价设备，分别比照外商投资项目和国内投资项目的免税规定执行；剩余料件或增产的产品，经批准转内销时，价值在进口料件总值2%以内，且总价值在3 000元以下的，可予免税。（2）进料加工的关税优惠为：对专为加工出口商品而进口的料件，海关按实际加工复出口的数量，免征进口税；加工的成品出口，免征出口税，但内销料件及成品照章征税；对加工过程中产生的副产品、次品、边角料，海关根据其使用价值分析估价征税或者酌情减免税；剩余料件或增产的产品，经批准转内销时，价值在进口料件总值2%以内，且总价值在5 000元以下的，可予免税。

5.边境贸易进口物资。边境贸易有边民互市贸易和边境小额贸易两种形式。边民互市贸易指边境地区边民在边境线20公里以内、经政府批准的开放点或指定的集市上进行的商品交换活动。边民通过互市贸易进口的商品，每人每日价值在8 000元以下的，免征进口关税和进口环节增值税。

6.保税区进出口货物。保税区的主要关税优惠政策有：进口供保税区使用的机器、设备、基建物资、生产用车辆，为加工出口产品进口的原材料、零部件、元器件、包装物料，供储存的转口货物以及在保税区内加工运输出境的产品免征进口关税和进口环节税收；保税区内企业进口专为生产加工出口产品所需的原材料、零部件、包装物料，以及转口货物予以保税；从保税区运往境外的货物，一般免征出口关税。

7.出口加工区进出口货物。出口加工区的主要关税优惠政策有：从境外进入区内生产性的基础设施建设项目所需的机器、设备和建设生产厂房、仓储设施所需的基建物资，区内企业生产所需的机器、设备、模具及其维修用零配件，区内企业和行政管理机构自用合理数量的办公用品，予以免征进口关税和进口环节税；区内企业为加工出口产品所需的原材料、零部件、元器件、包装物料及消耗性材料，予以保税；对加工区运往区外的货物，海关按照对进口货物的有关规定办理报关手续，并按照制成品征税；对从区外进入加工区的货物视同出口，可按规定办理出口退税。

8.进口设备。对国家鼓励发展的国内投资项目和外商投资项目进口设备，在规定范围内免征进口关税和进口环节增值税。

9.特定行业或用途的减免税政策。为支持我国海洋和陆上特定地区石油、天然气开采作业，对相关项目进口国内不能生产或性能不能满足要求的，直接用于开采作业的设备、仪器、零附件、专用工具，免征进口关税和进口环节增值税，等等。

（三）临时减免

临时减免税是指以上法定和特定减免税以外的其他减免税，即由国务院根据《海关法》对某个单位、某类商品、某个项目或某批进出口货物的特殊情况，给予特别照顾，一案一批，专文下达的减免税。一般有单位、品种、期限、金额或数量等限制，不能比照执行。

我国已经加入世界贸易组织，为遵循统一、规范、公平、公开的原则，有利于统一税法、公平税赋、平等竞争，国家严格控制减免税，一般不办理个案临时性减免税，对特定减免税也在逐步规范、清理，对不符合国际惯例的税收优惠政策将逐步予以废止。

二、申报与缴纳

进口货物的纳税义务人应当自运输工具申报进境之日起14日内，出口货物的纳税义务人除海关特准的外，应当在货物运抵海关监管区后、装货的24小时以前，向货物的进出境地海关申报。

纳税人应当在海关填发税款缴款书之日起15日内向指定银行缴纳税款。逾期缴纳税款的，海关应当自缴款期限届满之日起至缴清税款之日止，按日加收滞纳税款0.5‰的滞纳金（滞纳金的起征点为50元）。如果纳税人自海关填发税款缴款书之日起3个月仍未缴纳税款，经海关关长批准，海关可以采取强制扣缴、变价抵缴等强制措施。

关税纳税义务人因不可抗力或在国家税收政策调整的情况下，不能按期纳税的，经海关总署批准，可以延期纳税，但最长不得超过6个月。

三、纳税地点

关税的缴纳地点，应根据纳税人申报及进出口货物的具体情况确定。

1.关境地征收，即口岸征收。这是一种进出口货物在哪里通关，纳税人即在哪里纳税的常见方式。

2.主管地征收，即集中征收。这是一种由缴纳人所在地的海关（主管地海关）监管其通关，关税也在纳税人所在地缴纳的方式。该方式只适用于集装箱运输使用。

四、追征与退还

1.关税补征，是因非纳税人违反海关规定造成的少征或漏征关税，关税补征期为缴纳税款或货物放行之日起1年内。

2.关税追征，是因纳税人违反海关规定造成少征或漏征关税，关税追征期为进出口货物完税之日或货物放行之日起3年内。

3.如遇下列情况之一，可自缴纳税款之日起1年内，书面声明理由，连同原纳税收据向海关申请退税，逾期不予受理：

（1）因海关误征，多纳税款的。

（2）核准免验进口的货物，在完税后，发现有短缺情况，经审查认可的。

（3）已征出口关税的货物，因故未装运出口，申报退关，经海关查验属实的。对已征出口关税的出口货物和已征进口关税的进口货物，因货物品种或规格原因原状复运进境或出境的，才能退税；属于其他原因且不能以原状复运进境或出境的，不能退税。

第四节 船舶吨税

一、船舶吨税概述

船舶吨税是对自中华人民共和国境外港口进入境内港口的船舶（以下称应税船舶）征收的一种税（以下简称吨税）。吨税旧称“船钞”，所收船舶吨税专款专用于助航设施的建造与维修，因此，船舶吨税也有“灯塔税”之称。吨税起源于唐朝的“船脚”。新中国成立后，为限制外国船舶随意进入我国港口，保护我国海洋运输业的发展，同时筹集港口建设资金，于1952年发布了《船舶吨税暂行办法》。起初由财政部管理吨税、海关代征，其后列作关税的一种，由海关征收管理，所征税款全部上缴中央金库。1986年，国务院批准吨税划归交通部管理，由海关代征，所征税款直接用于海上干线公用航标的维护和建设。应征吨税的船舶，经过特准行驶于我国未设海关的地方，由海关委托当地税务机关代征。现行吨税的法律依据是2011年11月23日国务院第182次常务会议通过的《中华人民共和国船舶吨税暂行条例》，自2012年1月1日起施行。

开征船舶吨税的意义在于，可以限制外国船舶随意进入中国港口，保护中国海洋运输业的发展，为中国港口的建设和维护、海上干线公用航标的建设和维护筹集部分资金。

二、征收范围

自中华人民共和国境外港口进入境内港口的应税船舶应当缴纳吨税。

三、税率

吨税设置优惠税率和普通税率。中华人民共和国籍的应税船舶，船籍国（地区）与中华人民共和国签订含有相互给予船舶税费最惠国待遇条款的条约或者协定的应税船舶，适用优惠税率。其他应税船舶，适用普通税率。“吨税税目税率表”见表4-2，税额表中的1年、90日、30日对应的税率表示不同缴纳期的适用税率。

四、应纳税额的计算

吨税按照船舶净吨位和吨税执照期限征收。应纳税额按照船舶净吨位乘以适用税率计算。

净吨位，是指由船籍国（地区）授权签发的船舶吨位证明书上标明的净吨位。

吨税执照期限，是指按照公历年、日计算的期间。

计税公式为：

应纳税额=船舶净吨位×定额税率（元）

应税船舶在进入港口办理入境手续时，应当向海关申报纳税领取吨税执照，或者交验吨税执照。应税船舶在离开港口办理出境手续时，应当交验吨税执照。

应税船舶负责人申领吨税执照时，应当向海关提供下列文件：

（1）船舶国籍证书或者海事部门签发的船舶国籍证书收存证明；

（2）船舶吨位证明。

表4-2 **吨税税目税率表**

税目（按船舶净吨位划分）	税率（元/净吨）						备注
	普通税率（按执照期限划分）			优惠税率（按执照期限划分）			
	1年	90日	30日	1年	90日	30日	
不超过2 000净吨	12.6	4.2	2.1	9.0	3.0	1.5	拖船和非机动驳船分别按相同净吨位船舶税率的50%计征税款
超过2 000净吨，但不超过10 000净吨	24.0	8.0	4.0	17.4	5.8	2.9	
超过10 000净吨，但不超过50 000净吨	27.6	9.2	4.6	19.8	6.6	3.3	
超过50 000净吨	31.8	10.6	5.3	22.8	7.6	3.8	

注：应税船舶在吨税执照期限内，因税目税率调整或者船籍改变而导致适用税率变化的，吨税执照继续有效。

【例4-5】有一美国籍净吨位为8 800吨的轮船，船名为“阿拉斯加”，停靠在我国境内某港口装卸货物。纳税人自行选择为30天期缴纳船舶吨税。试计算当期应纳的船舶吨税。

解：首先确定税率，然后再计算税款。

净吨位8 800吨的轮船30天期的优惠税率为2.90元/净吨。

应纳船吨税=8 800×2.90=25 520（元）

五、征收管理

（一）税收优惠

税收优惠可分为直接优惠和延期优惠。

1.直接优惠

下列船舶免征吨税：

（1）应纳税额在人民币50元以下的船舶；

（2）自境外以购买、受赠、继承等方式取得船舶所有权的初次进口到港的空载船舶；

（3）吨税执照期满后24小时内不上下客货的船舶；

（4）非机动船舶（不包括非机动驳船）；

（5）捕捞、养殖渔船；

（6）避难、防疫隔离、修理、终止运营或者拆解，并不上下客货的船舶；

（7）军队、武装警察部队专用或者征用的船舶；

（8）依照法律规定应当予以免税的外国驻华使领馆、国际组织驻华代表机构及其有关人员的船舶；

（9）国务院规定的其他船舶。

2.延期优惠

在吨税执照期限内，应税船舶发生下列情形之一的，海关按照实际发生的天数批注延长吨税执照期限：

（1）避难、防疫隔离、修理，并不上下客货；

（2）军队、武装警察部队征用。

应税船舶因不可抗力在未设立海关地点停泊的，船舶负责人应当立即向附近海关报告，并在不可抗力原因消除后，依照本条例规定向海关申报纳税。

（二）征收机关

吨税由海关负责征收。海关征收吨税应当制发缴款凭证。

（三）纳税期限

吨税纳税义务发生时间为应税船舶进入港口的当日。

应税船舶在吨税执照期满后尚未离开港口的，应当申领新的吨税执照，自上一次执照期满的次日起续缴吨税。

应税船舶负责人应当自海关填发吨税缴款凭证之日起15日内向指定银行缴清税款。未按期缴清税款的，自滞纳税款之日起，按日加收滞纳税款0.5‰的滞纳金。

（四）纳税担保

应税船舶到达港口前，经海关核准先行申报并办结出入境手续的，应税船舶负责人应当向海关提供与其依法履行吨税缴纳义务相适应的担保；应税船舶到达港口后，依照本条例规定向海关申报纳税。

可以用于担保的财产、权利如下：

（1）人民币、可自由兑换货币；

（2）汇票、本票、支票、债券、存单；

（3）银行、非银行金融机构的保函；

（4）海关依法认可的其他财产、权利。

（五）领取吨税执照后的船舶变化

应税船舶在吨税执照期限内，因修理导致净吨位变化的，吨税执照继续有效。应税船舶办理出入境手续时，应当提供船舶经过修理的证明文件。

因船籍改变而导致适用税率变化的，应税船舶在办理出入境手续时，应当提供船籍改变的证明文件。

（六）执照遗失

吨税执照在期满前毁损或者遗失的，应当向原发照海关书面申请核发吨税执照副本，不再补税。

知识链接 4-2

欧洲关税联盟

欧洲联盟（简称欧盟，European Union，EU）是由欧洲共同体（European communities）发展而来的，是一个集政治实体和经济实体于一身、在世界上具有重要影响的区域一体化组织。1991年12月，欧洲共同体马斯特里赫特首脑会议通过《欧洲联盟条约》，通称《马斯特里赫特条约》（简称《马约》）。1993年11月1日，《马约》正式生效，欧盟正式诞生。欧洲关税联盟1968年成立，旨在建立欧洲单一市场，消除内部关税。欧盟各国之间的海关检查站在1993年1月1日欧洲单一市场正式建立时被撤销。

1994年1月1日起，《共同体海关法典》在欧盟范围内全面生效，为欧盟全境海关提供了统一的法律基础。共同体海关法典中的共同关税税则（CCT）规定，从欧盟非成员国进口的产品须缴纳统一的关税，关税额根据进口产品的种类和出口国具体制定。

欧洲关税联盟的重要特性包括：欧盟成员国之间免除关税和进口增值税；欧盟各国内部免除海关检验，只有欧盟与该国边境处保留海关官员；对于从非欧盟国家出口到欧盟单一市场的商品建立了统一的关税体系——包括共同外部关税税率。

如今，欧洲关税联盟内的任何商品都可以自由流动，包括欧盟制造或进口的商品。

例如，德国产品可以不缴纳关税或接受海关检查就运到匈牙利。如果日本的产品是首次且首先进入欧洲关税联盟（如德国）就必须缴纳关税。在清关之后，该产品不需要再接受任何海关检查或支付关税即可在欧洲单一市场内自由流通。

资料来源：佚名．德国投资指南［EB/OL］．［2016-10-19］．http://www.gtai.de/GTAI/Navigation/CN/Invest/Investment-guide/The-tax-system/customs.html.

本章小结

关税是指一国海关对进出境的货物或者物品征收的一种税，是一个国家主权的体现；关税根据不同的标准，可以分为不同的种类。海关进出口税则也称关税税则，是一个国家关税制度的重要组成部分。它是一个国家通过立法程序公布实施的、按照一定的标志对进出境货物进行的归类，并根据货物归类制定的税目税率表以及对归类总规则和税目税率表的运用所做的规定和说明。

我国关税的征税对象为进出我国国境的货物与物品，税率主要包括进口关税税率和出口关税税率两栏。关税的征税基础是关税完税价格。进口货物以海关审定的成交价值为基础的到岸价格为关税完税价格；出口货物以该货物销售与境外的离岸价格减去出口税后，经过海关审查确定的价格为完税价格。

关税应税额的计算公式为：

应纳税额=关税完税价格×适用税率

关税减免主要包括法定减免、特定减免、临时减免等。

进口货物自运输工具申报进境之日起14日内，出口货物的纳税人除海关特准的外，应当在货物运抵海关监管区后、装货的24小时以前，向货物的进出境地海关申报。

纳税人应当在海关填发税款缴款书之日起15日内向指定银行缴纳，逾期缴纳税款的，按日加收滞纳税款0.5‰的滞纳金。

进境物品的关税以及进口环节海关代征税合并为进口税，由海关依法征收。

关键概念

关税　货物　物品　完税价格　减免税　申报期限　船舶吨税

基本训练

一、单项选择题

1.凡是我国允许进口或出口的（　　），在进出关境时，除国家另有规定外，都应依照我国《海关进出口税则》的规定征收进口关税和出口关税。

A.各种货物　　　　B.货物、物品

C.货物、运输工具和人员　　D.物品

2.下列项目中，属于进口完税价格组成部分的有（　　）。

A.进口人向境外采购代理人支付的佣金

B.进口人向卖方支付的购货佣金

C.进口设施的安装调试费用

D.货物运抵境内输入地点起卸之后的运输费用

3.关税纳税义务人因不可抗力或者在国家税收政策调整的情形下，不能按期缴纳税款的，经海关总署批准，可以延期缴纳税款，但最多不得超过（　　）个月。

A.3　　B.6　　C.9　　D.12

4.关税税率随进口商品价格由高到低而由低到高设置，这种计征关税的方法称为（　　）。

A.从价税　　B.从量税　　C.复合税　　D.滑准税

5.进口货物的保险费应计入进口完税价格中，但陆、空、邮运进口货物的保险费无法确定时，可按“货价加运费”之和的（　　）计算保险费。

A.1‰　　B.2‰　　C.3%　　D.3‰

6.在缴纳关税时，纳税义务人应当自海关填发税款缴款书之日起（　　）日内，向指定银行缴纳税款。

A.15　　B.20　　C.25　　D.30

7.下列各项中，符合关税有关对特殊进口货物完税价格规定的是（　　）。

A.运往境外加工的货物，应以加工后进境时的到岸价格为完税价格

B.准予暂时进口的施工机械，应当按照一般进口货物估价办法的规定估定完税价格

C.转让进口的免税旧货物，以原入境的到岸价为完税价格

D.留购的进口货样，以进口价格作为完税价格

8.下列各项中，符合关税法定免税规定的是（　　）。

A.残疾人专用品

B.边境贸易进出口的基建物资和生产用车辆

C.关税税款在人民币100元以下的一票货物

D.经海关核准进口的无商业价值的广告品和货样

9.以下计入进口货物关税完税价格的项目有（　　）。

A.货物运抵境内输入地点之后的运输费用

B.进口关税

C.国内保险费

D.卖方间接从买方对该货物进口后使用所得中获得的收益

10.进口货物的完税价格，由海关以进出口货物的（　　）为基础审定完税价格。

A.申报价格　　B.到岸价格　　C.离岸价格　　D.实际成交价格

二、多项选择题

1.下列各项目中，不计入进口完税价格的有（　　）。

A.进口关税及其他国内税

B.进口设备进口后的维修服务费用

C.货物运抵我国境内输入地起卸后的运输装卸费

D.进口货物在境内的复制权费

2.下列各项中，属于关税法定纳税义务人的有（　　）。

A.进口货物的收货人　　B.进口货物的代理人

C.出口货物的发货人　　D.出口货物的代理人

3.进口货物的到岸价格包括货价，加上货物运达我国输入地点起卸前的有关费用，这些费用包括（　　）。

A.包装费　　B.运输费　　C.保险费　　D.手续费

4.下列未包含在进口货物价格中的项目，应计入关税完税价格的有（　　）。

A.由买方负担的购货佣金

B.由买方负担的包装材料和包装劳务费

C.由买方负担的经纪费用

D.由买方负担的与该货物视为一体的容器费用

5.下列符合关于入境旅客行李物品和个人邮递物品征收进口税办法的有（　　）。

A.个人物品行李的进口税，包括关税和增值税、消费税

B.进境物品进口税的纳税义务人不得委托他人代为办理纳税手续

C.进口税从价计征

D.进境物品适用海关填发税款缴纳书之日的税率和完税价格

6.进口关税计征方法包括：（　　）。

A.从价税　　B.从量税　　C.复合税　　D.反倾销税

7.目前，我国既可以采用从价又可以采用从量计征方式的税种是（　　）。

A.进口关税　　B.进口环节增值税

C.进口环节消费税　　D.出口关税

8.下列选项中，如能与该货物实付价格区分，不得列入进口关税完税价格的费用有（　　）。

A.进口关税及其他国内税

B.货物运抵境内输入地点之后的运输费用

C.买方为购进货物向代表双方利益的经纪人支付的劳务费

D.为在境内复制进口货物而支付的费用

9.以下属于进口附加税的是（　　）。

A.滑准税　　B.反补贴税　　C.反倾销税　　D.保障措施关税

10.下列关于关税征税对象的说法正确的有（　　）。

A.关税的征税对象是准许进出境的货物，但是不包括物品

B.香港虽是我国的单独关境区，但是其完全适用我国海关法律、法规等

C.飞机上的乘务人员携带进口的自用物品属于关税的征税对象

D.个人邮寄的物品属于关税的征税对象

三、判断题

1.我国目前对进出口货物试行从量关税、复合关税和滑准关税。（　　）

2.出口货物应以海关审定的成交价格为基础的离岸价格为关税的完税价格。（　　）

3.出口货物完税价格中不包括货物从内地口岸至最后出境口岸所支付的国内段运输费用，进口货物完税价格包括国内段运费。（ ）

4.为了鼓励出口，我国只对进口货物或物品征收关税，不征出口关税。（ ）

5.我国对少数进口商品计征关税时所采用的滑准税实质上是一种特殊的从价税。（ ）

6.出口关税税率只有一栏普通税率。（ ）

7.关税纳税人同海关就进口增值税、消费税发生纳税争议，可在缴纳税款后向税务机关申请复议。（ ）

8.行李和邮递物品进口税简称行邮税，是海关对入境旅客行李物品和个人邮递物品征收的进口税，其中包含了在进口环节征收的增值税、消费税。（ ）

9.如果一国境内设有自由贸易区、自由港等，则该国的关境大于国境。（ ）

10.关税完税价格并不一定等于纳税人向海关申报的价格，只有经过海关审核并接受的申报价格才能作为完税价格。（ ）

四、计算题

1.上海某进出口公司从美国进口货物一批，货物以离岸价格成交，成交价格折合人民币1 410万元（包括单独计价并已经海关审查属实的向境外采购代理人支付的买方佣金10万元，但不包括适用该货物而向境外支付的软件费50万元，向卖方支付的佣金15万元），另支付货物运抵我国上海港的运费，保险费等35万元。假设该货物适用的关税税率为20%，增值税税率17%，消费税税率10%。

要求：分别计算该公司应纳关税、消费税和增值税。

2.企业2016年11月将一台账面余值55万元的进口设备运往境外修理，当月在海关规定的期限内复运进境。经海关审定的境外修理费4万元、料件费6万元。假定该设备的进口关税税率为30%。

要求：计算该企业应缴纳的关税。

3.我国某公司2016年11月从国内甲港口出口一批锌锭到国外，货物成交价格170万元（不含出口关税），其中包括货物运抵甲港口装载前的运输费10万元、单独列明支付给境外的佣金12万元。甲港口到国外目的地港口之间的运输保险费20万元。锌锭出口关税税率为20%。

要求：计算该公司出口锌锭应缴纳的出口关税。

第五章　城市维护建设税及教育费附加

学习目标

通过本章的学习，要求学生了解城市维护建设税的纳税人和教育费附加的纳税人；掌握城市维护建设税和教育费附加的计算方法；熟悉城市维护建设税和教育费附加减免优惠。

嘉源公司地处城市市区，主要从事商贸、物流、文化传播等业务。在向主管税务机关申报缴纳增值税和营业税时，被告知要缴纳城市维护建设税和教育费附加。为什么？本章将揭开城市维护建设税和教育费附加的面纱。

第一节　城市维护建设税

知识链接 5-1

城市维护建设税是1984年10月国有企业实行第二步利改税和全面改革工商税制时建立的新税种。这是国家为加强城市的维护建设，使城市维护建设的资金，有个稳定的不断增加的资金来源，改变城市面貌，特别是改变小城镇的面貌，改善人民生活条件采取的一项措施。1981年8月14日，财政部在向国务院报送的《关于改革工商税制的设想》中提出：根据城市建设的需要，开征城市建设税，用于县以上城市和工矿区市政建设的专项资金。1985年2月8日，国务院发布《中华人民共和国城市维护建设税暂行条例》，从1985年度起施行。

资料来源：《当代中国》丛书编委会. 当代中国的工商税收（下）[M]. 北京：当代中国出版社，2000.

一、城市维护建设税概述

城市维护建设税（简称城建税），是国家对缴纳增值税和消费税的单位和个人，以其实际缴纳的税额为计税依据，计算征收的一种附加税①。城建税出口不退，进口不征。现行城建税的基本规范是1985年2月8日国务院发布并于同年1月1日实施的《中华人民共和国城市维护建设税暂行条例》，以及2010年10月18日国务院发布《关于统一内外资企业和个人城市维护建设税和教育费附加制度的通知》。2016年5月1日，我国全面实行

① “营改增”之前城建税和教育费附加是针对缴纳增值税、消费税和营业税的单位和个人征收，“营改增”后，在流转环节主要涉及增值税和消费税。

"营改增"试点后，对城建税的有关规定也相应发生了变化。

城建税属于特定目的税费，具有两个显著特点：

（1）它属于一种附加税费，附加于增值税和消费税，本身没有特定的、独立的纳税人和征税对象。

（2）它属于一种特定目的税费，所筹集资金专门用于城市的公用事业、公共设施的维护建设或发展教育事业。

二、征税对象

城建税的征税对象为纳税人实际缴纳的增值税和消费税。对进口产品由海关代征的增值税、消费税，不征收城建税。

三、纳税人

城建税的纳税人是指在征税范围内从事工商经营服务并缴纳增值税和消费税的单位和个人。

国务院决定自2010年12月1日起对外商投资企业、外国企业及外籍个人（统称"外资企业"）征收城市维护建设税。之前，城市维护建设税只对内资企业、单位和个人征收。

四、税率

城建税实行地区差别比例税率，按纳税人所在地的行政区划来设定适用税率，具体为：

（1）纳税人所在地在城市市区的，税率为7%；

（2）纳税人所在地在县城、建制镇的，税率为5%；

（3）纳税人所在地不在城市市区、县城、建制镇的，税率为1%。

纳税人一般应按所在地适用的税率计算纳税，但对下列两种情况，可按缴纳增值税和消费税所在地的适用税率就地缴纳城建税：

（1）由受托方代征、代扣增值税和消费税的单位和个人，其代征代扣的城建税按受托方所在地适用税率；

（2）流动经营等无固定经营场所和纳税地点的单位和个人，在经营地缴纳增值税和消费税的，其城建税的缴纳按经营地适用税率。

对铁道部应纳的城建税，税率统一为5%。

五、应纳税额的计算

（一）计税依据

城建税以纳税人实际缴纳的增值税和消费税税额为计税依据。纳税人违反增值税和消费税有关规定而加收的滞纳金和罚款，不作为城建税的计税依据，但纳税人在被查补增值税和消费税而被处以罚款时，应同时对其偷漏的城建税进行补税、加收滞纳金和罚款。

（二）应纳税额的计算

城建税纳税人的应纳税额是以纳税人实际缴纳的增值税和消费税税额为计税依据，其计算公式为：

应纳税额=实际缴纳的增值税和消费税税额×适用税率

【例5-1】位于某市的甲地板厂2016年11月购进一批原材料，取得普通发票注明价款800 000元，当月委托位于县城的乙工厂加工成实木地板，取得乙工厂开具的增值税专用发票注明加工费140 000元，辅料费10 000元。乙工厂当月交付50%的实木地板，12月交付剩余部分。

要求：计算乙工厂2016年11月应代收代缴甲地板厂的城市维护建设税（已知实木地板消费税税率为5%）。

解：纳税人委托加工的应税消费品，其消费税纳税义务发生时间为纳税人提货的当天；由受托方代扣代缴、代收代缴增值税（消费税）的单位和个人，其代扣代缴、代收代缴的城建税按受托方所在地适用税率执行。

乙工厂2016年11月应代收代缴城市维护建设税为：

（800 000+140 000+10 000）×50%÷（1−5%）×5%（消费税税率）×5%（城建税税率）=1 250（元）

六、申报与缴纳

（一）减免税

城建税原则上不单独减免，但因城建税具有附加税性质，当增值税和消费税发生减免时，城建税相应发生减免。城建税的税收减免有以下几种情况：

1.城建税按减免后实际缴纳的增值税和消费税税额计征，即随增值税和消费税的减免而减免。

2.对增值税实行先征后返、先征后退、即征即退办法的，除另有规定外，对随其附征的城市维护建设税和教育费附加，一律不予退（返）还。

3.海关对进口产品代征增值税、消费税的，不征收城建税。对出口产品退还增值税、消费税的，不退还已缴纳的城建税。

4.经国务院批准，为支持国家重大水利工程建设，对国家重大水利工程建设基金免征城市维护建设税和教育费附加。

（二）纳税地点

1.纳税人直接缴纳增值税和消费税的，随之缴纳城市维护建设税。

2.代扣、代缴的纳税地点。代征、代扣、代缴增值税和消费税的企业单位，同时也要代征、代扣、代缴城市维护建设税。如果没有代扣城市维护建设税，应纳税单位或个人回到其所在地申报纳税。

第二节　教育费附加

知识链接 5-2

教育费附加是为加快地方教育事业，扩大地方教育经费而征收的一项专用基金。

1984年，国务院颁布了《关于筹措农村学校办学经费的通知》，开征了农村教育事业经费附加。1985年，中共中央发布了《关于教育体制改革的决定》，指出必须在国家增拨教育基本建设投资和教育经费的同时，充分调动企、事业单位和其他各种社会力量办学的积极性，开辟多种渠道筹措经费。为此，国务院于1986年4月28日颁布了《征收教育费附加的暂行规定》，决定从同年7月1日开始在全国范围内征收教育费附加。自2006年9月1日起施行的《中华人民共和国教育法》规定：“税务机关依法足额征收教育费附加，由教育行政部门统筹管理，主要用于实施义务教育。省、自治区、直辖市人民政府根据国务院的有关规定，可以决定开征用于教育的地方附加费，专款专用。”2010年财政部下发了《关于统一地方教育附加政策有关问题的通知》，对各省、市、自治区的地方教育附加进行了统一。

资料来源：蒙丽珍，安仲文．国家税收［M］．4版．大连：东北财经大学出版社，2012.

一、教育费附加概述

教育费附加是对缴纳增值税和消费税的单位和个人，就其实际缴纳的增值税和消费税税额为计税依据征收的一种附加费。现行的教育费附加的基本规范是《国务院关于修改〈征收教育费附加的暂行规定〉的决定》（中华人民共和国国务院令第448号），自2005年10月1日起施行，以及2010年10月18日国务院发布《关于统一内外资企业和个人城市维护建设税和教育费附加制度的通知》。2016年5月1日，我国全面实行“营改增”试点后，对教育费附加的有关规定也相应发生了变化。

二、征税对象

教育费附加的缴纳对象为纳税人实际缴纳的增值税和消费税。对进口产品由海关代征的增值税、消费税，不征收教育费附加。

三、纳费人

教育费附加和地方教育附加的纳费人为负有缴纳增值税和消费税义务的单位和个人。

国务院决定自2010年12月1日起对外商投资企业、外国企业及外籍个人（统称“外资企业”）征收教育费附加。之前，教育费附加只对内资企业、单位和个人征收。

四、教育费附加率

教育费附加的征收率为3%，地方教育附加征收率统一为2%。

五、教育费附加的计算

（一）计费依据

教育费附加以纳税人实际缴纳的增值税和消费税税额为计税依据。纳税人违反增值税和消费税有关规定而加收的滞纳金和罚款，不作为教育费附加的计税依据，但纳税人在被查补增值税和消费税和被处以罚款时，应同时对其偷漏的教育费附加进行补税、征收滞纳金和罚款。

地方教育附加与教育费附加的计税依据一致。

（二）教育费附加的计算

应纳教育费附加=实纳增值税和消费税税额×教育费附加率

应纳地方教育附加=实纳增值税和消费税税额×2%

【例5-2】某县城一家食品加工企业，为增值税小规模纳税人，2016年10月购进货物取得普通发票的销售额合计50 000元，销售货物开具普通发票销售额合计70 000元，出租设备取得收入10 300元。

要求：计算当期应纳的城建税、教育费附加和地方教育附加。

解：应纳增值税=70 000÷（1+3%）×3%+10 300÷（1+3%）×3%=2 338.83（元）

应纳城建税=2 338.83×5%=116.94（元）

应交教育费附加=2 338.83×3%=70.16（元）

应纳地方教育附加=2 338.83×2%=46.78（元）

六、申报与缴纳

纳费人申报缴纳增值税和消费税的同时，申报、缴纳教育费附加。

本章小结

城建税和教育费附加是在纳税人缴纳增值税、消费税时随征的附加税或附加费。国务院决定，自2010年12月1日起，我国内外资企业实行统一的城市维护建设税和教育费附加制度，对外商投资企业、外国企业及外籍个人征收城市维护建设税和教育费附加。

城建税根据地区不同，其税率可分为7%（市区）、5%（县、城镇）和1%；教育费附加征收率为3%。

城建税和教育费附加以纳税人实际缴纳的增值税、消费税税额为计税依据，不包括加收的滞纳金和罚款。

应纳城建税=实纳增值税和消费税税额×适用税率

应纳教育费附加=实纳增值税和消费税税额×教育费附加率（3%）

关键概念

城市维护建设税　教育费附加　税率　征收率　计税依据

基本训练

一、单项选择题

1.位于市区的某企业2016年11月共缴纳增值税、消费税和关税562万元，其中关税102万元，进口环节缴纳的增值税和消费税260万元。该企业11月份应缴纳的城市维护建设税为（　　）。

A.14万元　B.18.2万元　C.32.2万元　D.39.34万元

2.单位或个人发生下列（　　）行为，在缴纳相关税种的同时，还应缴纳城建税。

A.私营企业销售货物　B.某企业进口货物一批

C.企业购置车辆　D.个人取得有奖发票中奖

3.下列情况中，符合城建税有关规定的是（　　）。

A.个体经营者不缴纳城建税

B.流动经营的纳税人在经营地缴纳城建税

C.流动经营的纳税人在居住地缴纳城建税

D.城建税的减免只有省、市、自治区政府有权决定

4.根据现行规定，关于城建税和教育费附加的减免规定，下列表述正确的是（　　）。

A.对出口产品退还增值税、消费税的，可以同时退还已征的教育费附加

B.对海关进口产品征收的增值税、消费税，应征收教育费附加

C.对因减免税而需要进行增值税、消费税退还的，不可以同时退还已征的城建税

D.对增值税、消费实行先征后返、先征后退、即征即退办法的，除另有规定外，对随征的城市维护建设税，一律不予退（返）还

5.下列项目中，不作为城建税计税依据的是（　　）。

A.纳税人被认定为偷税少缴的增值税款

B.纳税人被认定为抗税少缴的消费税款

C.纳税人应纳的增值税

D.对欠缴增值税加收的滞纳金

6.市区某专营进出口业务的生产企业在2016年11月，计算出口货物应退税额20万元，免抵税额为20万元；当月进口货物向海关缴纳增值税35万元、消费税25万元。该企业当月应缴纳城市维护建设税及教育费附加（　　）万元。

A.5.6　　B.1.4　　C.4.2　　D.2

7.市区某专营进出口业务的生产企业在2016年6月计算出口货物应退税额20万元，免抵税额为20万元；当月进口货物向海关缴纳增值税35万元、消费税25万元。该企业当月应缴纳的城市维护建设税、教育费附加及地方教育附加为（　　）万元。

A.5.6　　B.5.4　　C.4.2　　D.2.4

8.下列项目属于城市维护建设税计税依据的是（　　）。

A.中外合资企业在华机构缴纳的企业所得税

B.个体工商户拖欠增值税加收的滞纳金

C.个人独资企业偷税被处的增值税罚款

D.外资商场偷逃的增值税税金

9.目前我国城建税的税率实行的是（　　）的方法。

A.纳税人所属行业差别比例税率　　B.纳税人所在地差别比例税率

C.纳税人所属行业累进税率　　D.纳税人所在地统一累进税率

10.地方教育附加的计征比例为（　　）。

A.1%　　B.2%　　C.3%　　D.5%

二、多项选择题

1.城建税和教育费附加的计算基数不包括下列（　　）项目。

A.某生产企业出口货物确认的免抵退税额

B.查补的增值税、消费税

C.享受税收优惠而减免的增值税、消费税

D.货物进口时征收的增值税、消费税

2.下列行为中，需要缴纳城建税和教育费附加的有（　　）。

A.政府机关出租房屋行为　　B.企业购买房屋行为

C.油田开采天然原油并销售的行为　　D.企业产权整体转让行为

3.下列情况中，不缴纳城建税的有（　　）。

A.外商缴纳的增值税

B.外商缴纳的消费税滞纳金

C.某内资企业本月进口货物海关代征的增值税

D.某服务性内资企业本年直接免征的增值税

4.城建税适用的税率有（　　）。

A.7%　　B.5%　　C.3%　　D.1%

5.下列各项中，关于教育费附加的正确表述有（　　）。

A.教育费附加征收比率按照地区差别设定

B.对海关进口的产品征收增值税、消费税，但不征收教育费附加

C.出口产品退还增值税、消费税的，同时退还已征收的教育费附加

D.外商投资企业和外国企业也要缴纳教育费附加

6.根据相关规定，下列属于城市维护建设税的特点的有（　）。

A.税款专款专用，具有受益税性质　　B.实行从量定额征收

C.征收范围广　　D.属于一种附加税

7.位于某市的卷烟生产企业委托设在县城的烟丝加工厂加工一批烟丝，提货时，加工厂代收代缴的消费税为1 600元，其城建税和教育附加按以下办法处理（　）。

A.在烟丝加工厂所在地缴纳城建税及附加160元

B.在烟丝加工厂所在地缴纳城建税80元

C.在卷烟厂所在地缴纳教育费附加48元

D.在卷烟厂所在地缴纳城建税及附加112元

8.下列各项中，属于城市维护建设税的纳税义务人的有（　）。

A.国有企业　　B.集体企业　　C.私营企业　　D.外商投资企业

9.下列说法符合城建税以及教育费附加规定的是（　）。

A.纳税人缴纳增值税和消费税的地点，就是该纳税人缴纳教育费附加的地点

B.由受托方代收代缴增值税和消费税的，代收代缴的城建税按受托方所在地适用税率执行

C.海关对进口产品代征的增值税、消费税、不征收教育费附加

D.纳税人因延迟缴纳而补缴增值税和消费税的，不需要补缴教育费附加

10.根据现行规定，下列关于教育费附加的说法中正确的有（　）。

A.海关对进口产品代征消费税的，不代征教育费附加

B.对于减免增值税、消费税而发生退税的，可以同时退还已征收的教育费附加

C.出口产品退还增值税、消费税的，同时退还已经征收的教育费附加

D.流动经营无固定纳税地点的单位和个人，不缴纳教育费附加

三、判断题

1.城建税的计税依据是纳税人实际缴纳的增值税和消费税税额之和。（　）

2.由受托方代收代缴消费税的，代收代缴的城建税按委托方所在地的适用税率计算。（　）

3.城市维护建设税的计税依据为纳税人实际缴纳的增值税、消费税税额和查补的增值税、消费税税额，以及对纳税人违反增值税、消费税法规而加收的滞纳金和罚款。（　）

4.生产企业自营出口或委托外贸企业代理出口的自产货物在出口产品退还增值税、消费税时，一并退还已缴纳的城建税；有出口经营权的外贸企业收购后直接出口或委托其他外贸企业代理出口的货物在出口产品退还增值税、消费税时，不退还已缴纳的城建税。（　）

5.某外贸企业进口一批小汽车，其进口汽车可按1%的最低档税率征收城建税。（　）

四、计算题

位于市区的某具有出口经营权的高尔夫球具厂，出口货物增值税实行“免、抵、退”税办法。2016年11月期初增值税留抵税额为3 800元，当月还发生如下业务：

（1）从境内购买原材料，取得增值税专用发票注明增值税22万元。

（2）从境外购买原材料，关税完税价格为80万元，关税税率为20%，海关已经代征进口环节增值税。

（3）将自产的一批成本价为60万元的高尔夫球具移送下设的非独立核算门市部（位于本市），当月门市部将其中70%销售，取得价税合计金额81.9万元。

（4）将一批成本价为80万元的高尔夫球具抵顶上月欠某原材料供应商的材料款。已知同类高尔夫球具的平均不含税售价为93.33万元，最高不含税售价为95万元。

（5）将自产的一批高尔夫球具销往美国，出口离岸价折合人民币78万元。

已知：高尔夫球具适用的消费税税率为10%，成本利润率为10%。增值税出口退税率为13%，增值税征税率17%。企业取得的相关发票均经过税务机关认证并在当月抵扣。

要求：

（1）计算该高尔夫球具厂当月应缴纳或退还的增值税。

（2）计算该高尔夫球具厂当月应缴纳的消费税。

（3）计算该高尔夫球具厂当月应缴纳的城市维护建设税。

（4）计算该高尔夫球具厂当月应缴纳的教育费附加。

第六章　资源税

学习目标

通过本章的学习，要求学生了解资源税的概念和特点；掌握资源税的征税范围和计算方法；熟悉资源税的纳税人、减免税，以及纳税义务发生时间、期限和地点。

某煤矿为增值税一般纳税人，专门从事原煤和天然气的开采。该煤矿除缴纳增值税、城建税和教育费附加外，还涉及缴纳资源税的问题。本章将揭开资源税的面纱。

第一节　资源税的基本要素

知识链接 6-1

我国早在春秋时期就已经开始对资源征税，历代王朝一直沿用。早在周朝就有“山泽之赋”，对在山上伐木、采矿、狩猎，水上捕鱼、煮盐等，都要征税。战国时期秦国对盐的生产、运销所课征的“盐课”，也属于资源税。明朝的“坑冶之课”，实际上就是矿税，其征收对象包括金、银、铜、铝、朱砂等矿产品。

新中国成立后，政务院发布了《全国税政实施要则》，规定将盐税列为开征税种。十一届三中全会后，为了适应经济体制改革和社会主义商品经济的发展，国务院1984年颁布了《中华人民共和国资源税条例（草案）》和《中华人民共和国盐税条例（草案）》。

《中华人民共和国资源税暂行条例》经1993年12月25日中华人民共和国国务院令第139号发布；2011年9月30日《国务院关于修改<中华人民共和国资源税暂行条例>的决定》修订，修订后的《中华人民共和国资源税暂行条例》和《资源税暂行条例实施细则》自2011年11月1日正式实施。1984年9月18日国务院发布的《中华人民共和国资源税条例（草案）》、《中华人民共和国盐税条例（草案）》同时废止。

资料来源：安仲文.中国税制［M］. 大连：东北财经大学出版社，2009.

一、资源税概述

资源是一个含义相当广泛的概念，包括自然资源和社会资源。资源税是以各种自然资源为课税对象征收的一种税。自然资源是指天然存在的自然物质资源，一般包括土地资源、海洋资源、森林资源、草原资源、水力资源、生物资源、矿藏资源及阳光、空气等资源。目前，我国开征的资源税是以部分自然资源为课税对象，对在我国境内开采应税矿产品及生产盐的单位和个人征收。

现行资源税的基本规范是2011年9月21日国务院第173次常务会议修订通过的《中华人民共和国资源税暂行条例》（以下简称《资源税暂行条例》），以及财政部和国家税务总局会议修订通过的《中华人民共和国资源税暂行条例实施细则》，以及财政部、国家税务总局《关于全面推进资源税改革的通知》（财税〔2016〕53号文），自2016年7月1日正式实施。

我国现行资源税具有以下特点：

（1）对特定资源产品征税，征税范围小。资源税法采取列举方法，征税范围仅包括7种应税矿产品和盐，实质上是一个矿产资源税制，范围仅限于采掘业。

（2）征税目的主要在于调节级差收入。资源税的立法目的主要在于调节资源开采企业因资源开采条件的差异所形成的级差收入，为资源开采企业之间开展公平竞争创造条件。

（3）实行从价计征和从量计征两种方式，以从价计征为主。

（4）资源税具有单一环节一次课征的特点，只在开采后出厂销售或移送自用环节纳税，其他批发、零售环节不再纳税。

为深化财税制度改革，促进资源节约集约利用，加快生态文明建设，自2016年7月1日起全面推进资源税改革。

1.指导思想

全面贯彻党的十八大和十八届三中、四中、五中全会精神，按照“五位一体”总体布局和“四个全面”战略布局，牢固树立和贯彻落实创新、协调、绿色、开放、共享的发展理念，全面推进资源税改革，有效发挥税收杠杆调节作用，促进资源行业持续健康发展，推动经济结构调整和发展方式转变。

2.基本原则

一是清费立税。着力解决当前存在的税费重叠、功能交叉问题，将矿产资源补偿费等收费基金适当并入资源税，取缔违规、越权设立的各项收费基金，进一步理顺税费关系。二是合理负担。兼顾企业经营的实际情况和承受能力，借鉴煤炭等资源税费改革经验，合理确定资源税计税依据和税率水平，增强税收弹性，总体上不增加企业税费负担。三是适度分权。结合我国资源分布不均衡、地域差异较大等实际情况，在不影响全国统一市场秩序前提下，赋予地方适当的税政管理权。四是循序渐进。在煤炭、原油、天然气等已实施从价计征改革的基础上，对其他矿产资源全面实施改革。积极创造条件，逐步对水、森林、草场、滩涂等自然资源开征资源税。

3.主要目标

通过全面实施清费立税、从价计征改革，理顺资源税费关系，建立规范公平、调控合理、征管高效的资源税制度，有效发挥其组织收入、调控经济、促进资源节约集约利用和生态环境保护的作用。

4.资源税改革的主要内容

（1）扩大资源税征收范围。①开展水资源税改革试点工作。鉴于取用水资源涉及面广、情况复杂，为确保改革平稳有序实施，先在河北省开展水资源税试点。②逐步将其他自然资源纳入征收范围。鉴于森林、草场、滩涂等资源在各地区的市场开发利用情况不尽相同，对其全面开征资源税条件尚不成熟，此次改革不在全国范围统一规定对森林、草场、滩涂等资源征税。各省、自治区、直辖市人民政府可以结合本地实际，根据森林、草场、滩涂等资源开发利用情况提出征收资源税的具体方案建议，报国务院批准后实施。

(2) 实施矿产资源税从价计征改革。①对《资源税税目税率幅度表》中列举名称的21种资源品目和未列举名称的其他金属矿实行从价计征，计税依据由原矿销售量调整为原矿、精矿（或原矿加工品）、氯化钠初级产品或金锭的销售额。对经营分散、多为现金交易且难以控管的粘土、砂石，按照便利征管原则，仍实行从量定额计征。②对《资源税税目税率幅度表》中未列举名称的其他非金属矿产品，按照从价计征为主、从量计征为辅的原则，由省级人民政府确定计征方式。

(3) 全面清理涉及矿产资源的收费基金。①在实施资源税从价计征改革的同时，将全部资源品目矿产资源补偿费费率降为零，停止征收价格调节基金，取缔地方针对矿产资源违规设立的各种收费基金项目。②地方各级财政部门要会同有关部门对涉及矿产资源的收费基金进行全面清理。凡不符合国家规定、地方越权出台的收费基金项目要一律取消。对确需保留的依法合规收费基金项目，要严格按规定的征收范围和标准执行，切实规范征收行为。

(4) 合理确定资源税税率水平。①对《资源税税目税率幅度表》中列举名称的资源品目，由省级人民政府在规定的税率幅度内提出具体适用税率建议，报财政部、国家税务总局确定核准。②对未列举名称的其他金属和非金属矿产品，由省级人民政府根据实际情况确定具体税目和适用税率，报财政部、国家税务总局备案。③省级人民政府在提出和确定适用税率时，要结合当前矿产企业实际生产经营情况，遵循改革前后税费平移原则，充分考虑企业负担能力。

(5) 加强矿产资源税收优惠政策管理，提高资源综合利用效率。①对符合条件的采用充填开采方式采出的矿产资源，资源税减征50%；对符合条件的衰竭期矿山开采的矿产资源，资源税减征30%。具体认定条件由财政部、国家税务总局规定。②对鼓励利用的低品位矿、废石、尾矿、废渣、废水、废气等提取的矿产品，由省级人民政府根据实际情况确定是否减税或免税，并制定具体办法。

(6) 关于收入分配体制及经费保障。①按照现行财政管理体制，此次纳入改革的矿产资源税收入全部为地方财政收入。②水资源税仍按水资源费中央与地方1：9的分成比例征收。河北省在缴纳南水北调工程基金期间，水资源税收入全部留给该省。③资源税改革实施后，相关部门履行正常工作职责所需经费，由中央和地方财政统筹安排和保障。

(7) 关于实施时间。①此次资源税从价计征改革及水资源税改革试点，自2016年7月1日起实施。②已实施从价计征的原油、天然气、煤炭、稀土、钨、钼等6个资源品目资源税政策暂不调整，仍按原办法执行。

二、征税范围

资源税的征税对象包括原油、煤炭、天然气、原矿、精矿（或原矿加工品）、金锭、氯化钠初级产品，具体按照《改革通知》所附《资源税税目税率幅度表》相关规定执行。

对未列举名称的其他矿产品，省级人民政府可对本地区主要矿产品按矿种设定税目，对其余矿产品按类别设定税目，并按其销售的主要形态（如原矿、精矿）确定征税对象。

为促进共伴生矿的综合利用，纳税人开采销售共伴生矿，共伴生矿与主矿产品销售额分开核算的，对共伴生矿暂不计征资源税；没有分开核算的，共伴生矿按主矿产品的税目和适用税率计征资源税。财政部、国家税务总局另有规定的，从其规定。

三、纳税人

资源税仅对在中国境内开采或生产应税产品的单位和个人征收，进口的矿产品和盐不征收资源税，对出口应税产品不免征或退还已纳资源税。

单位，是指企业、行政单位、事业单位、军事单位、社会团体及其他单位。

个人，是指个体工商户和其他个人。

其他单位和其他个人包括外商投资企业、外国企业及外籍人员。

自2011年11月1日起，中外合作开采陆上石油资源、海洋石油资源的中国企业和外国企业依法缴纳资源税，不再缴纳矿区使用费。

《资源税暂行条例》第十一条规定，为加强资源税的征管，收购未税矿产品的单位为资源税的扣缴义务人。收购未税矿产品的单位包括独立矿山、联合企业及其他收购未税矿产品的单位（包括个体户）。

独立矿山是指只有采矿或只有采矿和选矿、独立核算、自负盈亏的单位，其生产的原矿和精矿主要用于对外销售；联合企业是指采矿、选矿、冶炼（或加工）连续生产的企业或采矿、冶炼（或加工）连续生产的企业，其采矿单位一般是该企业的二级或二级以下核算单位；其他收购未税矿产品的单位，是指自己并不生产应税矿产品，而从事矿产品原矿收购自用或卖给其他使用单位的矿产品收购单位。

四、税率

资源税主要采用比例税率，仅对粘土、砂石实行从量定额计征，采用定额税率。各省级人民政府应当按《改革通知》要求提出或确定本地区资源税适用税率。测算具体适用税率时，要充分考虑本地区资源禀赋、企业承受能力和清理收费基金等因素，按照改革前后税费平移原则，以近几年企业缴纳资源税、矿产资源补偿费金额（铁矿石开采企业缴纳资源税金额按40%税额标准测算）和矿产品市场价格水平为依据确定。一个矿种原则上设定一档税率，少数资源条件差异较大的矿种可按不同资源条件、不同地区设定两档税率，见表6-1。

表6-1　　**资源税税目税率表**

序号	税目		征税对象	税率幅度
1	金属矿	铁矿	精矿	1%～6%
2		金矿	金锭	1%～4%
3		铜矿	精矿	2%～8%
4		铝土矿	原矿	3%～9%
5		铅锌矿	精矿	2%～6%
6		镍矿	精矿	2%～6%
7		锡矿	精矿	2%～6%
8		未列举名称的其他金属矿产品	原矿或精矿	税率不超过20%

续表

序号	税目		征税对象	税率幅度
9	非金属矿	石墨	精矿	3%~10%
10		硅藻土	精矿	1%~6%
11		高岭土	原矿	1%~6%
12		萤石	精矿	1%~6%
13		石灰石	原矿	1%~6%
14		硫铁矿	精矿	1%~6%
15		磷矿	原矿	3%~8%
16		氯化钾	精矿	3%~8%
17		硫酸钾	精矿	6%~12%
18		井矿盐	氯化钠初级产品	1%~6%
19		湖盐	氯化钠初级产品	1%~6%
20		提取地下卤水晒制的盐	氯化钠初级产品	3%~15%
21		煤层（成）气	原矿	1%~2%
22		粘土、砂石	原矿	每吨或立方米0.1元~5元
23		未列举名称的其他非金属矿产品	原矿或精矿	从量税率每吨或立方米不超过30元；从价税率不超过20%
24		海盐	氯化钠初级产品	1%~5%
25		原油		6%
26		天然气		6%
27		煤炭		2%~10%

注：（1）铝土矿包括耐火级矾土、研磨级矾土等高铝粘土。

（2）氯化钠初级产品是指井矿盐、湖盐原盐、提取地下卤水晒制的盐和海盐原盐，包括固体和液体形态的初级产品。

（3）海盐是指海水晒制的盐，不包括提取地下卤水晒制的盐。

第二节 资源税的计算

一、纳税环节

资源税在应税产品的销售或自用环节计算缴纳。以自采原矿加工精矿产品的，在原矿移送使用时不缴纳资源税，在精矿销售或自用时缴纳资源税。

纳税人以自采原矿加工金锭的，在金锭销售或自用时缴纳资源税。纳税人销售自采原矿或者自采原矿加工的金精矿、粗金，在原矿或者金精矿、粗金销售时缴纳资源税，在移送使用时不缴纳资源税。

二、计税依据

资源税的计税依据为应税产品的销售额或销售量。纳税人以应税产品投资、分配、抵债、赠与、以物易物等，视同销售，按规定计算缴纳资源税。

1.销售额的确定。

销售额是指纳税人销售应税产品向购买方收取的全部价款和价外费用，不包括增值税销项税额和运杂费用。

运杂费用是指应税产品从坑口或洗选（加工）地到车站、码头或购买方指定地点的运输费用、建设基金以及随运销产生的装卸、仓储、港杂费用。运杂费用应与销售额分别核算，凡未取得相应凭据或不能与销售额分别核算的，应当一并计征资源税。

2.原矿销售额与精矿销售额的换算或折算的确定。

为公平原矿与精矿之间的税负，对同一种应税产品，征税对象为精矿的，纳税人销售原矿时，应将原矿销售额换算为精矿销售额缴纳资源税；征税对象为原矿的，纳税人销售自采原矿加工的精矿，应将精矿销售额折算为原矿销售额缴纳资源税。换算比或折算率原则上应通过原矿售价、精矿售价和选矿比计算，也可通过原矿销售额、加工环节平均成本和利润计算。

金矿以标准金锭为征税对象，纳税人销售金原矿、金精矿的，应比照上述规定将其销售额换算为金锭销售额缴纳资源税。

换算比或折算率应按简便可行、公平合理的原则，由省级财税部门确定，并报财政部、国家税务总局备案。

3.销售数量包括纳税人开采或者生产应税产品的实际销售数量和视同销售的自用数量。

纳税人不能准确提供应税产品销售数量的，以应税产品的产量或者主管税务机关确定的折算比换算成的数量为计征资源税的销售数量。

4.纳税人用已纳资源税的应税产品进一步加工应税产品销售的，不再缴纳资源税。纳税人以未税产品和已税产品混合销售或者混合加工为应税产品销售的，应当准确核算已税产品的购进金额，在计算加工后的应税产品销售额时，准予扣减已税产品的购进金额；未分别核算的，一并计算缴纳资源税。

三、应纳税额的计算

资源税的应纳税额，按照从价定率或从量定额的办法，分别以应税产品的销售额乘以纳税人具体适用的比例税率或者以应税产品的销售数量乘以纳税人具体适用的定额税率计算。

1.实行从价定率计征方式的计算公式为：

应纳税额=销售额×税率

2.实行从量定额计征方式的计算公式为：

应纳税额=课税数量×单位税额

【例6-1】中国南方某矿务局2016年11月开采原煤24 000吨，对外直接销售20 000吨，实现销售收入920万元；库存还有4 000吨。

要求：计算该矿务局当月应纳的资源税。（原煤适用税率2.5%）

解：应纳税额=920×6%=55.2（万元）

【例6-2】华北某油田4月份生产原油5 000吨，其中3 000吨用于外销，实现销售收入1 500万元；1 000吨用于加热和修井，还有1 000吨待销售。另外，在采油过程中，还同时回收天然气2 000万立方米，对外销售实现销售收入360万元。

要求：计算该油田当月应纳的资源税。（该油田适用的单位不含税售价为每吨5 000元，天然气适用的单位不含税售价为每万立方米1 800元；原油适用税率为6%，天然气适用税率为6%）

解：应纳税额=1 500×6%+360×6%=111.6（万元）

【例6-3】某油田是增值税一般纳税人，2016年11月生产原油20万吨和高凝油3万吨，伴采天然气1 000万立方米。当月用于生产过程加热使用原油2万吨，将其余的原油销售，取得销售额（不含增值税）180万元，将伴采的天然气全部销售，取得销售额（不含增值税）50万元。为邻省某油田进行油田基本建设，在劳务发生地预交了0.6万元税款后实际取得款项19.4万元：当月购入生产用水电取得增值税发票标明增值税9万元，从小规模纳税人处外购办公用品。取得税务机关代开的增值税发票，税款1万元。假定当地原油、天然气资源税税率均为6%。

要求计算：（1）该企业原油应纳的资源税；（2）该企业高凝油应纳的资源税；（3）该企业天然气应纳的资源税；（4）该企业可抵扣的增值税进项税；（5）该企业应纳的增值税。

解：（1）该企业原油应纳的资源税=180×6%=10.8（万元）

注意：开采原油过程中用于加热、修井的原油免征资源税。

（2）该企业高凝油未销售不缴纳资源税。

（3）该企业天然气应纳的资源税=50×6%=3（万元）

注意：与开采石油伴采的天然气征税。

（4）该企业可抵扣的增值税进项税=9+1=10（万元）

（5）该企业应纳的增值税=180×17%+50×13%+（19.4+0.6）÷（1+17%）×17%-10-0.6

=29.41（万元）

注意：原油增值税税率17%，天然气增值税使用13%的低税率，油田基本建设收入征收增值税而不征收营业税，在劳务发生地预缴的税款可从其应纳增值税中抵扣。

第三节　资源税的申报与缴纳

一、减免税

1.开采原油过程中用于加热、修井的原油，免税。

2.纳税人开采或者生产应税产品过程中，因意外事故或者自然灾害等原因遭受重大损失的，由省、自治区、直辖市人民政府酌情决定减税或者免税。

3.对依法在建筑物下、铁路下、水体下通过充填开采方式采出的矿产资源，资源税减征50%。

4.对实际开采年限在15年以上的衰竭期矿山开采的矿产资源，资源税减征30%。

5.对鼓励利用的低品位矿、废石、尾矿、废渣、废水、废气等提取的矿产品，由省级人民政府根据实际情况确定是否给予减税或免税。

二、纳税义务发生时间

资源税的纳税义务发生时间的规定与增值税、消费税规定大致相同，不同之处在于资源税进口不征，所以没有进口环节纳税义务发生时间的规定。

1.纳税人销售应税产品，其纳税义务发生时间是：

（1）纳税人采取分期收款结算方式的，为销售合同规定的收款日期的当天；

（2）纳税人采取预收货款结算方式的，为发出应税产品的当天；

（3）纳税人采取其他结算方式的，为收讫销售款或者取得索取销售款凭据的当天。

2.纳税人自产自用应税产品的纳税义务发生时间，为移送使用应税产品的当天。

3.扣缴义务人扣缴税款的纳税义务发生时间，为支付货款的当天。

三、纳税期限

资源税的纳税期限为1日、3日、5日、10日、15日或者1个月，由主管税务机关根据实际情况具体核定。不能按固定期限计算纳税的，可以按次计算纳税。

纳税人以1个月为一期纳税的，自期满之日起10日内申报纳税；以1日、3日、5日、10日或者15日为一期纳税的，自期满之日起5日内预缴税款，于次月1日起10日内申报纳税并结清上月税款。

四、纳税地点

纳税人应当向矿产品的开采地或盐的生产地缴纳资源税。纳税人在本省、自治区、直辖市范围开采或者生产应税产品，其纳税地点需要调整的，由省级地方税务机关决定。

扣缴义务人代扣代缴的资源税，也应向收购地主管税务机关缴纳。

本章小结

资源税是对自然资源征税的税种的总称。我国现行资源税征税范围采取列举方法，主要对矿产品和盐征收。自2016年7月1日起，在河北省开展水资源税试点。实施“普遍征收，级差调节”的课税原则。现行资源税主要实行从价定率的计征方式，以应税产品的销售额为计税依据。

应纳税额=销售额×税率

部分实行从量定额的计征方式，以应税产品的计税数量为计税依据。

应纳税额=销售数量×单位税额

资源税属于地方税，纳税地点为应税产品的开采或者生产所在地。纳税人跨省开采资源税应税产品，其下属生产单位与核算单位不在同一省、自治区、直辖市的，对其开采的矿产品一律在开采地纳税，其应纳税款由独立核算、自负盈亏的单位，按照开采地的实际销售量（或者自用量）及适用的单位税额计算划拨。

扣缴义务人代扣代缴的资源税，应当向收购地主管税务机关缴纳。

关键概念

资源税　征税范围　纳税人　计税依据　减免税　纳税地点

基本训练

一、单项选择题

1.下列单位出售的矿产品中，不缴纳资源税的是（　　）。

A.开采单位销售自行开采的天然大理石

B.油田出售自行开采的天然气

C.盐场销售自行开采的卤水

D.进口的天然气

2.下列应征资源税的煤炭产品有（　　）。

A.选煤　B.居民生活用煤　C.原煤　D.洗煤

3.根据现行政策规定，销售原油的资源税采取（　　）。

A.从量定额征收　B.从价定率征收

C.复合征收　D.直接按固定的金额征收

4.下列企业既是增值税纳税人又是资源税纳税人的是（　　）。

A.销售有色金属矿产品的贸易公司　B.进口有色金属矿产品的企业

C.在境内开采有色金属矿产品的企业　D.在境外开采有色金属矿产品的企业

5.下列油类产品中，应征收资源税的有（　　）。

A.人造石油　B.天然原油　C.汽油　D.机油

6.资源税纳税人包括（　　）。

A.盐业销售公司　B.销售有色金属矿产品的贸易公司

C.开采陆上石油资源的中外合作企业　D.进口原油的石油进出口公司

7.下列各项中，征收资源税的是（　　）。

A.人造石油　B.洗煤

C.与原油同时开采的天然气　D.地面抽采煤层气

8.下列各项中，不属于资源税纳税人的有（　　）。

A.开采原煤的国有企业　B.进口铁矿石的私营企业

C.开采石灰石的个体经营者　D.开采天然原油的外商投资企业

9.下列资源税应税产品，适用从量定额征收的有（　　）。

A. 原油　B. 天然气　C. 煤炭　D. 粘土、砂石

10.纳税人应当向矿产品的（　　）地或盐的生产地缴纳资源税。

A.开采　B.销售　C.加工　D.进口

二、多项选择题

1.下列各项中，属于资源税应税范围的有（　　）。

A.进口原油　B.生产销售固体盐

C.生产销售选煤　D.开采销售有色金属矿原矿

2.依据我国资源税暂行条例及实施细则的规定，下列单位和个人的生产经营行为应缴纳资源税的有（　　）。

A.冶炼企业进口矿石　B.个体经营者开采煤矿

C.军事单位开采石油　D.中外合作开采海洋石油资源

3.某煤矿开采销售原煤，应缴纳的税金有（　　）。

A.资源税　B.增值税　C.消费税　D.城建税

4.根据资源税的相关规定，下列不属于资源税的应税产品的有（　　）。

A.开采的石油天然气　B.钢铁厂进口的铁矿石

C.商业企业销售的选煤　D.开采的煤矿瓦斯

5.下列各项中，应征资源税的有（　　）。

A.生产盐的外商投资企业　　B.进口的原油

C.批发零售企业销售盐　　D.生产用于出口的卤水

6.资源税改革的主要内容，主要包括（　　）。

A.扩大资源税征收范围　　B.开展水资源税改革试点工作

C.实施矿产资源税从价计征改革　　D.合理确定资源税税率水平

7.下列各项中，属于资源税应税资源的有（　　）。

A.天然原油　　B.海盐原盐　　C.液体盐　　D.森林

8.我国现行资源税的特点有（　　）。

A.具有受益税性质　　B.具有级差收入税的特点

C.实行从量定额征收　　D.只对特定资源征税

三、判断题

1.资源税仅对在中国境内开采或生产应税产品的单位和个人征收。（　　）

2.资源税的应税产品，在缴纳增值税时均适用13%的低税率。（　　）

3.现行资源税采用比例税率和定额税率两种形式。（　　）

4.资源税需对应税资源在每一流转环节计算征收。（　　）

5.中外合作开采石油、天然气，不征收资源税，而征收矿区使用费。（　　）

四、计算题

1.华北某油田2016年11月开采原油8 000吨，当月销售5 000吨，取得不含税销售额1 700万元，用于开采原油过程中加热的原油400吨，用于职工食堂和浴室的原油20吨，当月与原油同时开采的天然气40 000立方米，均已全部销售，取得不含税销售额8.5万元，已知该原油与天然气适用的资源税税率都是5%。

要求：计算该油田11月份应纳资源税。

2.某油田2016年12月份生产销售原油5万吨，售价1 500万元，销售人造石油1万吨，售价300万元，销售与原油同时开采的天然气2 000万立方米，售价500万元。已知资源税税率为5%。（以上售价均为不含增值税售价）

要求：计算该油田12月份应纳资源税。

3.青海某天然气公司2016年12月生产天然气12 000万立方米，销售其中的10 000万立方米，收到不含增值税价款是5 300万元，另外2 000万立方米用于其他方面。资源税税率为5%。

要求：计算该公司12月份应纳资源税。

第七章 城镇土地使用税与耕地占用税

学习目标

通过本章的学习，要求学生了解城镇土地使用税和耕地占用税的概念；掌握城镇土地使用税和耕地占用税的征税对象、范围、纳税人和计算方法；熟悉城镇土地使用税和耕地占用税的减免税，以及纳税义务发生时间、期限和地点。

华银公司为地处某省省会城市的一家大型商贸企业，主营商贸和物流。其三大超市占地6 000平方米，物流园区占地3 000平方米。该公司在缴纳城镇土地使用税时，是否缴纳耕地占用税？本章将揭开城镇土地使用税和耕地占用税的面纱。

第一节 城镇土地使用税

知识链接 7-1

西方国家早在古希腊时代就对土地征税。我国在周朝开始对土地征税，规定“民耕百亩者，彻取十亩以为赋”。

1984年以前，我国没有单独的土地使用税，只有城市房地产税，包括房产和土地两个部分，分别对房产和土地征税。1984年，我国设置了城镇土地使用税，对城镇和矿工区使用土地的单位和个人按占用的土地面积征收。1988年9月，国务院颁布了《中华人民共和国城镇土地使用税暂行条例》，并于当年11月1日起开始施行。2006年12月31日国务院发布修改的《中华人民共和国城镇土地使用税暂行条例》（以下简称《城镇土地使用税暂行条例》）。

资料来源：安仲文，蒙丽珍.纳税会计实务［M］. 大连：东北财经大学出版社，2013.

一、城镇土地使用税概述

城镇土地使用税是以国有（或城镇）土地为征税对象，对拥有土地使用权的单位和个人征收的一种税。

现行的城镇土地使用税的基本规范，是2006年12月31日国务院发布修改的《中华人民共和国城镇土地使用税暂行条例》，自2007年1月1日起施行。

开征城镇土地使用税，可以加强对土地的管理，变土地的无偿使用为有偿使用。一方面，这有利于合理、节约地使用土地，提高土地使用效益；另一方面，有利于调节不同地区、不同地段之间的土地级差收入，理顺国家与土地使用者之间的分配关系。

二、征税范围

城镇土地使用税的征税范围包括在城市、县城、建制镇和工矿区内的国家所有和集体所有的土地。建立在城市、县城、建制镇和工矿区以外的工矿企业不需要缴纳城镇土地使用税。

1.城市的土地包括市区和郊区的土地；

2.县城的土地是指县人民政府所在的城镇的土地；

3.建制镇的土地是指镇人民政府所在地的土地。

4.工矿区的土地是指工商业比较发达，人口比较集中的大中型工矿企业所在地的土地，工矿区的设立必须经省、自治区、直辖市人民政府批准。

对城市、县城、建制镇和工矿区的具体征税范围的确定，由省、自治区、直辖市人民政府划定。

在城镇土地使用税征收范围内，利用林场土地兴建度假村等休闲娱乐场所的，其经营、办公和生活用地，应按规定征收城镇土地使用税。

自2009年1月1日起，公园、名胜古迹内的索道公司经营用地，应按规定缴纳城镇土地使用税。

三、纳税人

在城市、县城、建制镇、工矿区范围内使用土地的单位和个人，为城镇土地使用税的纳税人。

单位，包括国有企业、集体企业、私营企业、股份制企业、外商投资企业、外国企业以及其他企业和事业单位、社会团体、国家机关、军队以及其他单位；个人，包括个体工商户以及其他个人。

城镇土地使用税的纳税人通常包括以下几类：

1.拥有土地使用权的单位或个人；

2.拥有土地使用权的纳税人不在土地所在地的，由代管人或实际使用人纳税；

3.土地使用权未确定或权属纠纷未解决的，由实际使用人纳税；

4.土地使用权共有的，由共有各方分别纳税[①]。

四、税率

城镇土地使用税实行分级幅度定额税率，每个幅度税额的差距为20倍。按大、中、小城市和县城、建制镇、工矿区分别规定每平方米土地年应纳税额。具体标准如下：

1.大城市1.5元至30元；

2.中等城市1.2元至24元；

3.小城市0.9元至18元；

4.县城、建制镇、工矿区0.6元至12元。

经省、自治区、直辖市人民政府批准，经济落后地区的土地使用税适用额标准可以适当降低，但降低额不得超过规定的最低税额的30%。经济发达地区土地使用税的适用额标准可以适当提高，但须报经财政部批准。

---

① 几个人或几个单位共同拥有一块土地的使用权，城镇土地使用税的纳税人应是对该土地拥有使用权的每一个人或每一个单位，以其实际使用的土地面积占总面积的比例，分别计算缴纳土地使用税。

五、应纳税额的计算

（一）计税依据

城镇土地使用税以纳税人实际占用的土地面积为计税依据，土地面积计量标准为平方米。纳税人实际占用的土地面积按下列办法确定：

1.凡由省、自治区、直辖市人民政府确定的单位组织测定土地面积的，以测定的面积为准；

2.尚未组织测量，但纳税人持有政府部门核发的土地使用证书的，以证书确认的土地面积为准；

3.尚未核发土地使用证书的，应由纳税人申报土地面积，据以纳税，待核发土地使用证书以后再作调整。

对在城镇土地使用税征税范围内单独建造的地下建筑用地，暂按应征税款的50%征收城镇土地使用税。其中，已取得地下土地使用权证的，按土地使用权证确认的土地面积计算应征税款；未取得地下土地使用权证或地下土地使用权证上未标明土地面积的，按地下建筑垂直投影面积计算应征税款。

（二）应纳税额的计算

城镇土地使用税的应纳税额按纳税人实际占用的土地面积和规定的税额标准计征。计算公式为：

全年应纳税额=实际占用的应税土地面积（平方米）×适用税额

【例7-1】某公司与政府机关共同使用一栋共有土地使用权的建筑物。该建筑物占用土地面积2 000平方米，建筑物面积10 000平方米（公司与机关的占用比例为4：1），该公司所在市城镇土地使用税单位税额每平方米5元。

要求：计算应纳的城镇土地使用税。

解：应纳城镇土地使用税=2 000×4/5×5=8 000（元）

【例7-2】某工业企业2013年实际占用土地面积5 000平方米。该土地每平方米年税额为4元，当地的城镇土地使用税每半年征收一次。

要求：计算每次应纳的城镇土地使用税。

解：每次应纳城镇土地使用税=5 000×4÷2=10 000（元）

六、申报与缴纳

（一）减免税

1.国家机关、人民团体、军队自用的土地（指自身的办公用地和公务用地），免缴土地使用税。

2.由国家财政部门拨付事业经费的单位自用的土地（指自身的业务用地），免缴土地使用税。

3.宗教寺庙、公园、名胜古迹自用的土地，免缴土地使用税。

4.市政街道、广场、绿化地带等公共用地，免缴土地使用税。

5.直接用于农、林、牧、渔业的生产用地，免缴土地使用税。

6.经批准开山填海整治的土地和改造的废弃土地，从使用的月份起免缴土地使用税5~10年。

7.在城镇土地使用税征收范围内经营采摘、观光农业的单位和个人，其直接用于采摘、观光的种植、养殖、饲养的土地，免征城镇土地使用税。

8.个人所有的居住房屋及院落用地，免税单位职工家属的宿舍用地。

9.纳税人新征用的耕地，从批准征用之日起满1年后征收城镇土地使用税；征用非耕地因不需要缴纳耕地占用税，应从批准征用之次月起征收城镇土地使用税。

10.免税单位无偿使用纳税单位的土地（如公安、海关等单位使用铁路、民航等单位的土地），免征城镇土地使用税。纳税单位无偿使用免税单位的土地，纳税单位应照章缴纳城镇土地使用税。纳税单位与免税单位共同使用、共有使用权土地上的多层建筑，对纳税单位可按其占用的建筑面积占建筑总面积的比例计征城镇土地使用税。

11.对行使国家行政管理职能的中国人民银行总行（含国家外汇管理局）所属分支机构自用的土地，免征城镇土地使用税。

12.对企业厂区以外的公共绿化用地和向社会开放的公园用地，暂免征收城镇土地使用税。

（二）纳税义务发生时间

1.纳税人购置新建商品房，自房屋交付使用之次月起，缴纳城镇土地使用税。

2.纳税人购置存量房，自办理房屋权属转移、变更登记手续，房地产权属登记机关签发房屋权属证书之次月起，缴纳城镇土地使用税。

3.纳税人出租、出借房产，自交付出租、出借房产之次月起，缴纳城镇土地使用税。

4.以出让或转让方式有偿取得土地使用权的，应由受让方从合同约定交付土地时间的次月起缴纳城镇土地使用税；合同未约定交付土地时间的，由受让方从合同签订的次月起缴纳城镇土地使用税。

5.纳税人新征用的耕地，自批准征用之日起满1年时开始缴纳土地使用税。纳税人新征用的非耕地，自批准征用次月起缴纳土地使用税。

（三）纳税期限

城镇土地使用税实行按年计算、分期缴纳的征收方法，具体纳税期限由省、自治区、直辖市人民政府确定。各省、自治区、直辖市税务机关根据当地情况，一般确定按月、季或半年等期限缴纳城镇土地使用税。

（四）纳税地点

城镇土地使用税在土地所在地缴纳，由土地所在地的地方税务机关征收管理。土地管理机关应当向土地所在地的税务机关提供土地使用权属资料。

纳税人使用的土地不属于同一省（自治区、直辖市）管辖范围的，应由纳税人分别向土地所在地税务机关缴纳土地使用税。在同一省（自治区、直辖市）管辖范围内，纳税人跨地区使用的土地，对于纳税地点，由各省、自治区、直辖市税务局确定。

第二节　耕地占用税

知识链接 7-2

新中国成立初期，我国就开征了地产税。为了防止和控制乱占滥用耕地，1987年4月，国务院颁布了《中华人民共和国耕地占用税暂行条例》，用税收手段加强对耕地的管理，在一定程度上控制了城镇非农业土地使用中的浪费现象。

资料来源：根据相关资料整理所得。

一、耕地占用税

耕地占用税是对占用耕地建房或从事其他非农业建设的单位和个人，就其实际占用的耕地按面积征收的一种税。它属于对特定土地资源占用课税。

现行耕地占用税的基本规范是2007年12月1日国务院发布的修订后的《中华人民共和国耕地占用税暂行条例》（以下简称《耕地占用税暂行条例》）和2008年2月财政部、国家税务总局颁布的《中华人民共和国耕地占用税暂行条例实施细则》。2016年1月，国家税务总局发布了《耕地占用税管理规程（试行）》公告，对耕地占用税管理中所涉及的涉税信息管理、纳税认定管理、申报征收管理、减免退税管理和税收风险管理等事项进行了明确规定。

耕地占用税具有以下特点：

1. 兼具资源税与特定行为税的性质。耕地占用税以占用农用耕地建房或从事其他非农用建设的行为为征税对象，以约束纳税人占用耕地的行为、促进土地资源的合理运用为课征目的，除具有资源占用税的属性外，还具有明显的特定行为税的特点。

2. 实行地区差别税率。耕地占用税采用地区差别定额税率，按不同地区人均占有耕地的多少设置差别税额，人均占有耕地越少的地区，单位税额标准越高。

3. 实行一次性课征。耕地占用税在耕地占用环节上实行一次性征收，纳税人在完税后使用、转让和继承过程中，不再缴纳耕地占用税。

4. 专款专用于发展农业生产。运用耕地占用税设立土地开发基金，将其税款专款专用于土地开发，支持农业生产的发展，做到“取之于地，用之于地”。

二、征税对象与范围

耕地占用税的征税对象为耕地，是指占用耕地建房或从事其他非农业建设的行为。决定耕地占用税征税对象有两方面要素：一是建设行为；二是被占耕地。耕地是指用于种植农作物的土地。

耕地占用税的征税范围包括纳税人为建房或从事其他非农业建设而占用的国家所有和集体所有的耕地。

耕地是指种植农业作物的土地，包括菜地、园地。其中，园地包括花圃、苗圃、茶园、果园、桑园和其他种植经济林木的土地。

占用林地、牧草地、农田水利用地、养殖水面以及渔业水域滩涂等其他农用地建房或者从事非农业建设的，按规定征收耕地占用税。建设直接为农业生产服务的生产设施占用前款规定的农用地的，不征收耕地占用税。

占用已开发从事种植、养殖的滩涂、草场、水面和林地等从事非农业建设的，由省、自治区、直辖市本着有利于保护土地资源和生态平衡的原则，结合具体情况确定是否征收耕地占用税。

三、纳税人

占用耕地建房或者从事非农业建设的单位或者个人，为耕地占用税的纳税人。所称单位，包括国有企业、集体企业、私营企业、股份制企业、外商投资企业、外国企业以及其他企业和事业单位、社会团体、国家机关、军队以及其他单位；所称个人，包括个体工商户以及其他个人。

四、税率

耕地占用税实行从量计征的地区差别定额税率，以规定单位面积的税额作为征收标准。具体税额规定如下：

1.人均耕地不超过1亩的地区（以县级行政区域为单位，下同），每平方米为10~50元；

2.人均耕地超过1亩但不超过2亩的地区，每平方米为8~40元；

3.人均耕地超过2亩但不超过3亩的地区，每平方米为6~30元；

4.人均耕地超过3亩的地区，每平方米为5~25元。

对经济特区、技术开发和经济发达、人均耕地特别少的地区，税额标准可以适当提高，但是最高不得超过上述规定税额的50%。占用基本农田的，适用税额应在当地适用税额的基础上提高50%。

五、应纳税额的计算

耕地占用税以纳税人实际占用的耕地面积为计税依据，以每平方米为计量单位。

耕地占用税以纳税人实际占用的耕地面积为计税依据，以每平方米为计量单位，按适用的定税额税率计税。计算公式为：

应纳税额=实际占用的耕地面积（平方米）×适用定税额税率

【例7-3】假设某市一家企业新占用19 800平方米耕地用于工业建设，所占耕地适用的定额税率为20元/平方米。

要求：计算该企业应纳的耕地占用税。

解：应纳税额=19 800×20=396 000（元）

六、申报与缴纳

（一）减免税

1.免征耕地占用税：

（1）军事设施占用耕地；

（2）学校、幼儿园、养老院、医院占用耕地。

享受免税的学校用地的具体范围是：全日制大、中、小学校（包括部门、企业办的学校）的教学用房、实验室、操场、图书馆、办公室及师生员工食堂宿舍用地。学校从事非农业生产经营占用的耕地，不予免税。职工夜校、学习班、培训中心、函授学校等不在免税之列。

2.减征耕地占用税：

（1）铁路线路、公路线路、飞机场跑道、停机坪、港口、航道占用耕地，减按每平方米2元的税额征收耕地占用税。

（2）农村居民占用耕地新建住宅，按照当地适用税额减半征收耕地占用税。

农村烈士家属、残疾军人、鳏寡孤独以及革命老根据地、少数民族聚居区和边远贫困山区生活困难的农村居民，在规定用地标准以内新建住宅减半缴纳耕地占用税确有困难的，经所在地乡镇人民政府审核，报经县级人民政府批准后，可以免征或者减征耕地占用税。

免征或者减征耕地占用税后，纳税人改变原占地用途，不再属于免征或者减征耕地占用税情形的，应当按照当地适用税额补缴耕地占用税。

（二）纳税期限

获准占用耕地的单位或者个人应当在收到土地管理部门的通知之日起30日内缴纳耕地占用税。土地管理部门凭耕地占用税完税凭证或者免税凭证和其他有关文件发放建设用地批准书。

（三）征收机关

耕地占用税由地方税务机关负责征收。

纳税人临时占用耕地，应当依照《条例》规定缴纳耕地占用税。纳税人在批准临时占用耕地的期限内恢复所占用耕地原状的，全额退还已经缴纳的耕地占用税。

本章小结

城镇土地使用税是以城镇土地为课税对象，对拥有土地使用权的单位和个人征收的一种税。征税范围包括城市、县城、建制镇和工矿区内的国家所有和集体所有的土地。以拥有土地使用权的单位和个人为纳税人。实行分级幅度定额税率，从量计征。以纳税人实际占用的土地面积为计税依据，按照规定的适用税额计算应纳税额。计算公式：

应纳税额=实际占用耕地面积（平方米）×适用定额税率

土地使用税按年计算，分期缴纳，由土地所在地的地方税务机关征收管理。

耕地占用税是在全国范围内，对占用耕地建房或者从事其他非农业建设的单位和个人，按照规定税率一次性征收的税种，属于对特定土地资源占用课税。征税范围包括用于建房或从事其他非农业建设（占）用的国家和集体所有的耕地。以占用耕地建房或者从事非农业建设的单位或者个人为耕地占用税的纳税人。实行地区差别定额税率，从量定额征收。以纳税人实际占用的耕地面积为计税依据，按照规定的适用税额标准计算应纳税额，实行一次性征收。计算公式：

应纳税额=纳税人实际占用的耕地面积×适用税额标准

对军事设施占用耕地或学校、幼儿园、养老院、医院占用耕地，免征耕地占用税；对农村居民占用耕地新建住宅，按照当地适用税额减半征收耕地占用税。

耕地占用税由地方税务机关负责征收。获准占用耕地的单位或者个人应当在收到土地管理部门的通知之日起30日内缴纳耕地占用税。

关键概念

城镇土地使用税耕地占用税　征税范围　计税依据　减免税纳税期限纳税地点

基本训练

一、单项选择题

1.城镇土地使用税的计税依据是（　　）。

A.实际占用的土地面积　　B.纳税人申报面积

C.评估面积　　D.建筑面积

2.不征城镇土地使用税的区域是（　　）。

A.城市　　B.县城

C.建制镇和工矿区　　　　　　　　　　D.农村

3.下列城镇土地使用税纳税人确定不正确的是（　　）。

A.拥有土地使用权的单位和个人

B.土地使用权未确定的，由代管人纳税

C.土地使用权共有的，由共有各方分别纳税

D.外商投资企业和外国企业也不是纳税人

4.甲企业（国有企业）生产经营用地分布于A、B、C三个区域，A的土地使用权属于甲企业，面积10 000平方米，其中幼儿园占地1 000平方米，厂区绿化占地2 000平方米；B的土地使用权属甲企业与乙企业共同拥有，面积5 000平方米，实际使用面积各半；C面积3 000平方米，甲企业一直使用但土地使用权未确定。假设A、B、C的城镇土地使用税的单位税额为每平方米5元，甲企业全年应纳城镇土地使用税为（　　）元。

A.57 500　　B.62 500　　C.72 500　　D.85 000

5.下列应征城镇土地使用税的是（　　）。

A.国家机关公务用地　　　　　　　　B.全额拨付事业经费的事业单位用地

C.某商场经营用地　　　　　　　　　D.用于农业生产的用地

6.下列土地中，免征城镇土地使用税的是（　　）。

A.营利性医疗机构自用的土地　　　　B.公园内附设照相馆使用的土地

C.生产企业使用海关部门的免税土地　D.公安部门无偿使用铁路企业的应税土地

二、多项选择题

1.城镇土地使用税的征税范围为（　　）。

A.城市　　B.县城　　C.建制镇　　D.工矿区

2.下列城镇土地使用税的计税依据正确的有（　　）。

A.土地使用证书确认的土地面积

B.计划占用土地面积

C.没有土地使用证书的，按纳税人申报的土地面积

D.土地使用权共有的，按各方实际占用的土地面积

3.下列各项中，应缴纳城镇土地使用税的有（　　）。

A.用于水产养殖业的生产用地

B.名胜古迹园区内附设的照相馆用地

C.公园中管理单位的办公用地

D.学校食堂对外营业的餐馆用地

4.下列各项中，可以免缴城镇土地使用税的有（　　）。

A.财政拨付事业经费单位的食堂用地

B.名胜古迹场所设立的照相馆用地

C.公园内设立的影剧院用地

D.宗教寺庙人员的生活用地

5.下列属于城镇土地使用税的征税对象的是（　　）。

A.国家高新技术产业开发区内的土地　B.农村承包土地

C.外商投资企业用地　　　　　　　　D.外国企业用地

6.下列关于城镇土地使用税的说法，正确的有（　　）。

A.纳税人使用的土地不在同一省、自治区、直辖市管辖的，由纳税人分别向土地所在地的税务机关缴纳土地使用税

B.纳税人使用的土地在同一省、自治区、直辖市范围内，但跨地区使用的，其纳税地点由省、自治区、直辖市人民政府确定

C.纳税人新征用的耕地，自批准征用之日起满1年时开始计算缴纳土地使用税

D.纳税人新征用的非耕地，自批准征用次月起缴纳土地使用税

三、判断题

1.城镇土地使用税的征税范围是城市、县城、镇和工矿区范围内的国家所有的土地。（　　）

2.经省、自治区、直辖市人民政府批准，经济发达地区土地使用税的适用税额标准可以适当提高，但提高额不得超过暂行条例规定最高税额的30%。（　　）

3.纳税人实际占用的土地面积尚未核发土地使用证书的，应由纳税人申报土地面积，并以此为计税依据计算征收城镇土地使用税。（　　）

4.经批准开山填海整治的土地和改造的废弃土地，从使用的次月起免缴城镇土地使用税5～10年。（　　）

5.纳税单位无偿使用免税单位的土地免征城镇土地使用税；免税单位无偿使用纳税单位的土地照章征收城镇土地使用税。（　　）

四、计算题

1.某国家级森林公园，2016年共占地2 000万平方米，其中：行政管理部门办公用房占地0.1万平方米，所属酒店占地1万平方米，饮食部占地0.5万平方米，公园所在地城镇土地使用税税率为2元/平方米。

要求：计算应纳的城镇土地使用税。

2.某企业2016年年初实际占地面积共为20 000平方米，其中企业子弟学校面积2 000平方米，医院占地1 000平方米，7月底经批准新占用耕地15 000平方米用于扩大生产经营。企业所在地城镇土地使用税单位税额为每平方米3元，耕地占用税单位税额为每平方米25元。

要求：计算应纳的城镇土地使用税和耕地占用税。

第八章　房产税

学习目标

通过本章的学习，要求学生了解房产税的概念；掌握房产税的征税范围和计算方法；熟悉房产税的纳税人、税率、减免税，以及纳税义务发生的时间、期限和地点。

W市长河公司是一家商贸企业，拥有房产若干栋，部分自有经营，部分出租，主要缴纳增值税。该公司拥有的房产是否应缴纳房产税？本章将揭开房产税的面纱。

第一节　房产税的基本要素

知识链接 8-1

房产税简介

1951年8月，政务院颁布了《中华人民共和国城市房地产税暂行条例》，规定对城市中的房屋及占地合并征收房产税和地产税，称其为城市房地产税。1973年简化税制，把对企业征收的这个税种并入了工商税。对房地产管理部门和个人房屋，以及外资企业、中外合资、合作经营企业的房屋，继续保留征收城市房地产税。1984年10月，国务院决定在推行第二步利改税和改革工商税制时，对国内企业单位恢复征收房产税。1986年9月15日，国务院正式发布了《中华人民共和国房产税暂行条例》，从当年10月1日开始实施，自2009年1月1日起，我国废止1951年颁布的《中华人民共和国城市房地产税暂行条例》，对外资企业及外籍个人的房产也开始征收房产税。

一、房产税

房产税是指以房屋为征税对象，以房屋的计税余值或租金收入为计税依据，向产权所有人征收的一种财产税。

现行房产税的基本规范为国务院1986年9月15日发布的《中华人民共和国房产税暂行条例》（以下简称《房产税暂行条例》）。

自2009年1月1日起，我国废止《中华人民共和国城市房地产税暂行条例》，对外资企业及外籍个人的房产也开始征收房产税，在征税范围、计税依据、税率、税收优惠、征收管理等方面按照《房产税暂行条例》及有关规定执行。

房产税具有以下特点：

1.房产税属于财产税中的个别财产税，其征税对象只是房屋。

2.征收范围限于城镇的经营性房屋。房产税在城市、县城、建制镇和工矿区范围内征收，为了不增加农民的负担，房产税未将农村划入征税范围。同时，房产税并非针对所有的房屋，而是专门针对用于经营或用于出租的房屋。

3.区别房屋的经营使用方式规定征税办法，对于自用的按房产计税余值征收，对于出租、出典的房屋按租金收入征收。

二、征税对象和范围

房产税的征税对象是房产。与房屋不可分割的各种附属设施或不单独计价的配套设施，也属于房屋，应一并征收。独立于房屋之外的建筑物（如水塔、围墙、加油站罩棚等）不属于房屋，不征收房产税。所谓房产，是以房屋形态表现的财产，是指有屋面和围护结构（有墙或两边有柱），能遮风避雨，可供人们在其中生产、工作、学习、娱乐、居住或储藏物资的场所。房产不等于建筑物。

房产税的征税范围为位于城市、县城、建制镇和工矿区的房屋。对坐落在农村的房屋暂不征收房产税。

对上述范围的具体解释如下：

1.城市，是指国务院批准设立的市，包括市区、郊区和市辖县县城，但不包括农村。

2.县城，是指未设立建制镇的县人民政府所在地。

3.建制镇，是指经省、自治区、直辖市人民政府批准设立的建制镇，但不包括所辖的行政村。

4.工矿区，是指工商业比较发达，人口比较集中，符合国务院规定的建制镇标准，但尚未设立镇建制的大中型工矿企业所在地。开征房产税的工矿区须经省、自治区、直辖市人民政府批准。

三、纳税人

房产税以在征税范围内的房屋产权所有人为纳税人。产权属于全民的，由经营管理单位缴纳；产权出典的，由承典人缴纳；产权所有人、承典人不在房产所在地的，或者产权未确定及租典纠纷未解决的，由房产代管人或者使用人缴纳。

自2009年1月1日起，外商投资企业、外国企业和组织以及外籍个人（包括中国港澳台资企业和组织以及华侨、港澳台同胞，统称外资企业及外籍个人）依照《房产税暂行条例》缴纳房产税，属于房产税纳税人。之前，其缴纳的是城市房地产税。

四、税率

现行房产税采用的是比例税率。根据其计税依据的不同，税率分为：

1.以房产原值一次减除10%至30%损耗后的房产余值为计税依据的，税率为1.2%。

2.以房产租金收入为计税依据的，税率为12%。

第二节 房产税的计算

一、计税依据

房产税的计税依据是房产的计税余值或房产的租金收入。按照房产计税余值征税的，称为从价计征；按照房产租金收入征税的，称为从租计征。

1.从价计征

以房产原值一次减除10%至30%后的余值为计税依据，具体减除幅度由省、自治区、直辖市人民政府确定。

房产原值，是指纳税人按照会计制度的规定，在账簿“固定资产”科目中记载的房屋原价。对依照房产原值计税的房产，不论是否记载在会计账簿固定资产科目中，均应按照房屋原价计算缴纳房产税。房屋原价应根据国家有关会计制度规定进行核算。对纳税人未按国家会计制度规定核算并记载的，应按规定予以调整或重新评估。

（1）以房屋为载体，不可随意移动的附属设备和配套设施，如给排水、采暖、消防、中央空调、电气及智能化楼宇设备等，无论在会计核算中是否单独记账与核算，都应计入房产原值，计征房产税。

（2）对居民住宅区内业主共有的经营性房产，由实际经营（包括自营和出租）的代管人或使用人缴纳房产税。其中自营的，依照房产原值减除10%至30%后的余值计征，没有房产原值或不能将业主共有房产与其他房产的原值准确划分开的，由房产所在地地方税务机关参照同类房产核定房产原值；出租的，依照租金收入计征。

（3）无租使用其他单位房产的应税单位和个人，依照房产余值代缴纳房产税；产权出典的房产，由承典人依照房产余值缴纳房产税。

2.从租计征

房屋出租的，以取得的租金收入为计税依据。租金收入是房屋产权所有人出租房产使用权所得的报酬，包括货币收入、实物收入及其他形式的收入。当以劳务或其他形式为租金时，应根据同类房产的租金水平，确定一个标准租金额。

对于以房产投资联营，投资者参与投资利润分红，共担风险的，按房产余值作为计税依据计征房产税；对于以房产投资，收取固定收入，不承担联营风险的，实际上是以联营名义取得房产租金，应由出租方按租金收入计征房产税。

对于融资租赁的房屋，由于租赁费包括购进房屋的价款、手续费、借款利息等，与一般房屋出租的租金内涵不同，且租赁期满后，当承租方偿还最后一笔租赁费时，房屋产权要转移到承租方，这实际上是一种变相的分期付款购买固定资产的形式，所以在计征房产税时，应以房产余值计算征收。

需要特别强调的是，由于增值税为价外税，本章所称“收入”或“费用”（含习题部分）均不含增值税（另有规定除外）。

二、应纳税额的计算

房产税应纳税额的计算方法有以下两种：

1.按房产余值从价计征

其计算公式为：

应纳税额=房产原值×（1-减除比例）×税率

2.按租金收入从租计征

其计算公式为：

应纳税额=房产租金收入×税率

以人民币以外的货币为记账本位币的外资企业及外籍个人在缴纳房产税时，均应将其根据记账本位币计算的税款按照缴款上月最后一日的人民币汇率中间价折合成人民币。

【例8-1】位于建制镇的某公司主要经营农产品采摘、销售、观光业务，公司占地3万平方米，其中采摘、观光的种植用地2.5万平方米，职工宿舍和办公用地0.5万平方米，房产原值300万元。公司2016年发生以下业务：

（1）全年取得旅游观光业务收入150万元，农产品零售收入180万元；

（2）6月30日签订房屋租赁合同一份，将价值50万元的办公室从7月1日起出租给他人使用，租期12个月，月租0.2万元，每月收租金1次；

（3）8月与保险公司签订农业保险合同一份，支付保险费3万元；

（4）9月与租赁公司签订融资租赁合同一份，租赁价值30万元的鲜果拣选机一台，租期5年，租金共计40万元，每年支付8万元。

其他相关资料：①适用城镇土地使用税税率每平方米5元；②公司所在省规定计算房产余值的扣除比例为30%。

要求根据上述资料，计算回答下列问题，每问需计算出合计数：

（1）公司2016年应缴纳的城镇土地使用税；

（2）公司2016年应缴纳的房产税。

解：（1）应缴纳的城镇土地使用税=（3-2.5）×5×10 000=25 000（元）

（2）应缴纳的房产税=300×（1-30%）×1.2%×50%×10 000+（300-50）×（1-30%）×1.2%×50%×10 000+0.2×6×12%×10 000

=24 540（元）

第三节 房产税的申报与缴纳

一、减免税

1.国家机关、人民团体、军队自用的房产免征房产税。这里“自用的房产”是指这些单位本身的办公用房和公务用房。

2.由国家财政部门拨付事业经费的单位（包括实行差额预算管理的事业单位）自用的房产免征房产税。这里“自用的房产”是指这些单位本身的业务用房。

3.宗教寺庙、公园、名胜古迹自用的房产免征房产税。宗教、寺庙自用的房产，是指举行宗教仪式等的房屋和宗教人员使用的生活房屋。公园、名胜古迹自用的房产，是指提供参观游览的房屋及其管理单位的办公用房。

上述享受免税单位出租的房产以及非本身业务的生产、营业用房，不属于免税范围，应照常征收房产税。

4.个人所有的非营业用房产免征房产税。

5.对于营业用的人防设施暂不征收房产税。

6.基建工地的临时性房屋，在施工期间免征房产税。

7.对高校学生公寓免征房产税。

8.自2007年8月1日起，廉租住房经营管理单位的租金收入免征房产税。

9.自2008年3月1日起，对个人出租住房，不区分用途，按4%的税率征收房产税；对企事业单位、社会团体以及其他组织按市场价格向个人出租用于居住的住房，减征4%的房产税。

二、纳税义务发生时间

1.纳税人将原有房产用于生产经营，从生产经营之月起，缴纳房产税。

2.纳税人自行新建房屋用于生产经营，从建成之日的次月起，缴纳房产税。

3.纳税人委托施工企业建设的房屋，从办理验收手续的次月起，缴纳房产税。

4.纳税人购置新建商品房，自房屋交付使用之次月起，缴纳房产税。

5.纳税人购置存量房，自办理房屋权属转移、变更登记手续，房地产权属登记机关签发房屋权属证书之次月起，缴纳房产税。

6.纳税人出租、出借房产，自交付出租、出借房产之次月起，缴纳房产税。

7.房地产开发企业自用、出租、出借本企业建造的商品房，自房屋使用或交付之次月起，缴纳房产税。

8.自2009年1月1日起，纳税人因房产的实物或权利状态发生变化而依法终止房产税的纳税义务的，其应纳税款的计算应截止到房产的实物或权利发生变化的当月末。

三、纳税期限

房产税实行按年计算、分期缴纳的征收方法，具体纳税期限由省、自治区、直辖市人民政府规定。

四、纳税地点

房产税由纳税人向房产所在地的地方税务机关缴纳。对房产不在同一地方的纳税人，应按房产的坐落地点分别向房产所在地的地方税务机关缴纳。

知识链接 8-2

美国的财产税

财产税是美国州政府和地方政府对在美国境内拥有不动产或动产，特别是房地产等财产的自然人和法人征收的一种税。财产税一直是美国地方政府最重要的财政来源，它占地方政府税收收入的80%以上。联邦政府不征收财产税，各州政府只征少量或不征收财产税。

财产税最早是对土地和牲畜按不同税率征收的。到19世纪，财产税发展为一般的、执行同一税率的税种。19世纪末，一般财产税被只对不动产和工商业动产等征收的选择性财产税所代替。财产税的纳税人是在美国境内拥有住宅、工商业房地产、车辆、设备等不动产和动产的自然人和法人；课税对象是动产和不动产，以不动产为主。不动产包括农场、住宅用地、商业用地、森林、农庄、住房、企业及人行道等。动产包括设备、家具、车辆、商品等有形财产，以及股票、公债、抵押契据、存款等无形财产。美国现代地方财产税中，最重要的课税对象是非农业地区的居民住宅和非农业的工商业财产。财产税的税率，是由地方政府对不同类财产，根据各项支出的预算来确定系列的财产税税率，再得出总的财产税税率。此外，税法规定，对各级政府的财产以及宗教、慈善机构和教育事业所拥有的财产都免征财产税。许多地方政府还规定对老年人的房地产减免财产税。

资料来源：王国华.外国税制［M］.北京：中国人民大学出版社，2008.

本章小结

房产税是以房屋为征税对象，按照房屋的计税余值或租金收入，向产权所有人征收的一种财产税。征税范围包括城市、县城、建制镇和工矿区的经营性房产，不涉及农村。2009年，我国的房产税和城市房地产税实现了两税合并，涉外企业、单位和个人也纳入了房产税的征收管理范围。

房产税的计税依据有从价计征和从租计征两种，税率分别为1.2%、12%。实行按年计算、分期缴纳，纳税地点为房产所在地。

关键概念

房产税　征税范围　计税依据　减免税纳税义务发生时间　纳税期限

基本训练

一、单项选择题

1.以下应缴纳房产税的项目有（　　）。

A.集团公司的仓库　　B.合伙企业的露天游泳池

C.股份制企业的围墙　　D.工厂的独立烟囱

2.下列房屋应从交付使用之次月起缴纳房产税的是（　　）。

A.纳税人购置新建商品房　　B.纳税人自行新建房屋用于生产经营

C.纳税人购置存量房　　D.纳税人委托施工企业建设的房屋

3.某企业有房产1 000平方米，房产原值100万元。2016年该企业将其中的200平方米房产出租，年租金20万元，已知省政府规定其减除比例为30%，该企业当年应纳房产税为（　　）万元。

A.0.84　　B.0.4　　C.12　　D.3.072

4.不征房产税的地域是（　　）。

A.城市　　B.县城和建制镇　　C.工矿区　　D.农村

5.赵某拥有两处房产，一处原值60万元的房产供自己和家人居住，另一处原值20万元的房产于2014年7月1日出租给王某居住，按市场价每月取得租金收入1 200元。赵某当年应缴纳的房产税为（　　）。

A.288元　　B.576元　　C.840元　　D.864元

6.下列各项中，符合房产税纳税义务人规定的是（　　）。

A.产权出典的，由出典人缴纳

B.产权属于国家所有的，不缴纳房产税

C.产权纠纷未解决的，由代管人或使用人缴纳

D.外商投资企业开办的商业企业，不缴纳房产税

7.下列各项中，不属于房产税纳税人的是（　　）。

A.在市区拥有房产开设个人独资企业的个人

B.在农村拥有房产建立工厂的企业

C.在工矿区拥有房产的国有企业

D.在市区承典房屋的单位

8.以下关于房产税纳税人和征税范围的说法正确的是（　　）。

A.房产税的征税对象是房屋和建筑物

B.产权属于国家所有的，免纳房产税

C.无租使用其他单位房产的单位和个人，使用人代为缴纳房产税

D.农村的农民出租房屋也应缴纳房产税

二、多项选择题

1.下列各项中，符合房产税纳税义务发生时间规定的有（　　）。

A.将原有房产用于生产经营，从生产经营之次月起缴纳房产税

B.委托施工企业建设的房屋，从办理验收手续之次月起缴纳房产税

C.纳税人出租、出借的房产，自出租、出借房产之次月起，缴纳房产税

D.购置新建商品房，自权属登记机关签发房屋权属证书之次月起缴纳房产税

2.下列关于房产税的纳税说法正确的有（　　）。

A.产权出典的，由承典人依照房产余值缴纳房产税

B.无租使用其他单位房产的应税单位和个人，依照当地同类租金水平缴纳房产税

C.无租使用其他单位房产的应税单位和个人，依照房产余值缴纳房产税

D.融资租赁的房产纳税，由承租人依照支付的租赁费缴纳房产税

3.以下房产需要征收房产税的是（　　）。

A.城市的农副产品加工用房　　B.建制镇的农副产品生产用房

C.农村的农副业生产用房　　D.农村的居住用房

4.房产税之计税依据可以是（　　）。

A.融资租赁房屋的，以房产原值计税

B.联营投资房产，共担投资风险的，以房产余值计税

C.出租房产的，以租金计税　　D.租入房产的，以租金计税

5.下列各项中，不应当征收房产税的有（　　）。

A.经营性单位从房地产开发企业购入的办公用商品房

B.个人非营业用房产

C.邮政部门坐落在城市、县城、建制镇、工矿区以外的房产

D.农村的经营性用房

6.以下关于房产税纳税人的表述中，正确的有（　　）。

A.外籍个人不缴纳房产税　　B.房屋产权出典的，承典人为纳税人

C.房屋产权属于集体所有的，集体单位为纳税人

D.房屋产权未确定及租典纠纷未解决的，代管人或使用人为纳税人

三、判断题

1.房产税的征税对象是房屋，由于房屋属于不动产，所以与房屋不可分割的各种附属设备也应作为房屋一并征税。上述“各种附属设备”包括独立于房屋之外的建筑物，如水塔、烟囱等。（　　）

2.农民王某于2014年将他在本村价值20万元的楼房出租，取得租金收入3 000元。按照房产税从租计征的规定计算，王某当年应缴纳房产税360元。（　　）

3.纳税人购置房屋，应自办理房屋权属转移、变更登记手续，房地产权属登记机关签发房屋权属证书之次月起，缴纳房产税。（　　）

4.对以融资租赁方式租出的房屋，在计征房产税时应当以房产余值计算纳税。

（ ）

5.房地产开发企业建造的商品房在出售前，不征收房产税，但对出售前房地产开发企业已使用或出租、出售的房产应按规定征收房产税。 （ ）

四、计算题

1.某市生产企业2016年年初共拥有房产10栋，房产原值共计34 600万元，当年房产情况如下：

（1）2015年12月31日与本单位职工签订房屋租赁合同，自2016年1月1日起，将房产原值为300万元的自有住房，按政府规定价格出租给职工居住，每月取得租金收入10万元。

（2）2016年2月1日对1栋房产原值为800万元的厂房进行大修理，10月底大修理完工。修理后该房产原值上升为12 000万元，11月1日投入本单位使用。

（3）2016年4月30日签订房产租赁合同一份，将原值为500万元的仓库出租给其他企业，租期1年，每月收取租金收入1.8万元。

（4）2016年7月1日企业将1栋房产原值为8 000万元的办公楼用于对外投资，投资期限为2年，不承担联营风险，每月收取固定收入30万元。

（5）2016年10月底该企业1栋房产原值为5 000万元的厂房被有关部门认定为危险房屋，自2014年11月1日起停止使用。

（6）2015年12月委托某施工企业新建厂房1栋，2016年3月31日完工，并办理了厂房验收手续，同时接管基建工地价值100万元的材料棚，一并转入本企业的固定资产管理，原值合计为800万元。

（7）剩余的5栋房产一直用于企业的生产经营活动，房产原值共计20 000万元。

已知：计算房产余值的扣除比例为30%。

要求：根据上述资料，回答下列问题：

（1）根据业务（1）有关资料，计算该项房产应缴纳的房产税。

（2）根据业务（2）有关资料，计算该项房产应缴纳的房产税。

（3）根据业务（3）有关资料，计算该项房产应缴纳的房产税。

（4）根据业务（4）有关资料，计算该项房产应缴纳的房产税。

（5）根据业务（5）有关资料，计算该项房产应缴纳的房产税。

（6）根据业务（6）有关资料，计算该项房产应缴纳的房产税。

（7）根据业务（7）有关资料，计算该项房产应缴纳的房产税。

（8）计算2016年该企业应缴纳的房产税。

2.某中外合资企业2016年度的上半年企业共有房产原值4 000万元，7月1日起企业将原值200万元、占地面积400平方米的一栋仓库出租给某商场存放货物，租期1年，每月租金收入1.5万元。8月10日对委托施工单位建设的生产车间办理验收手续，由在建工程转入固定资产原值500万元。

要求：计算该企业2016年应缴纳的房产税（房产税计算余值的扣除比例是20%），并作相关的涉税会计处理。

第九章　车辆购置税

学习目标

通过本章的学习，要求学生了解车辆购置税的概念；掌握车辆购置税的征税范围和计算方法；熟悉车辆购置税的纳税人、税率、减免税、纳税期限和地点。

胜利创业公司是一家高新技术企业，近期购入东风悦达·起亚远舰GLS尊贵版AT小汽车一辆，在办理车辆入户过程中，被告知要缴纳车辆购置税。为什么？本章将揭开车辆购置税的面纱。

第一节　车辆购置税的基本要素

知识链接 9-1

车辆购置税简介

车辆购置税的前身是车辆购置附加费，起征于1985年5月1日，是交通部经国务院批准，在全国范围内强制征收的专项用于国家公路建设的政府性基金，当时是在生产环节由海关和汽车制造厂代征的，进口车征收车价的15%，国产车征收车价的10%。2000年11月16日，国务院颁布《中华人民共和国车辆购置税暂行条例》，规定从2001年1月1日起开始向有关车辆征收车辆购置税，原有的车辆购置附加费取消。同时规定，车辆购置税由国家税务局征收。

资料来源：佚名.明年起车辆购置税从交通部门转由国税局征收［EB/OL］.［2016-09-20］. http：//news.xinhuanet.com/fortune/2002-12/16/content_660819.htm.

一、车辆购置税

车辆购置税是对购置车辆的单位和个人征收的一种税。它是在原交通部门收取的车辆购置税附加费的基础上，通过“费改税”方式改革而来的。

现行车辆购置税的基本规范是2000年10月22日由国务院发布的《中华人民共和国车辆购置税暂行条例》（以下简称《车辆购置税暂行条例》）和《车辆购置税征收管理办法》，自2015年2月1日起施行。

车辆购置税具有以下三个特点：一是在购置车辆的特定环节实行一次课征；二是征税具有特定用途，即用于交通建设；三是车辆购置税实行价外征收，纳税人就是负税人，税负不转嫁。

二、征税对象和范围

车辆购置税以应税车辆为征税对象。车辆购置包括纳税人购买、进口、自产、受赠、获奖或者以其他方式取得并自用应税车辆的行为。车辆购置税征收范围包括汽车、摩托车、电车、挂车、农用运输车。

1.汽车：包括各类汽车。

2.摩托车，包括：

（1）轻便摩托车：最高设计车速不大于50km/h，发动机汽缸总排量不大于50cm³的两个或三个车轮的机动车；

（2）二轮摩托车：最高设计车速大于50km/h，或发动机汽缸总排量大于50cm³的两个车轮的机动车；

（3）三轮摩托车：最高设计车速大于50km/h，或发动机汽缸总排量大于50cm³、空车重量不大于400kg的三个车轮的机动车。

3.电车，包括：

（1）无轨电车：以电能为动力，由专用输电电缆线供电的轮式公共车辆；

（2）有轨电车：以电能为动力，在轨道上行驶的公共车辆。

4.挂车，包括：

（1）全挂车：无动力设备，独立承载，由牵引车辆牵引行驶的车辆；

（2）半挂车：无动力设备，与牵引车辆共同承载，由牵引车辆牵引行驶的车辆。

5.农用运输车，包括：

（1）三轮农用运输车①：柴油发动机，功率不大于7.4kW，载重量不大于500kg，最高车速不大于40km/h的三个车轮的机动车；

（2）四轮农用运输车：柴油发动机，功率不大于28kW，载重量不大于1 500kg，最高车速不大于50km/h的四个车轮的机动车。

三、纳税人

车辆购置税的纳税义务人是指在中国境内购置应税车辆的单位和个人。

“单位”是指国有企业、集体企业、私营企业、股份制企业、外商投资企业、外国企业以及其他企业和事业单位、社会团体、国家机关、部队以及其他单位。

“个人”是指个体工商业户及其他个人，包括中华人民共和国公民和外国公民。

四、税率

车辆购置税实行比例税率，税率为10%。

第二节　车辆购置税的计算

一、计税依据

车辆购置税实行从价定率、价外征收的方法计算应纳税额，应税车辆的价格即计税价格就成为车辆购置税的计税依据。

① 自2004年10月1日起对农用三轮车免征车辆购置税。

1.纳税人购买自用的应税车辆的计税价格，为纳税人购买应税车辆而支付给销售者的全部价款和价外费用，不包括增值税税款。

价外费用，是指销售方价外向购买方收取的基金、集资费、返还利润、补贴、违约金（延期付款利息）和手续费、包装费、储存费、优质费、运输装卸费、保管费、代收款项、代垫款项以及其他各种性质的价外收费。

不含税价=（全部价款+价外费用）÷（1+增值税税率或征收率）

2.纳税人进口自用的应税车辆的计税价格，其计算公式为：

计税价格=关税完税价格+关税+消费税

=关税完税价格×（1+关税税率）÷（1-消费税税率）

3.纳税人自产、受赠、获奖或者以其他方式取得并自用的应税车辆的计税价格，由主管税务机关参照最低计税价格进行确定。

最低计税价格是指国家税务总局依据车辆生产企业提供的车辆价格信息，参照市场平均交易价格核定的车辆购置税计税价格。

4.纳税人以外汇结算应税车辆价款的，按照申报纳税之日中国人民银行公布的人民币基准汇价，折合成人民币计算应纳税额。

二、应纳税额的计算

车辆购置税实行从价定率征收的办法来计算应纳税额。其计算公式为：

应纳税额=计税价格×税率

【例9-1】张某购买轿车一辆供自己使用，支付含增值税的价款175 500元，另支付购置工具件和零配件价款2 340元，车辆装饰费4 000元，支付销售公司代收保险费等5 000元，支付的各项价款均由销售公司开具统一发票。试计算应纳的车辆购置税。

解：（1）随购买车辆支付的工具件和零部件价款应作为购车价款的一部分。

（2）支付的车辆装饰费，应作为价外费用并入计税价格。

（3）代收款由销售方开具统一发票，应作为价外费用并入计税价格。

应纳车辆购置税=（175 500+2 340+4 000+5 000）÷（1+17%）×10%=15 969.23（元）

【例9-2】东方融资租赁公司经批准从美国进口小轿车2辆，每辆到岸价格为2.5万美元，海关征收30%的进口关税，消费税税率为9%，该公司进行车辆购置税纳税申报当日人民银行公布的基准汇价为1美元=7元人民币。试计算该公司应纳的车辆购置税。

解：计税价格=25 000×7×（1+30%）÷（1-9%）=250 000（元）

应纳税额=250 000×10%×2=50 000（元）

【例9-3】某工程公司收到某汽车厂作为投资投入的载货汽车1辆，国家税务总局规定的最低计税价格为40 000元。试计算该工程公司应缴纳的车辆购置税。

解：应纳税额=40 000×10%=4 000（元）

【例9-4】张某于2016年11月购买福利彩票中奖获得小汽车1辆，国家税务总局确定同类型应税车辆的最低计税价格为200 000元。试计算张某应纳的车辆购置税。如果张某缴纳车辆购置税后，将该汽车转让给王某，转让价195 000元，那么王某是否还应缴纳车辆购置税？

解：张某应纳税额=200 000×10%=20 000（元）

王某不再缴纳车辆购置税。

第三节 车辆购置税的申报与缴纳

一、减免税

下列情况可以享受免征车辆购置税优惠政策：

1.外国驻华使馆、领事馆和国际组织驻华机构及其外交人员自用的车辆，免税。

2.中国人民解放军和中国人民武装警察部队列入军队武器装备订货计划的车辆，免税。

3.设有固定装置的非运输车辆免税。设有固定装置的非运输车辆，是指挖掘机、平地机、叉车、装载车（铲车）、起重机（吊车）、推土机等工程机械。

4.防汛部门和森林消防等部门购置的由指定厂家生产的指定型号的用于指挥、检查、调度、防汛（警）、联络的专用车辆，免税。

5.在外留学人员（含香港、澳门地区）回国服务的，购买1辆个人自用国产小汽车，免税（仅限1辆）。

6.来华定居专家进口的1辆自用小汽车免税（仅限1辆）。

7.农用三轮车免征车辆购置税。农用三轮车，是指柴油发动机，功率不大于7.4kW，载重量不大于500kg，最高车速不大于40km/h的三个车轮的机动车。

8.为促进我国农村医疗卫生事业的发展，经国务院批准，对利用国债资金购置的农村巡回医疗车免征车辆购置税。

免税车辆因转让、改变用途等原因不再属于免税范围的，应按照规定补缴车辆购置税。

二、纳税环节

车辆购置税的纳税环节选择在应税车辆的最终消费环节，即在应税车辆上牌登记注册前纳税，实行一车一申报制度。完税证明分正本和副本，按车核发，每车一证。正本由车主保管，副本用于办理车辆登记注册，应纳税款于纳税人办理纳税申报时一次性交清。购买二手车时，购买者应当向原车主索要完税证明。

车辆购置税实行一次课征制。购置已征车辆购置税的车辆不再纳税。减、免税条件消失后的车辆应按规定缴纳车辆购置税。

三、纳税期限

纳税人购买自用的应税车辆，自购买之日起60日内申报纳税；进口自用的应税车辆，自进口之日起60日内申报纳税；自产、受赠、获奖和以其他方式取得并自用的应税车辆，应于投入使用前60日内申报纳税。

四、纳税地点

纳税人购置应税车辆，应向车辆登记注册地（即上牌照落户地）的主管税务机关申报纳税。若车辆不须办理登记注册手续，则应向纳税人所在地主管税务机关申报纳税。

关于登记注册地，军队、武警的车辆的登记注册地为军队、武警车辆管理部门所在地；部分农用运输车辆的登记注册地为地、市或县农机车管部门所在地；摩托车的登记注册地为县（市）公安车管部门所在地；上述车辆以外的其他应税车辆的登记注册地为地、市或地、市以上公安车管部门所在地。

本章小结

车辆购置税是对在我国境内购置应税车辆的单位和个人征收的一种税。它是在原交通部门收取的车辆购置税附加费的基础上，通过“费改税”方式改革而来的。

车辆购置税以列举的车辆为征税对象，未列举的车辆不纳税，征收范围包括汽车、摩托车、电车、挂车、农用运输车，税率为10%，实行从价定率、价外征收的方法计算应纳税额，应税车辆的价格即计税价格就成为车辆购置税的计税依据。由于应税车辆购置的来源不同，计税价格的组成也不同。

购买自用应税车辆的应纳税额=支付的不含增值税价款×10%

进口自用应税车辆的应纳税额=组成计税价格×10%

其他自用应税车辆的应纳税额=最低计税价格×10%

纳税人自购买、进口、取得应税车辆之日起60日内向车辆登记注册地主管税务机关申报纳税。

关键概念

车辆购置税　征税范围　税率　计税价格　减免税纳税期限　纳税地点

基本训练

一、单项选择题

1.车辆购置税的税率是（　　）。

A.10%　　B.13%　　C.17%　　D.33%

2.某人参加一项抽奖活动，中奖得一辆微型客货两用车，发奖机构提供的价格为35 000元，但根据国家税务局的规定，该种车的最低计税价格为40 000元，则车辆购置税的计税依据是（　　）元。

A.3 500　　B.35 000　　C.37 500　　D.40 000

3.有关纳税期限的错误说法是（　　）。

A.购买自用的应税车辆，自购买之日起60天内申报纳税

B.进口自用的应税车辆，自进口之日起60天内申报纳税

C.自产自用的应税车辆，自投入使用前60天申报纳税

D.获奖的应税车辆，自取得之日起60天内申报纳税

4.纳税人以支票方式向税务机关缴纳车辆购置税，税务机关应开具（　　）。

A.税收通用完税证　　B.税收转账专用完税证

C.税收通用缴款书　　D.车辆购置税完税证明

5.车辆购置税的纳税环节是（　　）。

A.销售和使用环节　　B.生产环节

C.零售环节　　D.登记注册前的使用环节

6.应税车辆完税后需退税的，必须交回该车（　　），否则不予退税。

A.原始完税凭证　　B.原始购车发票

C.购车合同　　D.车辆照片

二、多项选择题

1.下列车辆免交车辆购置税的是（　　）。

A.外国驻华使馆、领事馆和国际组织驻华机构及其外交人员自用的车辆

B.设有固定装置的非运输车辆

C.森林消防车

D.回国服务的在外留学人员购买的1辆国产小汽车

2.属于车辆购置税的应税车辆有（　　）。

A.汽车　　B.摩托车　　C.电车　　D.自行车

3.车辆购置税的计税依据有（　　）。

A.支付的全部价款和价外费用（不含增值税）

B.最低计税价格

C.关税完税价格+关税+消费税

D.支付的全部价款（含增值税）

4.进口自用车辆计算缴纳车辆购置税的计税价格包括（　　）。

A.关税完税价格　　B.关税　　C.增值税　　D.消费税

5.应税车辆完税后，在（　　）情况下可以申请办理退税。

A.车辆被偷，向公安机关报案的

B.因质量原因，车辆被退回生产企业或者经销商的

C.车辆使用到期报废的

D.公安机关车辆管理机构不予办理车辆登记注册手续的

三、判断题

1.车辆购置税的纳税人是销售应税车辆的单位和个人。（　　）

2.设有固定装置的非运输车辆，如挖掘机、平地机、叉车、装载车（铲车）、起重机（吊车）、推土机等工程机械，免税。（　　）

3.车辆购置税的计税依据随车辆来源不同而不尽相同。（　　）

4.一公司进口3辆小轿车用于在国内销售，其在进口环节应计算缴纳车辆购置税。（　　）

5.只要购置机动车辆，均应缴纳车辆购置税。（　　）

6.若所购置的应税车辆不需办理登记注册手续，也可不办理纳税申报。（　　）

四、计算题

1.某机动车制造股份公司为增值税一般纳税人，2016年9月有关业务如下：

（1）内销自产货物包括：销售A型小轿车80辆（消费税税率为5%），不含税单价8万元/辆；销售客货两用车32辆，不含税单价3.4万元/辆；销售农用汽车取得不含税销售额71.18万元。

（2）将10辆A型小轿车奖励给对公司有突出贡献的人员，规定其自用，不得转让或出售；厂部自用客货两用车3辆；捐赠给汽车拉力赛4辆特制越野车（消费税税率为20%），生产成本23.75万元/辆。

（3）进口5辆小汽车，总完税价格为75万元（消费税税率为12%，关税税率为15%），缴纳进口环节税金后，海关放行；车辆运抵单位，该公司将其中2辆作为行政部办

公用车，其余3辆配给公司的3名副总。

要求：（1）计算该公司业务（1）应缴纳的消费税；

（2）计算该公司业务（2）应缴纳的车辆购置税；

（3）计算该公司业务（3）应缴纳的车辆购置税；

（4）计算该公司合计应纳车辆购置税。

2.某经营进口汽车的汽车销售公司2016年11月直接从韩国进口一辆自用的小轿车，经报关地口岸海关对有关报关资料审查确定，关税计税价格为284 000元，海关征收关税26 800元，并按增值税、消费税有关规定分别缴纳进口增值税58 061.55元、消费税30 738.46元。

要求：计算该企业应纳车辆购置税。

第十章　车船税

学习目标

通过本章的学习，要求学生了解车船税的概念；掌握车船税的征税对象和计算方法；熟悉车船税的纳税人、减免税，以及纳税义务发生时间、期限和地点。

运德公司是M市最大的一家运输企业，拥有各种载货汽车600辆、大客车300辆、中巴车100辆，主营客运、货运业务。那么如何计算缴纳车船税？本章将揭开车船税的面纱。

第一节　车船税的基本要素

知识链接10-1

车船税简介

我国对车船课税历史悠久，早在公元前129年（汉武帝元光六年）就开征了“算商车”。新中国成立后，政务院于1951年9月颁布了《车船使用牌照税暂行条例》，在全国部分地区开征。1973年简化税制、合并税种时，把对国有企业和集体企业征收的车船使用牌照税并入工商税。1984年10月工商税制改革时，决定恢复对车船征税。1986年9月15日，国务院发布了《中华人民共和国车船使用税暂行条例》，决定从1986年10月1日起在全国施行。该条例不适用于外商投资企业/外国企业和外籍个人。2006年12月27日，国务院第162次常务会议通过了《中华人民共和国车船税暂行条例》，原适用的2个《暂行条例》同时废止。2011年2月25日，第十一届全国人民代表大会常务委员会第十九次会议通过了《中华人民共和国车船税法》。同日，国家主席胡锦涛签署第43号主席令予以公布，自2012年1月1日起施行。

资料来源：中国注册会计师协会.税法［M］. 北京：经济科学出版社，2013.

一、车船税

车船税是对在我国境内依法应当到公安、交通、农业、渔业、军事等管理部门办理登记的车辆、船舶，根据其种类，按照规定的计税单位和年税额标准计算征收的一种财产税。

现行车船税基本规范是，2011年2月25日第十一届全国人民代表大会常务委员会第十九次会议通过的《中华人民共和国车船税法》（简称《车船税法》），自2012年1月1日起施行。为进一步规范车船税管理，提供车船税管理水平，国家税务总局于2015年11月发布了《车船税管理规程（试行）》公告，对车船税管理中涉及的税源管理、税款征收、减免税和退税等问题进行了明确规定。

二、征税对象与范围

车船税的征税对象是依法应当在车船登记管理部门登记的机动车辆和船舶或依法不需要在车船登记管理部门登记的在单位内部场所行驶或者作业的机动车辆和船舶。

1.车辆为机动车，包括载客汽车、载货汽车、三轮汽车、低速货车、摩托车、专项作业车和轮式专用机械车。

2.船舶为机动船和非机动驳船。机动船是指依靠燃料等能源为动力运行的船舶；非机动船是指自身没有动力装置，包括畜力驳船、木船、帆船、舢板及各种人力驾驶船，依靠外力驱动的船舶。

临时入境的外国车船和中国香港特别行政区、澳门特别行政区、台湾地区的车船，不征收车船税。

境内单位和个人租入外国籍船舶的，不征收车船税。境内单位和个人将船舶出租到境外的，应依法征收车船税。

三、纳税人

车船税的纳税人为车辆、船舶的所有人或者管理人，车船的所有人或者管理人未缴纳车船税的，使用人应当代为缴纳车船税。

管理人，是指对车船具有管理使用权而不具有所有权的单位；车船管理部门，是指公安、交通、农业、渔业、军事等依法具有车船管理职能的部门。

目前，我国对车船进行登记、核发牌证的工作中，载客汽车、载货汽车、三轮汽车、低速货车由公安部门负责；拖拉机由农业（农业机械）部门负责；普通船舶由交通部门负责；渔船由渔业部门负责；军用车船由军队、武警自行管理。

从事机动车交通事故责任强制保险业务的保险机构为机动车车船税的扣缴义务人，应依法代收代缴车船税。

四、税率

车船税采用定额税率，即对征税的车船规定单位固定税额。车辆采用幅度税额，由省、自治区、直辖市人民政府在规定的幅度税额内，确定本地区的适用固定税额；船舶采用固定税额。

车船税确定税额总的原则是：排气量小的车辆税负轻于排气量大的车辆；载人少的车辆税负轻于载人多的车辆；自重小的车辆税负轻于自重大的车辆；小吨位船舶的税负轻于大吨位船舶，见表10-1。

表10-1 **车船税税目税额表**

<table>
<tr><th colspan="2">税 目</th><th>计税单位</th><th>年基准税额</th><th>备 注</th></tr>
<tr><td rowspan="7">乘用车（按发动机汽缸容量（排气量）分档）</td><td>1.0升（含）以下的</td><td rowspan="7">每辆</td><td>60元至360元</td><td rowspan="7">核定载客人数9人（含）以下</td></tr>
<tr><td>1.0升以上至1.6升（含）的</td><td>300元至540元</td></tr>
<tr><td>1.6升以上至2.0升（含）的</td><td>360元至660元</td></tr>
<tr><td>2.0升以上至2.5升（含）的</td><td>660元至1 200元</td></tr>
<tr><td>2.5升以上至3.0升（含）的</td><td>1 200元至2 400元</td></tr>
<tr><td>3.0升以上至4.0升（含）的</td><td>2 400元至3 600元</td></tr>
<tr><td>4.0升以上的</td><td>3 600元至5 400元</td></tr>
</table>

续表

税目		计税单位	年基准税额	备注
商用车	客车	每辆	480元至1 440元	核定载客人数9人以上，包括电车
	货车	整备质量每吨	16元至120元	包括半挂牵引车、三轮汽车和低速载货汽车等
挂车		整备质量每吨	按照货车税额的50%计算	
其他车辆	专用作业车	整备质量每吨	16元至120元	不包括拖拉机
	轮式专用机械车		16元至120元	
摩托车		每辆	36元至180元	
船舶	机动船舶	净吨位每吨	3元至6元	拖船、非机动驳船分别按照机动船舶税额的50%计算
	游艇	艇身长度每米	600元至2 000元	

注：

1.机动船舶，具体适用税额为：

（1）净吨位小于或等于200吨的，每吨3元；

（2）净吨位201吨至2 000吨的，每吨4元；

（3）净吨位2 001吨至10 000吨的，每吨5元；

（4）净吨位10 001吨及以上的，每吨6元。

（5）拖船按照发动机功率每2马力折合净吨位1吨计算征收车船税。

2.游艇，具体适用税额为：

（1）艇身长度不超过10米的，每米600元；

（2）艇身长度超过10米但不超过18米的，每米900元；

（3）艇身长度超过18米但不超过30米的，每米1 300元；

（4）艇身长度超过30米的，每米2 000元；

（5）辅助动力帆艇，每米600元。

3.车船税法及其实施条例涉及的整备质量、净吨位、艇身长度等计税单位，有尾数的一律按照含尾数的计税单位据实计算车船税应纳税额。计算得出的应纳税额小数点后超过两位的可四舍五入保留两位小数。

第二节　车船税的计算

一、计税依据

1.车船税的计税依据，按车船的种类和性能，分别确定为每辆、整备质量每吨、净吨位每吨和艇身长度每米。

2.商用货车、专用作业车和轮式专用机械车，按整备质量每吨（自重吨位）为计税依据。

3.机动船舶、非机动驳船、拖船，按净吨位每吨为计税依据。游艇按艇身长度每米为计税依据。

自重吨数，是指机动车的整备质量，即总质量减去核定载质量的差额。

对机动船来说，净吨位一般是指额定装运货物和载运旅客的船舱所占用的空间容积，即船舶各个部位的总容积扣除按税法规定的非营业用容积后的余数。非营业用容积，包括驾驶室、轮机间、业务办公室、船员生活用房等。

二、应纳税额的计算

车船税的应纳税额，根据不同类型的车船及其适用的计税标准分别计算。其计算公式为：

车船税应纳税额=计税单位数量×适用的年税额

对于新购置的车船，购置当年的应纳税额自纳税义务发生的当月起按月计算，应纳税额为年应纳税额除以12再乘以应纳税月份数。

已缴纳车船税的车船在同一纳税年度内办理转让过户的，不另纳税，也不退税。

1.车辆应纳车船税的计算

（1）载客汽车年应纳车船税税额=每辆×适用的年税额

（2）载货汽车年应纳车船税税额=整备质量每吨×适用的年税额

（3）客货两用汽车应纳车船税税额=整备质量每吨×适用的年税额

（4）三轮汽车和低速货车应纳车船税税额=整备质量每吨×适用的年税额

（5）摩托车应纳车船税税额=辆数×适用的年税额

购置当年的应纳车船税税额自纳税义务发生的当月起按月计算。其计算公式为：

车船税应纳税额=年应纳税额÷12×应纳税月份数

2.船舶应纳车船税的计算

船舶采用固定税额，其应纳税额计算公式如下：

船舶年应纳车船税税额=机动船的净吨位×适用的年税额

3.游艇应纳车船税的计算

游艇采用固定税额，其应纳税额计算公式如下：

游艇应纳车船税税额=艇身长度每米×适用的年税额

【例10-1】某运输公司2016年拥有并使用以下车辆和船舶：

（1）从事运输用的自重为2吨的三轮汽车5辆；

（2）自重5吨载货卡车10辆；

（3）净吨位为4吨的拖船5艘；

（4）2辆客车，载人容量为20人。

当地政府规定，载货汽车的车辆税额为60元/吨，乘坐20人的客车税额为500元/辆，船舶每年税额为6元/吨。

要求：计算该公司2016年应纳车船税。

解：（1）应纳车船税=2×60×5=600（元）

（2）应纳车船税=5×60×10=3 000（元）

（3）应纳车船税=4×6×50%×5=60（元）

（4）应纳车船税=500×2=1 000（元）

2016年应纳车船税=600+3 000+60+1 000=4 660（元）

【例10-2】某外资运输公司2016年1月拥有8吨载重货车10辆，4.36吨载重货车5辆，大轿车9辆，中型面包车4辆，乘人小轿车2辆；机动船15艘，其中净吨位1万吨的机动船5艘，净吨位1.5万吨的机动船6艘，净吨位2万吨的机动船4艘。8月购进新大轿车3辆，500.25吨小型机动船12艘，450吨非机动驳船10艘，当月取得有关部门核发的登记证并投入使用。当地车船税年税额为：载货汽车每吨60元，大轿车每辆250元，中型面包车每辆200元，小轿车每辆150元；船舶200～10 000吨，每吨5元，10 001吨及以上的，每吨6元。

要求：（1）计算该运输公司8月外购车辆、船舶当年应缴纳的车船税；

（2）计算该运输公司所拥有的车辆当年应缴纳的车船税；

（3）计算该运输公司所拥有的船舶当年应缴纳的车船税。

解：（1）8月外购车辆、船舶应纳车船税=3×250×5÷12+12×500.25×5×5÷12+10×450×5×5÷12

=22 193.75（元）

（2）拥有的车辆当年应纳车船税=10×8×60+5×4.5×60+9×250+4×200+2×150

=9 500（元）

（3）拥有的船舶当年应纳车船税=5×10 000×5+6×15 000×6+4×20 000×6

=1 270 000（元）

第三节　车船税的申报与缴纳

一、减免税

对下列车船免征车船税：

1.自行车、电动自行车等非机动车（不包括非机动驳船）。

2.拖拉机。

3.捕捞、养殖渔船。

4.军队、武警专用的车船。

5.警用车船。

6.按规定已缴纳船舶吨税的船舶，自2012年1月1日起5年内免征车船税。

7.依照我国有关法律和我国缔结或者参加的国际条约的规定应当予以免税的外国驻华使馆、领事馆和国际组织驻华机构及其有关人员的车船。

8.节约能源、使用新能源的车船可以免征或者减半征收车船税。免征或者减半征收车船税的车船的范围，由财政、税务主管部门等国务院有关部门制定，报国务院批准。

9.对受地震、洪涝等严重自然灾害影响纳税困难以及其他特殊原因确需减免税的车船，可以在一定期限内减征或者免征车船税。具体减免期限和数额由省、自治区、直辖市人民政府确定，报国务院备案。

10.依法不需要在车船登记管理部门登记的机场、港口、铁路站场内部行驶或者作业的车船，自2012年1月1日起5年内免征车船税。

二、纳税义务发生时间

车船税纳税义务发生时间为取得车船所有权或者管理权的当月，以购买车船的发票或者其他证明文件所载日期的当月为准。对无法提供车船购置发票的，主管地方税务机关应有权核定其纳税义务发生时间。

已办理退税的被盗抢车船失而复得的，纳税人应当从公安机关出具相关证明的当月起计算缴纳车船税。

新购置的车船自纳税义务发生的当月起按月计算。

三、纳税期限

车船税按年申报，分月计算，一次性缴纳。具体申报纳税期限由各省、自治区、直辖市人民政府规定。

纳税年度为公历1月1日至12月31日。

纳税人在购买“交强险”时，由扣缴义务人代收代缴车船税的，凭注明已收税款信息的“交强险”保险单，车辆登记地的主管税务机关不再征收该纳税年度的车船税；再次征收的，车辆登记地主管税务机关应予退还。

四、纳税地点

车船税实行源泉控制，纳税地点为车船的登记地；由保险机构代收代缴车船税的，纳税地点为保险机构所在地；依法不需要办理登记的车船，车船税的纳税地点为车船的所有人或者管理人所在地。

本章小结

车船税是以车船为征税对象，向拥有车船的单位和个人征收的一种税。以车船所有人或者管理人为纳税人，车辆分为机动车辆和非机动车辆，目前只对机动车征税；船舶分为机动船舶和非机动船舶。

车船税对应税车辆实行有幅度的定额税率，以“辆”、“自重每吨”为计税依据；船舶采用固定税额，以“净吨位”为计税单位；而游艇则以“艇身长度每米”为计税单位。

车船税实行源泉控制，一律由纳税人所在地的地方税务机关负责征收和管理。纳税义务发生时间为车船管理部门核发的车船登记证书或者行驶证书所记载日期的当月，实行按年申报缴纳。

关键概念

车船税征税对象　计税依据　减免税　纳税期限　纳税地点

基本训练

一、单项选择题

1.下列各项中，属于车船税免税项目的有（　　）。

A.在国外已纳船舶吨税的我国远洋运输船

B.外商投资企业汽车

C.武警消防车

D.政府机关办公用车辆

2.车船税实行（　　），即按单位征税对象直接确定固定的税额，简便易算。

A.比例税率　　B.定额税率　　C.累进税率　　D.累退税率

3.下列关于车船税纳税人说法错误的是（　　）。

A.中美合资公司在华拥有的车船，是车船税的纳税人

B.港澳台同胞在华拥有的车船，是车船税的纳税人

C.外国企业在华拥有的车船，不是车船税的纳税人

D.中国公民在华拥有的车船，是车船税的纳税人

4.下列各项中，不属于车船税征税范围的是（　　）。

A.三轮汽车　　B.火车　　C.摩托车　　D.养殖渔船

5.车船税的纳税地点为（　　）。

A.车辆所在地　　B.车辆行驶地　　C.纳税人所在地　　D.领取车船牌照地

二、多项选择题

1.根据《车船税法》的规定，下列船舶中，需要缴纳车船税的包括（　　）。

A.清洁船　　B.游船　　C.工程船　　D.渡船

2.下列车船中，以自重吨位作为车船税计税标准的有（　　）。

A.载客汽车　　B.载货汽车　　C.船舶　　D.专项作业车

3.在车船税征税过程中，以“辆”为计税依据的有（　　）。

A.电车　　B.载货汽车　　C.专项作业车　　D.中型客车

4.下列使用的车船中，应缴纳车船税的有（　　）。

A.私人拥有的汽车　　B.外商投资企业拥有的汽车

C.国有运输企业拥有的货船　　D.旅游公司拥有的客船

5.下列关于车船税表述正确的有（　　）。

A.属于行为税类

B.实行从量定额征收

C.适用于在我国境内拥有或管理车船的所有单位和个人，但不包括外商投资企业

D.按年申报缴纳

三、判断题

1.车船税是对行驶于我国公共道路的车辆和航行于境内河流、湖泊和领海口岸的船舶征收的一种税。（　　）

2.车船税中应税船舶采用的是全国统一的分类级的固定税额。（　　）

3.车船税采取的是按年计征分期预缴的办法。（　　）

4.对租赁双方未商定纳税事宜的，由车辆拥有人缴纳车船税。（　　）

5.车船的所有人或者管理人未缴纳车船税的，使用人应当代为缴纳车船税。（　　）

四、计算题

1.2016年度某运输公司拥有载客人数9人以下的小汽车20辆，载客人数9人以上的客车30辆，载货汽车15辆（每辆整备质量8吨），另有纯电动小汽车8辆。小汽车每辆年税额800元，客车每辆年税额1 200元，货车每吨年税额60元。

要求：计算该公司当年应纳车船税。

2.某船舶公司2016年拥有非机动驳船4艘，每艘净吨位均为3 000吨；拖船2艘，每艘发动机功率为2 600马力。其所在省机动船舶的车船税计税标准为：净吨位2 000吨以下的，每吨4元；净吨位2 001～10 000吨的，每吨5元。

要求：计算该公司当年应纳车船税。

3. 某交通运输企业2016年拥有自重5吨的载重汽车20辆；自重4吨的挂车10辆；自重3吨的客货两用车6辆。该企业所在地载货汽车年税额40元/吨，乘人汽车年税额200元/辆。

要求：计算该企业当年应纳车船税。

4. 某公司2016年2月1日购入一载货商用车，当月办理机动车辆权属证书，并办理车船税完税手续。此车整备质量为10吨，每吨年税额96元。该车于6月1日被盗，经公安机关确认后，该公司遂向税务局申请退税，但在办理退税手续期间，此车又于9月1日被追回并取得公安机关证明。

要求：计算该公司当年实际应缴纳的车船税。

第十一章　印花税

学习目标

通过本章的学习，要求学生了解印花税的概念；掌握印花税的征税范围和计算方法；熟悉印花税的纳税人、税率（税额）、减免税、纳税申报与缴纳。

嘉华工贸公司主要从事商贸、物流、文化传播等业务。该公司经营中使用的会计账簿、签订的合同和使用的许可证（照）是否缴纳印花税？本章将揭开印花税的面纱。

第一节　印花税的基本要素

知识链接 11-1

印花税简介

1624年印花税始创于荷兰，丹麦在1660年、法国在1665年、美国在1671年、奥地利在1686年、英国在1694年先后开征了印花税。

我国在1913年正式开征印花税。新中国成立后，中央人民政府政务院于1950年1月发布《全国税政实施要则》，规定印花税为全国统一开征的14个税种之一。1958年简化税制时，将印花税并入工商统一税，印花税不再单独征收。

资料来源：中国注册会计师协会.税法［M］. 北京：经济科学出版社，2013.

一、印花税

印花税是以经济活动和经济交往中书立、领受应税凭证的行为为征税对象征收的一种税。现行印花税的基本规范，是1988年8月6日国务院发布并于同年10月1日实施的《中华人民共和国印花税暂行条例》（以下简称《印花税暂行条例》）。

印花税具有以下特点：

1.具有凭证税和行为税性质。印花税是对单位和个人书立、领受的应税凭证征收的一种税，具有凭证税性质。对凭证征税，实质上是对经济行为的课税。

2.征税范围广泛。印花税的征税对象包括了经济活动和经济交往中的各种应税凭证，凡书立和领受这些凭证的单位和个人都要缴纳印花税，其征税范围是极其广泛的。

3.税收负担比较轻。与其他税种比较，印花税税率要低得多，其税负较轻。具有广集资金、积少成多的财政效应。

4.纳税人自行完成纳税义务。纳税人通过自行计算、购买、粘贴、注销印花税票的“四自”方法完成纳税义务。这也与其他税种的缴纳方法有较大区别。

二、征税范围

印花税征税范围采用正列举的方式，凡有列举的项目都须征税，未列入范围的不用征税。印花税征税范围可以归纳为五类，即经济合同及合同性质的凭证，产权转移书据，营业账簿，权利、许可证照，以及经财政部门确认的其他凭证。对纳税人以电子形式签订的各类应税凭证也应按规定征收印花税。具体征税范围如下：

1.应税合同，包括购销、加工承揽、建设工程承包、财产租赁、货物运输、仓储保管、借款、财产保险、技术等合同或者具有合同性质的凭证。

合同是指依据《经济合同法》、《涉外经济合同法》和其他有关合同法规订立的合同。具有合同性质的凭证是指具有合同效力的协议、契约、合约、单据、确认书及其他各种名称的凭证。

2.产权转移书据，包括财产所有权和版权、商标专用权、专利权、专有技术使用权等转移书据。

产权转移书据是指单位和个人在产权的买卖、继承、赠与、交换、分割等产权主体变更过程中，产权出让人与受让人之间所立的民事法律文书。

3.营业账簿，指单位或者个人记载生产经营活动的财务会计核算账簿。按其反映内容的不同，可分为记载资金的账簿和其他账簿。

记载资金的账簿是指反映生产经营单位资本金数额增减变化的账簿，即反映生产经营单位“实收资本”和“资本公积”金额增减变化的账簿。

其他账簿是指除上述账簿以外的有关其他生产经营活动内容的账簿，包括日记账簿和各明细分类账簿。

4.权利、许可证照，包括房屋产权证、工商营业执照、商标注册证、专利证、土地使用证。

权利、许可证照是政府授予单位、个人某种法定权利和准予从事特定经济活动的各种证照的统称。

5.经财政部确定征税的其他凭证。

不论以何种形式或名称书立的凭证，只要其性质属于上述列举的征收范围，均应照章纳税。有些业务部门将货物运输合同、仓储保管合同、银行借款合同、财产保险合同等单据作为合同使用，也应按照合同凭证纳税。对于《印花税暂行条例》没有列举的凭证，则不属于印花税的征税范围，不征收印花税。

对于企业集团内具有平等法律地位的主体之间自愿订立、明确双方购销关系、据以供货和结算、具有合同性质的凭证，应按规定征收印花税。对于企业集团内部执行计划使用的、不具有合同性质的凭证，不征收印花税。

三、纳税人

凡是在我国境内书立、领受应税经济凭证的单位和个人，都是印花税的纳税义务人。

单位和个人，是指国内各类企业、事业、机关、团体、部队以及中外合资企业、中外合作企业、外资企业、外国企业和其他经济组织及其在华机构等单位和个人。

按照书立、使用、领受应税凭证的不同，可以分别确定为立合同人、立据人、立账簿人、领受人和使用人。

1.立合同人，指合同的当事人，是与合同有直接权利义务关系的单位和个人，但不包括合同的担保人、证人和鉴定人。

2.立据人，指产权转移书据的纳税人。

3.立账簿人，指营业账簿的纳税人，具体是指设立并使用营业账簿的单位和个人。

4.领受人，指权利许可证照的纳税人，具体指领取或接受并持有该凭证的单位和个人。

5.使用人，指在国外书立、领受，但在国内使用的应税凭证的纳税人。

需要注意的是，对应税凭证，凡由两方或两方以上当事人共同书立的，其当事人各方都是印花税的纳税人，应当就其所持凭证的计税金额履行纳税义务。

四、税率

印花税的税率有两种形式，即比例税率和定额税率。

（一）比例税率

常见的比率税率及适用合同如下：

1.1‰：股权转让书据[1]、财产保险合同、财产租赁合同和仓储保管合同。

2.0.5‰：加工承揽合同、建设工程勘察设计合同、货物运输合同、产权转移书据和记载资金的账簿。

3.0.3‰：购销合同、建筑安装工程承包合同和技术合同。

4.0.05‰：借款合同（融资租赁合同比照借款合同贴花）。

（二）定额税率

权利、许可证照和营业账簿中的其他账簿，适用定额税率，按件贴花，税额为每件5元。

第二节 印花税的计算

印花税根据不同征税项目，分别实行从价计征和从量计征两种征收方法。

一、从价计征情况下计税依据的确定

1.各类经济合同，以合同上所记载的金额、收入或费用为计税依据。

（1）购销合同的计税依据为合同记载的购销金额。采用以货换货方式进行商品交易签订的合同，应按合同所载的购、销金额合计数计税贴花。

（2）加工承揽合同的计税依据为加工或承揽收入的金额。

对于由受托方提供原材料的加工、定做合同，凡在合同中分别记载加工费金额和原材料金额的，应分别按加工承揽合同、购销合同计税；若合同中未分别记载，则应就全部金额依照加工承揽合同计税贴花。

对于由委托方提供主要材料或原料，受托方只提供辅助材料的加工合同，此时，无论加工费和辅助材料金额是否分别记载，均以辅助材料与加工费的合计数，依照加工承揽合

① 自2008年9月19日起，对证券交易印花税政策进行调整，由双边征收改为单边征收，税率1‰，即对买卖、继承、赠与所书立的A股、B股股权转让书据，由立据双方当事人分别按1‰的税率缴纳股票交易印花税，改为由出让方按1‰的税率缴纳股票交易印花税，对受让方不再征收。

同计税贴花。对委托方提供主要材料或原料金额不计税贴花。

（3）建设工程勘察设计合同的计税依据为勘察、设计收取的费用（即勘察、设计收入）。

（4）建筑安装工程承包合同的计税依据为承包金额，不得剔除任何费用。如果施工单位将自己承包的建设项目再分包或转包给其他施工单位，其所签订的分包或转包合同，仍应按所载金额另行贴花。

（5）财产租赁合同的计税依据为租赁金额。经计算，税额不足1元的，按1元贴花。

（6）货物运输合同的计税依据为运输费用（即运费收入），但不包括装卸费用、所运货物的金额和保险费。如果同时有销售货物的，要单独计算纳税。国内货物联运和国际货运的计税依据如图11-1所示。

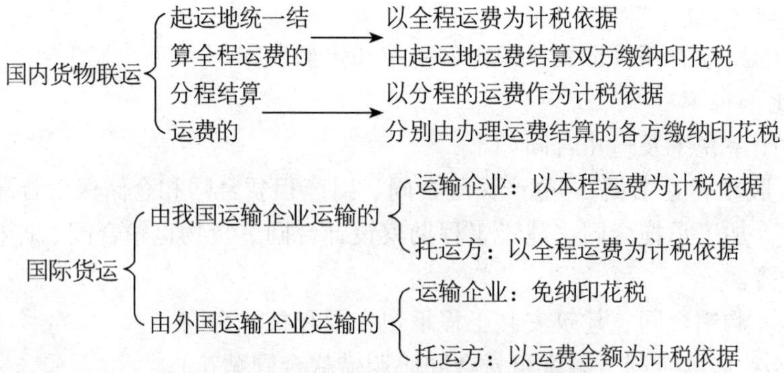

图11-1 国内货物联运和国际货运的计税依据

（7）仓储保管合同的计税依据为收取的仓储保管费用（即保管费收入）。

（8）借款合同（不包括银行同行拆借）的计税依据为借款金额。

①凡是一项信贷业务既签订借款合同，又一次或分次填开借据的，以借款合同所载金额为计税依据计税贴花；凡只填开借据并作为合同使用的，以借据所载金额为计税依据计税贴花。

②借贷双方签订的流动资金周转性借款合同，一般按年（期）签订，规定最高限额，借款人在规定的期限和最高限额内随借随还，这类合同只以规定的最高额为计税依据，在签订时贴花一次，在限额内随借随还不签订新合同的，不再另贴印花。

③对借款方以财产作抵押，从贷方取得一定数量抵押贷款的合同，应按借款合同贴花；在借款方因无力偿还借款而将抵押财产转移给贷款方时，应再就双方书立的产权书据，按产权转移书据的有关规定计税贴花。

④对银行及其他金融组织的融资租赁业务签订的融资租赁合同，应按合同所载租金总额，暂按借款合同计税。

⑤在贷款业务中，如果贷方系由若干银行组成的银团，银团各方均承担一定的贷款数额，按各自的借款金额计税贴花。

⑥在基本建设贷款中，如果按年度用款计划分年签订借款合同，在最后一年按总概算签订借款总合同，且总合同的借款金额包括各个分合同的借款金额的，应按分合同分别贴花；最后签订的总合同，只就借款总额扣除分合同借款金额后的余额计税贴花。

（9）财产保险合同的计税依据为支付（收取）的保险费金额，不包括所保财产的金额。

（10）技术合同的计税依据为合同所载价款、报酬或使用费。为了鼓励技术研究开发，技术开发合同中的研究开发经费不作为计税依据进行贴花，而只按所载的报酬计税贴花。

2. 产权转移书据以书据中所载的金额为计税依据。

3. 记载资金的营业账簿以实收资本和资本公积的两项合计金额为计税依据。

对跨地区经营的分支机构的营业账簿在计税贴花时，为了避免对同一资金重复计税，规定上级单位记载资金的账簿，应按扣除拨给下属机构资金数额后的其余部分计算贴花。

凡“资金账簿”在次年度的实收资本和资本公积未增加的，对其不再计算贴花。

4. 有些合同（如在技术转让合同中的转让收入）在签订时无法确定计税金额，可在签订时先按定额5元贴花，以后结算时再按实际金额计税，补贴印花。

需要特别强调的是，由于增值税为价外税，本章所称“收入”或”金额“、“费用”（含习题部分）均不含增值税。

二、从量计税情况下计税依据的确定

实行从量计税的其他营业账簿和权利、许可证照，以计税数量为计税依据，单位税额为每件5元。

三、应纳税额的计算

印花税的应纳税额，根据应纳税凭证的性质，分别按比例税率或者定额税率计算，其计算公式为：

应纳税额=应税凭证计税金额（或应税凭证件数）×适用税率

【例11-1】某高新技术企业2016年11月开业，注册资金220万元，当年发生经济活动如下：

（1）领受工商营业执照、房屋产权证、土地使用证各一份；

（2）建账时共设8个账簿，其中资金账簿中记载实收资本220万元；

（3）签订购销合同4份，共记载金额280万元；

（4）签订借款合同1份，记载金额50万元，当年取得借款利息0.8万元；

（5）与广告公司签订广告制作合同1份，记载加工费3万元，该公司提供的原材料7万元；

（6）签订技术服务合同1份，记载金额60万元；

（7）签订租赁合同1份，记载租赁费金额50万元；

（8）签订转让专有技术使用权合同1份，记载金额150万元。

要求：（1）计算领受权利、许可证照应缴纳的印花税；

（2）计算设置账簿应缴纳的印花税；

（3）计算签订购销合同应缴纳的印花税；

（4）计算签订借款合同应缴纳的印花税；

（5）计算签订广告制作合同应缴纳的印花税；

（6）计算签订技术服务合同应缴纳的印花税；

（7）计算签订租赁合同应缴纳的印花税；

（8）计算签订专有技术使用权转让合同应缴纳的印花税。

解：（1）领受权利、许可证照应缴纳的印花税税额=3×5=15（元）

（2）账簿应缴纳的印花税税额=7×5+2 200 000×0.5‰=1 135（元）

（3）购销合同应缴纳的印花税税额=2 800 000×0.3‰=840（元）

（4）借款合同应缴纳的印花税税额=500 000×0.05‰=25（元）

（5）广告制作合同应缴纳的印花税税额=30 000×0.5‰+70 000×0.3‰=36（元）

（6）技术服务合同应缴纳的印花税税额=600 000×0.3‰=180（元）

（7）租赁合同应缴纳的印花税税额=500 000×1‰=500（元）

（8）专有技术使用权转让合同应缴纳的印花税税额=1 500 000×0.5‰=750（元）

第三节 印花税的申报与缴纳

一、减免税

1.已纳印花税的凭证的副本或抄本；但以副本或抄本作为正本使用的，另征印花税。

2.财产所有人将财产赠给政府、社会福利单位、学校所立的书据。

3.国家指定的收购部门与村民委员会、农民个人书立的农业产品收购合同。

4.无息、贴息贷款合同。

5.外国政府或者国际金融组织向我国政府及国家金融机构提供优惠贷款所书立的合同。

6.房地产管理部门与个人订立的租房合同，凡房屋用于生活居住的，暂免贴花。

7.军事物资运输、抢险救灾物资运输及新建铁路临管线运输等的特殊货运凭证。

8.对经国务院和省级人民政府决定或批准进行的国有（含国有控股）企业改组改制而发生的上市公司国有股权无偿转让行为，暂不征收证券（股票）交易印花税。

9.对微利、亏损企业记载资金的账簿，第一次贴花数额较大，难以承担的，经当地税务机关批准，可允许在3年内分次贴足印花。

10.对廉租住房、经济适用住房经营管理单位与廉租住房、经济适用住房相关的印花税以及廉租住房承租人、经济适用住房购买人涉及的印花税予以免征。

11.对与高校学生签订的高校学生公寓租赁合同，免征印花税。

二、纳税环节

印花税应当在书立或领受时贴花，具体是指在合同签订、账簿启用和证照领受环节贴花。如果合同是在国外签订，并且不便在国外贴花的，应在合同入境时办理贴花手续。

三、纳税方法

印花税一般是由纳税人根据规定自行计算应纳税额、自行购买并自行一次贴足印花税票的缴纳办法。企业应向税务机关或其指定的代售单位购买印花税票后，将印花税票粘贴在应税凭证后即行注销，注销标记应与骑缝处相交。

据纳税人的实际情况，印花税还有几种简易的缴纳方法。

（1）简化贴花手续。对一份凭证应纳税额超过500元的，纳税人可向当地税务机关申请填写缴款书或者完税凭证，将其中一联粘贴在凭证上或者由税务机关在凭证上加注完税标记，代替贴花。

（2）汇总缴纳。同一种类应纳税凭证使用数量较多，需频繁贴花的，可向当地税务机关申请发放汇缴许可证，实行定期汇总缴纳办法，按照当地税务机关核准的限期限额（但最长期限不得超过一个月）汇总计算应纳税额缴库。

（3）核定印花税的计税依据。税务机关核定征收印花税应向纳税人发放核定征收印花税通知书，注明核定征收的计税依据和规定的税款缴纳期限。

（4）关于证券交易印花税的扣缴问题

自2014年12月1日起，证券交易场所和证券登记结算机构扣缴证券交易印花税，应当在证券公司给参与集中交易的投资者开具的“成交过户交割凭单”（简称交割单）、证券登记结算机构或证券公司给办理非集中交易过户登记的投资者开具的“过户登记确认书”（简称确认书）中注明应予扣收税款的计税金额、税率和扣收税款的金额，交割单、确认书应加盖开具单位的相关业务章戳。已注明扣收税款信息的交割单、确认书可以作为纳税人已完税的证明。

纳税人需要另外再开具正式完税凭证的，可以凭交割单或确认书，连同税务登记证副本或纳税人身份证明材料，向证券交易场所和证券登记结算机构所在地的主管税务机关要求开具“税收完税证明”。为保证纳税人依法取得正式完税凭证，证券交易场所和证券登记结算机构应当将扣缴证券交易印花税的纳税人明细信息及时报送主管税务机关。

四、纳税地点

印花税一般实行就地纳税。对于全国性商品物资订货会（包括展销会、交易会等）上所签订的合同应纳的印花税，由纳税人回其所在地后及时办理贴花完税手续；对地方主办、不涉及省际关系的订货会、展销会上所签订合同的印花税，其纳税地点由各省、自治区、直辖市人民政府自行确定。

五、违章处罚

根据国家税务总局《关于印花税违章处罚有关问题的通知》，对违反印花税规定的处罚标准为：

（1）在应纳税凭证上未贴或少贴印花税票的或者已粘贴在应税凭证上的印花税票未注销或者未划销的，由税务机关追缴其不缴或者少缴的税款、滞纳金，并处不缴或者少数的税款百分之五十以上五倍以下的罚款。

（2）贴用的印花税票揭下重用造成未缴或少缴印花税的，由税务机关追缴其不缴或者少缴的税款、滞纳金，并处不缴或者少缴的税款百分之五十以上五倍以下的罚款；构成犯罪的，依法追究刑事责任。

（3）伪造印花税票的，由税务机关责令改正，处以2 000元以上1万元以下的罚款；情节严重的，处以1万元以上5万元以下的罚款；构成犯罪的，依法追究刑事责任。

本章小结

印花税是以经济活动和经济交往中书立、领受应税凭证的行为为征税对象征收的一种税。征税范围包括合同，产权转移书据，营业账簿，权利、许可证照，涉及13个税目。其中，应税合同具体包括购销、加工承揽、建设工程承包、财产租赁、货物运输、仓储保管、借款、财产保险、技术等合同或者具有合同性质的凭证。

在我国境内书立、使用、领受应税凭证的单位和个人为印花税的纳税人，具体分为五类：立合同人、立据人、立账簿人、领受人、使用人。

印花税的税率有比例税率和定额税率两种形式。根据不同的征税项目，分别实行从价计征和从量计征两种征收方法。各类经济合同，以合同上所记载的金额、收入或费用为计税依据；产权转移书据以书据中所载的金额为计税依据；记载资金的营业账簿以实收资本和资本公积的两项合计金额为计税依据；其他营业账簿和权利、许可证照，以计税数量为计税依据，单位税额每件5元；对在签订时无法确定计税金额的合同，可在签订时先按定额5元贴花，以后结算时再按实际金额计税，补贴印花。

印花税在书立或领受时贴花，一般实行就地纳税。

关键概念

印花税　应税凭证　纳税人　税率　计税依据　减免税　违章处罚

基本训练

一、单项选择题

1. 甲公司与乙公司分别签订了两份合同：一是以货换货合同，甲公司的货物价值200万元，乙公司的货物价值150万元；二是采购合同，甲公司购买乙公司50万元货物，但因故合同未能兑现。甲公司应缴纳印花税（　　）元。

A.150　　B.600　　C.1 050　　D.1 200

2. 某公司受托加工制作广告牌，双方签订的加工承揽合同中注明加工费40 000元，委托方提供价值60 000元的主要材料，受托方提供价值2 000元的辅助材料。该公司此项合同应缴纳印花税（　　）元。

A.20　　B.21　　C.38　　D.39

3. 永安汽车修配厂与机械进出口公司签订购买价值2 000万元测试设备合同，为购买此设备向工商银行签订借款2 000万元的借款合同。后因故购销合同作废，改签融资租赁合同，租赁费1 000万元。根据上述情况，该厂应缴纳印花税（　　）元。

A.1 500　　B.6 500　　C.7 000　　D.7 500

4. 某建筑公司与甲企业签订一份建筑承包合同，合同金额6 000万元（含相关费用50万元）。施工期间，该建筑公司又将其中价值800万元的安装工程转包给乙企业，并签订转包合同。该建筑公司此项业务应缴纳印花税（　　）万元。

A.1.785　　B.1.8　　C.2.025　　D.2.04

5. 应纳印花税的凭证应当于（　　）时贴花。

A. 年度内　　B. 书立或领受时　　C. 履行完毕时　　D. 开始履行时

6. 下列凭证中，应缴纳（贴）印花税的有（　　）。

A. 税务登记证　　B. 卫生许可证　　C. 工商营业执照　　D. 结婚证

7. 已贴印花税票的凭证（经济合同）修改后，增加金额的（　　）。

A. 应按修改后的金额补贴印花税票　　B. 应就增加部分补贴印花税票

C. 应贴印花税票5元　　D. 一般不再补贴印花税票

8. 对于采用按期缴纳印花税办法的纳税人，税法确定的使用期限最长不超过（　　）。

A. 半个月　　B.1个月　　C.2个月　　D. 半年

9. 对于已粘贴在纳税凭证上的印花税票未加以注销或未划销的，由税务机关追缴其不缴或少缴的税款、滞纳金，并处不缴或少缴的税款（　　）的罚款。

A.1倍至5倍　　B.50%以上5倍以下　　C.1倍至3倍　　D.5倍至10倍

二、多项选择题

1.下列各项中，应当征收印花税的项目有（　　）。

A.产品加工合同　　B.法律咨询合同　　C.技术开发合同　　D.出版印刷合同

2.某单位有以下权利、许可证照，应贴印花税票的有（　　）。

A.房屋产权证　　B.工商营业执照　　C.卫生许可证　　D.税务登记证

3.记载资金的账簿按（　　）合计金额为印花税的计税依据。

A.实收资本　　B.固定资金　　C.资本公积　　D.流动资金

4.下列应税凭证中，可免印花税的有（　　）。

A.无息、贴息贷款合同　　B.合同的正本或抄本

C.外国政府或国际金融组织向我国企业提供的优惠贷款所书立的合同

D.国家指定收购部门与村民委员会书立的农产品收购合同

5.下列合同中，属于印花税征税对象的有（　　）。

A.企业与其主管部门签订的租赁承包合同

B.银行与企业签订的借款合同

C.企业和个人出租柜台所签订的租赁合同

D.会计师事务所签订的招聘合同

6.对不同的借款形式，《印花税暂行条例》规定了不同的计税方法。下列表述中，处理正确的有（　　）。

A.借贷双方签订的流动资金周转性借款合同，只以规定的最高限额为计税依据，在签订时贴花一次

B.对借贷方以财产作抵押，从贷款方取得一定数量抵押贷款的合同，应按借款合同贴花

C.凡是一项信贷业务既签订借款合同，又一次或分次填开借据的，应分别按借款合同和借款计税贴花

D.对银行融资租赁业务签订的融资租赁合同，应按借款合同计税贴花

7.下列各项中，应征收印花税的有（　　）。

A.分包或转包合同　　B.会计咨询合同

C.财政贴息贷款合同　　D.未列明金额的购销合同

8.产权转移书据是在产权的买卖、交换、继承、赠与、分割等产权主体变更过程中，由产权出让人之间所订立的民事法律文书。下列项目中属于我国印花税产权转让书据征税范围的有（　　）。

A.财产所有权　　B.公民诉讼权　　C.商标注册权　　D.民事纠纷权

9.印花税税率的形式有（　　）。

A.定额税率　　B.超额累进税率　　D.比例税率　　D.货物运输单据

三、判断题

1.印花税征税范围包括所有合同。　　（　　）

2.纳税人购买了印花税票，就等于履行了纳税义务。　　（　　）

3.贴印花税票的，纳税人可以申请退税或者在其他应税凭证上抵用。（　）

4.企业与主管部门签订的租赁承包经营合同免征印花税。（　）

5.对应税凭证，凡由两方或两方以上当事人共同书立的，其当事人各方都是印花税的纳税人，应各自就其所持凭证的计税金额履行纳税义务。（　）

6.印花税实行比例税率和定额税率两种税率。现行适用的比例税率，最高的是最低的20倍。（　）

7.印花税的税率有两种形式，即比例税率和定额税率。加工承揽合同适用比例税率，税率为5‰；营业账簿适用定额税率，税额为每件5元。（　）

8.甲公司与乙公司签订一份加工合同，甲公司提供价值30万元的辅助材料并收取加工费25万元，乙公司提供价值100万元的原材料。甲公司应纳印花税275元。（　）

9.货物运输合同的计税依据为取得的运费金额，包括所运货物的金额、装卸费和保险费等。（　）

四、计算题

1.某交通运输企业2016年12月签订以下合同：

（1）与某银行签订融资租赁合同购置新车15辆，合同载明租赁期限为3年，每年支付租金100万元；

（2）与某客户签订货物运输合同，合同载明货物价值500万元，运输费用65万元（含装卸费5万元，货物保险费10万元）；

（3）与某运输企业签订租赁合同，合同载明将本企业闲置的总价值300万元的10辆货车出租，每辆车月租金4 000元，租期未定；

（4）与某保险公司签订保险合同，合同载明为本企业的50辆车上第三方责任险，每辆车每年支付保险费4 000元。

要求：计算该企业当月应纳的印花税。

2.某高新技术企业2016年6月开业，注册资金220万元，当年经济活动如下：

（1）领受工商营业执照、房屋产权证、土地使用证各一份；

（2）建账时共设8个账簿，其中资金账簿中记载实收资本220万元；

（3）签订购销合同4份，共记载金额280万元；

（4）签订借款合同1份，记载金额50万元，当年取得借款利息0.8万元；

（5）与广告公司签订广告制作合同1份，分别记载加工费3万元，广告公司提供的原材料7万元；

（6）签订技术服务合同1份，记载金额60万元；

（7）签订租赁合同1份，记载租赁费金额50万元；

（8）签订转让专有技术使用权合同1份，记载金额150万元。

要求：计算（1）～（8）项经济业务应纳的印花税。

第十二章 契 税

学习目标

通过本章的学习，要求学生了解契税的概念；掌握契税的征税范围和计算方法；熟悉契税的纳税人、税率、减免税，以及纳税义务发生的时间、期限和地点。

郑某于2015年10月10日购买一处住房，房屋面积90平方米，买价46万元，当时依法取得房屋所有权证。由于生活条件改善郑某拟购买新房，遂于2016年11月20日将此处住房卖掉，取得卖房款65万元；当日在一住宅小区另购买一套120平方米住房，买价75万元。请问郑某在买卖两套住房过程中涉及哪些税种？本章将揭开契税的面纱。

第一节 契税的基本要素

知识链接12-1

契税简介

契税最早起源于东晋时期的"估税"。当时规定，凡买卖田宅、奴婢、牛马，立有契据者，每一万钱交易额官府征收四百钱，即税率为4%，其中卖方缴纳3%，买方缴纳1%。以后历代封建王朝对土地、房屋的买卖、典当等产权变动都征收契税，但税率和征收范围不完全相同。中华民国成立后，于1914年颁布契税条例，规定税率为：买契9%，典契6%。

新中国成立后，政务院于1950年4月发布了《契税暂行条例》，规定对土地、房屋的买卖、典当、赠与和交换征收契税。1997年7月7日国务院第224号令，发布了《中华人民共和国契税暂行条例》，并于同年10月1日起开始实施。

资料来源：中国注册会计师协会.税法［M］. 北京：经济科学出版社，2013.

一、契税概述

契税是对土地、房屋权属转移时，向产权承受人征收的一种财产税。现行契税的基本规范，是1997年7月7日国务院发布并于同年10月1日实施的《中华人民共和国契税暂行条例》(以下简称《契税暂行条例》)。

契税具有以下特点：

1.属于财产转移税。契税以发生转移的不动产，即土地和房屋为征税对象，具有财产转移课税性质。契税是在转让环节征收，每转让一次就征收一次契税，土地、房屋产权未发生转移的，不征收契税。

2.由财产承受人缴纳。契税由取得土地、房屋权属的一方缴纳，即买方纳税，这一点与其他税种有着明显的区别。对买方征税的主要目的，在于承认不动产转移生效，承受人纳税以后，便可拥有转移过来的不动产产权或使用权，法律保护纳税人的合法权益。

二、征税对象

契税的征税对象为境内发生土地使用权和房屋所有权权属转移的土地和房屋。具体征税范围包括：

1.国有土地使用权出让，是指土地使用者向国家交付土地使用权出让费用，国家将国有土地使用权在一定年限内让予土地使用者的行为。

2.土地使用权转让，是指土地使用者以出售、赠与、交换或者其他方式将土地使用权转移给其他单位和个人的行为。

土地使用权出售，是指土地使用者以土地使用权作为交易条件，取得货币、实物、无形资产或者其他经济利益的行为。土地使用权赠与，是指土地使用者将土地使用权无偿转让给受赠者的行为。土地使用权交换，是指土地使用者之间相互交换土地使用权的行为。土地使用权转让不包括农村集体土地承包经营权的转移。

3.房屋买卖，是指房屋所有者将其房屋出售，由承受者交付货币、实物、无形资产或者其他经济利益的行为。

4.房屋赠与，是指房屋所有者将其房屋无偿转让给受赠者的行为。

5.房屋交换，是指房屋所有者之间相互交换房屋所有权的行为。

6.视同土地使用权转让、房屋买卖或者房屋赠与的行为。土地、房屋权属以下列方式转移的，视同土地使用权转让、房屋买卖或者房屋赠与行为征税：

（1）以土地、房屋权属作价投资、入股。

（2）以土地、房屋权属抵债。

（3）以获奖方式承受土地、房屋权属。

（4）以预购方式或者预付集资建房款方式承受土地、房屋权属。

7.买房拆料或翻建新房。

8.房屋附属设施有关契税政策

（1）对于承受与房屋相关的附属设施（包括停车位、汽车库、自行车库、顶层阁楼以及储藏室，下同）所有权或土地使用权的行为，征收契税；对于不涉及土地使用权和房屋所有权转移的，不征收契税。

（2）采取分期付款方式购买房屋附属设施土地使用权、房屋所有权的，应按合同规定的总价款计征契税。

（3）承受的房屋附属设施权属如为单独计价的，按照当地确定的适用税率征收契税；如与房屋统一计价的，适用与房屋相同的契税税率。

（4）对承受国有土地使用权应支付的土地出让金，要征收契税，不得因减免出让金而减免契税。

（5）对纳税人因改变土地用途而签订土地使用权出让合同变更协议或者重新签订土地使用权出让合同的，应征收契税。计税依据为因改变土地用途应补缴的土地收益金及应补缴政府的其他费用。

（6）土地使用者将土地使用权及所附建筑物、构筑物等（包括在建的房屋、其他建筑物、构筑物和其他附着物）转让给他人的，应按照转让的总价款计征契税。

（7）土地使用者转让、抵押或置换土地，无论其是否取得了该土地的使用权属证书，无论其在转让、抵押或置换土地过程中是否与对方当事人办理了土地使用权属证书变更登记手续，只要土地使用者享有占有、使用、收益或处分该土地的权利，且有合同等证据表明其实质转让、抵押或置换了土地并取得了相应的经济利益，土地使用者及其对方当事人应当依照税法规定缴纳契税。

三、纳税人

契税的纳税人为在我国境内转移土地、房屋权属过程中，承受土地使用权或房屋所有权的单位和个人。承受，是指以受让、购买、受赠、交换等方式取得土地、房屋权属的行为。

四、税率

契税实行3%～5%的幅度比例税率。

第二节　契税的计算

一、计税依据

契税的计税依据为不动产的价格。由于土地、房屋权属转移方式不同，定价方法不同，因而具体计税依据的确定也有所不同。

1.国有土地使用权出让、土地使用权出售、房屋买卖，计税依据为成交价格。成交价格，是指土地、房屋权属转移合同确定的价格，包括承受者应交付的货币、实物、无形资产或者其他经济利益。

2.土地使用权赠与、房屋赠与，计税依据由征收机关参照土地使用权出售、房屋买卖的市场价格核定。

3.土地使用权交换、房屋交换，计税依据为所交换的土地使用权、房屋的价格的差额。交换价格相等的，免征契税；交换价格不等的，由多交付货币、实物、无形资产或者其他经济利益的一方按价格的差额缴纳契税。

土地使用权与房屋所有权之间相互交换，由多交付货币、实物、无形资产或者其他经济利益的一方按价格的差额缴纳契税。

4.以划拨方式取得土地使用权的，经批准转让房地产时，由房地产转让者补缴契税。计税依据为补缴的土地使用权出让费用或者土地收益。

对成交价格明显低于市场价格并且无正当理由的，或者所交换土地使用权、房屋的价格的差额明显不合理并且无正当理由的，计税依据由征收机关参照市场价格核定。

需要特别强调的是，由于增值税为价外税，本章所称“收入”或“成交价格”、“费用”（含习题部分）均不含增值税。

二、应纳税额的计算

契税采用比例税率，应纳税额的基本计算公式为：

应纳税额=计税依据×适用税率

【例12-1】王某有两套住房，将一套房屋出售给李某，成交价格为150 000元。将另一套住房与谢某交换，王某的住房价值为180 000元，谢某的住房价值为150 000元，谢某支付30 000元差价给王某。当地政府规定的契税税率为3%。

要求：计算王某、李某、谢某各自应缴纳的契税。

解：王某不缴纳契税。

李某应纳税额=150 000×3%=4 500（元）

谢某应纳税额=（180 000-150 000）×3%=900（元）

第三节 契税的申报与缴纳

一、减免税

1.国家机关、事业单位、社会团体、军事单位承受土地、房屋用于办公、教学、医疗、科研和军事设施的，免征契税。

2.城镇职工按规定第一次购买公有住房，免征契税。

3.承受荒山、荒沟、荒丘、荒滩土地使用权，并用于农、林、牧、渔业生产的，免征契税。

4.关于企业、事业单位改制重组契税政策。自2012年1月1日至2014年12月31日，企业、事业单位改制重组等涉及的契税政策：

（1）企业公司制改造。非公司制企业，按照《中华人民共和国公司法》的规定，整体改建（指不改变原企业的投资主体，并承继原企业权利、义务的行为）为有限责任公司（含国有独资公司）或股份有限公司，有限责任公司整体改建为股份有限公司，股份有限公司整体改建为有限责任公司的，对改建后的公司承受原企业土地、房屋权属，免征契税。

非公司制国有独资企业或国有独资有限责任公司，以其部分资产与他人组建新公司，且该国有独资企业（公司）在新设公司中所占股份超过50%的，对新设公司承受该国有独资企业（公司）的土地、房屋权属，免征契税。

国有控股公司（指国家出资额占有限责任公司资本总额超过50%，或国有股份占股份有限公司股本总额超过50%的公司）以部分资产投资组建新公司，且该国有控股公司占新公司股份超过85%的，对新公司承受该国有控股公司土地、房屋权属，免征契税。

（2）公司股权（股份）转让。在股权（股份）转让中，单位、个人承受公司股权（股份），公司土地、房屋权属不发生转移的，不征收契税。

（3）公司合并。两个或两个以上的公司，依据法律规定、合同约定，合并为一个公司，且原投资主体存续的，对其合并后的公司承受原合并各方的土地、房屋权属，免征契税。

（4）公司分立。公司依照法律规定、合同约定分设为两个或两个以上与原公司投资主体相同的公司，对派生方、新设方承受原企业土地、房屋权属，免征契税。

（5）企业出售。国有、集体企业整体出售，被出售企业法人予以注销，并且买受人按照《中华人民共和国劳动法》等国家有关法律法规政策妥善安置原企业全部职工，与原企业全部职工签订服务年限不少于三年的劳动用工合同的，对其承受所购企业的土地、房屋权属，免征契税；与原企业超过30%的职工签订服务年限不少于三年的劳动用工合同的，减半征收契税。

（6）企业破产。企业依照有关法律、法规规定实施破产，债权人（包括破产企业职工）承受破产企业抵偿债务的土地、房屋权属，免征契税；对非债权人承受破产企业土地、房屋权属，凡按照《中华人民共和国劳动法》等国家有关法律法规政策妥善安置原企业全部职工，与原企业全部职工签订服务年限不少于三年的劳动用工合同的，对其承受所购企业的土地、房屋权属，免征契税；与原企业超过30%的职工签订服务年限不少于三年的劳动用工合同的，减半征收契税。

（7）债权转股权。经国务院批准实施债权转股权的企业，对债权转股权后新设立的公司承受原企业的土地、房屋权属，免征契税。

（8）资产划转。对承受县级以上人民政府或国有资产管理部门按规定进行行政性调整、划转国有土地、房屋权属的单位，免征契税。

同一投资主体内部所属企业之间土地、房屋权属的划转，包括母公司与其全资子公司之间，同一公司所属全资子公司之间，同一自然人与其设立的个人独资企业、一人有限公司之间土地、房屋权属的划转，免征契税。

（9）事业单位改制。事业单位按照国家有关规定改制为企业的过程中，投资主体没有发生变化的，对改制后的企业承受原事业单位土地、房屋权属，免征契税。投资主体发生变化的，改制后的企业按照《中华人民共和国劳动法》等有关法律法规妥善安置原事业单位全部职工，与原事业单位全部职工签订服务年限不少于三年劳动用工合同的，对其承受原事业单位的土地、房屋权属，免征契税；与原事业单位超过30%的职工签订服务年限不少于三年劳动用工合同的，减半征收契税。

（10）其他。以出让方式或国家作价出资（入股）方式承受原改制重组企业、事业单位划拨用地的，不属上述规定的免税范围，对承受方应按规定征收契税。

二、纳税义务发生时间

契税的纳税义务发生时间是纳税人签订土地、房屋权属转移合同的当天，或者纳税人取得其他具有土地、房屋权属转移合同性质凭证的当天。

购房者应在签订房屋买卖合同之后、办理房屋所有权变更登记之前缴纳契税。对交易双方已签订房屋买卖合同，但由于各种原因最终未能完成交易的，如购房者已按规定缴纳契税，在办理期房退房手续后，对其已纳契税款应予以退还。

三、纳税期限

纳税人应当自纳税义务发生之日起10日内，向土地、房屋所在地的契税征收机关办理纳税申报，并在契税征收机关核定的期限内缴纳税款。

纳税人符合减征或者免征契税规定的，应当在签订土地、房屋权属转移合同后10日内，向土地、房屋所在地的契税征收机关办理减征或者免征契税手续。

四、纳税地点

契税的纳税地点为土地、房屋所在地的征收机关，不得委托代征。契税由地方税务机关负责征收管理。

本章小结

契税是对土地、房屋权属转移时，向产权承受人征收的一种财产税。以境内转移土地、房屋权属行为为征税对象，纳税人为在境内转移土地、房屋权属承受的单位和个人，实行3%～5%的幅度比例税率。

契税的计税依据是不动产的价格。由于不动产的转移方式、定价方法不同，计税依据也不同。国有土地使用权出让、土地使用权出售、房屋买卖，计税依据为成交价格；土地使用权赠与、房屋赠与，计税依据由征收机关参照土地使用权出售、房屋买卖的市场价格核定；土地使用权交换、房屋交换，计税依据为所交换的土地使用权、房屋的价格的差额；以划拨方式取得土地使用权的，计税依据为补缴的土地使用权出让费用或者土地收益；对成交价格明显低于市场价格并且无正当理由的，或者所交换土地使用权、房屋的价格的差额明显不合理并且无正当理由的，计税依据由征收机关参照市场价格核定。

应纳税额=计税依据×税率

纳税人应当自纳税义务发生之日起10日内，向土地、房屋所在地的地方税务机关办理纳税申报。

关键概念

契税　征税对象　税率计税依据　减免税纳税义务发生时间　纳税期限　纳税地点

基本训练

一、单项选择题

1.契税是以所有权发生转移的不动产为征税对象，向（　　）征收的一种税。

A.产权承受人　B.产权所有人　C.产权中介人　D.产权登记人

2.下列应征契税的是（　　）。

A.国有土地使用权出让　B.房屋使用权等价交换

C.房地产分割　D.房地产出租

3.根据《契税暂行条例》的规定，可以享受减免契税优惠待遇的是（　　）。

A.城镇职工购买公有住房的

B.房屋所有者之间互相交换房屋的

C.因不可抗力灭失住房而重新购买住房的

D.取得荒山、荒沟、荒丘、荒滩土地使用权，用于工业园建设的

4.下列各项免缴契税的是（　　）。

A.国家机关办公用房　B.以房产对外投资

C.土地使用权转让　D.房屋买卖

5.符合契税减免税规定的纳税人，向土地、房屋所在地征收机关办理减免税手续的期限为签订转移产权合同后的（　　）日内。

A.5　B.7　C.10　D.30

6.某公司2016年发生两笔互换房产业务，并已办理了相关手续。第一笔业务换出的房产价值500万元，换进的房产价值800万元；第二笔业务换出的房产价值600万元，换

进的房产价值300万元。已知当地政府规定的契税税率为3%，该公司应缴纳契税（ ）万元。

A.0 B.9 C.18 D.33

7.某企业破产清算时，其房地产评估价值为4 000万元，其中以价值3 000万元的房地产抵偿债务，将价值1 000万元的房地产进行拍卖，拍卖收入1 200万元。债权人获得房地产后，与他人进行房屋交换，取得额外补偿500万元。当事人各方合计应缴纳契税（ ）万元（适用契税税率3%）。

A.15 B.36 C.51 D.126

二、多项选择题

1.属于契税征税范围的有（ ）。

A.土地使用权赠与 B.房屋买卖 C.以房产抵债 D.房产作股权转让

2.下列各项中，（ ）发生契税应税行为属于契税的纳税人。

A.“三资”企业 B.国有企业 C.个体工商户 D.外籍公民

3.下列免征契税的有（ ）。

A.学校教学用房

B.城镇职工第一次购买公有住房

C.被县以上政府征用的房屋

D.翻新建房

4.契税计税依据确定正确的有（ ）。

A.房屋买卖的成交价格 B.房屋交换的价格差额

C.房屋赠与的市场价格 D.土地使用权交换的重置价格

5.根据契税的有关规定，有些特殊方式转移土地、房屋权属的，也将视同土地使用权转让、房屋买卖行为征收契税。这些特殊方式有（ ）。

A.以土地、房屋权属作价投资 B.以土地、房屋权属抵偿债务

C.以获奖方式承受土地、房屋权属 D.企业分立中承受原企业的土地、房屋权属

三、判断题

1.境内承受转移土地、房屋权属的单位和个人为契税的纳税人，但不包括外商投资企业和外国企业。 （ ）

2.房屋交换，双方都不缴纳契税。 （ ）

3.某国有企业将无偿划拨方式取得的土地使用权转让，免交契税。 （ ）

4.在企业分立中，存续分立的企业承受原企业土地、房屋权属的，不征收契税；新设分立的企业承受原企业土地、房屋权属的，也不征收契税。 （ ）

5.以竞价方式出让的土地，其契税计税依据价格为竞价的成交价格。 （ ）

6.纳税人须持契税完税凭证和其他资料，向房地产管理部门办理房地产变更登记手续。 （ ）

7.企业合并中，新设方或者存续方承受被解散方土地、房屋权属，如合并前各方为相同投资主体的，不征契税，其余的则征收契税。 （ ）

8.现行税法规定，获省级人民政府、国务院部委和中国人民解放军以上单位奖励而取得房屋产权的纳税人，可以免征契税。 （ ）

四、计算题

1.某企业与某公司5月签订一份购房合同，面积为8 000平方米，房屋地处前进路180号，并于当年8月份办理了产权转让手续，成交价格为6 000万元，当地规定的契税税率为4%。

要求：计算该企业应纳契税。

2.胜利创业公司11月10日与长河公司达成购买房屋的协议，购入长河公司一栋价值600万元的房屋，双方于15日后签署了房屋权属转移合同，胜利创业公司支付价款600万元。公司所在地地方政府规定的契税税率为4%。

要求：计算该企业应纳契税。

第十三章　土地增值税

学习目标

通过本章的学习，要求学生了解土地增值税的概念；掌握土地增值税的征税范围和计算方法；熟悉土地增值税的纳税人、税率、减免税和纳税地点。

永凯是一家具有建设部一级资质的综合性房地产开发公司，主要从事老旧城区危房成片改造、市政设施建设、土地开发、工商业及民用住房的建设与经营等业务。请问该公司除缴纳增值税和所得税外，主要涉及什么税？本章将揭开土地增值税的面纱。

第一节　土地增值税的基本要素

知识链接 13-1

土地增值税简介

1993年前后，我国房地产开发和房地产市场发展非常迅速，一度出现房地产开发过热现象，房地产价格上涨过猛，一些不法开发企业钻管理上的空子，炒买炒卖房地产获取暴利的投机行为盛行，土地资源浪费严重，国家收回土地增值收益较少。1994年开征土地增值税，旨在通过税收手段，对转让房地产的过高增值收益进行合理调配，维护国家权益，对房地产开发企业的正当经营行为予以保护；同时从根本上抑制炒买炒卖房地产的现象，使投机者不能再获取暴利。这是我国开征的第一个对土地增值额或土地收益额征收的税种。

资料来源：安仲文.中国税制［M］. 大连：东北财经大学出版社，2009.

一、土地增值税概述

土地增值税是对转让国有土地使用权、地上建筑物及其附着物产权并取得增值性收入的单位和个人征收的一种税。现行的土地增值税基本规范是国务院于1993年12月13日颁布的《中华人民共和国土地增值税暂行条例》（以下简称《土地增值税暂行条例》），自1994年1月1日起施行。

土地增值税具有以下特点：

1.征税面较广。凡在我国境内转让房地产并取得收入的单位和个人，除税法规定免税外，均应依照税法规定缴纳土地增值税，这里的单位和个人，不论其经济性质如何，也不论内、外资企业或中、外籍人员，还无论专营或兼营房地产业务，均有缴纳土地增值税的义务。

2以转让房地产取得的增值额为征税对象。作为征税对象的增值额是纳税人转让房地产的收入减去税法规定准予扣除项目金额后的余额。

3.按照超率累进税率计税。土地增值税的税率是按照转让房地产的增值率的大小来确定的，增值率越高，适用税率越高；增值率低的，适用税率也低。

4.采用扣除法和评估法确定增值额。土地增值税的增值额是根据纳税人转让房地产的收入减去税法规定准予扣除项目金额后的余额来确定，但对旧房及建筑物的转让，以及对纳税人转让房地产收入申报不实、成交价格偏低的，则采用评估价格法确定增值额，计征土地增值税。

5.按次征收。土地增值税在房地产发生转让的环节，实行按次征收。每发生一次转让行为，就应根据每次取得的增值额征一次税。

二、征税范围

土地增值税的征税范围是指有偿转让国有土地使用权，地上的建筑物及其附着物。

国有土地是指国家法律规定属于国家所有的土地；地上建筑物，是指建于土地上的一切建筑，包括地上地下的各种附属设施；附着物，是指附着于土地上的不能移动或一经移动即遭损坏的物品。

确定土地增值税的征税范围有两个条件，而且必须同时具备，缺一不可，否则不属于土地增值税的征税范围。

1.只对转让国有土地使用权及其地上建筑物的行为征税。

（1）转让的土地使用权归国家所有的征税。根据《宪法》和《土地管理法》的规定，城市的土地属于国家所有。农村和城市郊区的土地除由法律规定属于国家所有的以外，属于集体所有。属于国家所有的土地，其土地使用权在转让时，按照《土地增值税暂行条例》的规定，属于土地增值税的征税范围。而农村集体所有的土地不得自行转让，只有国家征用以后变为国家所有时，才能进行转让（即转让非国有土地的行为不征税。）。

（2）对出让国有土地使用权取得的收入不征税。国有土地使用权出让，是指国家以土地所有者的身份将土地使用权在一定年限内让与土地使用者，并由土地使用者向国家支付使用权出让金的行为。国有土地使用权的转让，是指土地使用者通过出让等形式取得土地使用权后，将土地使用权再转让的行为，包括出售、交换与赠与。它属于土地的二级市场。土地使用权转让，其地上的建筑物、其他附着物的所有权随之转让。土地使用权的转让，属于土地增值税的征税范围。

（3）土地使用权、地上建筑物及附着物的产权发生转让，应征税；土地使用权、房产产权未转让（如房地产出租），不征税。

（4）不论是单独转让国有土地使用权或国有土地使用权与房产产权一并转让，均应征税。

2.只对有偿转让的房地产行为征税，对以继承、赠与等方式无偿转移的房地产不予征税。

（1）以出售方式转让国有土地使用权、地上的建筑物及附着物的，属于土地增值税的征税范围。

①出售国有土地使用权的。这种情况是指土地使用者通过出让方式，向政府缴纳了土地出让金，有偿受让土地使用权后，仅对土地进行通水、通电、通路和平整场地等土地开发，不进行房地产开发，即所谓“将生地变熟地”，然后直接将空地出售出去。这属于国有土地使用权的有偿转让，应纳入土地增值税的征税范围。

②取得国有土地使用权后进行房屋开发建造然后出售的。这种情况就是一般所说的房地产开发。这种情况既发生了产权的转让又取得了收入，应纳入土地增值税的征税范围。

③存量房地产的买卖。这种情况是指已经建成并已投入使用的房地产，其房屋所有人将产权和土地使用权一并转让给其他单位和个人。这种行为按照国家有关的房地产法律和法规，应当到有关部门办理房产产权和土地使用权的转移变更手续；原土地使用权属于无偿划拨的，还应到土地管理部门补交土地出让金。这种情况既发生了产权的转让又取得了收入，应纳入土地增值税的征税范围。

（2）房地产的继承、出租、抵押、重新评估和房地产的代建行为，不属于土地增值税的征税范围。

（3）房地产的赠与。仅指下列情况的赠与不属于土地增值税的征税范围：①房屋所有人、土地使用权所有人将房屋权、土地使用公赠与直系亲属或承担 直接赡养义务人；②房产所有人、土地使用权所有人通过中国境内非营利的社会团体、国家机关 将房屋权、土地使用权赠与教育、民政和其他社会福利、公益事业的。

（4）房地产的交换。这种情况是指一方以房地产与另一方的房地产进行交换的行为。房地产的交换属于土地增值税的征税范围。但对个人之间互换自有居住用房地产的，经当地税务机关核实，可以免征土地增值税。

（5）以房地产进行投资、联营。对于以房地产进行投资、联营的，投资、联营的一方以土地（房地产）作价入股进行投资或作为联营条件，将房地产转让到所投资、联营的企业中，暂免征收土地增值税；对投资、联营企业将上述房地产再转让的，应征收土地增值税。

（6）合作建房。对于一方出地，一方出资金，双方合作建房，建成后按比例分房自用的，暂免征收土地增值税；建成后转让的，应征收土地增值税。

（7）企业兼并转让房地产。在企业兼并中，对被兼并企业将房地产转让到兼并企业中的，暂免征收土地增值税。

（8）因国家收回国有土地使用权、征用地上的建筑物及其附着物而使房地产权属发生转让的这种情况发生了房地产权属的变更，原房产所有人、土地使用权人也取得了一定的收入（补偿金），但是根据《土地增值税暂行条例》的有关规定，可以免征土地增值税。

此外，对于因城市实施规划、国家建设的需要而搬迁，由纳税人自行转让原房地产的，《实施细则》规定免征土地增值税。

三、纳税人

土地增值税的纳税人是转让国有土地使用权、地上建筑物及其附着物产权并取得收入的单位和个人。包括国家机关、社会团体、部队、企事业单位、个体工商业户、个人，以及外商投资企业、外国企业、外国驻华机构、华侨、港澳台同胞和外国公民等。

四、税率

土地增值税税率实行四级超率累进税率。税率设计遵循的原则是：增值多的多纳税；

增值少的少纳税；无增值的不纳税。一方面可以对正常的房地产开发经营，通过较低税率来体现优惠待遇；另一方面，对取得过高收入，尤其是对炒买炒卖房地产获得暴利的纳税人，进行一定程度的调节。见表13-1

表13-1 **土地增值税四级超率累进税率表**

级次	增值额与扣除项目金额的比率	税率（%）	速算扣除系数（%）
1	不超过50%的部分	30	0
2	超过50%~100%的部分	40	5
3	超过100%~200%的部分	50	15
4	超过200%的部分	60	35

第二节 土地增值税的计算

一、计税依据

土地增值税的计税依据是转让房地产所取得的增值额。转让房地产的增值额，是转让房地产的收入额减除税法规定的扣除项目金额后的余额。

（一）收入额的确定

纳税人转让房地产所取得的收入，是指转让房地产所取得的各种收入，包括货币收入、实物收入和其他收入在内的全部价款及有关的经济利益。

对取得的实物收入，要按收入时的市场价格折算成货币收入；对取得的无形资产收入，要进行专门的评估，在确定其价值后折算成货币收入。

对取得的收入为外国货币的，应当以取得收入当天或当月1日国家公布的市场汇价折合成人民币。当月以分期收款方式取得的外币收入，也应按实际收款日或收款当月1日国家公布的市场汇价折合成人民币。

需要特别强调的是，由于增值税为价外税，本章所称“收入”“所得”或“支付的价款”“费用”（含习题部分）均不含增值税。

（二）扣除项目及其金额的确定

在确定房地产转让的增值额和计算缴纳土地增值税时，允许从房地产转让收入总额中扣除的项目及其金额，可分为以下6类：

1.取得土地使用权所支付的金额。

取得土地使用权所支付的金额是指纳税人为取得土地使用权支付的地价款和按国家统一规定缴纳的有关费用之和。其中，取得土地使用权所支付的金额可以有3种形式：以出让方式取得土地使用权的，为支付的土地出让金；以行政划拨方式取得土地使用权的，为转让土地使用权时按规定补缴的出让金；以转让方式取得土地使用权的，为支付的地价款。

“按国家统一规定缴纳的有关费用”是指纳税人在取得土地使用权过程中为办理有关手续，按国家统一规定缴纳的有关登记、过户手续费。

2.开发土地和新建房及配套设施的成本（简称房地产开发成本）。

房地产开发成本是指纳税人开发房地产项目实际发生的成本。这些成本允许按实际发生数扣除，主要包括土地征用及拆迁补偿费、前期工程费、建筑安装工程费、基础设施费、公共配套设施费、开发间接费用等。

（1）土地征用及拆迁补偿费，包括土地征用费、耕地占用税、劳动力安置费，以及有关地上、地下附着物拆迁补偿的净支出、安置动迁用房支出等。

（2）前期工程费，包括规划、设计、项目可行性研究和水文、地质、勘察、测绘、“三通一平”等支出。

（3）建筑安装工程费，是指以出包方式支付给承包单位的建筑安装工程费、以自营方式发生的建筑工程安装费。

（4）基础设施费，包括开发小区内的道路、供水、供电、供气、排污、通信、照明、环卫、绿化等工程发生的支出。

（5）公共配套设施费，包括不能有偿转让的开发小区内公共配套设施发生的支出。

（6）开发间接费用，是指直接组织、管理开发项目所发生的费用，包括工资、职工福利费、折旧费、修理费、办公费、水电费、劳动保护费、周转房摊销等。

3.开发土地和新建房及配套设施的费用（简称房地产开发费用）。

房地产开发费用是指与房地产开发项目有关的销售费用、管理费用、财务费用。根据新会计制度的规定，与房地产开发有关的费用直接计入当年损益，不按房地产项目进行归集或分摊。

（1）能够按转让房地产项目计算分摊利息支出，并能提供金融机构的贷款证明的：

房地产开发费用=利息+取得土地使用权所支付的金额+房地产开发成本×5%以内

（2）不能按转让房地产项目计算分摊利息支出，或不能提供金融机构贷款证明的：

房地产开发费用=取得土地使用权所支付的金额+房地产开发成本×10%以内

需要注意以下几点：一是计算扣除的具体比例，由省、自治区、直辖市人民政府规定。二是利息的上浮幅度按国家的有关规定执行，超过上浮幅度的部分不允许扣除；对于超过贷款期限的利息部分和加罚的利息不允许扣除。

4.与转让房地产有关的税金。

这是指在转让房地产时缴纳的印花税、城市维护建设税，教育费附加也可视同税金扣除。“营改增”后不再征收营业税，增值税为价外税不得扣除。

允许扣除的印花税是指在转让房地产时缴纳的印花税。房地产开发企业按照《施工、房地产开发企业财务制度》的有关规定，其缴纳的印花税列入管理费用，印花税不再单独扣除。房地产开发企业以外的其他纳税人在计算土地增值税时，允许扣除在转让房地产环节缴纳的印花税。

对于个人购入房地产再转让的，其在购入环节缴纳的契税，由于已经包含在旧房及建筑物的评估价格之中，在计征土地增值税时，不能作为与转让房地产有关的税金予以扣除。

5.财政部确定的其他扣除项目。

对房地产开发的纳税人可按取得土地使用权所支付的金额与房地产开发成本之和加计20%扣除。此条优惠只适用于从事房地产开发的纳税人，除此之外的其他纳税人不适用。

其他扣除项目金额=取得土地使用权所支付的金额+房地产开发成本×20%

对于县级及县级以上人民政府要求房地产开发企业在售房时代收的各项费用，可处理如下：

（1）如果代收费用计入房价向购买方一并收取，则可作为转让房地产所取得的收入计税，在计算扣除项目金额时，代收费用可以扣除，但不得作为扣除20%的基数。

（2）如果代收费用未计入房价中而单独收取，可以不作为转让房地产的收入。在计算扣除项目金额时，代收费用也不能扣除。

6.旧房及建筑物的评估价格。

旧房及建筑物的评估价格是指在转让已使用的房屋及建筑物时，由政府批准设立的房地产评估机构评定的重置成本价乘以成新度折扣率后的价格。评估价格必须经当地税务机关确认。

转让旧房及建筑物的评估价格、取得土地使用权所支付的地价款和按国家统一规定缴纳的有关费用及在转让环节缴纳的税金，可以在计征土地增值税时扣除。对取得土地使用权时未支付地价款或不能提供已支付的地价款凭据的，在计征土地增值税时不允许扣除。

纳税人在转让旧房及建筑物时，因计算纳税需要对房地产进行评估，其支付的评估费用允许在计算土地增值税时予以扣除。但是，对纳税人因隐瞒、虚报房地产成交价等情形而按房地产评估价格计算征收土地增值税时发生的评估费用，则不允许在计算土地增值税时予以扣除。

税法规定，纳税人有下列情况之一的，需要对房地产进行评估，并以房地产的评估价格来确定转让房地产收入、扣除项目的金额：

（1）出售旧房及建筑物的

对于出售的旧房及建筑物，首先应确定该房屋及建筑物的重置成本价，然后再确定其新旧程度（即成新度折扣率），最后，以重置成本价乘以其成新度折扣率，以确定转让该旧房及建筑物的扣除项目金额。计算公式为：

旧房地产评估价格=房地产重新购建价格×成新度折扣率

纳税人转让旧房及建筑物，凡不能取得评估价格，但能提供购房发票的，经当地税务部门确认，取得土地使用权所支付的金额、旧房及建筑物的评估价格，可按发票所载金额并从购买年度起至转让年度止每年加计5%计算扣除。

对纳税人购房时缴纳的契税，凡能提供契税完税凭证的，准予作为“与转让房地产有关的税金”予以扣除，但不作为加计5%的基数。

简而言之，转让旧房不能提供评估价格但能提供购房发票的扣除项目金额包括三项：一是购房发票所载金额（实际上包含了“取得土地使用权所支付的金额”以及“旧房及建筑物的评估价格”两部分）；二是加计扣除金额（加计扣除金额=购房发票所载金额×5%×购买年度起至转让年度止的年数）；三是与转让房地产有关的税金（包括转让旧房时缴纳的营业税、城市维护建设税、印花税、契税以及教育费附加，但必须提供相应的完税凭证）。

（2）隐瞒、虚报房地产成交价格的

隐瞒、虚报房地产成交价格的情况主要有两种：一是指纳税人不报转让房地产的成交价格，即根本不申报；二是指纳税人有意低报转让土地使用权、地上建筑物及其附着物价款的行为，即少申报。

对隐瞒、虚报房地产成交价格的，应由评估机构参照同类房地产的市场交易价格进行评估。

（3）提供扣除项目金额不实的

对于纳税人申报扣除项目金额不实的，应由评估机构对该房屋按照评估出的房屋重置成本价，乘以房屋的成新度折扣率，确定房产的扣除项目金额，并用该房产所坐落土地取得时的基准地价或标定地价来确定土地的扣除项目金额。房产和土地的扣除项目金额之和即为该房地产的扣除项目金额。

（4）转让房地产的成交价格低于房地产评估价格，又无正当理由的

对这种情况，应按评估的市场交易价确定其实际成交价，并以此作为转让房地产的收入计算征收土地增值税。

上述四种情形中，（1）、（3）两种情形是评估确定扣除项目金额的，（2）、（4）两种情形是评估确定房地产转让收入的。

（三）增值额的确定

计算土地增值税是以增值额与扣除项目金额的比率大小按相适用的税率累进计算征收的，增值额与扣除项目金额的比率越大，适用的税率越高，缴纳的税款越多，因此，准确核算增值额是很重要的。

土地增值额为纳税人转让房地产所取得的收入减除规定的扣除项目金额后的余额。计算公式为：

增值额=收入额-扣除项目金额

二、应纳税额的计算

土地增值税按照纳税人转让房地产所取得的增值额和规定的税率计算征收。计算公式为：

应纳税额=$\sum$(每级距的土地增值额×适用税率)

在实际工作中，分步计算比较烦琐，可以采用速算扣除法计算。计算土地增值税税额，可按增值额乘以适用的税率减去扣除项目金额乘以速算扣除系数的简便方法进行。计算公式为：

应纳税额=增值额×适用税率 -扣除项目金额×速算扣除系数

第一步：计算收入总额；

第二步：计算扣除项目金额；

第三步：计算增值额；

第四步：计算增值额占扣除项目金额的比例以确定适用税率和速算扣除率；

第五步：套用速算法的计算公式。

【例13-1】某房地产开发公司建造一栋普通标准住宅出售，取得收入1 000万元（假设城市维护建设税税率为7%，教育费附加征收率为3%）。该公司为建造普通标准住宅而支付的地价款为100万元，建造此楼投入了300万元的房地产开发成本（土地征用及拆迁补偿费40万元，前期工程费40万元，建筑安装工程费100万元，基础设施费80万元，开发间接费用40万元），由于该房地产开发公司同时建造别墅等住宅，对该普通标准住宅所用的银行贷款利息支出无法分摊，当地规定房地产开发费用的计提比例为10%（假定应纳增值税50万元）。

要求：计算应纳的土地增值税税额。

解：（1）确定转让房地产的收入=1 000万元

（2）确定转让房地产的扣除项目金额

①取得土地使用权所支付的地价款=100万元

②房地产开发成本=300万元

③房地产开发费用=（100+300）×10%=40（万元）

④与转让房地产有关的税金

城建税=50×7%=3.5（万元）

教育费附加=50×3%=1.5（万元）

⑤从事房地产开发的加计扣除金额=（100+300）×20%

=80（万元）

⑥转让房地产的扣除项目金额=100+300+40+3.5+1.5+80

=525（万元）

（3）转让房地产的增值额=1000−525=475（万元）

（4）增值额与扣除项目金额的比率=475÷525×100%=90.48%

应纳土地增值税税额=475×40%−525×5%=163.75（万元）

【例13-2】某事业单位（非房地产开发单位）建造并出售了一栋写字楼，取得收入2 000万元（城市维护建设税税率为7%，印花税税率0.5‰，教育费附加征收率为3%）。该单位为建造此楼支付的地价款为300万元；房地产开发成本为400万元；房地产开发费用中的利息支出为200万元（能够按转让房地产项目计算分摊利息并提供工商银行证明），但其中有30万元的加罚利息。按规定其他房地产开发费用的计算扣除比例为5%（假定应纳增值税100万元）。

要求：计算应纳的土地增值税税额。

解：（1）确定转让房地产的收入=2 000万元

（2）确定转让房地产的扣除项目金额

①取得土地使用权所支付的金额=300万元

②房地产开发成本=400万元

③房地产开发费用=（300+400）×5%+（200−30）

=205（万元）

④与转让房地产有关的税金=100×（7%+3%）+2 000×0.5‰

=11（万元）

⑤扣除项目金额=300+400+205+11=916（万元）

（3）转让房地产的增值额=2 000−916=1 084（万元）

（4）增值额与扣除项目金额的比率=1 084÷916×100%≈118.34%

（5）应纳土地增值税税额=1 084×50%−916×15%=404.6（万元）

三、土地增值税的清算

1.清算收入的确认

（1）土地增值税清算时，已全额开具商品房销售发票的，按照发票所载金额确认收入。

（2）未开具发票或未全额开具发票的，以交易双方签订的销售合同所载的售房金额及其他收益确认收入。销售合同所载商品房面积与有关部门实际测量面积不一致，在清算前已发生补、退房款的，应在计算土地增值税时予以调整。

2.房开企业未支付的质量保证金的处理

房地产开发企业在工程竣工验收后，根据合同约定，扣留建筑安装施工企业一定比例的工程款，作为开发项目的质量保证金，在计算土地增值税时，建筑安装施工企业就质量保证金对房地产开发企业开具发票的，按发票所载金额予以扣除；未开具发票的，扣留的质量保证金不得计算扣除。

3.房地产开发费用的扣除

（1）财务费用中的利息支出，凡能够按转让房地产项目计算分摊并提供金融机构证明的，允许据实扣除，但最高不能超过按商业银行同类同期贷款利率计算的金额。其他房地产开发费用，在按照“取得土地使用权所支付的金额”与“房地产开发成本”金额之和的5%以内计算扣除。

（2）凡不能按转让房地产项目计算分摊利息支出或不能提供金融机构证明的，房地产开发费用在按“取得土地使用权所支付的金额”与“房地产开发成本”金额之和的10%以内计算扣除。

全部使用自有资金，没有利息支出的，按照以上方法扣除。具体适用的比例按省级人民政府此前规定的比例执行。

（3）房地产开发企业既向金融机构借款，又有其他借款的，其房地产开发费用计算扣除时不能同时适用本条前两项所述的两种办法。

（4）土地增值税清算时，已经计入房地产开发成本的利息支出，应调整至财务费用中计算扣除。

4.房地产企业逾期开发缴纳的土地闲置费的处理

房地产开发企业逾期开发缴纳的土地闲置费不得扣除。

5.房地产开发企业取得土地使用权时支付的契税的处理

房地产开发企业为取得土地使用权所支付的契税，应视同“按国家统一规定缴纳的有关费用”，计入“取得土地使用权所支付的金额”中扣除。

6.拆迁安置土地增值税的计算

（1）房地产企业用建造的本项目房地产安置回迁户的，安置用房视同销售不动产处理，同时将此确认为房地产开发项目的拆迁补偿费。房地产开发企业支付给回迁户的补差价款，计入拆迁补偿费；回迁户支付给房地产开发企业的补差价款，应抵减本项目拆迁补偿费。

（2）开发企业采取异地安置，异地安置的房屋属于自行开发建造的，房屋价值按《国家税务总局关于房地产开发企业土地增值税清算管理有关问题的通知》第三条第（一）款的规定计算，计入本项目的拆迁补偿费；异地安置的房屋属于购入的，以实际支付的购房支出计入拆迁补偿费。

（3）货币安置拆迁的，房地产开发企业凭合法有效凭据计入拆迁补偿费。

7.转让旧房准予扣除项目的加计扣除

纳税人转让旧房及建筑物，凡不能取得评估价格，但能提供购房发票的，经当地税务部门确认，取得土地使用权所支付的金额、旧房及建筑物的评估价格，可按发票所载金额并从购买年度起至转让年度止每年加计5%计算。计算扣除项目时“每年”按购房发票所载日期起至售房发票开具之日止，每满12个月计1年；超过1年，未满12个月但超过6个月的，可以视同为1年。

8.清算后应补缴的土地增值税滞纳金的处理

纳税人按规定预缴土地增值税后，清算补缴的土地增值税，在主管税务机关规定的期限内补缴的，不加收滞纳金。

第三节 土地增值税的申报与缴纳

一、减免税

1.纳税人建造普通标准住宅出售，增值额未超过扣除项目金额20%的，免征土地增值税；增值额超过扣除项目金额20%的，应就其全部增值额按规定计税。

对于纳税人既建普通标准住宅又搞其他房地产开发的，应分别核算增值额。不分别核算增值额或不能准确核算增值额的，其建造的普通标准住宅不适用这一免税规定。

2.因国家建设需要依法征用、收回的房地产，免征土地增值税。

3.个人因工作调动或改善居住条件而转让原自用住房，经向税务机关申报核准，凡居住满5年或5年以上的，免予征收土地增值税；居住满3年未满5年的，减半征收土地增值税；居住未满3年的，按规定计征土地增值税。

4.企事业单位、社会团体以及其他组织转让旧房作为廉租住房、经济适用住房房源且增值额未超过扣除项目金额20%的，免征土地增值税。

5.自2008年11月1日起，对个人销售住房暂免征收土地增值税。

二、纳税义务发生时间

1.以一次交割、付清价款方式转让房地产的，在办理过户、登记手续前一次性缴纳全部税额。

2.以分期收款方式转让的，先计算出应纳税总额，然后根据合同约定的收款日期和约定的收款比例确定应纳税额。

3.项目全部竣工结算前转让房地产的：

（1）纳税人进行小区开发建设的，其中一部分房地产项目因先行开发并已转让出去，但小区内的部分配套设施往往在转让后才建成，在这种情况下，税务机关可以对先行转让的项目，在取得收入时预征土地增值税。

（2）纳税人以预售方式转让房地产的，对在办理结算和转交手续前就取得的收入，税务机关也可以预征土地增值税。具体办法由各省、自治区、直辖市地方税务局根据当地情况制定。

凡采用预征方法征收土地增值税的，在该项目全部竣工办理清算时，都需要对土地增值税进行清算，根据应征税额和已征税额进行结算，多退少补。

三、纳税期限

纳税人应自转让房地产合同签订之日起7日内，向房地产所在地的地方税务机关办理纳税申报，并向税务机关提交房屋及建筑物产权、土地使用权证书，土地转让、房产买卖合同，房地产评估报告及其他与转让房地产有关的资料。

纳税人因经常发生房地产转让而难以在每次转让后申报的，经税务机关审核同意后，可以定期进行纳税申报，具体期限由税务机关根据情况确定。

四、纳税地点

纳税人应向房地产所在地（坐落地）主管税务机关办理纳税申报，并在税务机关核定的期限内缴纳土地增值税。

（1）纳税人是法人的。当转让的房地产坐落地与其机构所在地或经营所在地一致时，则在办理税务登记的原管辖税务机关申报纳税即可；如果转让的房地产坐落地与其机构所在地或经营所在地不一致时，则应按房地产坐落地所管辖的税务机关申报纳税。

（2）纳税人是自然人的。当转让的房地产坐落地与其居住所在地一致时，则在住所所在地税务机关申报纳税；当转让的房地产坐落地与其居住所在地不一致时，在办理过户手续所在地的税务机关申报纳税。

知识链接 13-2

五花八门的国外税收

1.更名税。比利时新法律规定，父母可以任意给子女改名，但必须缴纳200比利时法郎的“更名税”。

2.离婚税。美国加利福尼亚州实行一项简便的离婚法，规定结婚不满两年、未生养又无贵重财产的夫妻若想离婚，只要向州政府法律部门邮寄30美元离婚税，并保证双方无争议地分割好财产，其离婚即自动生效。

3.棺材税。英国伯明翰市规定死者躺用的棺材宽度为23英寸（58厘米），每超过1英寸就得缴税7.5英镑。据报道，因为市政局的挖坟工人不肯替大号棺材挖坑，工党议员便为工人说话，于是弄出了这个奇特的棺材税。

4.乞丐税。法国巴黎的香榭丽舍大街名气很大，外地乞丐和流浪汉纷纷拥向这里。对此，当局颇感有煞风景，于是规定，只有缴纳15 000法郎税款的乞丐，才能获得在该大道上行乞的准许证。

5.版面税。法国曾规定报纸必须按版面的多少缴纳税款，于是当时出现了仅有一个版面的大型报纸。

6.开窗税。古希腊规定，凡是朝着大街和向外打开的窗户，户主均需缴纳开窗税。

7.电视税。比利时居民购买电视机要缴税，欲看欧洲和北美其他国家电视台的节目，需申请接专用线路，并按期向政府和电视台付税。

8.狗税。匈牙利人喜欢养狗，自18世纪以来，一直征收狗税。

9.钓鱼税。在荷兰湖泊日趋减少，钓鱼者越来越多，为此政府制定垂钓管理法规，规定垂钓者应照章纳税，税额按区域等级而定。

10.未婚妈妈税。美国威斯康星州通过法令，对未婚但有私生子的少女征税。这样做是为了对未婚妈妈的家长施加压力，让他们管好自己的女儿。但未婚妈妈满18岁以后征税停止。

11.吃饭税。在美国，公款请客吃饭，要按饭费的50%交税，并在饭后两小时内向税务局缴纳税款。

12.小便税。在古罗马莱维尼斯帕西安时期，国家开征了小便税。理由是，有些厂家利用阴沟里的尿液制造氨水。

13.离婚税。美国加利福尼亚规定，结婚不满1年，未生养又无贵重财产的夫妻，欲离婚只要向州政府法律部门寄30美元离婚税，并保证双方无争执地分割财产，其离婚即自动生效。

14.英国曾征上帝人头税。美国布里斯顿圣越翰教堂的牧师丹伦，于1992年的一天，突然接到一张英国税务局寄来的缴税通知单：征收圣父、圣子、圣灵的三份人头税，共计521英镑。丹伦牧师接到税单之后哭笑不得，更不明白税务局为什么把三位一体的上帝拆开来征收三份人头税。丹伦牧师说，幸好税务局还体谅圣父、圣子、圣灵没钱，特准“他们”分期付款。牧师认为，若真要征收人头税，应有坎特伯雷大主教负责缴纳，否则便只有派税官前往收税，他相信上帝早已在等候税官了。税务局的官员则解释，他们之所以向上帝征收三份人头税，是因为有人代上帝填报税单，指圣父、圣子、圣灵是布里斯顿的“居民”，因为他是无处不在的，所以税务局要按照规定征税。

资料来源：佚名.五花八门的国外税收［EB/OL］.［2016-10-20］. http://www.qzwb.com/92ds/umtent/2013-03/29/wntent_4355586.htm.有改动。

本章小结

土地增值税是对有偿转让国有土地使用权及地上建筑物和其他附着物产权，取得增值收入的单位和个人征收的一种税。征税范围包括三种情况：一是出售国有土地使用权；二是取得国有土地使用权后进行房屋开发建造后出售；三是存量房地产买卖。常以三个标准来判定是否征收土地增值税：一是转让的土地使用权是否为国家所有；二是土地使用权、地上建筑物及其附着物是否发生产权转让；三是转让房地产是否取得收入。

土地增值税实行四级超率累进税率，计税依据是纳税人转让房地产所取得的增值额。

增值额=转让房地产收入-税法规定的扣除项目金额

税法规定的扣除项目金额包括：取得土地使用权所支付的金额、房地产开发成本、房地产开发费用、与转让房地产有关的税金和财政部规定的其他扣除项目（从事房地产开发的纳税人可加计20%扣除）。

在实际工作中，分步计算比较烦琐，可以采用速算扣除法计算。计算土地增值税税额，可按增值额乘以适用的税率减去扣除项目金额乘以速算扣除系数的简便方法进行。

计算步骤：扣除项目金额→增值额→增值率→确定税率→应纳税额

应纳税额=增值额×适用税率-扣除项目金额×速算扣除系数

纳税人应自转让房地产合同签订之日起7日内，向房地产所在地的地方税务机关办理纳税申报。

关键概念

土地增值税　征税范围　税率　增值额　扣除项目　减免税　纳税期限　纳税地点

基本训练

一、单项选择题

1.下列各项中，应征收土地增值税的是（　　）。

A.赠予社会公益事业的房地产　　B.个人之间互换自有居住用房地产

C.抵押期满权属转让给债权人的房地产　　D.出租的房地产

2.根据我国《土地增值税暂行条例》的规定，我国现行土地增值税实行的税率属于（　　）。

A.比例税率　　B.超额累进税率　　C.定额税率　　D.超率累进税率

3.房地产开发企业将开发产品用于下列（　　）项目，不属于视同销售房地产。

A.开发的部分房地产用于换取其他单位的非货币性资产

B.开发的部分房地产用于职工福利

C.开发的部分房地产用于出租

D.开发的部分房地产用于对外投资

4.房地产开发企业在确定土地增值税的扣除项目时，允许单独扣除的税金是（　　）。

A.增值税　　B.消费税　　C.城市维护建设税　　D.印花税

5.下列各项中，应当征收土地增值税的是（　　）。

A.国有土地使用权的出让　　B.国有土地使用权的转让

C.房地产出租　　D.房地产被国家征用

6.下列各项中，应当征收土地增值税的是（　　）。

A.公司与公司之间互换房产　　B.房地产开发公司为客户代建房产

C.兼并企业从被兼并企业取得房产　　D.双方合作建房按比例分配房产后自用

7.土地增值税纳税人应在签订房地产转让合同7日内，到（　　）税务机关办理纳税申报。

A.房地产所在地　　B.纳税人注册地　　C.纳税人核算地　　D.合同签订地

二、多项选择题

1.下列国有土地使用权变动项目中，属于土地增值税征税范围的有（　　）。

A.出让国有土地使用权　　B.出租国有土地使用权

C.转让国有土地使用权　　D.交换国有土地使用权

2.下列各项中，不属于土地增值税征税范围的有（　　）。

A.以房地产抵债而尚未发生房地产权属转让的

B.以房地产抵押贷款而房地产尚在抵押期间的

C.被兼并企业的房地产在企业兼并中转让到兼并方的

D.以出地、出资双方合作建房，建成后又转让给其中一方的

3.纳税人发生（　　）情形之一的，土地增值税以房地产评估价格为依据计算征收。

A.隐瞒、虚报房地产成交价格

B.提供扣除项目金额不实

C.转让已使用的房屋及建筑物的

D.转让房地产成交价格低于评估价格，又无正当理由

4.转让旧房产，计算其土地增值税增值额时准予扣除的项目有（　　）。

A.旧房产的评估价格　　B.支付评估机构的费用

C.建造旧房产的重置成本　　D.转让环节缴纳的各种税费

5.在计算土地增值税应纳税额时，纳税人为取得土地使用权支付的地价款准予扣除，以下关于地价款的表述，正确的有（　　）。

A.以协议方式取得土地使用权的，地价款为纳税人所支付的土地出让金

B.以行政划拨方式取得土地使用权的，地价款为同类土地的市场价格

C.以转让方式取得土地使用权的，地价款为向原土地使用权人实际支付的地价款

D.以拍卖方式取得土地使用权的，地价款为纳税人所支付的土地出让金

6.下列各种情形，不征收土地增值税的有（　　）。

A.继承房地产　　B.房地产的评估增值

C.房地产公司的代建房行为

D.房地产开发企业将自建的商品房用于职工福利

7.纳税人在计算土地增值税时，允许从收入中扣减的税金及附加有（　　）。

A.所得税　　B.增值税　　C.城建税　　D.教育费附加

8.计算土地增值税时，允许从房地产转让收入中扣除的项目有（　　）。

A. 取得土地使用权支付的金额　　B. 旧房及建筑物的评估价格

C. 与转让房地产有关的税金　　D. 房地产开发成本

9.计算土地增值税时，下列项目中准予扣除的有（　　）。

A.契税

B.开发小区的排污费、绿化费

C.安置动迁用房的支出

D.按照有关规定未计入房价向购买者收取的代收费用

三、判断题

1.转让旧房的，应按房屋的净值、取得土地使用权所支付的地价款和按国家统一规定缴纳的有关费用及在转让环节缴纳的税金作为扣除项目金额计征土地增值税。（　　）

2.土地增值税的计税依据为转让房地产的全部收入。（　　）

3.土地增值税的纳税人为转让土地使用权、地上的建筑物及其附着物并取得收入的单位和个人。（　　）

4.房地产开发费是指与房地产开发项目有关的销售费用、管理费用和财务费用。（　　）

5.与转让房地产有关的税金是指增值税、城建税、印花税。（　　）

6.土地增值税纳税人在纳税申报时提供扣除项目金额不实的，应由评估机关按照房屋重置成本价乘以成新度折扣率计算的房屋成本价和取得土地使用权时的基准地价进行评估，税务机关根据评估价格确定扣除项目金额。（　　）

四、计算题

1.某房地产开发公司转让一幢写字楼取得不含增值税收入1 000万元。已知该公司为取得土地使用权所支付的金额为50万元，房地产开发成本为200万元，房地产开发费用为

40万元，与转让房地产有关的允许扣除的税金为60万元。

要求：计算应纳土地增值税。

2. 某房地产公司2017年开发100栋花园别墅，其中80栋出售，10栋出租，10栋待售。每栋地价14.8万元，登记、过户手续费0.2万元，开发成本包括土地征用及拆迁补偿费、前期工程费、建筑安装工程费等，合计50万元，贷款支付利息0.5万元（能提供银行证明）。每栋售价180万元，假定应纳增值税720万元，适用城建税税率5%，教育费附加征收率3%。

要求：计算应纳土地增值税。

第十四章 烟叶税

学习目标

通过本章的学习，要求学生了解烟叶税的概念；掌握烟叶税的征税对象和计算方法；熟悉烟叶税的纳税人、税率和征收管理。

国家税务总局公布的“2004年中国纳税500强排行榜”中，烟草企业独占78家，纳税总额占500强纳税总额的26.6%。就全国范围而言，烟草行业上缴利税占中国财政收入的十分之一左右，烟草制造业稳居我国税收贡献的第一大产业，第一大税源。收购烟叶—加工烟丝—生产卷烟形成了市场上烟草的产业链。本章将揭开烟叶税的面纱。

第一节 烟叶税的基本要素

知识链接 14-1

烟草税

中国烟草税收始于明末清初，政府把烟草视同百货，在常关税①中征收，税率在2%~5%。新中国成立后，1950年1月，政务院颁发《货物税暂行条例》，对土烟叶和薰烟叶均征收货物税，其中，薰烟叶税率为30%，土烟叶税率为20%。

1994年1月30日，国务院发布《关于对农业特产征收农业税的规定》，作为重要农产品之一的烟叶，列在农业特产税中征收，烟叶产品中的晾晒烟叶和烤烟叶税率均为31%。

随着农村税费改革的深化，全国人大常委会继2005年12月29日废止《农业税条例》后，2006年2月17日，又废止了《国务院关于对农业特产收入征收农业税的规定》。但为保持政策的连续性，充分兼顾地方利益和有利于烟叶产区可持续发展，国务院决定自2006年1月1日起，开征烟叶税。

资料来源：安仲文，蒙丽珍.纳税会计实务［M］.大连：东北财经大学出版社，2013.

一、烟叶税概述

烟叶税是以纳税人收购烟叶的收购金额为计税依据征收的一种税。现行烟叶税的基本规范是2006年4月28日国务院颁布的《中华人民共和国烟叶税暂行条例》（以下简称《烟叶税暂行条例》）。

烟叶税的诞生是税制改革的结果，也是国家对烟草实行“寓禁于征”政策的继续，更

① 常关税是一种过境税。清沿明制，于水、陆交通要道、关隘等地方，均设关卡，向通过货物课税。

标志着由消费税、增值税及烟叶税形成的烟草税收调控体系已经形成。

二、征税范围

烟叶税以烟叶为征税对象。

烟叶是指晾晒烟叶（包括列入名晾晒烟名录的晾晒烟叶和未列入名晾晒烟名录的其他晾晒烟叶）和烤烟叶。

三、纳税人

在我国境内收购烟叶的单位为烟叶税的纳税人。

收购烟叶的单位是指依照《烟草专卖法》的规定有权收购烟叶的烟草公司或者受其委托收购烟叶的单位。

依照《烟草专卖法》查处没收的违法收购的烟叶，由收购罚没烟叶的单位按照购买金额计算缴纳烟叶税。

四、税率

烟叶税实行比例税率，税率为20%。

烟叶税税率的调整，由国务院决定。

第二节　烟叶税的计算

一、计税依据

烟叶税的计税依据为纳税人收购烟叶的收购金额。收购金额，包括纳税人支付给烟叶销售者的烟叶收购价款和价外补贴。

按照简化手续、方便征收的原则，对价外补贴统一暂按烟叶收购价款的10%计入收购金额征税。

收购金额计算公式如下：

收购金额=收购价款×（1+10%）

依照《中华人民共和国烟草专卖法》查处没收的违法收购的烟叶，由收购罚没烟叶的单位按照购买金额计算缴纳烟叶税。

二、应纳税额的计算

烟叶税的应纳税额按照纳税人收购烟叶的收购金额和规定的税率计算。

应纳税额=收购金额×税率

【例14-1】某卷烟厂向农场收购烟叶，支付款项合计50 000元，其中包含按照专卖局规定的价款支付的收购价款40 000元、价外补贴和打包费等10 000元，另外向运输公司支付该批烟叶的收购运输费200元。

要求：计算该卷烟厂收购烟叶应纳的烟叶税。

解：应纳税额=40 000×（1+10%）×20%=8 800（元）

【例14-2】某卷烟厂2016年12月从农业生产者手中收购烟叶，收购凭证上注明收购价款40 000元。

要求：（1）计算该卷烟厂收购烟叶应纳的烟叶税；

（2）计算本月准予抵扣的进项税额。

解：烟叶收购金额=收购价款×（1+10%）=40 000×（1+10%）=44 000（元）

应纳烟叶税税额=收购金额×20%=44 000×20%=8 800（元）

烟叶进项税额=（收购金额+烟叶税）×13%=（44 000+8 800）×13%=6 864（元）

第三节 烟叶税的申报与缴纳

一、纳税义务发生时间

烟叶税纳税义务发生时间为纳税人向烟叶销售者付讫收购烟叶款项或者开具收购烟叶凭据的当天。

二、纳税期限

纳税人应当自纳税义务发生之日起30日内申报纳税。

三、纳税地点

纳税人收购烟叶，应当向烟叶收购地的主管地方税务机关申报纳税。

本章小结

烟叶税以晾晒烟叶和烤烟叶为征税对象，以境内收购烟叶的单位作为烟叶税的纳税人，税率为20%。

烟叶税的计税依据是纳税人收购烟叶的收购金额。收购金额包括纳税人支付给烟叶销售者的烟叶收购价款和价外补贴，价外补贴统一暂按烟叶收购价款的10%计入收购金额。

应纳税额按照纳税人收购烟叶的收购金额和规定的税率计算。计算公式：

应纳税额=收购金额×税率

烟叶税的纳税义务发生时间为纳税人收购烟叶的当天。纳税人应当自纳税义务发生之日起30日内向烟叶收购地的地方税务机关申报纳税。

关键概念

烟叶税　征税对象　纳税人　税率　收购金额　纳税义务发生时间　纳税期限

基本训练

一、单项选择题

1.（　　）为烟叶税的纳税人。

A.在中华人民共和国境内收购烟叶的单位

B.在中华人民共和国境内收购烟叶的单位和个人

C.在中华人民共和国境内销售烟叶的单位和个人

D.在中华人民共和国境内销售烟叶的单位

2.烟叶税的征税对象为（　　）。

A.烟叶　　B.烟丝　　C.卷烟　　D.烟草

3.烟叶税的适用税率是（　　）。

A.10%　　B.15%　　C.20%　　D.25%

4.纳税人收购烟叶应当向（　　）的主管税务机关申报纳税。

A.烟叶收购地　　B.登记注册地　　C.经营所在地　　D.烟叶销售地

5.烟叶税由（　　）征收。

A.地方税务机关　B.财政机关　C.国家税务机关　D.工商机关

二、多项选择题

1.我国《烟叶税暂行条例》所称烟叶是指（　　）。

A.晾晒烟叶　B.烤烟叶　C.薰烟叶　D.土烟叶

2.烟叶税的征收管理依照（　　）的有关规定执行。

A.中华人民共和国税收征收管理法　B.中华人民共和国烟叶税暂行条例

C.国家法律、法规　D.烟草法律、法规

3.烟叶税的计税依据为纳税人收购烟叶的收购金额。收购金额包括纳税人支付给烟叶销售者的（　　）。

A.烟叶收购价款　B.价外补贴　C.基金　D.捐赠

4.下列关于烟叶税的说法，正确的有（　　）。

A.在中国境内收购的烟叶的单位需要代扣代缴烟叶税

B.烟叶税的税率为20%

C.烟叶的应纳税额等于烟叶收购金额乘以税率

D.烟叶税的纳税义务发生时间为纳税人收购烟叶的当天

5.烟叶税的征税范围包括（　　）。

A.采摘烟叶　B.晾晒烟叶　C.烤烟叶　D.烟丝

三、判断题

1.烟叶税实行全国统一比例税率，税率为20%。（　　）

2.在中华人民共和国境内收购烟叶的单位和个人为烟叶税的纳税人。（　　）

3.纳税人收购烟叶，应当向烟叶收购地的主管税务机关申报纳税。（　　）

4.烟叶税的纳税义务发生时间为纳税人收购烟叶的当天。（　　）

5.纳税人应当自纳税义务发生之日起60日内申报纳税。（　　）

四、计算题

某卷烟厂11月份收购烟叶20 000元，并向烟农开出专用收购发票。

要求：计算该卷烟厂收购烟叶应纳的烟叶税。

第十五章　企业所得税

学习目标

通过本章的学习，要求学生了解企业所得税的概念和特点；掌握应纳税所得额的确定，熟悉亏损弥补和应纳税额的计算；掌握企业所得税的征税对象、范围、纳税人、税率和税收优惠、缴纳方法、纳税期限和地点。

永凯是一家具有建设部一级资质的综合性房地产开发公司，主要从事老旧城区危房成片改造、市政设施建设、土地开发、工商业及民用住房的建设与经营等业务。该公司除缴纳增值税和土地增值税外，是否要缴纳企业所得税？本章将揭开企业所得税的面纱。

第一节　企业所得税的基本要素

知识链接 15-1

企业所得税简介

英国早在1909年起就开征了公司所得税，目前，世界上有160多个国家或地区开征了公司所得税。我国开征的企业所得税类似于国外的“公司所得税”或“法人所得税”，它是仅次于增值税的第二大税种。

1936年，国民政府公布了《所得税暂行条例》，于1937年正式实施。新中国成立后，在1950年1月，政务院颁布了《全国税政实施要则》，把对企业征收的所得税并入工商业税，同时又开征了薪金报酬所得税和存款利息所得税两个税种。但它还不是一个独立的税种，直到1958年实行工商税制改革时，所得税从工商业税中分离出来，定名为工商所得税。

1980年9月，我国颁布了《中外合资企业所得税法》，1981年12月，又颁布了《中华人民共和国外国企业所得税法》。这标志着我国建立起了有别于内资企业所得税制度的涉外企业所得税制度。

1983年，国务院在全国试行国营企业“利改税”，一改新中国成立后实行了30多年的国营企业向国家上缴利润的做法，要求国营企业向国家缴纳企业所得税。1984年9月，国务院颁布了《国营企业所得税条例（草案）》和《国营企业调节税征收办法》，规定实行独立经济核算的国营企业为企业所得税的纳税人。

1985年4月，国务院颁布了《集体企业所得税暂行条例》，统一了城乡集体企业的企业所得税。原来对集体企业征收的工商所得税同时停止执行。1988年6月，国务院又颁布了《私营企业所得税暂行条例》。

1991年，将原有的两部涉外企业所得税法合并为《外商投资企业和外国企业所得税法》，简化和完善了我国的涉外企业所得税制度，但有别于内资企业所得税的特点继续加以保持。

1993年12月，为统一内资企业所得税，国务院颁布了《企业所得税暂行条例》，将原来的国营企业所得税、集体企业所得税、私营企业所得税加以合并，较好地解决了不同所有制企业的税负不公问题，理顺了国家与内资企业的分配关系，促进了内资企业经营机制的转换，但有别于外资企业所得税的特点继续存在。

资料来源：中国注册会计师协会.税法［M］. 北京：经济科学出版社，2013.

一、企业所得税概述

企业所得税是对组织（企业）取得的生产经营所得和其他所得征收的一种税。现行的企业所得税的基本规范，是2007年3月十届全国人大五次会议通过的《中华人民共和国企业所得税法》（以下简称《企业所得税法》）和2007年11月国务院颁布的《中华人民共和国企业所得税法实施条例》（于2007年12月11日发布，自2008年1月1日起施行）。

企业所得税具有以下特点：

1.计税依据是应纳税所得额。它是收入总额扣除允许扣除的项目金额后的余额，与企业的本年利润是不相同的。

2.应纳税所得额的计算较复杂。税法在规定纳税人收入总额的前提下，对允许和不允许扣除的项目、允许扣除项目的扣除标准作了较详细的规定，所以导致应纳税所得额的计算较为复杂。

3.量能负担。企业所得税以纳税人的应税所得和适用税率计税，所得多的多纳税，所得少的少纳税，无所得的不纳税，体现了税收的纵向公平原则。

4.实行按年征收、分期预缴的征收管理方法。企业的经营业绩通常是按年衡量的，企业的会计核算也是按年进行的，所以企业所得税实行按纳税年度计征，有利于税款的征收管理。

二、纳税人

依法在中国境内成立的企业为企业所得税的纳税人，按照《企业所得税法》的规定缴纳企业所得税。

1.依法在中国境内成立的企业，但依照中国法律、行政法规成立的个人独资企业、合伙企业除外。

依法在中国境内成立的企业，包括依照中国法律、行政法规在中国境内成立的企业、事业单位、社会团体以及其他取得收入的组织。

2.依照外国（地区）法律成立但实际管理机构在中国境内的企业。

依照外国（地区）法律成立的企业，包括依照外国（地区）法律成立的企业和其他取得收入的组织。在香港特别行政区、澳门特别行政区和台湾地区成立的企业，视同依照外国（地区）法律成立的企业。

企业依据登记注册地标准与实际管理机构地标准相结合的方法来判定企业的居民身份。

居民与非居民，在税收领域中是一对相关联的、有特殊含义的概念。所谓居民是指按照该国法律，由于住所、居住时间、注册登记地或管理机构所在地，或其他类似标准，在该国负有全面纳税义务的人，包括个人居民和法人居民。非居民是指凡不符合该国居民身份，在该国负有有限纳税义务的人。居民与非居民身份的确定，能够区别不同类型的纳税义务人，明确划分税收管辖权。

居民企业是指依法在中国境内成立，或者依照外国（地区）法律成立但实际管理机构在中国境内的企业。只要企业的登记注册地和实际管理机构地的其中一个设在中国境内，就是居民企业，这使得那些并不是按照中国法律在中国登记注册，但其实际管理机构设在中国境内的外国企业也成了居民企业，同样，按照中国法律在中国登记注册，但其实际管理机构设在中国境外的中资企业，也是中国的居民纳税人。居民企业承担无限纳税义务，应当就其来源于中国境内、境外的所得缴纳企业所得税。

非居民企业，是指依照外国（地区）法律成立且实际管理机构不在中国境内，但在中国境内设立机构、场所的，或者在中国境内未设立机构、场所，但有来源于中国境内所得的企业，承担有限纳税义务。一般只就其来源于我国境内的所得纳税。

实际管理机构，是指对企业的生产经营、人员、账务、财产等实施实质性全面管理和控制的机构。

机构、场所，是指在中国境内从事生产经营活动的机构、场所，包括：

（1）管理机构、营业机构、办事机构；

（2）工厂、农场、开采自然资源的场所；

（3）提供劳务的场所；

（4）从事建筑、安装、装配、修理、勘探等工程作业的场所；

（5）其他从事生产经营活动的机构、场所。

非居民企业委托营业代理人在中国境内从事生产经营活动的，包括委托单位和个人经常代其签订合同，或者储存、交付货物等，该营业代理人视为非居民企业在中国境内设立的机构、场所。

三、征税对象和范围

企业所得税的征税对象是企业取得的生产经营所得、其他所得和清算所得，从空间范围上看包括来源于中国境内、境外的所得。

1.居民企业应就来源于中国境内、境外的所得作为征税对象。所得，包括销售货物所得、提供劳务所得、转让财产所得、股息红利等权益性投资所得、利息所得、租金所得、特许权使用费所得、接受捐赠所得和其他所得。

非居民企业应就来源于中国境内、境外的所得作为征税对象。

2.非居民企业在中国境内设立机构、场所的，应当就其所设机构、场所取得的来源于中国境内的所得，以及发生在中国境外但与其所设机构、场所有实际联系的所得，缴纳企业所得税。非居民企业在中国境内未设立机构、场所的，或者虽设立机构、场所但取得的所得与其所设机构、场所没有实际联系的，应当就其来源于中国境内的所得缴纳企业所得税。

实际联系是指非居民企业在中国境内设立的机构、场所拥有据以取得所得的股权、债权，以及拥有、管理、控制据以取得所得的财产等。

关于所得来源地的确定：

（1）销售货物所得，按照交易活动发生地确定；

（2）提供劳务所得，按照劳务发生地确定；

（3）转让财产所得，不动产转让所得按照不动产所在地确定，动产转让所得按照转让动产的企业或者机构、场所所在地确定，权益性投资资产转让所得按照被投资企业所在地确定；

（4）股息红利等权益性投资所得，按照分配所得的企业所在地确定；

（5）利息所得、租金所得、特许权使用费所得，按照负担或者支付所得的企业或者机构、场所所在地，负担或者支付所得的个人的住所所在地确定；

（6）其他所得，由国务院财政、税务主管部门确定。

四、税率

1.基本税率为25%。适用于居民企业和在中国境内设有机构、场所且所得与机构、场所有关联的非居民企业。

2.低税率为20%。适用于在中国境内未设立机构、场所的，或虽设立机构、场所但取得的所得与其所设机构、场所没有实际联系的非居民企业。但对该类企业实际征税时适用10%的税率。

第二节　企业所得税应纳税所得额的确定

应纳税所得额是企业所得税的计税依据，是计算企业所得税的关键。企业每一纳税年度的收入总额减除不征税收入、免税收入、各项扣除以及允许弥补的以前年度亏损后的余额，为应纳税所得额。其计算公式为：

应纳税所得额=收入总额-不征税收入-免税收入-准予扣除项目金额-允许弥补的以前年度亏损

企业确实不能提供真实、完整、准确的收入、支出凭证，不能正确申报应纳税所得额的，税务机关可以采取成本加合理利润、费用换算以及其他合理方法核定其应纳税所得额。

企业应纳税所得额的计算，除有特殊规定外，以权责发生制为原则，即属于当期的收入和费用，不论款项是否收付，均作为当期的收入和费用；不属于当期的收入和费用，即使款项已经在当期收付，也不作为当期的收入和费用。在计算应纳税所得额时，企业财务、会计处理办法与税收法律、行政法规的规定不一致的，应当依照税收法律、行政法规的规定计算。应纳税所得额的计算主要包括收入总额、扣除范围和标准、资产的税务处理、亏损弥补等。

一、收入总额

企业以货币形式和非货币形式从各种来源取得的收入，为收入总额。企业以货币形式取得的收入，包括现金、银行存款、应收账款、应收票据、准备持有至到期的债券投资以及债务的豁免等。企业以非货币形式取得的收入，包括存货、固定资产、投资性房地产、生物资产、无形资产、股权投资、劳务、不准备持有至到期的债券投资等资产以及其他权益。

需要特别强调的是，由于增值税为价外税，本章所称“收入”“所得”或“支付的价款”“费用”（含习题部分）均不含增值税。

（一）一般收入的确认

1.销售货物收入，是指企业销售商品、产品、原材料、包装物、低值易耗品以及其他存货取得的收入。

2.提供劳务收入，是指企业从事建筑安装、修理修配、交通运输、仓储租赁、金融保险、邮电通信、咨询经纪、文化体育、科学研究、技术服务、教育培训、餐饮住宿、中介代理、卫生保健、社区服务、旅游、娱乐、加工和其他劳务服务活动取得的收入。

3.转让财产收入，是指企业转让固定资产、投资性房地产、生物资产、无形资产、股权、债权等所取得的收入。

企业转让股权收入，应于转让协议生效且完成股权变更手续时，确认收入的实现。转让股权收入扣除为取得该股权所发生的成本后，为股权转让所得。企业在计算股权转让所得时，不得扣除被投资企业未分配利润等股东留存收益中按该项股权所可能分配的金额。

4.股息、红利等权益性投资收益，是指企业因权益性投资从被投资方取得的分配收入。除国务院财政、税务主管部门另有规定外，按照被投资方作出利润分配决定的日期确认收入的实现。

5.利息收入，是指企业将资金提供他人使用但不构成权益性投资或因他人占用本企业资金所取得的利息收入，包括存款利息、贷款利息、债券利息、欠款利息等收入。按照合同约定的债务人应付利息的日期确认收入的实现。

6.租金收入，是指企业提供固定资产、包装物和其他资产的使用权取得的收入。按照合同约定的承租人应付租金的日期确认实现。

7.特许权使用费收入，是指企业提供专利权、非专利技术、商标权、著作权以及其他特许权的使用权而取得的收入。按照合同约定的特许权使用人应付特许权使用费的日期确认收入的实现。

8.接受捐赠收入，是指企业接受的来自其他企业、组织和个人自愿和无偿给予的货币性或非货币性资产。按实际收到捐赠资产的日期确认收入的实现。

9.其他收入，是指企业取得的除税法规定的上述收入以外的一切收入，包括企业资产溢余收入、逾期未退包装物押金收入、确实无法偿付的应付款项、已作坏账损失处理后又收回的应收款项、债务重组收入、补贴收入、违约金收入、汇兑收益等。

（二）特殊收入的确认

1.企业以非货币形式取得的收入，应当按公允价值确定收入额。公允价值，是指按照市场价格确定的价值。

2.企业受托加工制造大型机械设备、船舶、飞机等，以及从事建筑、安装、装配工程业务或者提供劳务等，持续时间超过12个月的，按照纳税年度内完工进度或者完成的工作量确认收入的实现。

3.采取产品分成方式取得收入的，按照企业分得产品的时间确认收入的实现，其收入额按照产品的公允价值确定。

4.企业发生非货币性资产交换，以及将货物、财产、劳务用于捐赠、赞助、集资、广告、样品、职工福利和利润分配，应当视同销售货物、转让财产和提供劳务，国务院财政、税务主管部门另有规定的除外。

（三）资产处置收入的确认

处置资产收入的确认区分的关键是资产所有权属在形式和实质上是否发生改变。

（1）内部处置资产——所有权属在形式和内容上均不变，不视同销售确认收入（除资产转移至境外的除外）。

（2）资产移送他人——所有权属已发生改变，按视同销售确定收入。

（3）企业转让限售股取得的收入，扣除限售股原值和合理税费后的余额为该限售股转让所得。

企业未能提供完整、真实的限售股原值凭证，不能准确计算该限售股原值的，主管税务机关一律按该限售股转让收入的15%核定该限售股原值和合理税费。

企业应按减持在证券登记结算机构登记的限售股取得的全部收入，计入企业当年度应税收入计算纳税。

（四）不征税收入

1.财政拨款，但国务院以及财政部、国家税务总局另有规定的除外。财政拨款，是指各级政府对纳入预算管理的事业单位、社会团体等组织拨付的财政资金。

2.依法收取并纳入财政管理的行政事业性收费、政府性基金。行政事业性收费，是指企业根据法律、行政法规、地方性法规等有关规定，依照国务院规定程序批准，向特定服务对象收取并纳入预算管理的费用。

政府性基金，是指企业根据法律、行政法规等有关规定，代政府收取的具有专项用途的财政资金。

3.国务院规定的其他不征税收入。其他不征税收入，是指企业取得的国务院财政、税务主管部门规定专门用途的财政性资金。

企业取得的不征税收入，应按照规定进行处理。凡未按照上述规定进行管理的，应作为企业应税收入计入应纳税所得额，依法缴纳企业所得税。

（五）免税收入

1.国债利息收入，是指企业持有国务院财政部门发行的国债取得的利息收入。

2.符合条件的居民企业之间的股息、红利等权益性投资收益，是指居民企业直接投资于其他居民企业取得的投资收益。

3.在中国境内设立机构、场所的非居民企业从居民企业取得与该机构、场所有实际联系的股息、红利等权益性投资收益。

居民企业和非居民企业取得的免税股息、红利等权益性投资收益不包括连续持有居民企业公开发行并上市流通的股票不足12个月取得的投资收益。

4.符合条件的非营利组织的收入，不包括非营利组织从事营利性活动取得的收入，但国务院财政、税务主管部门另有规定的除外。

（六）应税收入额的计算

应税收入额等于收入总额减去不征税收入和免税收入后的余额。计算公式为：

应税收入额=收入总额-不征税收入-免税收入

二、准予扣除项目

（一）税前扣除项目的原则

企业申报的扣除项目和金额要真实、合法。真实是指能够提供准许使用的有效证明，证明有关支出确属已经实际发生；合法是指符合国家税收法规，其他法规与税收规定不一致的，以税收法规规定为准。除税收法规另有规定者之外，税前扣除的确认一般应遵循以下原则：

1.权责发生制原则，即纳税人应在费用发生时而不是实际支付时确认扣除。

2.配比原则，即纳税人发生的费用应在费用应配比或应分配的当期申报扣除。纳税人某一纳税年度应申报的可扣除费用不得提前或滞后申报扣除。

3.相关性原则，即纳税人可扣除的费用从性质和根源上必须与取得的应税收入相关。

4.确定性原则，即纳税人可扣除的费用不论何时支付，其金额必须是确定的。

5.合理性原则，即纳税人可扣除费用的计算和分配方法应符合一般的经营常规和会计惯例。

（二）扣除项目的范围

企业实际发生的与取得收入有关的、合理的支出，包括成本、费用、税金、损失和其他支出，准予在计算应纳税所得额时扣除。实际业务中，计算应纳税所得额时还应注意三方面的内容：①企业发生的支出应当区分收益性支出和资本性支出。收益性支出在发生当期直接扣除；资本性支出应当分期扣除或者计入有关资产成本，不得在发生当期直接扣除。②企业的不征税收入用于支出所形成的费用或者财产，不得扣除或者计算对应的折旧、摊销扣除。③除《企业所得税法》和实施条例另有规定外（因为有加计扣除的规定），企业实际发生的成本、费用、税金、损失和其他支出，不得重复扣除。

1.成本，指企业在生产经营活动中发生的销售成本、销货成本、业务支出以及其他耗费，即企业销售商品（产品、材料、下脚料、废料、废旧物资等）、提供劳务、转让固定资产、无形资产（包括技术转让）的成本。

企业必须将经营活动中发生的成本合理划分为直接成本和间接成本。直接成本是可直接计入有关成本计算对象或劳务的经营成本中的直接材料、直接人工等。间接成本是指多个部门为同一成本对象提供服务的共同成本，或者同一种投入可以制造、提供两种或两种以上的产品或劳务的联合成本。

直接成本可根据有关会计凭证、记录直接计入有关成本计算对象或劳务的经营成本中。间接成本必须根据与成本计算对象之间的因果关系、成本计算对象的产量等，以合理的方法分配计入有关成本计算对象中。

2.费用，指企业每一纳税年度为生产、经营商品和提供劳务等所发生的销售（经营）费用、管理费用和财务费用。已计入成本的有关费用除外。

销售费用是应由企业负担的为销售商品而发生的费用，包括广告费、运输费、装卸费、包装费、展览费、保险费、销售佣金（能直接认定的进口佣金调整商品进价成本）、代销手续费、以经营性租赁方式租入销售场所的租赁费及销售部门发生的差旅费、工资、福利费等费用。

管理费用是企业的行政管理部门为管理组织经营活动提供各项支援性服务而发生的费用。管理费用包括由企业统一负担的总部（公司）经费、未形成无形资产成本的研究开发费（技术开发费）、社会保障性缴款、劳动保护费、业务招待费、工会经费、职工教育经费、股东大会或董事会费、开办费摊销、管理用无形资产摊销（含土地使用费、土地损失补偿费）、矿产资源补偿费、消防费、排污费、绿化费、外事费和法律、财务、资料处理及会计事务方面的成本（咨询费、诉讼费、聘请中介机构费、商标注册费等），以及向总机构（指同一法人的总公司性质的总机构）支付的与本身营利活动有关的合理的管理费等，已计入税金的印花税等税金除外。除经国家税务总局或其授权的税务机关批准外，企业不得列支向其关联企业支付的管理费。

财务费用是企业筹集经营性资金而发生的费用，包括利息净支出、汇兑净损失、金融机构手续费以及其他未予资本化计入资产成本的利息支出。

3.税金。指企业发生的除企业所得税和允许抵扣的增值税以外的各项税金及其附加，即企业按规定缴纳的消费税、城市维护建设税、关税、资源税、土地增值税、房产税、车船税、城镇土地使用税、印花税、教育费附加等产品销售税金及附加。这些税金准予税前扣除。增值税属于价外税，在应纳税所得额中不得扣除。

4.损失。指企业经营活动中实际发生的固定资产和存货的盘亏、毁损、报废净损失，转让财产损失，呆账损失，坏账损失，以及遭受自然灾害等不可抗力因素造成的非常损失及其他损失。

企业发生的损失，减除责任人赔偿和保险赔款后的余额，按照国务院财政、税务主管部门的规定扣除。

企业已经作为损失处理的资产，在以后纳税年度全部收回或者部分收回时，应当计入当期收入。

5.其他支出。指除成本、费用、税金、损失外，企业在生产经营活动中发生的与生产经营活动有关的、合理的支出。

（三）部分扣除项目的具体范围和标准

1.工资、薪金支出。指企业每一纳税年度支付给在本企业任职或者受雇的员工的所有现金或者非现金形式的劳动报酬，包括基本工资、奖金、津贴、补贴、年终加薪、加班工资，以及与任职或者受雇有关的其他支出。企业发生的合理的工资、薪金，准予扣除。企业在年度汇算清缴结束前向员工实际支付的已预提汇缴年度工资薪金，准予在汇缴年度按规定扣除。

列入企业员工工资薪金制度、固定与工资薪金一起发放的福利性补贴，符合《国家税务总局关于企业工资薪金及职工福利费扣除问题的通知》（国税函〔2009〕3号）第一条规定的，可作为企业发生的工资、薪金支出，按规定在税前扣除；不能同时符合上述条件的，视为职工福利费，按规定计算限额税前扣除。

企业接受外部劳务派遣用工所实际发生的费用，按照协议（合同）约定直接支付给劳务派遣公司的费用，应作为劳务费支出；直接支付给员工个人的费用，应作为工资薪金支出和职工福利费支出。其中属于工资、薪金支出的费用，准予计入企业工资、薪金总额的基数，作为计算其他各项相关费用扣除的依据。

2.职工福利费、工会经费、职工教育经费。企业发生的职工福利费、工会经费、职工教育经费按标准扣除，没超过扣除标准的按实际发生数扣除，超过标准的只能按标准扣除，超出标准的部分不得扣除或在以后年度结转扣除。

（1）企业发生的职工福利费支出，不超过工资、薪金总额14%的部分准予扣除。

（2）企业拨缴的工会经费支出，不超过工资、薪金总额2%的部分准予扣除。

（3）除国务院财政、税务主管部门另有规定外，企业发生的职工教育经费支出，不超过工资、薪金总额2.5%的部分，准予扣除；超过部分，准予在以后纳税年度结转扣除。

3.社会保险费。

（1）企业按照政府规定的范围和标准缴纳的“五险一金”，即基本养老保险费、基本医疗保险费、失业保险费、工伤保险费、生育保险费等基本社会保险费和住房公积金，准予扣除。

（2）企业为在本企业任职或受雇的全体员工支付的补充养老保险费、补充医疗保险费，分别在不超过职工工资总额5%标准内的部分，准予扣除。超过的部分，不予扣除。

（3）企业参加财产保险，按照规定缴纳的保险费，准予扣除；企业为投资者或者职工支付的商业保险费，不得扣除。企业依照国家有关规定为特殊工种职工支付的人身安全保险费和符合国务院财政、税务主管部门规定可以扣除的商业保险费准予扣除。

4.利息费用。企业在生产经营活动中发生的利息费用，按下列规定扣除：

（1）非金融企业向金融企业借款的利息支出、金融企业的各项存款利息支出和同业拆借利息支出、企业经批准发行债券的利息支出可据实扣除。

（2）非金融企业向非金融企业借款的利息支出，不超过按照金融企业同期同类贷款利率计算的数额的部分可据实扣除，超过部分不允许扣除。

（3）企业从其关联方接受的债权性投资与权益性投资的比例超过规定标准而发生的利息支出，不得在计算应纳税所得额时扣除。

（4）企业向自然人借款的利息支出在企业所得税税前扣除：

①企业向股东或其他与企业有关联关系的自然人借款的利息支出，应根据关联方利息支出税前扣除标准，计算企业所得税扣除额。

②企业向除①规定以外的内部职工或其他人员借款的利息支出，其借款情况同时符合以下条件的，其利息支出在不超过按照金融企业同期同类贷款利率计算的数额的部分，准予扣除：一是借贷是真实、合法、有效的，并且不具有非法集资目的或其他违反法律、法规的行为；二是签订借款合同。

（5）企业投资者在规定期限内未缴足其应缴资本额的，该企业对外借款所发生的利息，相当于投资者实缴资本额与在规定期限内应缴资本额的差额应计付的利息，其不属于企业合理的支出，应由企业投资者负担，不得在计算企业应纳税所得额时扣除。

具体计算不得扣除的利息，应以企业一个年度内每一账面实收资本与借款余额保持不变的期间作为一个计算期，每一计算期内不得扣除的借款利息按该期间借款利息发生额乘以该期间企业未缴足的注册资本占借款总额的比例计算，公式为：

$$\text{企业每一计算期不得扣除的借款利息} = \text{该期间借款利息额} \times \text{该期间未缴足注册资本额} \div \text{该期间借款额}$$

企业一个年度内不得扣除的借款利息总额为该年度内每一计算期不得扣除的借款利息额之和。

5.借款费用。

（1）企业在生产经营活动中发生的合理的不需要资本化的借款费用，准予扣除。

（2）企业为购置、建造固定资产、无形资产和经过12个月以上的建造才能达到预定可销售状态的存货发生借款的，在有关资产购置、建造期间发生的合理的借款费用，应当作为资本性支出计入有关资产的成本，并依照《实施条例》的规定扣除。

6.汇兑损益。企业在货币交易中，以及纳税年度终了时将人民币以外的货币性资产、负债按照期末即期人民币汇率中间价折算为人民币时产生的汇兑损失，除已经计入有关资产成本以及与向所有者进行利润分配相关的部分外，准予扣除。

7.业务招待费。

（1）企业发生的与生产经营活动有关的业务招待费支出，按照发生额的60%扣除，但最高不得超过当年销售（营业）收入的5‰。

（2）对从事股权投资业务的企业（包括集团公司总部、创业投资企业等），其从被投资企业所分配的股息、红利以及股权转让收入，可以按规定的比例计算业务招待费扣除限额。

（3）企业通过发行债券、取得贷款、吸收保户储金等方式融资而发生的合理的费用支出，符合资本化条件的，应计入相关资产成本；不符合资本化条件的，应作为财务费用，准予在企业所得税前据实扣除。

8.广告费和业务宣传费。

（1）企业发生的符合条件的广告费和业务宣传费支出，除国务院财政、税务主管部门另有规定外，不超过当年销售（营业）收入15%的部分，准予扣除；超过部分，准予在以后纳税年度结转扣除。

（2）对化妆品制造与销售、医药制造和饮料制造（不含酒类制造）企业发生的广告费和业务宣传费支出，不超过当年销售（营业）收入30%的部分，准予扣除；超过部分，准予在以后纳税年度结转扣除。

（3）烟草企业的烟草广告费和业务宣传费支出，一律不得在计算应纳税所得额时扣除。

9.环境保护专项资金。企业依照法律、行政法规有关规定提取的用于环境保护、生态恢复等专项资金，准予扣除。专项资金提取后改变用途的，不得扣除。

10.租赁费。企业根据生产经营活动的需要租入固定资产支付的租赁费，按照以下方法扣除：

（1）以经营租赁方式租入固定资产发生的租赁费支出，按照租赁期限均匀扣除。

（2）以融资租赁方式租入固定资产发生的租赁费支出，按照规定构成融资租入固定资产价值的部分应当提取折旧费用，分期扣除。

11.劳动保护费。企业发生的合理的劳动保护支出，准予扣除。

12.公益、救济性捐赠支出。企业发生的公益性捐赠支出不超过年度利润总额12%的部分，准予扣除。

年度利润总额是指企业按照国家统一会计制度的规定计算的年度会计利润。

公益性捐赠是指企业通过公益性社会团体或者县级以上人民政府及其部门，用于我国《公益事业捐赠法》规定的公益事业的捐赠。

公益性社会团体是指同时符合下列条件的基金会、慈善组织等社会团体：

（1）依法登记，具有法人资格；

（2）以发展公益事业为宗旨，并不以营利为目的；

（3）全部资产及其增值为该法人所有；

（4）收益和营运结余主要用于设立目的的事业；

（5）终止后的剩余财产不归属任何个人或者营利组织；

（6）不经营与其设立目的无关的业务；

（7）有健全的财务会计制度；

（8）捐赠者不以任何形式参与社会团体财产的分配；

（9）国务院财政、税务主管部门会同民政主管部门等登记管理部门规定的其他条件。

13.总机构分摊的费用。非居民企业在中国境内设立的机构、场所，就其中国境外总机构发生的与该机构、场所生产经营有关的费用，能够提供总机构出具的费用汇集范围、定额、分配依据和方法等证明文件，并合理分摊的，准予扣除。

14.资产损失。

（1）企业当期发生的固定资产和流动资产盘亏、毁损净损失，由其提供清查盘存资料经主管税务机关审核后，准予扣除；

（2）企业因存货盘亏、毁损、报废等原因不得从销项税金中抵扣的进项税金，应视同企业财产损失，准予与存货损失一起在所得税前按规定扣除。

15.其他项目。企业依照有关法律、行政法规和国家有关税法规定发生的会员费、合理的会议费、差旅费、违约金、诉讼费用等，准予扣除。

16.手续费及佣金支出。

（1）企业发生与生产经营有关的手续费及佣金支出，不超过以下规定计算限额以内的部分，准予扣除；超过部分，不得扣除：

①保险企业：财产保险企业按当年全部保费收入扣除退保金等后余额的15%计算限额；人身保险企业按当年全部保费收入扣除退保金等后余额的10%计算限额。

②电信企业在发展客户、拓展业务等过程中（如委托销售电话入网卡、电话充值卡等），需向经纪人、代办商支付手续费及佣金的，其实际发生的相关手续费及佣金支出，不超过企业当年收入总额5%的部分，准予在企业所得税前据实扣除。

③其他企业：按与具有合法经营资格的中介服务机构或个人（不含交易双方及其雇员、代理人和代表人等）所签订服务协议或合同确认的收入金额的5%计算限额。

（2）企业应与具有合法经营资格的中介服务企业或个人签订代办协议或合同，并按国家有关规定支付手续费及佣金。除委托个人代理外，企业以现金等非转账方式支付的手续费及佣金不得在税前扣除。企业为发行权益性证券支付给有关证券承销机构的手续费及佣金不得在税前扣除。

（3）企业不得将手续费及佣金支出计入回扣、业务提成、返利、进场费等费用。

（4）企业已计入固定资产、无形资产等相关资产的手续费及佣金支出，应当通过折旧、摊销等方式分期扣除，不得在发生当期直接扣除。

（5）企业支付的手续费及佣金不得直接冲减服务协议或合同金额，并如实入账。

（6）企业应当如实向当地主管税务机关提供当年手续费及佣金计算分配表和其他相关资料，并依法取得合法真实凭证。

17.企业员工服饰费用支出。企业根据其工作性质和特点，由企业统一制作并要求员工工作时统一着装所发生的工作服饰费用，可以作为企业合理的支出给予税前扣除。

18.航空企业空勤训练费。航空企业实际发生的飞行员养成费、飞行训练费、乘务训练费、空中保卫员训练费等空勤训练费用，可以作为航空企业运输成本在税前扣除。

19.投资企业撤回或减少投资。投资企业从被投资企业撤回或减少投资，其取得的资产中，相当于初始出资的部分，应确认为投资收回；相当于被投资企业累计未分配利润和累计盈余公积按减少实收资本比例计算的部分，应确认为股息所得；其余部分确认为投资资产转让所得。

被投资企业发生的经营亏损，由被投资企业按规定结转弥补；投资企业不得调整或调减其投资成本，也不得将其确认为投资损失。

20.以前年度发生应扣未扣支出的处理。对企业发现以前年度实际发生的、按照税收规定应在企业所得税前扣除而未扣除或者少扣除的支出，企业做出专项申报及说明后，准予追补至该项目发生年度计算扣除，但追补确认期限不得超过5年。

企业由于上述原因多缴的企业所得税税款，可以在追补确认年度企业所得税应纳税款中抵扣，不足抵扣的，可以向以后年度递延抵扣或申请退税。

亏损企业追补确认以前年度未在企业所得税前扣除的支出，或盈利企业经过追补确认后出现亏损的，应首先调整该项支出所属年度的亏损额，然后再按照弥补亏损的原则计算以后年度多缴的企业所得税税款，并按前款规定处理。

21.税前扣除规定与企业实际会计处理差异的协调。对企业依据财务会计制度规定，并实际在财务会计处理上已确认的支出，凡没有超过《企业所得税法》和有关税收法规规定的税前扣除范围和标准的，可按企业实际会计处理确认的支出，在企业所得税前扣除，计算其应纳税所得额。

三、不予扣除的项目

在计算应纳税所得额时，下列支出不得扣除：

1.向投资者支付的股息、红利等权益性投资收益款项：指企业向股权投资者支付的股息、红利和其他形式的经济利益。

2.企业所得税税款。

3.税收滞纳金：指纳税人违反税收法规，被税务机关处以的滞纳金。

4.罚金、罚款和被没收财物的损失：指纳税人违反国家有关法律、法规规定，被有关部门处以的罚款，以及被司法机关处以的罚金和被没收的财物。

5.公益性捐赠以外的捐赠支出。

6.赞助支出：指企业发生的与生产经营活动无关的各种非广告性质支出。

7.未经核定的准备金支出：指不符合国务院财政、税务主管部门规定的各项资产减值准备、风险准备等准备金支出。

8.企业之间支付的管理费、企业内营业机构之间支付的租金和特许权使用费，以及非银行企业内营业机构之间支付的利息，不得扣除。

9.与取得收入无关的其他支出：指除税法和条例规定的法定支出之外的，财政部、国家税务总局规定的与企业取得收入无关的各项支出。

四、资产的税务处理

资产是由于资本投资而形成的财产，对于资本性支出以及无形资产受让、开办、开发费用，不允许作为成本、费用从纳税人的收入总额中作一次性扣除，只能采取分次计提折旧或分次摊销的方式予以扣除，即纳税人经营活动中使用的固定资产的折旧费用、无形资产和长期待摊费用的摊销费用可以扣除。纳入税务处理范围的资产形式主要有固定资产、生物资产、无形资产、长期待摊费用、投资资产、存货等，均以历史成本为计税基础。历史成本是指企业取得该项资产时实际发生的支出。企业持有各项资产期间资产增值或者减值，除国务院财政、税务主管部门规定可以确认损益外，不得调整该资产的计税基础。

（一）固定资产

固定资产是指企业为生产产品、提供劳务、出租或者经营管理而持有的、使用时间超过12个月的非货币性资产，包括房屋、建筑物、机器、机械、运输工具以及其他与生产经营活动有关的设备、器具、工具等。

1.固定资产的计税基础

（1）外购的固定资产，以购买价款和支付的相关税费以及直接归属于使该资产达到预定用途发生的其他支出为计税基础；

（2）自行建造的固定资产，以竣工结算前发生的支出为计税基础；

（3）融资租入的固定资产，以租赁合同约定的付款总额和承租人在签订租赁合同过程中发生的相关费用为计税基础，租赁合同未约定付款总额的，以该资产的公允价值和承租人在签订租赁合同过程中发生的相关费用为计税基础；

（4）盘盈的固定资产，以同类固定资产的重置完全价值为计税基础；

（5）通过捐赠、投资、非货币性资产交换、债务重组等方式取得的固定资产，以该资产的公允价值和支付的相关税费为计税基础；

（6）改建的固定资产，除已足额提取折旧的固定资产和租入的固定资产以外的其他固定资产，以改建过程中发生的改建支出增加计税基础。

2.固定资产折旧的范围

在计算应纳税所得额时，企业按照规定计算的固定资产折旧，准予扣除。下列固定资产不得计算折旧扣除：

（1）房屋、建筑物以外未投入使用的固定资产；

（2）以经营租赁方式租入的固定资产；

（3）以融资租赁方式租出的固定资产；

（4）已足额提取折旧仍继续使用的固定资产；

（5）与经营活动无关的固定资产；

（6）单独估价作为固定资产入账的土地；

（7）其他不得计算折旧扣除的固定资产。

3.固定资产折旧的计提方法

（1）企业应当自固定资产投入使用月份的次月起计算折旧；停止使用的固定资产，应当自停止使用月份的次月起停止计算折旧。

（2）企业应当根据固定资产的性质和使用情况，合理确定固定资产的预计净残值。固定资产的预计净残值一经确定，不得变更。

（3）固定资产按照直线法计算的折旧，准予扣除。

4.固定资产折旧的计提年限

除国务院财政、税务主管部门另有规定外，固定资产计算折旧的最低年限如下：

（1）房屋、建筑物，为20年；

（2）飞机、火车、轮船、机器、机械和其他生产设备，为10年；

（3）与生产经营活动有关的器具、工具、家具等，为5年；

（4）飞机、火车、轮船以外的运输工具，为4年；

（5）电子设备，为3年。

此外，从事开采石油、天然气等矿产资源的企业，在开始商业性生产之前发生的费用和有关固定资产的折耗、折旧方法，由国务院财政、税务主管部门另行规定。

5.固定资产的大修理支出

企业发生的固定资产的大修理支出作为长期待摊费用，按照固定资产尚可使用年限分期摊销。

固定资产的大修理支出，是指同时符合下列条件的支出：

（1）修理支出达到取得固定资产时的计税基础50%以上；

（2）修理后固定资产的使用年限延长2年以上。

6.固定资产加速折旧

（1）对生物药品制造业，专用设备制造业，铁路、船舶、航空航天和其他运输设备制造业，计算机、通信和其他电子设备制造业，仪器仪表制造业，信息传输、软件和信息技术服务业等行业企业（简称“六大行业”），2014年1月1日后购进的固定资产（包括自行建造），允许按不低于企业所得税法规定折旧年限的60%缩短折旧年限，或选择采取双倍余额递减法或年数总和法进行加速折旧。

（2）企业在2014年1月1日后购进并专门用于研发活动的仪器、设备，单位价值不超过100万元的，可以一次性在计算应纳税所得额时扣除；单位价值超过100万元的，允许按不低于企业所得税法规定折旧年限的60%缩短折旧年限，或选择采取双倍余额递减法或年数总和法进行加速折旧。

（3）企业持有的固定资产，单位价值不超过5 000元的，可以一次性在计算应纳税所得额时扣除。企业在2013年12月31日前持有的单位价值不超过5 000元的固定资产，其折余价值部分，2014年1月1日以后可以一次性在计算应纳税所得额时扣除。

（4）企业采取缩短折旧年限方法的，对其购置的新固定资产，最低折旧年限不得低于企业所得税法实施条例第六十条规定的折旧年限的60%；企业购置已使用过的固定资产，其最低折旧年限不得低于实施条例规定的最低折旧年限减去已使用年限后剩余年限的60%。最低折旧年限一经确定，一般不得变更。

（5）企业的固定资产采取加速折旧方法的，可以采用双倍余额递减法或者年数总和法。加速折旧方法一经确定，一般不得变更。

（二）无形资产

无形资产是指企业拥有或者控制的没有实物形态的可辨认非货币性资产，主要包括专利权、非专利技术、商标权、著作权、土地使用权、特许权等。商誉的存在无法与企业自身分离，不具有可辨认性，不属于本章所指的无形资产。在计算应纳税所得额时，企业按照规定计算的无形资产摊销费用，准予扣除。

1.无形资产的计税基础

无形资产在符合定义的前提下，同时满足下列条件的，才能予以确认：一是与该无形资产有关的经济利益很可能流入企业；二是该无形资产的成本能够可靠地计量。无形资产通常按照实际成本进行初始计量。

（1）外购的无形资产，以购买价款、相关税费以及直接归属于使该项资产达到预定用途所发生的其他支出为计税基础。其中，直接归属于使该项资产达到预定用途所发生的其他支出包括使无形资产达到预定用途所发生的专业服务费用、测试无形资产是否能够正常发挥作用的费用等。

（2）自行开发的无形资产，以开发过程中符合资本化条件后至达到预定用途前发生的支出为计税基础；

（3）通过捐赠、非货币性资产交换、债务重组、政府补助和企业合并取得的无形资产，以该资产的公允价值和支付的相关税费为计税基础。

2.无形资产摊销的范围

在计算应纳税所得额时，企业按照规定计算的无形资产摊销费用，准予扣除。

以下无形资产不得计算摊销费用扣除：

（1）自行开发的支出已在计算应纳税所得额时扣除的无形资产；

（2）与经营活动无关的无形资产；

（3）其他不得计算摊销费用扣除的无形资产；

（4）外购商誉的支出，在企业整体转让或者清算时准予扣除。

3.无形资产的摊销方法及年限

无形资产的摊销，采取直线法计算。无形资产的摊销年限不得低于10年。作为投资或者受让的无形资产，有关法律规定或者合同约定使用年限的，可以按照规定或者约定的使用年限分期摊销。

（三）生物资产

生物资产是指有生命的动物和植物。生物资产分为消耗性生物资产、生产性生物资产和公益性生物资产。消耗性生物资产，是指为出售而持有的或在将来收获为农产品的生物资产，包括生长中的农田作物、蔬菜、用材林以及存栏待售的牲畜等。生产性生物资产，是指为产出农产品、提供劳务或出租等目的而持有的生物资产，包括经济林、薪炭林、产畜和役畜等。公益性生物资产，是指以防护、环境保护为主要目的的生物资产，包括防风固沙林、水土保持林和水源涵养林等。

1.生物资产的计税基础

（1）外购的生产性生物资产，以购买价款和支付的相关税费为计税基础；

（2）通过捐赠、投资、非货币性资产交换、债务重组等方式取得的生产性生物资产，以该资产的公允价值和支付的相关税费为计税基础。

2.生物资产的折旧方法和折旧年限

生产性生物资产按照直线法计算的折旧，准予扣除。企业应当从生产性生物资产投入使用月份的次月起计算折旧；停止使用的生产性生物资产，应当从停止使用月份的次月起停止计算折旧。

企业应当根据生产性生物资产的性质和使用情况，合理确定生产性生物资产的预计净残值。生产性生物资产的预计净残值一经确定，不得变更。

生产性生物资产计算折旧的最低年限如下：

（1）林木类生产性生物资产，为10年；

（2）畜类生产性生物资产，为3年。

（四）长期待摊费用

长期待摊费用是指企业已经发生的应在1个年度以上或几个年度进行分摊的费用。在计算应纳税所得额时，企业按发生的下列长期待摊费用，按照规定摊销的，准予扣除。

（1）已足额提取折旧的固定资产的改建支出；

（2）租入固定资产的改建支出；

（3）固定资产的大修理支出；

（4）其他应当作为长期待摊费用的支出。

企业的固定资产修理支出可在发生当期直接扣除。企业的固定资产改良支出，如果有关固定资产尚未提足折旧，可增加固定资产价值；如有关固定资产已提足折旧，可作为长期待摊费用，在规定的期间内平均摊销。

固定资产的改建支出，是指改变房屋或者建筑物结构、延长使用年限等发生的支出。已足额提取折旧的固定资产的改建支出，按照固定资产预计尚可使用年限分期摊销；租入固定资产的改建支出，按照合同约定的剩余租赁期限分期摊销；改建的固定资产延长使用年限的，除已足额提取折旧的固定资产、租入固定资产的改建支出外，其他的固定资产发生改建支出，应当适当延长折旧年限。

大修理支出，按照固定资产尚可使用年限分期摊销。

固定资产的大修理支出，是指同时符合下列条件的支出：

（1）修理支出达到取得固定资产时的计税基础50%以上；

（2）修理后固定资产的使用年限延长2年以上。

其他应当作为长期待摊费用的支出，自支出发生月份的次月起，分期摊销，摊销年限不得低于3年。

（五）存货

存货是指企业持有以备出售的产品或者商品、处在生产过程中的在产品、在生产或者提供劳务过程中耗用的材料和物料等。

1.存货的计税基础

存货按照以下方法确定成本：

（1）通过支付现金方式取得的存货，以购买价款和支付的相关税费为成本；

（2）通过支付现金以外的方式取得的存货，以该存货的公允价值和支付的相关税费为成本；

（3）生产性生物资产收获的农产品，以产出或者采收过程中发生的材料费、人工费和分摊的间接费用等必要支出为成本。

2.存货的成本计算方法

企业使用或者销售的存货的成本计算方法，可以在先进先出法、加权平均法、个别计价法中选用一种。计价方法一经选用，不得随意变更。

企业转让以上资产，在计算企业应纳税所得额时，资产的净值允许扣除。

（六）投资资产

投资资产是指企业对外进行权益性投资和债权性投资形成的资产。

1.投资资产的成本

（1）通过支付现金方式取得的投资资产，以购买价款为成本。

（2）通过支付现金以外的方式取得的投资资产，以该资产的公允价值和支付的相关税费为成本。

2.投资资产成本的扣除方法

企业对外投资期间，投资资产的成本在计算应纳税所得额时不得扣除，企业在转让或者处置投资资产时，投资资产的成本准予扣除。

（七）税法规定与会计规定差异的处理

税法规定与会计规定差异的处理是指在计算企业应纳税所得额时，企业财务、会计处理办法与税收法律、行政法规的规定不一致的，应当依照税收法律、行政法规的规定计算。

（1）企业不能提供完整、准确的收入及成本、费用凭证，不能正确计算应纳税所得额的，由税务机关核定其应纳税所得额。

（2）企业依法清算时，以其清算终了后的清算所得为应纳税所得额。

企业应将整个清算期作为一个独立的纳税年度计算清算所得。企业的全部资产可变现价值或交易价格，减除资产的计税基础、清算费用、相关税费，加上债务清偿损益等后的余额，为清算所得。

企业清算所得=企业的全部资产可变现价值或者交易价格-资产净值-清算费用-相关税费

投资方企业从被清算企业分得的剩余资产，其中相当于从被清算企业累计未分配利润和累计盈余公积中应当分得的部分，应当确认为股息所得；剩余资产扣除上述股息所得后的余额，超过或者低于投资成本的部分，应当确认为投资转让所得或者损失。

五、资产损失税前扣除的处理

资产损失是指企业在生产经营活动中实际发生的、与取得应税收入有关的资产损失，包括现金损失，存款损失，坏账损失，贷款损失，股权投资损失，固定资产和存货的盘亏、毁损、报废、被盗损失，自然灾害等不可抗力因素造成的损失以及其他损失。

准予在企业所得税税前扣除的资产损失，是指企业在实际处置、转让资产过程中发生的合理损失（实际资产损失），以及企业虽未实际处置、转让资产，但符合税法规定条件计算确认的损失（法定资产损失）。

企业实际资产损失，应当在其实际发生且会计上已作损失处理的年度申报扣除；法定资产损失，应当在企业向主管税务机关提供证据资料证明该项资产已符合法定资产损失确认条件，且会计上已作损失处理的年度申报扣除。

企业发生的资产损失，应按规定的程序和要求向主管税务机关申报后方能在税前扣除。未经申报的损失，不得在税前扣除。

企业以前年度发生的资产损失未能在当年税前扣除的，可以按照本办法的规定，向税务机关说明并进行专项申报扣除。其中，属于实际资产损失，准予追补至该项损失发生年度扣除，其追补确认期限一般不得超过五年。属于法定资产损失，应在申报年度扣除。

企业因以前年度实际资产损失未在税前扣除而多缴的企业所得税税款，可在追补确认年度企业所得税应纳税款中予以抵扣，不足抵扣的，向以后年度递延抵扣。

企业实际资产损失发生年度扣除追补确认的损失后出现亏损的，应先调整资产损失发生年度的亏损额，再按弥补亏损的原则计算以后年度多缴的企业所得税税款，并按上述规定进行税务处理。

六、企业重组的税务处理

企业重组是指企业在日常经营活动以外发生的法律结构或经济结构重大改变的交易，包括企业法律形式改变、债务重组、股权收购、资产收购、合并、分立等。

企业法律形式改变是指企业注册名称、住所以及企业组织形式等的简单改变，但符合本通知规定其他重组的类型除外。

股权收购，是指一家企业（简称收购企业）购买另一家企业（简称被收购企业）的股权，以实现对被收购企业控制的交易。收购企业支付对价的形式包括股权支付、非股权支付或两者的组合。

资产收购，是指一家企业（基础受让企业）购买另一家企业（简称转让企业）实质经营性资产的交易。受让企业支付对价的形式包括股权支付、非股权支付或两者的组合。

合并，是指一家或多家企业（简称被合并企业）将其全部资产和负债转让给另一家现存或新设企业（简称合并企业），被合并企业股东换取合并企业的股权或非股权支付，实现两个或两个以上企业的依法合并。

分立，是指一家企业（简称被分立企业）将部分或全部资产分离转让给现存或新设的企业（简称分立企业），被分立企业股东换取分立企业的股权或非股权支付，实现企业的依法分立。

股权支付，是指企业重组中购买、换取资产的一方支付的对价中，以本企业或其控股企业的股权、股份作为支付的形式。

非股权支付，是指以本企业的现金、银行存款、应收款项、本企业或其控股企业股权和股份以外的有价证券、存货、固定资产、其他资产以及承担债务等作为支付的形式。

自2014年1月1日起，收购企业购买的股权不低于被收购企业全部股权的50%；受让企业收购的资产不低于转让企业全部资产的50%。

对100%直接控制的居民企业之间，以及受同一或相同多家居民企业100%直接控制的居民企业之间按账面净值划转股权或资产，凡具有合理商业目的、不以减少、免除或者推迟缴纳税款为主要目的，股权或资产划转后连续12个月内不改变被划转股权或资产原来实质性经营活动，且划出方企业和划入方企业均未在会计上确认损益的，可以选择按以下规定进行特殊性税务处理：

（1）划出方企业和划入方企业均不确认所得；

（2）划入方企业取得被划转股权或资产的计税基础，以被划转股权或资产的原账面净值确定。

（3）划入方企业取得的被划转资产，应按其原账面净值计算折旧扣除。

企业重组的一般性税务处理方法如下：

1.企业由法人转变为个人独资企业、合伙企业等非法人组织，或将登记注册地转移至中华人民共和国境外（包括港澳台地区），应视同企业进行清算、分配，股东重新投资成立新企业。企业的全部资产以及股东投资的计税基础均应以公允价值为基础确定。

企业发生其他法律形式简单改变的，可直接变更税务登记，除另有规定外，有关企业所得税纳税事项（包括亏损结转、税收优惠等权益和义务）由变更后的企业承继，但因住所发生变化而不符合税收优惠条件的除外。

2.企业债务重组，相关交易应按以下规定处理：

（1）以非货币资产清偿债务，应当分解为转让相关非货币性资产、按非货币性资产公允价值清偿债务两项业务，确认相关资产的所得或损失。

（2）发生债权转股权的，应当分解为债务清偿和股权投资两项业务，确认有关债务清偿所得或损失。

（3）债务人应当按照支付的债务清偿额低于债务计税基础的差额，确认债务重组所得；债权人应当按照收到的债务清偿额低于债权计税基础的差额，确认债务重组损失。

（4）债务人的相关所得税纳税事项原则上保持不变。

3.企业股权收购、资产收购重组交易，相关交易应按以下规定处理：

（1）被收购方应确认股权、资产转让所得或损失。

（2）收购方取得股权或资产的计税基础应以公允价值为基础确定。

（3）被收购企业的相关所得税事项原则上保持不变。

4.企业合并，当事各方应按下列规定处理：

（1）合并企业应按公允价值确定接受被合并企业各项资产和负债的计税基础。

（2）被合并企业及其股东都应按清算进行所得税处理。

（3）被合并企业的亏损不得在合并企业结转弥补。

5.企业分立，当事各方应按下列规定处理：

（1）被分立企业对分立出去的资产应按公允价值确认资产转让所得或损失。

（2）分立企业应按公允价值确认接受资产的计税基础。

（3）被分立企业继续存在时，其股东取得的对价应视同被分立企业分配进行处理。

（4）被分立企业不再继续存在时，被分立企业及其股东都应按清算进行所得税处理。

（5）企业分立相关企业的亏损不得相互结转弥补。

七、清算

依照法律法规、章程协议终止经营或重组中取消独立纳税人资格的企业，应按照国家有关规定进行清算，并就清算所得计算缴纳企业所得税。

清算所得，是指企业的全部资产可变现价值或者交易价格减除资产净值、清算费用、相关税费等后的余额。

投资方企业从被清算企业分得的剩余资产，其中相当于从被清算企业累计未分配利润和累计盈余公积中应当分得的部分，应当确认为股息所得；剩余资产扣除上述股息所得后的余额，超过或者低于投资成本的部分，应当确认为投资转让所得或者损失。

企业全部资产的可变现价值减除清算费用，职工的工资、社会保险费用和法定补偿金，结清税款，清偿公司债务后是企业可以向所有者分配的剩余资产。

企业只改变法律形式或地址，有关资产可不视为转让，不进行清算和分配。

八、应纳税所得额的计算

企业每一纳税年度的收入总额，减除不征税收入、免税收入、各项扣除以及允许弥补的以前年度亏损后的余额，为应纳税所得额。计算公式为：

应纳税所得额=收入总额-不征税收入-免税收入-准予扣除项目金额-允许弥补的以前年度亏损

九、亏损弥补

亏损是指企业依照《企业所得税法》及其实施条例的规定，将每一纳税年度的收入总额减除不征税收入、免税收入和各项扣除后小于零的数额。

企业发生年度亏损的可以用下一年度的所得弥补，下一年度的所得不足弥补的，可以逐年延续弥补，但最长不得超过5年。企业在汇总计算缴纳企业所得税时，其境外营业机构的亏损不得抵减境内营业机构的盈利。

理解亏损弥补的含义需要把握两点：一是自亏损年度的下一个年度起连续5年不间断地计算，即5年内不论是盈利或亏损，都作为实际弥补期限计算；二是连续发生年度亏损，也必须从第一个亏损年度算起，先亏先补，按顺序连续计算亏损弥补期，不得将每个亏损年度的连续弥补期相加，更不得断开计算。

十、特别纳税调整

特别纳税调整是相对一般纳税调整而言的。一般纳税调整是指按照税法规定在计算应纳税所得额时，如果企业财务、会计处理办法同税收法律、行政法规的规定不一致时，应当依照税收法律、行政法规的规定计算纳税所做的税务调整，并据此重新调整计算纳税，如国债利息收入，会计上作当期收益处理，而按照税法规定作为免税收入，在计算缴纳企业所得税时需要作纳税调整。

特别纳税调整是指企业与其关联方之间的业务往来，不符合独立交易原则而减少企业或者其关联方应纳税收入或者所得额的，税务机关有权按照合理方法调整。企业与其关联方之间的业务往来，包括转让财产、提供财产使用权、提供劳务和融通资金等类型。

（一）关联企业的确认

关联方是指与企业有下列关联关系之一的企业、其他组织或者个人，具体指：

（1）在资金、经营、购销等方面存在直接或者间接的控制关系；

（2）直接或者间接地同为第三者控制；

（3）在利益上具有相关联的其他关系。

（二）部分关联企业的税务处理

企业与其关联方共同开发、受让无形资产，或者共同提供、接受劳务发生的成本，在计算应纳税所得额时应当按照独立交易原则进行分摊。

1.受控外国企业管理。由居民企业或者由居民企业和中国居民控制的设立在实际税负明显低于25%的税率水平的国家（地区）的企业，并非由于合理的经营需要而对利润不作分配或者减少分配的，上述利润中应归属于该居民企业的部分，应当计入该居民企业的当期收入。

实际税负明显偏低是指实际税负明显低于企业所得税法规定的25%税率的50%。

2.资本弱化管理。企业从其关联方接受的债权性投资与权益性投资的比例超过规定标准而发生的利息支出，不得在计算应纳税所得额时扣除。

3.母子公司间提供服务支付费用有关企业所得税的处理。

（1）母公司为其子公司提供各种服务而发生的费用，应按照独立企业之间公平交易原则确定服务的价格，作为企业正常的劳务费用进行税务处理。

（2）母公司向其子公司提供各项服务，双方应签订服务合同或协议，明确规定提供服务的内容、收费标准及金额等。凡按上述合同或协议规定所发生的服务费，母公司应作为营业收入申报纳税，子公司作为成本费用在税前扣除。

（3）母公司向其多个子公司提供同类项服务，其收取的服务费可以采取分项签订合同或协议收取，也可以采取服务分摊协议的方式。

（4）母公司以管理费形式向子公司提取费用，子公司因此支付给母公司的管理费，不得在税前扣除。

（三）特别纳税调整办法

适用于税务机关对企业的转让定价、预约定价安排、成本分摊协议、受控外国企业、资本弱化以及一般反避税等特别纳税调整事项的管理。

1.转让定价。企业与其关联方之间的业务往来，可采用下列方法评价其是否符合独立交易原则①，对不符合独立交易原则而减少其应纳税收入或所得额的，税务机关有权采用下列方法进行调整：

（1）可比非受控价格法，是指按照没有关联关系的交易各方进行相同或者类似业务往来的价格进行定价的方法。

（2）再销售价格法，是指按照从关联方购进商品再销售给没有关联关系的交易方的价格，减去相同或者类似业务的销售毛利进行定价的方法。

（3）成本加成法，是指按照成本加合理的费用和利润进行定价的方法。

（4）交易净利润法，是指按照没有关联关系的交易各方进行相同或者类似业务往来取得的净利润水平确定利润的方法。

（5）利润分割法，是指将企业与其关联方的合并利润或者亏损在各方之间采用合理标准进行分配的方法。

企业与其关联方共同开发、受让无形资产，或者共同提供、接受劳务发生的成本，在计算应纳税所得额时应当按照独立交易原则进行分摊。对实际发生的共同成本，按照独立交易原则与其关联方分摊共同发生的成本，达成成本分摊协议。

企业与其关联方分摊成本时，应当按照成本与预期收益相配比的原则进行分摊，并在税务机关规定的期限内，按照税务机关的要求报送有关资料。

企业与其关联方分摊成本时违反税法规定的，其自行分摊的成本不得在计算应纳税所得额时扣除。

2.预约定价安排。企业可以向税务机关提出与其关联方之间业务往来的定价原则和计算方法，税务机关与企业协商、确认后，达成预约定价安排。

预约定价安排是指企业就其未来年度关联交易的定价原则和计算方法，向税务机关提出申请，与税务机关按照独立交易原则协商、确认后达成的协议。

预约定价安排包括单边预约定价安排和双边或多边预约定价安排。双边或多边预约定价安排，应按照我国政府对外签订的避免双重征税协定有关相互协商程序的规定执行。

预约定价安排适用于自企业提交正式书面申请年度的次年起3至5个连续年度的关联交易。预约定价安排的谈签不影响税务机关对企业提交预约定价安排正式书面申请当年或

① 指没有关联关系的交易各方，按照公平成交价格和营业常规进行业务往来遵循的原则。

以前年度关联交易的转让定价调查调整。

企业应当在接到税务机关正式会谈通知之日起3个月内，向税务机关提出预约定价安排书面申请报告。

税务机关应自收到企业提交的预约定价安排正式书面申请及所需文件、资料之日起5个月内，进行审核和评估。因特殊情况，需要延长审核评估时间的延长期限不得超过3个月。

3.成本分摊协议管理。企业与其关联方共同开发、受让无形资产，或者共同提供、接受劳务发生的成本，在计算应纳税所得额时应当按照独立交易原则进行分摊。参与方使用成本分摊协议所开发或受让的无形资产不需另支付特许权使用费。

4.受控外国企业管理。受控外国企业是指由居民企业，或者由居民企业和居民个人控制的设立在实际税负低于所得税法第四条第一款规定税率水平50%的国家（地区），并非出于合理经营需要对利润不作分配或减少分配的外国企业。

5.资本弱化管理。企业从其关联方接受的债权性投资与权益性投资的比例超过规定标准而发生的利息支出，不得在计算应纳税所得额时扣除，不得结转到以后纳税年度。其中，支付给境外关联方的利息应视同股息分配，按照股息和利息适用的所得税税率差补征企业所得税，如已扣缴的所得税税款多于按股息计算应征所得税税款的部分，不予退税。

6.一般反避税管理。税务机关可对存在以下避税安排的企业，报经国家税务总局批准后，启动一般反避税调查：

（1）滥用税收优惠；

（2）滥用税收协定；

（3）滥用公司组织形式；

（4）利用避税港避税；

（5）其他不具有合理商业目的的安排。

第三节　企业所得税的计算

一、居民企业应纳税额的计算

居民企业应纳所得税额等于应纳税所得额乘以适用税率，基本计算公式为：

应纳税额=应纳税所得额×税率-减免税额-允许抵免的税额

从计算公式可以看出，应纳税额的多少，取决于应纳税所得额和适用税率两个因素。在实际过程中应纳税所得额的计算一般有两种方法。

（一）直接计算法

在直接计算法下，企业每一纳税年度的收入总额减除不征税收入、免税收入、各项扣除以及允许弥补的以前年度亏损后的余额为应纳税所得额。计算公式为：

应纳税所得额=收入总额-不征税收入-免税收入-各项扣除金额-弥补亏损

（二）间接计算法

在间接计算法下，是在会计利润总额的基础上加或减按照税法规定调整的项目金额后，即为应纳税所得额。现行企业所得税年度纳税申报表采取该方法。计算公式为：

应纳税所得额=会计利润总额±纳税调整项目金额

税收调整项目金额包括两方面的内容：一是企业财务会计制度规定的项目范围与税收法规规定的项目范围不一致应予以调整的金额；二是企业财务会计制度规定的扣除标准与税法规定的扣除标准不一致应予以调整的金额。

为减少计算差错，确保计算正确，在计算企业所得税时，一般采用间接计算法。

【例15-1】某企业为居民企业，2016年发生经营业务如下：

（1）取得产品销售收入4 000万元。

（2）发生产品销售成本2 600万元。

（3）发生销售费用770万元（其中广告费650万元）；管理费用480万元（其中业务招待费25万元）；财务费用60万元。

（4）销售税金160万元（含增值税120万元）。

（5）营业外收入80万元，营业外支出50万元（含通过公益性社会团体向贫困山区捐款30万元，支付税收滞纳金6万元）。

（6）计入成本、费用中的实发工资总额200万元、拨缴职工工会经费5万元、发生职工福利费31万元、发生职工教育经费7万元。

要求：计算该企业2016年度实际应纳的企业所得税。

解：（1）会计利润总额=4 000+80-2 600-770-480-60-40-50=80（万元）

（2）广告费和业务宣传费调增所得额=650-4 000×15%=650-600=50（万元）

（3）业务招待费调增所得额=25-25×60%=25-15=10（万元）

4 000×5‰= 20（万元）>25×60%=15（万元）

（4）捐赠支出应调增所得额=30-80×12%=20.4（万元）

（5）工会经费应调增所得额=5-200×2%=1（万元）

（6）职工福利费应调增所得额=31-200×14%=3（万元）

（7）职工教育经费应调增所得额=7-200×2.5%=2（万元）

（8）应纳税所得额=80+50+10+20.4+6+1+3+2=172.4（万元）

（9）2016年应纳所得税额=172.4×25%=43.1（万元）

【例15-2】某工业企业为居民企业，2016年度发生经营业务如下：

全年取得产品销售收入5 600万元，发生产品销售成本4 000万元；其他业务收入800万元，其他业务成本694万元；取得购买国债的利息收入40万元；缴纳非增值税销售税金及附加300万元；发生的管理费用760万元，其中新技术的研究开发费用60万元、业务招待费用70万元；发生财务费用200万元；取得直接投资其他居民企业的权益性收益34万元（已在投资方所在地按15%的税率缴纳了所得税）；取得营业外收入100万元，发生营业外支出250万元（其中含公益捐赠38万元）。

要求：计算该企业2016年应纳的企业所得税。

解：（1）利润总额=5 600+800+40+34+100-4 000-694-300-760-200-250
=370（万元）

（2）国债利息收入免征企业所得税，应调减所得额40万元。

（3）技术开发费调减所得额=60×50%=30（万元）

（4）业务招待费按实际发生的60%计算：

业务招待费=70×60%=42（万元）

按销售（营业）收入的5‰计算的业务招待费=（5 600+800）×5‰=32（万元）

按照规定税前扣除限额应为32万元，实际应调增应纳税所得额为38万元（70-32）。

（5）取得直接投资其他居民企业的权益性收益属于免税收入，应调减应纳税所得额34万元。

（6）捐赠扣除标准=370×12%=44.4（万元）

实际捐赠38万元，小于扣除标准44.4万元，可按实捐赠额扣除，不做纳税调整。

（7）应纳税所得额=370-40-30+38-34=304（万元）

（8）该企业2016年应纳企业所得税税额=304×25%=76（万元）

二、境外所得抵扣税额的计算

为克服双重征税给跨国企业带来的不利影响，国际上普遍采用税收抵免、税收饶让制度来避免双重征税。

税收抵免，就是纳税人居住国对纳税人的收入，允许在本国应纳税额中扣减已在收入国缴纳过的税款。

税收饶让制度是指居住国政府应收入来源国的要求，将其居民在境外所得因享受来源国给予的税收优惠，而实际缴纳的税款，视同已纳税款而在居住国应纳税款中给予抵免。税收饶让制度的主要特点体现在：它是缔约国之间意志的产物，必须通过双边或多边安排方能实现；它的目的是为了使来源地国利用外资的税收优惠政策和措施真正收到实际效果。目前，与我国签订税收协定的79个国家或地区中，有15个国家在税收协定中包含了税收饶让条款。

居民企业可不必担心因为承担无限纳税义务而使自己面临双重征税的危险。我国《企业所得税法》采取了直接抵免和间接抵免并用的方法来消除居民企业的双重征税问题，从而扩大了可以抵免外国税款的范围。

居民企业来源于中国境外的应税所得或非居民企业在我国境内设立机构、场所，取得发生在我国境外但与该机构、场所有实际联系的应税所得，已在境外缴纳的所得税税额（指企业来源于中国境外的所得依照该国税收法律以及相关规定应当缴纳并已经实际缴纳的企业所得税性质的税款），可以从其当期应纳税额中抵免，抵免限额为该项所得依照我国税法规定计算的应纳税额（即扣除限额）；超过抵免限额的部分，可以在以后5个年度内，用每年度抵免限额抵免当年应抵税额后的余额进行抵补。

居民企业从其直接或者间接控制的外国企业分得的来源于我国境外的股息、红利等权益性投资收益，外国企业在境外实际缴纳的所得税税额中属于该项所得负担的部分，可以作为该居民企业的可抵免境外所得税税额，在税法规定的抵免限额内抵免。

抵免限额，是指企业来源于我国境外的所得，依照《企业所得税法》及《企业所得税法实施条例》的规定计算的应纳税额。除国务院财政、税务主管部门另有规定外，该抵免限额应当分国（地区）不分项计算，其计算公式如下：

①已纳境外某国税额=境外某国所得×该国税率

② 境外所得税税额的抵免限额=境内、境外所得按税法计算的应纳税总额×来源于境外的所得额÷境内、境外所得总额=境外某国所得×企业所得税税率（25%）

境外实际已缴税额小于抵免限额时，在中国补缴差额部分税款。

境外实际已缴税额等于抵免限额时，已纳境外税款得到全部抵扣，国际双重征税得到全部免除。

境外实际已缴税额大于抵免限额时，在中国本年无须补交税款，超出部分也不存在扣除问题。但超出部分可在以后5年中在该国家（地区）扣除限额的余额中补扣。

出现①小于②、①等于②、①大于②三种情况，是由国家之间的税率差异造成的。

计算时，可直接从国家之间的税率差异入手：境外税率低于25%的应补征差额，等于或高于25%的按限额扣除。

如果是税后利润，需还原成税前所得。

境外所得=境外分回利润÷（1−来源国公司所得税税率）

=境外分回利润+境外已纳税额

【例15−3】某国有企业2016年度境内经营应纳税所得额为500万元，适用企业所得税税率为25%。假定同年其在A、B、C三国设有分支机构，所得分别为20万元、30万元、40万元，适用税率分别为24%、25%、28%。

要求：计算该企业汇总时在我国应缴纳的企业所得税税额。

解：应纳所得税税额=500×25%+20×（25%−24%）+30×（25%−25%）+40×（25%−25%）

=125.2（万元）

三、居民企业核定征收应纳税额的计算

1.核定征收企业所得税的范围

纳税人具有下列情形之一的，应采取核定征收方式征收企业所得税：

（1）依照税收法律法规规定可以不设账簿的或按照税收法律法规规定应设置但未设置账簿的；

（2）只能准确核算收入总额，或收入总额能够查实，但其成本费用支出不能准确核算的；

（3）只能准确核算成本费用支出，或成本费用支出能够查实，但其收入总额不能准确核算的；

（4）收入总额及成本费用支出均不能正确核算，不能向主管税务机关提供真实、准确、完整的纳税资料，且难以查实的；

（5）账目设置和核算虽然符合规定，但并未按规定保存有关账簿、凭证及有关纳税资料的；

（6）发生纳税义务，未按照税收法律法规规定的期限办理纳税申报，经税务机关责令限期申报，逾期仍不申报的。

自2012年1月1日起，专门从事股权（股票）投资业务的企业，不得核定征收企业所得税。

对依法按核定应税所得率方式核定征收企业所得税的企业，取得的转让股权（股票）收入等转让财产收入，应全额计入应税收入额，按照主营项目（业务）确定适用的应税所得率计算征税；若主营项目（业务）发生变化，应在当年汇算清缴时，按照变化后的主营项目（业务）重新确定适用的应税所得率计算征税。

2.核定征收的办法

税务机关应根据纳税人具体情况，对核定征收企业所得税的纳税人，核定应税所得率或者核定应纳所得税额。

定额征收是指税务机关按照一定的标准、程序和方法，直接核定纳税人年度应纳企业所得税额，由纳税人按规定进行申报缴纳的方法。

核定应税所得率征收是指税务机关按照一定的标准、程序和方法，预先核定纳税人的应税所得率，由纳税人根据纳税年度内的收入总额或成本费用等项目的实际发生额，按预先核定的应税所得率计算缴纳企业所得税的办法。调整后的应税所得率见表15-1。

表15-1 **应税所得率表**

行业	应税所得率（%）
农、林、牧、渔业	3~10
制造业	5~15
批发和零售贸易业	4~15
交通运输业	7~15
建筑业	8~20
饮食业	8~25
娱乐业	15~30
其他行业	10~30

注：房地产开发企业按照《国家税务总局关于房地产开发业务征收企业所得税问题的通知》（国税发〔2006〕31号）的有关规定执行。专门从事股权（股票）投资业务的企业，不得核定征收企业所得税。

3.实行核定应税所得率征收办法应纳所得税额的计算

计算公式如下：

应纳所得税额=应纳税所得额×适用税率

应纳税所得额=收入总额×应税所得率

=成本费用支出额÷（1-应税所得率）×应税所得率

【例15-4】某小型建筑公司2017年1月20日向其主管税务机关申报2016年度取得收入总额150万元，发生直接成本120万元、其他费用40万元，全年亏损10万元。经税务机关检查，其成本、费用无误，但收入总额不能准确核算。按照核定征收企业所得税办法，假定应税所得率为20%。

要求：计算该企业2016年度应缴纳的企业所得税。

解：应纳税所得额=（120+40）÷（1-20%）×20%=40（万元）

应纳税额=40×25%=10（万元）

四、非居民企业应纳税额的计算

对于在中国境内未设立机构、场所的，或者虽设立机构、场所但取得的所得与其所设机构、场所没有实际联系的非居民企业的所得，按照下列方法计算应纳税所得额：

1.股息、红利等权益性投资收益和利息、租金、特许权使用费所得，以收入全额为应纳税所得额。

2.转让财产所得，以收入全额减除财产净值后的余额为应纳税所得额。

3.其他所得，参照1、2两项规定的方法计算应纳税所得额。

财产净值是指财产的计税基础减除已经按照规定扣除的折旧、折耗、摊销、准备金等后的余额。

具体征收管理规定如下：

（1）扣缴义务人在每次向非居民企业支付或者到期应支付所得时，应从支付或者到期应支付的款项中扣缴企业所得税。

到期应支付的款项是指支付人按照权责发生制原则应当计入相关成本、费用的应付款项。

（2）扣缴企业所得税应纳税额计算。

扣缴企业所得税应纳税额=应纳税所得额×实际征收率

实际征收率是指《企业所得税法》及其实施条例等相关法律法规规定的税率，或者税收协定规定的更低的税率。

（3）扣缴义务人对外支付或者到期应支付的款项为人民币以外货币的，在申报扣缴企业所得税时，应当按照扣缴当日国家公布的人民币汇率中间价，折合成人民币计算应纳税所得额。

（4）扣缴义务人与非居民企业签订应税所得有关的业务合同时，凡合同中约定由扣缴义务人负担应纳税款的，应将非居民企业取得的不含税所得换算为含税所得后计算征税。

（5）按照《企业所得税法》及其实施条例和相关税收法规规定，给予非居民企业减免税优惠的，应按相关税收减免管理办法和行政审批程序的规定办理。对未经审批或者减免税申请未得到批准之前，扣缴义务人发生支付款项的，应按规定代扣代缴企业所得税。

（6）非居民企业可以适用的税收协定与国内相关法规有不同规定的，可申请执行税收协定规定；非居民企业未提出执行税收协定规定申请的，按国内税收法律法规的有关规定执行。

（7）非居民企业已按国内税收法律法规的有关规定征税后，提出享受减免税或税收协定待遇申请的，主管税务机关经审核确认应享受减免税或税收协定待遇的，对多缴纳的税款应依据税收征管法及其实施细则的有关规定予以退税。

五、非居民企业所得税核定征收办法

非居民企业因会计账簿不健全，资料残缺难以查账，或者其他原因不能准确计算并据实申报其应纳税所得额的，税务机关有权采取以下方法核定其应纳税所得额。

1.按收入总额核定应纳税所得额，适用于能够正确核算收入或通过合理方法推定收入总额，但不能正确核算成本费用的非居民企业。计算公式如下：

应纳税所得额=收入总额×经税务机关核定的利润率

2.按成本费用核定应纳税所得额，适用于能够正确核算成本费用，但不能正确核算收入总额的非居民企业。计算公式如下：

应纳税所得额=成本费用总额÷（1−经税务机关核定的利润率）×经税务机关核定的利润率

3.税务机关可按照以下标准确定非居民企业的利润率：

（1）从事承包工程作业、设计和咨询劳务的，利润率为15%～30%。

（2）从事管理服务的，利润率为30%～50%。

（3）从事其他劳务或劳务以外经营活动的，利润率不低于15%。

税务机关有根据认为非居民企业的实际利润率明显高于上述标准的，可以按照比上述标准更高的利润率核定其应纳税所得额。

4.非居民企业与中国居民企业签订机器设备或货物销售合同，同时提供设备安装、装配、技术培训、指导、监督服务等劳务，其销售货物合同中未列明提供上述劳务服务收费金额，或者计价不合理的，主管税务机关可以根据实际情况，参照相同或相近业务的计价标准核定劳务收入。无参照标准的，以不低于销售货物合同总价款的10%为原则，确定非居民企业的劳务收入。

5.非居民企业为中国境内客户提供劳务取得的收入，凡其提供的服务全部发生在中国境内的，应全额在中国境内申报缴纳企业所得税。凡其提供的服务同时发生在中国境内外的，应以劳务发生地为原则划分其境内外收入，并就其在中国境内取得的劳务收入申报缴纳企业所得税。

6.税务机关发现非居民企业采用核定征收方式计算申报的应纳税所得额不真实，或者明显与其承担的功能风险不相匹配的，有权予以调整。

六、源泉扣缴的计算方法

源泉扣缴是指依照有关法律规定或者合同约定对非居民企业直接负有支付相关款项义务的单位或者个人，依照《企业所得税法》相关规定对其应缴纳的企业所得税实行源泉扣缴的一种征收方法。

税法规定，对非居民企业在中国境内未设立机构、场所的，或者虽设立机构、场所但取得的所得与其所设机构、场所没有实际联系的所得应缴纳的所得税，实行源泉扣缴，以支付人为扣缴义务人。税款由扣缴义务人在每次支付或者到期应支付时，从支付或者到期应支付的款项中扣缴。

支付人，是指依照有关法律规定或者合同约定对非居民企业直接负有支付相关款项义务的单位或者个人。

支付，包括现金支付、汇拨支付、转账支付和权益兑价支付等货币支付和非货币支付。

到期应支付的款项，是指支付人按照权责发生制原则应当计入相关成本、费用的应付款项。

对非居民企业在中国境内取得工程作业和劳务所得应缴纳的所得税，税务机关可以指定工程价款或者劳务费的支付人为扣缴义务人。

扣缴义务人扣缴税款时，按前述非居民企业计算方法计算税款。源泉扣缴以纳税人取得的收入全额为计税依据，税法另有规定的除外，不予减除任何成本、费用，减按10%的比例税率计征。计算公式为：

应扣缴所得税税额=支付单位所支付的金额×适用税率

【例15-5】某非居民企业在中国境内未设立机构、场所，2016年将一项商标使用权提供给中国某企业使用，获特许权使用费100万元。另外，该公司还从中国境内的内资企业取得利息所得50万元。

要求：计算应扣缴的企业所得税税额。

解：应扣缴的企业所得税税额=（100+50）×10%=15（万元）

需要注意的是：

（1）中国境内企业和非居民企业签订与利息、租金、特许权使用费等所得有关的合同或协议，如果未按照合同或协议约定的日期支付上述所得款项，或者变更或修改合同或协议延期支付，但已计入企业当期成本、费用，并在企业所得税年度纳税申报中作税前扣除的，应在企业所得税年度纳税申报时按照企业所得税法有关规定代扣代缴企业所得税。

（2）非居民企业取得来源于中国境内的担保费，应按照《企业所得税法》对利息所得规定的税率计算缴纳企业所得税。

来源于中国境内的担保费，是指中国境内企业、机构或个人在借贷、买卖、货物运输、加工承揽、租赁、工程承包等经济活动中，接受非居民企业提供的担保所支付或负担的担保费或相同性质的费用。

（3）非居民企业在中国境内未设立机构、场所而转让中国境内土地使用权，或者虽设立机构、场所但取得的土地使用权转让所得与其所设机构、场所没有实际联系的，应以其取得的土地使用权转让收入总额减除计税基础后的余额作为土地使用权转让所得计算缴纳企业所得税，并由扣缴义务人在支付时代扣代缴。

应当扣缴的所得税，扣缴义务人未依法扣缴或者无法履行扣缴义务的，由企业在所得发生地缴纳。企业未依法缴纳的，税务机关可以从该企业在中国境内其他收入项目的支付人应付的款项中，追缴该企业的应纳税款。

扣缴义务人每次代扣的税款，应当自代扣之日起7日内缴入国库，并向所在地的税务机关报送扣缴企业所得税报告表。

第四节　企业所得税的申报与缴纳

一、税收优惠

（一）免征与减征优惠

企业的下列所得，可以免征、减征企业所得税。企业如果从事国家限制和禁止发展的项目，不得享受企业所得税优惠。

从事农、林、牧、渔项目的所得，包括免征和减征两部分。

（1）企业从事下列项目的所得，免征企业所得税：

①蔬菜、谷物、薯类、油料、豆类、棉花、麻类、糖料、水果、坚果的种植；②农作物新品种的选育；③中药材的种植；④林木的培育和种植；⑤牲畜、家禽的饲养；⑥林产品的采集；⑦灌溉、农产品初加工、兽医、农技推广、农机作业和维修等农、林、牧、渔服务业项目；⑧远洋捕捞。

（2）企业从事下列项目的所得，减半征收企业所得税：

①花卉、茶以及其他饮料作物和香料作物的种植；②海水养殖、内陆养殖。

（二）从事国家重点扶持公共基础设施项目投资经营的所得

企业从事国家重点扶持公共基础设施项目的投资经营所得，从项目取得第一笔生产经营收入所属纳税年度起，第一年至第三年免征企业所得税，第四年至第六年减半征收企业所得税。

国家重点扶持的公共基础设施项目是指《公共基础设施项目企业所得税优惠目录》内的港口码头、机场、铁路、公路、电力、水利等项目。

企业承包经营、承包建设和内部自建自用以上项目，不得享受企业所得税优惠。

企业按规定享受减免税优惠的项目，在减免税期未满时转让的，受让方自受让之日起，可以在剩余期限内享受规定的减免税优惠；减免税期满后转让的，受让方不得就该项目重复享受减免税优惠。

（三）从事符合条件的环境保护、节能节水项目的所得

符合条件的环境保护、节能节水项目，包括公共污水处理、公共垃圾处理、沼气综合开发利用、节能减排技术改造、海水淡化等。

企业从事符合条件的环境保护、节能节水项目的所得，从项目取得第一笔生产经营收入所属纳税年度起，第1年至第3年免征企业所得税，第4年至第6年减半征收企业所得税。

（四）高新技术企业优惠

国家需要重点扶持的高新技术企业，是指拥有核心自主知识产权，并同时符合下列六个条件的企业：

（1）拥有核心自主知识产权。

（2）产品（服务）属于国家重点支持的高新技术领域规定的范围。

（3）研究开发费用占销售收入不低于规定比例。

（4）高新技术产品（服务）收入占企业总收入不低于规定比例（60%以上）。

（5）科技人员占企业职工总数不低于规定比例。

（6）高新技术企业认定管理办法规定的其他条件。

高新技术企业资格自颁发证书之日起有效期为三年。企业应在期满前三个月内提出复审申请，不提出复审申请或复审不合格的，其高新技术企业资格到期自动失效。

（1）国家需要重点扶持的高新技术企业减按15%的税率征收企业所得税。

（2）居民企业被认定为高新技术企业，同时又符合软件生产企业和集成电路生产企业定期减半征收企业所得税优惠条件的，该居民企业的所得税适用税率可以选择适用高新技术企业15%的税率，也可以选择依照25%的法定税率减半征税，但不能享受15%税率的减半征税。

以境内、境外全部生产经营活动有关的研究开发费用总额、总收入、销售收入总额、高新技术产品（服务）收入等指标申请并经认定的高新技术企业，其来源于境外的所得可以享受高新技术企业所得税优惠政策，即对其来源于境外所得可以按照15%的优惠税率缴纳企业所得税，在计算境外抵免限额时，可按照15%的优惠税率计算境内外应纳税总额。

（五）小型微利企业税收优惠

符合条件的小型微利企业，减按20%的税率征收企业所得税。

自2014年1月1日至2016年12月31日，对年应纳税所得额低于10万元（含10万元）的小型微利企业，其所得减按50%计入应纳税所得额，按20%的税率缴纳企业所得税。

（六）加计扣除优惠

加计扣除优惠包括研究开发费用和企业安置残疾人员所支付的工资。

1.研究开发费，是指企业为开发新技术、新产品、新工艺发生的研究开发费用，未形成无形资产计入当期损益的，在按照规定据实扣除的基础上，按照研究开发费用的50%加计扣除；形成无形资产的，按照无形资产成本的150%摊销。

新技术、新产品、新工艺，是指国内尚未形成研究开发成果的技术、产品和工艺。

企业的研究开发费用，包括新产品设计费、工艺规程制定费、设备调整费、原材料和半成品的试验费、技术图书资料费、未纳入国家计划的中间试验费、研究机构人员的工

资、研究设备的折旧、与新产品的试制、技术研究有关的其他经费以及委托其他单位进行科研试制的费用。

企业在一个纳税年度内进行多个研究开发活动的，应按照不同开发项目分别归集可加计扣除的研究开发费用额。企业研究开发费各项目的实际发生额归集不准确、汇总额计算不准确的，主管税务机关有权调整其税前扣除额或加计扣除额。

2.企业安置残疾人员所支付工资费用的加计扣除，是指企业安置残疾人员的，在按照支付给残疾职工工资据实扣除的基础上，按照支付给残疾职工工资的100%加计扣除。残疾人员的范围适用《中华人民共和国残疾人保障法》的有关规定。

（七）减计收入优惠

企业综合利用资源，生产符合国家产业政策规定的产品所取得的收入，减按90%计入收入总额。

综合利用资源，是指企业以《资源综合利用企业所得税优惠目录》规定的资源作为主要原材料，生产国家非限制和禁止并符合国家和行业相关标准的产品。

（八）符合条件的技术转让所得

1.符合条件的技术转让所得免征、减征企业所得税，是指一个纳税年度内居民企业转让技术所有权所得不超过500万元的部分免征企业所得税，超过500万元的部分减半征收企业所得税。

2.技术转让的范围，包括居民企业转让专利技术、计算机软件著作权、集成电路布图设计权、植物新品种、生物医药新品种，以及财政部和国家税务总局确定的其他技术。

3.技术转让应签订技术转让合同。其中，境内的技术转让须经省级以上（含省级）科技部门认定登记，跨境的技术转让须经省级以上（含省级）商务部门认定登记，涉及财政经费支持的技术转让，需省级以上（含省级）科技部门审批。

4.居民企业技术出口应由有关部门按照商务部、科技部发布的《中国禁止出口限制出口技术目录》进行审查。居民企业取得禁止出口和限制出口技术转让所得，不享受技术转让减免企业所得税优惠政策。

5.居民企业从直接或间接持有股权之和达到100%的关联方取得的技术转让所得，不享受技术转让减免企业所得税优惠政策。

6.符合条件的技术转让所得应按以下方法计算：

技术转让所得=技术转让收入-技术转让成本-相关税费

技术转让收入是指当事人履行技术转让合同后获得的价款，不包括销售或转让设备、仪器、零部件、原材料等非技术性收入。不属于与技术转让项目密不可分的技术咨询、技术服务、技术培训等收入，不得计入技术转让收入。

技术转让成本是指转让的无形资产的净值，即该无形资产的计税基础减除在资产使用期间按照规定计算的摊销扣除额后的余额。

相关税费是指技术转让过程中实际发生的有关税费，包括除企业所得税和允许抵扣的增值税以外的各项税金及其附加、合同签订费用、律师费等相关费用及其他支出。

享受技术转让所得减免企业所得税优惠的企业，应单独计算技术转让所得，并合理分摊企业的期间费用；没有单独计算的，不得享受技术转让所得企业所得税优惠。

（九）创投企业优惠

创投企业优惠，是指创业投资企业采取股权投资方式投资于未上市的中小高新技术企业2年以上的，可以按照其投资额的70%在股权持有满2年的当年抵扣该创业投资企业的应纳税所得额；当年不足抵扣的，可以在以后纳税年度结转抵扣。

（十）税额抵免优惠

税额抵免，是指企业购置并实际使用《环境保护专用设备企业所得税优惠目录》、《节能节水专用设备企业所得税优惠目录》和《安全生产专用设备企业所得税优惠目录》规定的环境保护、节能节水、安全生产等专用设备的，该专用设备的投资额的10%可以从企业当年的应纳税额中抵免；当年不足抵免的，可以在以后5个纳税年度结转抵免。

企业购置上述专用设备在5年内转让、出租的，应当停止享受企业所得税优惠，并补缴已经抵免的企业所得税税款。转让的受让方可以按照该专用设备投资额的10%抵免当年企业所得税应纳税额；当年应纳税额不足抵免的，可以在以后5个纳税年度结转抵免。

（十一）非居民企业优惠

非居民企业在中国境内未设立机构、场所的，或者虽设立机构、场所但取得的所得与其所设机构、场所没有实际联系的所得，减按10%的税率征收企业所得税。

非居民企业取得下列所得可以免征所得税：

（1）外国政府向中国政府提供贷款取得的利息所得；

（2）国际金融组织向中国政府和居民企业提供优惠贷款取得的利息所得；

（3）经国务院批准的其他所得。

（十二）加速折旧优惠

企业的固定资产由于技术进步等原因，确需加速折旧的，可以缩短折旧年限或者采取加速折旧的方法。可以采取缩短折旧年限或者采取加速折旧的方法的固定资产包括：

（1）由于技术进步，产品更新换代较快的固定资产；

（2）常年处于强震动、高腐蚀状态的固定资产。

采取缩短折旧年限方法的，最低折旧年限不得低于规定折旧年限的60%；采取加速折旧方法的，可以采取双倍余额递减法或者年数总和法。

企事业单位购进软件，凡符合固定资产或无形资产确认条件的，可以按照固定资产或无形资产进行核算，经主管税务机关核准，其折旧或摊销年限可以适当缩短，最短可为2年。

（十三）民族自治地方优惠

民族自治地方，是指按照《中华人民共和国民族区域自治法》的规定，实行民族区域自治的自治区、自治州、自治县。

民族自治地方的自治机关对本民族自治地方的企业应缴纳的企业所得税中属于地方分享的部分，可以决定减征或者免征。自治州、自治县决定减征或者免征的，须报省、自治区、直辖市人民政府批准。

对民族自治地方内国家限制和禁止行业的企业，不得减征或者免征企业所得税。

（十四）关于鼓励证券投资基金发展的优惠政策

1.对证券投资基金从证券市场中取得的收入，包括买卖股票、债券的差价收入，股权的股息、红利收入，债券的利息收入及其他收入，暂不征收企业所得税。

2.对投资者从证券投资基金分配中取得的收入，暂不征收企业所得税。

3.对证券投资基金管理人运用基金买卖股票、债券的差价收入，暂不征收企业所得税。

（十五）西部大开发的税收优惠

西部大开发税收优惠政策适用范围包括重庆市、四川省、贵州省、云南省、西藏自治区、陕西省、甘肃省、宁夏回族自治区、青海省、新疆维吾尔自治区、新疆生产建设兵团、内蒙古自治区和广西壮族自治区（统称“西部地区”）。湖南省湘西土家族苗族自治州、湖北省恩施土家族苗族自治州、吉林省延边朝鲜族自治州，可以比照西部地区的税收优惠政策执行。

（1）对设在西部地区国家鼓励类产业企业，在2011年1月1日至2020年12月31日期间，减按15%的税率征收企业所得税。

国家鼓励类产业企业，是指以《产业结构调整指导目录》（2005年版）中规定的产业项目为主营业务，其主营业务收入占企业总收入70% 以上的企业。

（2）对西部地区2010年12月31日前新办的、根据《财政部国家税务总局海关总署关于西部大开发税收优惠政策问题的通知》（财税〔2001〕2002号）的规定，可以享受企业所得税“两免三减半”的交通、电力、水利、广播电视企业，其享受的企业所得税“两免三减半”优惠可以继续享受到期满为止。

（3）对在西部地区新办交通、电力、水利、邮政、广播电视企业，上述项目业务收入占企业总收入70%以上的，可以享受企业所得税如下优惠政策：内资企业自开始生产经营之日起，第1年至第2年免征企业所得税，第3年至第5年减半征收企业所得税。

对实行汇总（合并）纳税企业，应当将西部地区的成员企业与西部地区以外的成员企业分开，分别汇总（合并）申报纳税，分别适用税率。

二、企业所得税征管范围的调整

根据国家税务总局下发的《关于调整新增企业所得税征管范围问题的通知》（国税发〔2008〕120号）的规定，以2008年为基年，2008年年底之前国家税务局、地方税务局各自管理的企业所得税纳税人不作调整。2009年起新增企业所得税纳税人中，应缴纳增值税的企业，其企业所得税由国家税务局管理；应缴纳营业税的企业，其企业所得税由地方税务局管理。从2009年起，对企业所得税全额为中央收入的企业和在国家税务局缴纳营业税的企业，其企业所得税由国家税务局管理；银行（信用社）、保险公司的企业所得税由国家税务局管理，除上述规定外的其他各类金融企业的企业所得税由地方税务局管理；外商投资企业和外国企业常驻代表机构的企业所得税仍由国家税务局管理。

此外，对企业所得税征管过程中的其他问题，按以下规定执行：

1.境内单位和个人向非居民企业支付的预提所得，该项所得应扣缴的企业所得税的征管，分别由支付该项所得的境内单位和个人的所得税主管国家税务局或地方税务局负责。

2.2008年年底之前已成立跨区经营汇总纳税企业，2009年起新设立的分支机构，其企业所得税的征管部门应与总机构企业所得税征管部门相一致；2009年起新增跨区经营汇总纳税企业，总机构按基本规定确定的原则划分征管归属，其分支机构企业所得税的管理部门也应与总机构企业所得税管理部门相一致。

三、缴纳方法与纳税期限

企业所得税按纳税年度计算，分月或者分季预缴，年终汇算清缴。

企业分月或分季预缴所得税时，应当按照月度或者季度的实际利润额预缴；按照月度或者季度的实际利润额预缴有困难的，可以按照上一纳税年度应纳税所得额的月度或者季度平均额，按照月度或者季度以及经税务机关认可的其他方法预缴。预缴方法一经确定，该纳税年度内不得随意变更。

纳税年度自公历1月1日起至12月31日止。

企业在一个纳税年度中间开业，或者终止经营活动，使该纳税年度的实际经营期不足12个月的，应当以其实际经营期为一个纳税年度。

企业依法清算时，应当以清算期间作为一个纳税年度。

企业在纳税年度内无论盈利或者亏损，都应当依照《企业所得税法》规定的期限，向税务机关报送预缴企业所得税纳税申报表、年度企业所得税纳税申报表、财务会计报告和税务机关规定应当报送的其他有关资料。

企业向税务机关报送年度企业所得税纳税申报表时，应当就其与关联方之间的业务往来，附送年度关联业务往来报告表。

月份或者季度终了之日起15日内，向税务机关报送预缴企业所得税纳税申报表，预缴税款。

企业应当自年度终了之日起5个月内，向税务机关报送年度企业所得税纳税申报表，并汇算清缴，结清应缴应退税款。

企业在报送企业所得税纳税申报表时，应当按照规定附送财务会计报告和其他有关资料。

企业在年度中间终止经营活动的，应当自实际经营终止之日起60日内，向税务机关办理当期企业所得税汇算清缴。

企业应当在办理注销登记前，就其清算所得向税务机关申报并依法缴纳企业所得税。

企业所得税以人民币计算。所得以人民币以外的货币计算的，应当按照年度最后一日的外汇牌价，折合成人民币计算应纳税所得额。

企业所得为人民币以外的货币的，预缴企业所得税时，应当按照月度或者季度最后一日的人民币汇率中间价，折合成人民币计算应纳税所得额。年度终了汇算清缴时，对已经按照月度或者季度预缴税款的人民币以外的货币，不再重新折合计算，只就全年未缴纳企业所得税的人民币以外的货币所得部分，按照纳税年度最后一日的人民币汇率中间价，折合成人民币计算应纳税所得额。

经税务机关检查确认，企业少计或者多计人民币以外的货币所得的，应当按照检查确认补税或者退税时的上一个月最后一日的人民币汇率中间价，将少计或者多计的人民币以外的货币所得折合成人民币计算应纳税所得额，再计算应补缴或者应退的税款。

四、纳税地点

居民企业以企业登记注册地为纳税地点但登记注册地在境外的，以实际管理机构所在地为纳税地点。

居民企业在中国境内设立不具有法人资格的营业机构的，应当汇总计算并缴纳企业所得税。

非居民企业在中国境内设立机构、场所的，以机构、场所所在地为纳税地点。

非居民企业在中国境内设立两个或者两个以上机构、场所的，经税务机关审核批准，可以选择由其主要机构、场所汇总缴纳企业所得税。

非居民企业汇总缴纳企业所得税的主要机构、场所应具备下列条件：

（1）对其他各机构、场所的生产经营活动负有监督管理责任；

（2）设有完整的账簿、凭证，能够准确反映各机构、场所的收入、成本、费用和盈亏情况。

非居民企业需要汇总缴纳企业所得税的，应当由其选定的主要机构、场所提出申请，经各机构场所所在地税务机关的共同上级税务机关审核批准。

非居民企业经批准汇总缴纳企业所得税后，需要增设、合并、迁移、停止、关闭机构、场所的，应当事先由负责汇总申报缴纳企业所得税的主要机构、场所向其所在地税务机关报告；需要变更汇总缴纳企业所得税的主要机构、场所的，应当由其选定的主要机构、场所提出申请，经各机构场所所在地税务机关的共同上级税务机关审核批准。

除国务院另有规定外，企业之间不得合并缴纳企业所得税。

非居民企业在中国境内未设立机构、场所的，或者虽设立机构、场所但取得的所得与其所设机构、场所没有实际联系的，以扣缴义务人所在地为纳税地点。

知识链接 15-2

美国的公司所得税

美国公司所得税是对美国公司的国内外所得和外国公司来源于美国境内的所得征收的一种税。分联邦和州地方两级征收，是美国除个人所得税和薪工税外的第三大税种。公司所得税开始于1913年3月1日的联邦公司所得税法，到1916年才成为一个正规化、永久性的税种。

1.纳税人。公司所得税以美国公司和外国公司作为纳税人。美国税法规定，凡是根据各州法律而成立，并向各州政府注册的公司，不论其设在美国境内或境外，也不论其股权属于谁，均为美国公司。凡是根据外国法律而成立，并向外国政府注册的公司，不论其设在美国境内或境外，即使股权的全部或部分属于美国，都是外国公司。

2.课税对象、税率。美国公司所得税的课税对象是美国公司来源于美国境内外的所得（即全球的所得）和外国公司来源于美国境内的所得。上述所得主要包括：经营收入、资本利得、股息、租金、特许权使用费、劳务收入和其他收入等。

3.税率。公司所得税采取超额累进税率。对应纳税所得额在10万美元至33.5万美元之间的，加征5%的附加税；应纳税所得额超过1 500万美元的公司，要缴纳的附加税是超过1 500万美元的应纳税所得的3%或10万美元的应纳税所得的3%，二者取较小者。主要从事提供服务的公司，只按35%的比例税率纳税。外国在美国从事贸易经营活动的所得，按照美国公司所得税的累进税率征税。

4.应纳税所得额的计算和应纳税额的计算。应纳税所得额是公司的总所得减去为取得收入而发生的、税法允许扣除的各种费用和损失后的余额。允许扣除额是由税法事先规定的、公司在取得总所得过程中发生的必要的营业和非营业支出。

5.申报与缴纳。公司所得税的纳税人可以任意选择各自的纳税年度，即纳税的起讫日期，但一经确定，就不得随意改变。纳税人可以选择权责发生制、现金收付制或其他会计核算方法作为计税方法。纳税人应在每年4月15日前提交预计申报表和上年实际纳税表，并按预计申报表在该纳税年度的4月15日、6月15日、9月15日、12月15日前，按一定的比例缴纳公司所得税。公司所得税按年一次征收。纳税人可在其选定的纳税年度终了后两个半月内申报纳税。年度之间的亏损可以抵补和结转，本年度亏损，可向上转抵3年，向下结转15年。

资料来源：王国华.外国税制［M］.北京：中国人民大学出版社，2008.

本章小结

企业所得税是对我国境内企业和其他取得收入的组织的生产经营所得和其他所得征收的一种税。居民企业承担无限纳税义务，应当就其来源于中国境内、境外的所得缴纳企业所得税；非居民企业承担有限纳税义务，一般只就其来源于我国境内的所得纳税。

现行企业所得税的税率为25%；符合条件的小型微利企业，减按20%的税率征收企业所得税；非居民企业在中国境内未设立机构、场所的，或者虽设立机构、场所但取得的所得与其所设机构、场所没有实际联系的，应当就其来源于中国境内的所得缴纳企业所得税，其税率为20%。

企业所得税的计税依据或税基是企业的应纳税所得额。应纳税所得额是企业每一纳税年度的收入总额，减除不征税收入、免税收入、各项扣除以及允许弥补的以前年度亏损后的余额。

税前扣除项目遵循权责发生制原则、配比原则、相关性原则、确定性原则和合理性原则。

扣除项目的范围包括企业实际发生的与取得收入有关的、合理的支出，包括成本、费用、税金、损失和其他支出。增值税属于价外税，在应纳税所得额中不得扣除。

应纳税所得额计算公式：

应纳税所得额=收入总额－不征税收入－免税收入－各项扣除金额－弥补亏损

或

应纳税所得额=利润总额±纳税调整项目金额

计算应纳税所得额时还应注意三方面的内容：（1）企业发生的支出应当区分收益性支出和资本性支出。收益性支出在发生当期直接扣除；资本性支出应当分期扣除或者计入有关资产成本，不得在发生当期直接扣除。（2）企业的不征税收入用于支出所形成的费用或者财产，不得扣除或者计算对应的折旧、摊销扣除。（3）除《企业所得税法》和本条例另有规定外，企业实际发生的成本、费用、税金、损失和其他支出，不得重复扣除。

纳税人不能提供完整的、准确的收入及成本、费用凭证，不能正确计算应纳税所得额的，由税务机关核定其应纳税所得额。

资产的税务处理涉及固定资产、无形资产、生物资产和长期待摊费用的计价、折旧、摊销等问题。

企业所得税的税收优惠方式包括免税、减税、加计扣除、加速折旧、减计收入、税额抵免等。

纳税人发生年度亏损的，可以用下一纳税年度的所得弥补；下一纳税年度的所得不足弥补的，可以逐年延续弥补，但是延续弥补期最长不得超过5年。5年内不论是盈利或亏损，都作为实际弥补期限计算。

企业所得税的基本计算公式为：

应纳所得税额=应纳税所得额×税率

企业所得税按纳税年度计算，分月或者分季预缴，年终汇算清缴。纳税年度自公历1月1日起至12月31日止。企业在一个纳税年度中间开业，或者终止经营活动，使该纳税年度的实际经营期不足12个月的，应当以其实际经营期为一个纳税年度。

企业应当自月份或者季度终了之日起15日内，向税务机关报送预缴企业所得税纳税申报表，预缴税款；年度终了之日起5个月内，向税务机关报送年度企业所得税纳税申报表，并汇算清缴，结清应缴应退税款。居民企业以企业登记注册地为纳税地点，但登记注册地在境外的，以实际管理机构所在地为纳税地点。

关键概念

企业所得税　居民企业　非居民企业　不征税收入　免税收入　成本　费用　税金　损失　应纳税所得额　亏损弥补　固定资产　无形资产　生物资产　长期待摊费用　税额抵免　源泉扣缴　关联企业　纳税期限　纳税地点

基本训练

一、单项选择题

1.非居民企业在中国境内未设立机构、场所的，或者虽设立机构、场所但取得的所得与其所设机构、场所没有实际联系的，适用税率为（　　）。

A.10%　　B.15%　　C.20%　　D.25%

2.《企业所得税法》规定，符合条件的小型微利企业，减按（　　）的税率征收企业所得税。

A.10%　　B.15%　　C.20%　　D.25%

3.《企业所得税法》规定，国家需要重点扶持的高新技术企业，减按（　　）的税率征收企业所得税。

A.10%　　B.15%　　C.20%　　D.25%

4.对非居民企业在中国境内未设立机构、场所的，或者虽设立机构、场所但取得的所得与其所设机构、场所没有实际联系的，应当就其来源于中国境内的所得缴纳企业所得税，实行源泉扣缴，扣缴义务人每次代扣的税款，应当自代扣之日起（　　）日内缴入国库。

A.5　　B.7　　C.10　　D.30

5.现行企业所得税的适用税率是（　　）。

A.10%　　B.15%　　C.20%　　D.25%

6.除税收法律、行政法规另有规定外，居民企业以企业（　　）为纳税地点。

A.机构所在地　　B.登记注册地　　C.经营所在地　　D.户籍所在地

7.根据企业所得税法律制度的规定，下列各项中，在计算企业应纳税所得额时，不准从收入总额中扣除的是（　　）。

A.增值税　　B.印花税　　C.资源税　　D.关税

8.现行《企业所得税法》规定，纳税人发生年度亏损的，可用下一纳税年度的所得弥补，下一纳税年度的所得不足弥补的，可以逐年延续弥补，但最长不得超过（　　）年。

A.1　　B.3　　C.5　　D.10

9.企业所得税按（　　）计算。

A.季　　B.纳税年度　　C.月　　D.年

10.企业应当自月份或者季度终了之日起（　　）日内，向税务机关报送预缴企业所得税纳税申报表，预缴税款。

A.10　　B.15　　C.20　　D.30

11.企业应当自年度终了之日起（　　）个月内，向税务机关报送年度企业所得税纳税申报表，并汇算清缴，结清应缴应退税款。

A.3　　B.4　　C.5　　D.6

12.企业在年度中间终止经营活动的，应当自实际经营终止之日起（　　）日内，向税务机关办理当期企业所得税汇算清缴。

A.15　　B.20　　C.30　　D.60

13.《企业所得税法》公布前已经批准设立的企业，依照当时的税收法律、行政法规规定，享受低税率优惠的，按照国务院规定，可以在本法施行后（　　）年内，逐步过渡到本法规定的税率。

A.2　　B.3　　C.5　　D.10

14.下列项目中，符合企业所得税税前扣除项目规定的是（　　）。

A.投资风险准备基金　　B.残疾人就业保障基金

C.短期投资跌价准备金　　D.长期投资减值准备金

15.下列税种，在计算企业应纳税所得额时，不准从收入总额中扣除的是（　　）。

A.增值税　　B.消费税

C.城市维护建设税　　D.土地增值税

二、多项选择题

1.属于企业所得税的纳税人的有（　　）。

A.国有企业　　B.外商投资企业和外国企业

C.个人独资企业　　D.个人合伙企业

2.根据《企业所得税法》的规定，企业的下列收入免征企业所得税的有（　　）。

A.国债利息收入　　B.接受捐赠收入　　C.利息收入

D.在中国境内设立机构、场所的非居民企业从居民企业取得与该机构、场所有实际联系的股息、红利等权益性投资收益

3.根据《企业所得税法》的规定，企业的下列收入不征企业所得税的有（　　）。

A.财政拨款

B.依法收取并纳入财政管理的行政事业性收费、政府性基金

C.国务院规定的其他不征税收入

D.接受捐赠收入

4.企业发生的下列支出中，在计算应纳税所得额时不予扣除的是（　　）。

A.工商机关所处罚款　　B.银行加收的罚息

C.司法机关所处罚金　　D.税务机关加收的税收滞纳金

5.根据企业所得税法律制度的有关规定，下列各项中，属于计算企业应纳税所得额时准予扣除的项目有（　　）。

A.缴纳的消费税　　B.缴纳的税收滞纳金

C.工商机关所处罚款　　D.缴纳的财产保险费

6.企业实际发生的与取得收入有关的、合理的支出，包括（　　）和其他支出，准予在计算应纳税所得额时扣除。

A.成本　　B.费用　　C.税金　　D.损失

7.企业的下列（　　）支出，可以在计算应纳税所得额时加计扣除。

A.开发新技术、新产品、新工艺发生的研究开发费用

B.安置残疾人员及国家鼓励安置的其他就业人员所支付的工资

C.固定资产折旧

D.无形资产摊销

8.在计算应纳税所得额时，企业发生的下列（　　）支出作为长期待摊费用，按照规定摊销的，准予扣除。

A.已足额提取折旧的固定资产的改建支出

B.租入固定资产的改建支出

C.固定资产的大修理支出

D.其他应当作为长期待摊费用的支出

9.企业下列（　　）固定资产不得计算折旧扣除。

A.房屋、建筑物以外未投入使用的固定资产

B.以经营租赁方式租入的固定资产

C.以融资租赁方式租出的固定资产

D.已足额提取折旧仍继续使用的固定资产

10.企业依据（　　）标准，区分为居民企业和非居民企业。

A.注册成立地　　B.实际管理机构所在

C.劳务发生地　　D.注册时间

三、判断题

1.国家对企业取得的非法所得不予征税。（　　）

2.企业对外投资期间，投资资产的成本在计算应纳税所得额时不得扣除。（　　）

3.企业在汇总计算缴纳企业所得税时，其境外营业机构的亏损不得抵减境内营业机构的盈利。（　　）

4.企业纳税年度发生的亏损，准予向以后年度结转，用以后年度的所得弥补，但结转年限最长不得超过5年。（　　）

5.在计算应纳税所得额时，企业财务、会计处理办法与税收法律、行政法规的规定不一致的，应当依照税收法律、行政法规的规定计算。（　　）

6.对非居民企业在中国境内取得工程作业和劳务所得应缴纳的所得税，税务机关可以指定工程价款或者劳务费的支付人为扣缴义务人。（　　）

7.企业与其关联方之间的业务往来，不符合独立交易原则而减少企业或者其关联方应纳税收入或者所得额的，税务机关有权按照合理方法调整。（ ）

8.企业不提供与其关联方之间业务往来资料，或者提供虚假、不完整资料，未能真实反映其关联业务往来情况的，税务机关有权依法核定其应纳税所得额。（ ）

9.企业从其关联方接受的债权性投资与权益性投资的比例超过规定标准而发生的利息支出，不得在计算应纳税所得额时扣除。（ ）

10.居民企业在中国境内设立不具有法人资格的营业机构的，应当汇总计算并缴纳企业所得税。（ ）

11.企业发生的公益性捐赠支出，在年度利润总额12%以内的部分，准予在计算应纳税所得额时扣除。（ ）

12.除国务院另有规定外，企业之间不得合并缴纳企业所得税。（ ）

13.企业的应纳税所得额乘以适用税率，减除依照税法规定减免和抵免的税额后的余额，为应纳税额。（ ）

14.企业在汇总计算缴纳企业所得税时，其境外营业机构的亏损不得抵减境内营业机构的盈利。（ ）

四、计算题

1.某企业2016年发生下列业务：

（1）销售产品收入2 000万元。

（2）接受捐赠材料一批，取得赠出方开具的增值税发票，注明价款10万元，增值税1.7万元；企业找一运输公司将该批材料运回企业，支付运杂费0.3万元。

（3）转让一项商标所有权，取得营业外收入60万元。

（4）收取当年让渡资产使用权的专利实施许可费，取得其他业务收入10万元。

（5）取得国债利息2万元。

（6）全年销售成本1 000万元；销售税金及附加100万元。

（7）全年销售费用500万元，含广告费400万元；全年管理费用200万元，含招待费80万元；全年财务费用50万元。

（8）全年营业外支出40万元，含通过政府部门对灾区捐款20万元；直接对私立小学捐款10万元；违反政府规定被工商局罚款2万元。

要求：（1）计算该企业的会计利润总额；（2）计算该企业对收入的纳税调整额；（3）计算该企业对广告费用的纳税调整额；（4）计算该企业对招待费的纳税调整额；（5）计算该企业对营业外支出的纳税调整额；（6）计算该企业应纳税所得额；（7）计算该企业应纳所得税税额。

2.某外商投资企业2016年在我国境内所得160万元，来自A国税后所得20万元，在A国已纳所得税税额5万元。

要求：计算该企业2016年度应纳企业所得税（该企业2015年来自A国的已纳所得税因超过抵免限额尚未扣除的余额为1万元）。

3.境外某公司在中国境内未设立机构、场所，2016年取得境内甲公司支付的贷款利息收入100万元，取得境内乙公司支付的财产转让收入80万元，该项财产净值60万元。

要求：计算该外国公司应纳所得税。

4.某私营企业，注册资金300万元，从业人员20人，2017年2月10日向其主管税务机关申报2016年度取得收入总额146万元，发生的直接成本120万元、其他费用33万元，全年应纳税所得额−7万元。后经税务机关审核，其成本、费用无误，但收入总额不能准确核算。假定应税所得率为15%。

要求：计算企业2016年度应纳企业所得税。

第十六章　个人所得税

学习目标

通过本章的学习，要求学生了解个人所得税的概念和特点；熟悉个人所得税居民纳税人与非居民纳税人的划分、应税项目、税率、减免税、征收方式、纳税期限和纳税地点；掌握个人所得税应税所得额的确定和应纳税额的计算。

你知道个人获得的哪些所得要缴纳个人所得税吗？本章将揭开个人所得税的面纱。

第一节　个人所得税的基本要素

知识链接 16-1

个人所得税简介

1799年，英国首创个人所得税。目前，世界上已有140多个国家和地区开征了个人所得税。

我国对个人所得的征税，最早可追溯到国民党统治时期，当时曾正式开征过薪给报酬所得税等税种。中华人民共和国成立后，我国对个人所得只开征利息所得税。1980年，我国颁布了第一部个人所得税法，在应税所得的分类上，共分工资、薪金所得，劳务报酬所得，特权使用费所得，利息、股息、红利所得，财产租赁所得和其他所得六项；1986年1月，国务院颁布了《城乡个体工商户所得税暂行条例》，征税范围是从事工业、商业、服务业、建筑安装业、交通运输业和其他行业的城乡个体工商户的经营所得和其他所得；1986年9月，国务院颁布了《个人收入调节税暂行条例》，将应税所得分为工资、薪金收入，承包、转包收入，劳务报酬收入，财产租赁收入，专利权的转让、专利实施许可和非专利技术提供和转让收入，投稿、翻译收入，利息、股息、红利收入和其他收入等8项；1993年，全国人大常委会通过了《中华人民共和国个人所得税法》，将个人应税所得分为11项。1993年10月31日第八届全国人民代表大会常务委员会第四次会议通过《关于修改〈中华人民共和国个人所得税法〉的决定》第一次修正。

资料来源：注册会计师全国统一考试辅导教材编写组.税法［M］.北京：经济科学出版社，2013.

一、个人所得税概述

个人所得税法是指国家制定的用以调整个人所得税征收与缴纳之间权利及义务关系的

法律规范。现行个人所得税的基本规范，是2011年6月30日第十一届全国人民代表大会常务委员会第二十一次会议通过的第六次修正的《中华人民共和国个人所得税法》（以下简称《个人所得税法》），修改后的《个人所得税法》及其实施条例自2011年9月1日起施行。

个人所得税是对个人取得的应税所得征收的一种税，它体现了国家与个人之间的分配关系。我国现行的个人所得税主要有以下特点：

1.实行分类征收。个人所得税的税制模式一般分为综合所得税制、分类所得税制和分类综合所得税制三种。我国现行个人所得税采用的是分类所得税制，将个人的各种所得分为11项，分别适用不同的费用扣除规定、不同的税率、不同的期限，采用不同的计税方法。

2.累进税率与比例税率并用。对工资、薪金所得，对个体工商户的生产经营所得，对企事业单位的承包经营、承租经营所得，采用累进税率，实行量能负担；对劳务报酬所得、稿酬所得等其他所得，采用比例税率，实行等比负担。

3.费用扣除额较宽松。我国现行个人所得税采取定额扣除和定率扣除相结合的费用扣除方法。对劳务报酬所得、稿酬所得、特许权使用费所得、财产租赁所得等，每次收入不超过4 000元的，定额扣除800元；每次收入超过4 000元的，定率扣除20%；对工资、薪金所得，每月减除费用3 500元，对外籍人员增加4 800元附加减除费用。这既体现了对中低收入者少征或不征税的原则，又保障了外籍人员的收入水平。

4.计算简便。我国个人所得税的费用扣除采取总额扣除办法，免去了对个人实际生活费用支出逐项计算的麻烦；各种所得项目实行分类计算，各有各的费用扣除规定，费用扣除项目及方法易于掌握，计算比较简单，符合税制简便原则。

二、纳税人

个人所得税以所得人为纳税义务人，以支付所得的单位或者个人为扣缴义务人。个人独资企业和合伙企业投资者也是个人所得税的纳税义务人。按照国际通行的做法，我国个人所得税纳税人的确定也采用属人主义和属地主义两种原则，既包括有应税所得的我国居民，也包括从我国境内取得所得的非居民。

（一）居民纳税人

符合下列条件之一的，为居民纳税义务人：

1.在中国境内有住所的个人，即因户籍、家庭、经济利益关系，而在中国境内习惯性居住的个人。习惯性居住，是指个人因学习、工作、探亲等原因消除之后，没有理由在其他地方继续居留时，所要回到的地方，而不是指实际居住或在某一个特定时期内的居住地。在税收意义上，习惯性居住是判定纳税义务人是居民或非居民的一个法律意义上的标准。如个人因学习、工作、探亲、旅游等原因而在中国境外居住，当这些原因消除之后，必须回到中国境内居住的，那么，中国就是该人的习惯性居住地。对居民的确定，加上“住所”的条件，可以将因公或其他原因到境外工作的人员纳入征税范围，堵塞了征收漏洞，也符合国际惯例。

2.在中国境内无住所而在境内居住满1年的个人。所谓在境内居住满1年，是指在一个纳税年度（即公历1月1日起至12月31日止）内，在中国境内居住满365天。在计算居住天数时，对临时离境应视同在华居住，不扣减其在华居住的天数。临时离境，是指在一个纳税年度内，一次不超过30日或者多次累计不超过90日的离境。

居民纳税人负有无限纳税义务，应就其来源于中国境内外的所得向我国申报纳税。

（二）非居民纳税人

符合下列条件之一的属于非居民纳税义务人：

1.在中国境内无住所又不居住但有来源于中国境内所得的个人。这种在中国境内没有住所又没有来中国的外籍个人，他们从中国境内取得所得一般是由于资金、技术或财产在中国境内被使用。

2.在中国境内无住所，并且在一个纳税年度中在中国境内居住不满1年的个人。这一般是指短期来华的外籍人员，如承包工程中短期作业的外籍个人、到中国境内演出或表演的演员或运动员等。

非居民纳税人负有有限纳税义务，仅就其来源于中国境内的所得向我国申报纳税。

三、征税对象与所得来源地的确定

（一）个人所得税征税对象的具体项目

个人所得税以纳税人取得的个人所得为征税对象。我国个人所得税采取列举法，没有列举的则不征税。个人所得的形式包括现金、实物、有价证券和其他形式的经济利益。所得为实物的，应当按照取得的凭证上所注明的价格计算应纳税所得额；无凭证的实物或者凭证上所注明的价格明显偏低的，参照市场价格核定应纳税所得额。所得为有价证券的，根据票面价格和市场价格核定应纳税所得额。所得为其他形式的经济利益的，参照市场价格核定应纳税所得额。具体项目包括以下11项：

1.工资、薪金所得。工资、薪金所得是指个人因任职或者受雇而取得的工资、薪金、奖金、年终加薪、劳动分红、津贴、补贴以及与任职或者受雇有关的其他所得。假日加班工资不属于国家统一规定发给的补贴、津贴，应并入工资、薪金收入依法征税。但下列收入不属于工资、薪金所得：独生子女补贴；执行公务员工资制度未纳入基本工资总额的补贴、津贴差额和家属成员的副食品补贴；托儿补助费；差旅费津贴、误餐补助。

个人在公司（包括关联公司）任职、受雇，同时兼任董事、监事的，应将董事费、监事费与个人工资收入合并，统一按工资、薪金所得项目缴纳个人所得税。

2.个体工商户的生产、经营所得。个体工商户的生产、经营所得是指个体工商户从事工业、手工业、建筑业、交通运输业、商业、饮食业、服务业、修理业以及其他行业生产、经营取得的所得，以及与生产、经营有关的应税所得；个人经政府有关部门批准，取得执照，从事办学、医疗、咨询以及其他有偿服务活动取得的所得。

3.对企事业单位的承包、承租经营所得。对企事业单位的承包、承租经营所得是指个人承包经营、承租经营以及转包、转租取得的所得，还包括个人按月或者按次取得的工资、薪金性质的所得。针对较多样的对企事业单位的承包、承租经营方式和分配方式，具体规定如下：

（1）个人对企事业单位承包、承租经营后，工商登记改变为个体工商户的，应按个体工商户的生产、经营所得项目征收个人所得税，不再征收企业所得税。

（2）个人对企事业单位承包、承租经营后，工商登记仍为企业的，不论其分配方式如何，均应先按照企业所得税的有关规定缴纳企业所得税，然后承包、承租人依据承包、承租合同（协议）取得的所得，按《个人所得税法》的有关规定缴纳个人所得税。其中又具体分为：

第一，承包、承租人对企业的经营成果不拥有所有权，仅按合同（协议）规定取得一定所得的，应按工资、薪金所得项目征收个人所得税。

第二，承包、承租人按合同（协议）规定向发包方、出租方缴纳一定的费用后，企业的经营成果归承包、承租人所有的，其取得的所得按对企事业单位的承包、承租经营所得项目征收个人所得税。

4.劳务报酬所得。劳务报酬所得是指个人从事设计、装潢、安装、制图、化验、测试、医疗、法律、会计、咨询、讲学、新闻、广播、审稿、书画、雕刻、影视、录音、录像、演出、表演、广告、展览、技术服务、介绍服务、经纪服务、代办服务以及其他劳务报酬的所得。个人担任董事职务所取得的董事费收入，按劳务报酬所得征税。

是否存在雇佣与被雇佣关系，是判断一种收入是工资、薪金所得还是劳务报酬所得的重要标准。个人独立从事某种技艺，独立提供某种劳务而取得的所得，属劳务报酬所得；个人从事非独立劳动，从所任职单位领取的报酬属工资、薪金所得。

5.稿酬所得。稿酬所得是指个人因其作品以图书、报刊形式出版、发表而取得的所得。作品包括文学作品、书画作品、摄影作品以及其他作品。作者去世后，财产继承人取得的遗作稿酬也应按稿酬所得征收个人所得税。

6.特许权使用费所得。特许权使用费所得是指个人提供或转让专利权、商标权、著作权、非专利权以及其他特许权的使用权取得的所得。

7.利息、股息、红利所得。利息、股息、红利所得，是指个人拥有股权、债权而取得的利息、股息、红利所得。利息一般指存款、贷款和债券的利息；股息、红利是指个人拥有股权取得的公司、企业分红，按照一定比例派发的每股息金称股息，根据企业、公司应分派的、超过股息部分的利润，按股派发的红股称红利。

8.财产租赁所得。财产租赁所得是指个人出租建筑物、土地使用权、机器设备、车辆及其他财产取得的所得。

9.财产转让所得。财产转让所得是指个人转让有价证券、股权、建筑物、土地使用权、机器设备、车辆及其他财产取得的所得。鉴于我国证券市场发育还不成熟，目前对股票转让暂不征收个人所得税。

10.偶然所得。偶然所得是指个人得奖、中奖、中彩及其他偶然性质的所得。

11.其他所得。其他所得是指除上述10项应税所得外，需征税的其他所得。

自2009年5月25日起，房屋产权所有人将房屋产权无偿赠与他人的，受赠人因无偿受赠房屋取得的受赠所得，按照“经国务院财政部门确定征税的其他所得”项目缴纳个人所得税。

（二）所得来源地的确定

确定个人应税收入的来源地，是纳税人履行何种纳税义务的前提。下列所得不论支付地点是否在中国境内，均为来源于中国境内的所得：

1.在中国境内任职、受雇而取得的工资、薪金所得；

2.在中国境内从事生产、经营活动而取得的生产经营所得；

3.因任职、受雇、履约等在中国境内提供各种劳务取得的劳务报酬所得；

4.将财产出租给承租人在中国境内使用而取得的所得；

5.转让中国境内的建筑物、土地使用权等财产，以及在中国境内转让其他财产取得的所得；

6.提供专利权、非专利技术、商标权、著作权，以及其他特许权在中国境内使用的所得；

7.因持有中国境内的各种债券、股票、股权而从中国境内的公司、企业或其他经济组织及个人取得的利息、股息、红利所得。

四、税率

个人所得税根据不同的征税项目，分别规定了三种不同的税率：

（一）工资、薪金所得

工资、薪金所得适用七级超额累进税率，按月应纳税所得额计算征税。该税率按个人月工资、薪金应税所得额划分级距，最高一级为45%，最低一级为3%，共七级，见表16-1。

表16-1 **七级超额累进税率表（工资、薪金所得适用）**

级数	全月应纳税所得额		税率（%）	速算扣除数（元）
	含税级距	不含税级距		
1	不超过1 500元的	不超过1 455元的	3	0
2	超过1 500元至4 500元的部分	超过1 455元至4 155元的部分	10	105
3	超过4 500元至9 000元的部分	超过4 155元至7 755元的部分	20	555
4	超过9 000元至35 000元的部分	超过7 755元至27 255元的部分	25	1 005
5	超过35 000元至55 000元的部分	超过27 255元至41 255元的部分	30	2 755
6	超过55 000元至80 000元的部分	超过41 255元至57 505元的部分	35	5 505
7	超过80 000元的部分	超过57 505元的部分	45	13 505

注：

①本表所列含税级距与不含税级距，均为按照税法规定减除有关费用后的所得额；

②含税级距适用于由纳税人负担税款的工资、薪金所得，不含税级距适用于由他人（单位）代付税款的工资、薪金所得。

（二）五级超额累进税率

五级超额累进税率适用于按年计算、分月预缴税款的个体工商户的生产、经营所得和对企事业单位承包经营、承租经营的全年应纳税所得额划分级距，最低一级为5%，最高一级为35%，共五级，见表16-2。

表16-2 **五级超额累进税率表**

（个体工商户的生产、经营所得和对企事业单位承包经营、承租经营所得适用）

级数	全年应纳税所得额		税率（%）	速算扣除数（元）
	含税级距	不含税级距		
1	不超过15 000元的	不超过14 250元的	5	0
2	超过15 000元至30 000元的部分	超过14 250元至27 750元的部分	10	750
3	超过30 000元至60 000元的部分	超过27 750元至51 750元的部分	20	3 750
4	超过60 000元至100 000元的部分	超过51 750元至79 750元的部分	30	9 750
5	超过100 000元的部分	超过79 750元的部分	35	14 750

注：

①本表所列含税级距与不含税级距，均为按照税法规定以每一纳税年度的收入总额减除成本、费用以及损失后的所得额；

②含税级距适用于个体工商户的生产、经营所得和由纳税人负担税款的对企事业单位承包经营、承租经营所得，不含税级距适用于由他人（单位）代付税款的对企事业单位承包经营、承租经营所得。

（三）比例税率

对个人的稿酬所得，劳务报酬所得，特许权使用费所得，利息[①]、股息、红利所得，财产租赁所得，财产转让所得，偶然所得和其他所得，按次计算征收个人所得税，适用20%的比例税率。其中，对稿酬所得适用20%的比例税率，并按应纳税额减征30%；对劳务报酬所得一次性收入畸高的实行加成征收，即应纳税所得额超过20 000元至50 000元的部分加征五成，超过50 000元的部分加征十成。劳务报酬所得个人所得税税率表见表16-3。

表16-3 **劳务报酬所得个人所得税税率表**

级数	每次应纳税所得额	税率（%）	速算扣除数（元）
1	不超过20 000元的部分	20	0
2	超过20 000元至50 000元的部分	30	2 000
3	超过50 000元的部分	40	7 000

第二节 个人所得税的计算

一、计税依据

个人所得税的计税依据是应纳税所得额。应纳税所得额是个人取得的收入减去税法规定的扣除项目或者扣除金额后的余额。

① 自2008年10月9日起，对储蓄存款利息所得暂免征收个人所得税。

计算个人所得税应纳税所得额，需按照不同应税项目收入额减去税法规定的费用减除标准分别进行计算。我国个人所得税的扣除项目采取分项确定、分类扣除的方法，具体有定额、定率和会计核算三种扣除办法。对工资、薪金所得采用定额扣除办法；个体工商户的生产、经营所得和对企事业单位承包经营、承租经营所得及财产转让所得，涉及生产、经营及有关成本或费用支出的，采取会计核算办法扣除有关成本、费用或规定的必要费用；对劳务报酬所得、稿酬所得、特许权使用费所得、财产租赁所得，采取定额和定率相结合的扣除办法；而利息、股息、红利所得和偶然所得，因不涉及必要费用的支付，所以不得扣除任何费用。

需要特别强调的是，由于增值税为价外税，本章所称"收入""所得"或"支付的价款""费用"（含习题部分）均不含增值税。

二、公益性捐赠与资助的扣除

1.个人将其所得对教育事业和其他公益事业的捐赠（指个人将其所得通过中国境内的社会团体、国家机关向教育和其他社会公益事业以及遭受严重自然灾害地区、贫困地区的捐赠），未超过纳税人申报的应纳税所得额30%的部分，可以从其应纳税所得额中扣除。

自2007年8月1日起，个人捐赠住房作为廉租住房的，捐赠额未超过其申报的应纳税所得额30%的部分，准予从其应纳税所得额中扣除。

2.为鼓励社会力量资助科研机构、高等院校的研究开发活动，个人以其个人所得（不含偶然所得、经国务院财政部门确定征税的其他所得），通过中国境内非营利的社会团体、国家机关对非关联的科研机构和高等院校研究开发新产品、新技术、新工艺所发生的研究开发经费的资助，在缴纳个人所得税时，经主管税务机关审核确定，其资助支出可以全额在下月（工资、薪金所得）或下次（按次计征的所得）或当年（按年计征的所得）应纳税所得额中扣除，但不足抵扣的不得结转抵扣，纳税人直接向科研机构和高等院校的资助不允许在税前扣除。

三、应纳税额的计算

依照税法规定的适用税率和费用扣除标准，各项所得的应纳税额应分别计算如下：

（一）工资、薪金所得的计税方法

一般情况下，工资、薪金所得以个人每月收入额固定减除3 500元费用后的余额为应纳税所得额。其计算公式为：

应纳税所得额=月工资、薪金收入额-3 500

对在中国境内无住所而在中国境内取得工资、薪金所得的纳税人和在中国境内有住所而在中国境外取得工资、薪金所得的纳税人，在减除3 500元费用的基础上，再附加减除费用1 300元。其计算公式为：

应纳税所得额=月工资、薪金收入额-4 800

附加减除费用标准为1 300元所适用的具体范围是：在中国境内的外商投资企业和外国企业中工作的外籍人员；应聘在中国境内企业、事业单位、社会团体、国家机关中工作的外籍专家；在中国境内有住所而在中国境外任职或者受雇取得工资、薪金所得的个人；财政部确定的其他人员。

附加减除费用也适用于华侨和中国香港、澳门、台湾同胞。

1.一般工资、薪金所得应纳个人所得税的计算方法

应纳税额=应纳税所得额×适用税率-速算扣除数

或　　　=（每月收入额-3 500或4 800）×适用税率-速算扣除数

【例16-1】某纳税人2016年11月应税工资收入4 200元，该纳税人不适用附加减除费用的规定。

要求：计算其当月应纳个人所得税税额。

解：（1）应纳税所得额=4 200 -3 500 =700（元）

（2）应纳税额=700×3%-0=21（元）

【例16-2】在某外商投资企业工作的美国专家（非居民纳税人）2015年12月取得由该企业发放的含税工资收入10 400元人民币。

要求：计算其应纳个人所得税税额。

解：（1）应纳税所得额=10 400 -4 800 =5 600（元）

（2）应纳税额=5 600×20% -555 =565（元）

2.特殊规定与应纳税额的计算

（1）雇佣和派遣单位分别支付工资、薪金的费用扣除。

在外商投资企业、外国企业和外国驻华机构工作的中方人员取得的工资、薪金收入，凡是由雇佣单位和派遣单位分别支付的，只由雇佣单位在支付工资、薪金时按税法规定减除费用，计算扣缴个人所得税；派遣单位支付的工资、薪金不再减除费用，以支付金额直接确定适用税率，计算扣缴个人所得税。纳税义务人应持两处支付单位提供的原始明细工资、薪金单（书）和完税凭证原件，选择并固定到一地税务机关申报每月工资、薪金收入，汇算清缴其工资、薪金收入的个人所得税，多退少补。

对于可以提供有效合同或有关凭证，能够证明其工资、薪金所得的一部分按有关规定上缴给派遣（介绍）单位的，可以扣除其实际上交的部分，按其余额计征个人所得税。其计算公式为：

应纳税额=（从雇佣单位取得的工资、薪金收入-上缴给派遣单位的费用-费用扣除标准）×适用税率-速算扣除数

【例16-3】刘某为某外商投资企业雇用的中方人员，2016年6月，该外商投资企业支付给刘某的薪金为7 000元。同月，刘某还收到其所在的派遣单位发给的工资900元。

要求：该外商投资企业、派遣单位应如何扣缴个人所得税？刘某实际应缴纳多少个人所得税？

解：外商投资企业应扣缴刘某的个人所得税=（7 000-3 500）×10%-105=245（元）

派遣单位应扣缴刘某的个人所得税=900×3%-0=27（元）

刘某实际应缴的个人所得税=（7 000+900-3 500）×10%-105=335（元）

因此，在刘某到税务机关申报时，还应补缴税款63元（335-245-27）。

（2）境内、境外分别取得工资、薪金所得的费用扣除。

纳税人在境内、境外同时取得工资、薪金所得，首先应判断其境内、境外取得的所得是否为来源于一国的所得，如因任职、受雇、履约等而在中国境内提供劳务取得所得，无论支付地点是否在中国境内，均为来源于中国境内的所得。凡能够提供在境内、境外同时任职或受雇及工资标准的证明文件，可判定其所得是分别来源于境内、境外的所得，应分

别减除费用计算税额。

在中国境内无住所的个人，凡在中国境内居住不满一个月并仅就不满一个月期间的工资、薪金所得申报纳税的，均应按全月工资、薪金所得为依据计算实际应纳税额。其计算公式为：

$$应纳税额=\left(\frac{当月工资、薪金}{应纳税所得额}\times适用税率-速算扣除数\right)\times(当月实际在中国境内的天数\div当月天数)$$

如果属于上述情况的个人取得的是日工资、薪金，应把日工资、薪金以当月天数换算成月工资、薪金后，再按上述公式计算应纳税额。

【例16-4】某工厂2016年11月从德国引进成套设备，合同规定由设备供应商派工程师指导设备的安装、调试，其工资由工厂自行支付，日工资为人民币400元。工程师希斯里在该厂共工作20天，按合同规定支付工资8 000元。

要求：计算应扣缴的个人所得税。

解：月工资=400×30=12 000（元）

月应纳税所得额=12 000-4 800 =7 200（元）

应纳税额=（7 200×20%-555）×（20÷30）=590（元）

（3）特定行业职工取得的工资、薪金所得的计税问题。

为照顾采掘业、远洋运输业、远洋捕捞业因季节、产量等因素的影响，职工的工资、薪金收入呈现较大幅度波动的实际情况，国家规定这三个特定行业的职工按月预缴税款，年度终了后30日内，合计全年工资、薪金所得，再按12个月平均计算。对远洋运输船员每月的工资、薪金收入在统一扣除3 500元费用的基础上，准予再扣除附加减除费用1 300元。对于船员伙食费不发给个人，而是用于集体用餐的，可允许该项补贴不计入船员个人的应纳税工资、薪金收入。

应纳税额=［（全年工资、薪金收入÷12-费用扣除标准）×税率-速算扣除数］×12

年终应补（退）税额=应纳税额-全年已代扣代缴税额

（4）个人取得公务交通、通讯补贴收入的扣除标准。

个人因公务用车和通讯制度改革而取得的公务用车、通讯补贴收入，扣除一定标准的公务费用后，按照工资、薪金所得计征个人所得税。按月发放的，并入当月工资、薪金所得计征个人所得税；不按月发放的，分解到所属月份并与该月份工资、薪金所得合并征税。因公务用车制度改革而以现金、报销等形式向个人支付的收入，视为个人取得公务用车补贴收入。

（5）雇主为其雇员负担个人所得税税额的计算。

在实际工作中，有的单位或个人（雇主）常常为纳税人负担税款，即支付给纳税人的报酬（包括工资、薪金、劳务报酬等所得）是不含税的净所得或称为税后所得，纳税人的应纳税额由雇主代为缴纳。在这种情况下，应先将纳税人的不含税收入换算为应纳税所得额，再计算应纳税额，具体包括以下三种情况：

①全额代负担税款的计算。雇主全额为雇员负担税款，应将雇员取得的不含税收入换算成含税应纳税所得额后，计算雇主应当代扣代缴的税款。计算公式为：

应纳税所得额=（不含税收入额-费用扣除标准-速算扣除数）÷（1-适用税率）

应纳税额=应纳税所得额×适用税率-速算扣除数

【例16-5】某中外合资企业代其雇员（中国居民）全额缴纳个人所得税，2016年10月支付给孙某的不含税工资为9 600元人民币。

要求：计算该企业代孙某缴纳的个人所得税。

解：（1）将不含税所得额换算为含税所得额：

应纳税所得额=（9 600−3 500−1 005）÷（1−25%）=6 793.33（元）

（2）计算应代缴的个人所得税税额：

应纳税额=6 793.33×20%−555=803.67（元）

②定额代负担部分税款的计算。雇主为其雇员定额负担部分税款的，应将雇员取得的工资、薪金所得换算成应纳税所得额后，计算单位应当代扣代缴的税款。计算公式为：

应纳税所得额=雇员取得的工资+雇主代雇员负担的税款−费用扣除标准

应纳税额=应纳税所得额×适用税率−速算扣除数

③负担一定比例税款的计算。雇主为其雇员负担一定比例税款，是指雇主为雇员负担一定比例的工资应纳的税款或负担一定比例的实际应纳税款。计算公式为：

$$应纳税所得额=\left(\begin{matrix}未含雇主负担\\的税款的收入额\end{matrix}-费用扣除标准-速算扣除数\times负担比例\right)\div(1-税率\times负担比例)$$

应纳税额=应纳税所得额×适用税率−速算扣除数

（6）关于纳税人取得全年一次性奖金（年终奖）的征税问题。

全年一次性奖金是指行政机关、企事业单位等扣缴义务人根据其全年经济效益和对雇员全年工作业绩的综合考核情况，向雇员发放的一次性奖金。它也包括年终加薪、实行年薪制和绩效工资办法的单位根据考核情况兑现的年薪和绩效工资。

纳税人取得全年一次性奖金，单独作为一个月工资、薪金所得计算纳税。先将雇员当月内取得的全年一次性奖金，除以12个月，按其商数确定适用税率和速算扣除数。

①如果雇员当月工资、薪金所得高于（或等于）税法规定的费用扣除额的，计算公式为：

应纳税额=雇员当月取得全年一次性奖金×适用税率−速算扣除数

②如果雇员当月工资、薪金所得低于税法规定的费用扣除额的，计算公式为：

$$应纳税额=\left(\begin{matrix}雇员当月取得\\全年一次性奖金\end{matrix}-\begin{matrix}雇员当月工资、薪金所\\得与费用扣除额的差额\end{matrix}\right)\times适用税率-速算扣除数$$

值得注意的是，在一个纳税年度内，对每一个纳税人，该计税办法只允许采用一次。对于雇员取得除全年一次性奖金以外的其他各种名目的奖金，如半年奖、季度奖、加班奖、先进奖、考勤奖等，一律与当月工资、薪金收入合并，按税法规定缴纳个人所得税。

【例16-6】某电网公司员工蒋莉2016年12月份工资为4 500元，当月又一次性取得年终奖金12 000元。

要求：计算蒋莉12月份应纳的个人所得税。

解：12月份的工资所得应纳税额=（4 500−3 500）×3%−0=30（元）

因为12 000÷12=1 000（元），所以对应的年终奖金的税率为3%，速算扣除数为0。

年终奖金的应纳税额=12 000×3%=360（元）

12月份应纳个人所得税=30+360=390（元）

【例16-7】假定蒋莉12月份工资为3 400元，当月又一次性取得年终奖金12 100元。

要求：计算蒋莉应纳的个人所得税。

解：首先，当月工资低于费用扣除标准3 500元，不用纳税。

其次，确定年终一次性奖金适用税率、速算扣除数：

按12个月分摊后每月的奖金=［12 100-（3 500-3 400）］÷12=1 000（元）

适用税率和速算扣除数分别为3%和0。

应纳税额=［12 100-（3 500-3 400）］×3%-0=360（元）

（7）个人取得实物福利的计税规定。

①单位低价向职工售房的计税规定。单位按低于购置或建造成本价格出售住房给职工，职工因此而少支出的差价部分，属于个人所得税应税所得，应按照工资、薪金所得项目，比照全年一次性奖金的征税办法计算纳税。

差价部分，是指职工实际支付的购房价款低于该房屋的购置或建造成本价格的差额。

【例16-8】2016年6月，红星公司以60万元购置了一套商品房，并以30万元的价格出售给公司的市场部经理小张，小张当月取得工资5 000元。

要求：计算6月份小张应纳的个人所得税。

解：小张实际支付的购房价款低于该房屋的购置价格，其差额属于个人所得税应税所得，应按工资、薪金所得缴纳个人所得税。

（1）应税所得=600 000-300 000=300 000（元）

（2）300 000÷12=25 000（元）

适用税率为25%，速算扣除数为1 005元。

（3）低价取得房屋应纳税额=300 000×25%-1 005=73 995（元）

（4）当月工资应纳税额=（5 000-3500）×3%-0=45（元）

（5）6月份小张总计应纳税额=73 995+45=74 040（元）

②任职单位为个人购买其他个人消费品的计税规定。因符合一定条件而由任职单位为个人购买个人消费品，所有权属于个人的，一律按工资、薪金所得计算纳税。

对按单位规定取得该财产需达到一定工作年限的，考虑到个人取得实物的价值较高，且所有权是随工作年限逐步取得的，可按企业规定取得该财产所有权需达到的工作年限（高于5年的按5年计算）平均分月计入工资、薪金所得征收个人所得税。无规定年限的，按个人在本单位工作年限按月分解（最高分解月份时间不能超过5年，分解月份数≤60个月），计入当月工资、薪金计算纳税。计算公式为：

应纳税额=［（实物财产价值÷分解月份数+当月工资、薪金-费用扣除额）×适用税率-速算扣除数］×分解月份数-［（当月工资、薪金-费用扣除额）×适用税率-速算扣除数］×（分解月份数-1）

【例16-9】李宁是北京市某公司的雇员，月含税工资9 400元，2016年9月公司以福利名义为其购置了一辆价值420 000元的汽车，并已经办理了个人产权登记手续。李宁在该公司工作了8年。

要求：计算该公司9月应代扣代缴的个人所得税。

解：（1）从该公司取得的实物所得（汽车）应并入月工资、薪金所得计税，并以5年按月（12×5=60个月）分解所得，计入月工资、薪金所得计税。

（2）应纳税额=［（420 000÷60+9 400-3 500）×25%-1 005］×60-［（9 400-3 500）×20%-555］×（60-1）=96 325（元）

公司12月份应代扣代缴李宁的个人所得税96 325元。

（8）提前退休取得一次性补偿收入的个税处理。

自2011年1月1日起，机关、企事业单位对未达到法定退休年龄、正式办理提前退休手续的个人，按照统一标准向提前退休工作人员支付一次性补贴，不属于免税的离退休工资收入，应按照工资、薪金所得征收个人所得税。

个人因办理提前退休手续而取得的一次性补贴收入，应按照办理提前退休手续至法定退休年龄之间所属月份平均分摊计算个人所得税。计算公式为：

$$\text{应纳税额}=\left[\left(\text{一次性补贴收入}\div\text{办理提前退休手续至法定退休年龄的实际月份数}-\text{费用扣除标准}\right)\times\text{适用税率}-\text{速算扣除数}\right]\times\text{提前办理退休手续至法定退休年龄的实际月份数}$$

【例16-10】关某月工资收入4 000元，因企业改制，2016年10月被解除劳动合同，尚有3年才退休，一次性取得退职费180 000元。

要求：计算其应纳的个人所得税。

解：应纳税额={［180 000÷（12×3）－3 500］×3%－0}×12×3=1 620（元）

（9）个人因解除劳动合同取得一次性补偿收入的个税处理。

个人与用人单位解除劳动关系取得的一次性补偿收入在当地上年职工平均工资3倍以内的部分，免征个人所得税；超过3倍数额部分，视为一次取得数月工资、薪金收入，以超过部分除以个人工作年限（超过12年按12年计算），以商数作为月工资、薪金收入计算个人所得税。

企业依照国家有关法律规定宣告破产，企业职工从该破产企业取得的一次性安置费收入，免征个人所得税。

个人领取一次性补偿收入时按照国家和地方政府规定的比例实际缴纳的住房公积金、医疗保险费、基本养老保险费、失业保险费，可以在计征其一次性补偿收入的个人所得税时予以扣除。

（二）个体工商户的生产、经营所得的计税方法

对于实行查账征收的个体工商户，其生产、经营的应纳税所得额是每一纳税年度的收入总额，减除成本、费用以及损失后的余额。其计算公式为：

应纳税所得额=收入总额－（成本+费用+损失+准予扣除的税金）

（1）收入总额。个体工商户的收入总额是指个体工商户从事生产、经营以及与生产、经营有关的活动所取得的各项收入，包括商品（产品）销售收入、营运收入、劳务服务收入、工程价款收入、财产出租或转让收入、利息收入、其他收入和营业外收入。以上各项收入应当按照权责发生制原则确定。

（2）准予扣除的项目。在计算应纳税所得额时，准予从收入总额中扣除的项目包括成本、费用、损失和准予扣除的税金。

①成本、费用是指个体工商户从事生产、经营所发生的各项直接支出和分配计入成本的间接费用以及销售费用、管理费用、财务费用。

②损失是指个体工商户在生产、经营过程中发生的各项营业外支出，包括固定资产盘亏、报废、毁损和出售的净损失、自然灾害或意外事故损失、公益和救济性捐赠、赔偿金、违约金等。

③税金是指个体工商户按规定缴纳的消费税、城建税、资源税、城镇土地使用税、土

地增值税、房产税、车船税、印花税、耕地占用税以及教育费附加。

（3）准予在个人所得税前列支的其他项目及列支标准。

①个体工商户在生产经营中的借款利息支出，未超过中国人民银行规定的同类、同期贷款利率计算的数额部分，准予扣除；个体工商户拨缴的工会经费、发生的职工福利费、职工教育经费支出分别在工资薪金总额2%、14%、2.5%的标准内据实扣除。

②个体工商户向其从业人员实际支付的合理的工资、薪金支出，允许在税前据实扣除；个体户在生产经营过程中发生与家庭生活混用的费用，由主管税务机关核定分摊比例，据此计算确定的属于生产、经营过程中发生的费用，准予扣除。

③个体工商户发生的与生产经营有关的财产保险、运输保险以及从业人员的养老、医疗保险及其他保险费用的支出，按国家规定的标准计算扣除；个体工商户按规定缴纳的工商管理费、个体劳动者协会会费、摊位费，按实际发生数扣除。缴纳的其他规费的扣除项目和扣除标准，由省、自治区、直辖市地方税务局根据当地实际情况确定。

④个体工商户每一纳税年度发生的广告费和业务宣传费用不超过当年销售（营业）收入15%的部分，可据实扣除；超过部分，准予在以后纳税年度结转扣除。

⑤个体工商户每一纳税年度发生的与其生产经营业务直接相关的业务招待费支出，按照发生额的60%扣除，但最高不得超过当年销售（营业）收入的5‰。

⑥自2011年9月1日起，个体工商户的费用扣除标准由24 000元/年（2 000元/月）调整为42 000元/年（3 500元/月）。

⑦个体工商户在生产经营过程中发生的固定资产和流动资产盘亏及毁损净损失，由个体工商户提供清查盘存资料，经主管税务机关审核后，可以在当期扣除。

⑧个体工商户研究开发新产品、新技术、新工艺所发生的开发费用，以及研究开发新产品、新技术而购置单台价值在10万元以下的测试仪器和试验性装置的购置费准予扣除；超出标准和范围的按固定资产管理，不得在当期扣除。

⑨个体工商户发生的与生产经营有关的修理费用，可以据实扣除，修理费用发生不均衡或数额较大的，应分期扣除；个体工商户以融资租赁方式租入固定资产而发生的租赁费，应计入固定资产价值，不得直接扣除；以经营租赁方式租入固定资产的租赁费，可以据实扣除。

⑩个体工商户将其所得通过中国境内的社会团体、国家机关向教育和其他社会公益事业以及遭受严重自然灾害地区、贫困地区的捐赠，捐赠额未超过其应纳税所得额30%的部分，可以从其应纳税所得额中扣除。

如果实际捐赠额大于捐赠限额，只能按捐赠限额扣除；如果实际捐赠额小于或者等于捐赠限额，按照实际捐赠额扣除。

在扣除实际捐赠额（或捐赠限额）的情形下，应纳税额的计算公式为：

应纳税额=（应纳税所得额-允许扣除的捐赠额）×适用税率-速算扣除数

（4）不得在个人所得税前列支的项目。

①资本性支出，包括为购置和建造固定资产、无形资产以及其他资产的支出，对外投资的支出；

②被没收的财物、支付的罚款；

③缴纳的个人所得税、税收滞纳金、罚金和罚款；

④各种赞助支出；

⑤自然灾害或者意外事故损失有赔偿的部分；

⑥分配给投资者的股利；

⑦用于个人和家庭的支出；

⑧个体工商户业主的工资支出；

⑨与生产、经营无关的其他支出；

⑩国家税务总局规定不准扣除的其他支出。

（5）资产的税务处理。个体工商户购入、自建、实物投资和融资租入的资产，包括固定资产、无形资产、递延资产等，只能采取分次计提折旧或分次摊销的方式予以列支。

①固定资产是指在生产、经营中使用的，期限超过一年且单位价值在1 000元以上的房屋、建筑物、机器、设备、运输工具及其他与生产、经营有关的设备、工器具等。

②固定资产的折旧采取平均年限法和工作量法计算提取。

③存货应按实际成本计价，领用或发出存货的核算，原则上采用加权平均法。

（6）亏损的弥补。个体工商户的年度经营亏损，经申报主管税务机关审核后，允许用下一年度的经营所得弥补。下一年度所得不足弥补的，允许逐年延续弥补，但最长不得超过5年。

（7）应纳税额的计算。

①对账证健全的个体工商户实行按账计算征税。个体工商户的生产、经营所得适用五级超额累进税率，以其应纳税所得额按适用税率计算应纳税额。其计算公式为：

应纳税额=应纳税所得额×适用税率－速算扣除数

个体工商户的生产、经营所得的应纳税额实行按年计算分月预缴、年终汇算清缴、多退少补的方法，因此年度中按月预缴时，应当将当月累计应纳税所得额换算成全年所得额，计算出全年个人所得税税额，然后将全年个人所得税税额再换算为当月累计应纳税额，求得本月应纳税税额。其计算公式为：

全年应纳税所得额=当月累计应纳税所得额×全年月份÷当月月份

全年个人所得税税额=全年应纳税所得额×适用税率－速算扣除数

当月累计应纳个人所得税税额=全年个人所得税税额×当月月份÷全年月份

②对不建账或账证不健全的个体工商户实行核定征税。对未达到规定经营规模暂未建账或经批准暂缓建账的个体工商户，可采取定期定额、综合负担率等征收办法征税。

【例16－11】某运输个体工商户2016年度有关经营情况如下：

（1）取得劳动收入100万元；

（2）发生劳动成本55万元；

（3）发生劳动税费3.3万元；

（4）发生业务招待费用3万元；

（5）3月20日购买小货车一辆，支出6万元；

（6）共有雇员6人，人均月工资1 200元，个体工商户自己每月领取工资5 000元；

（7）当年向某单位借入流动资金10万元，支付利息费用1.2万元，同期银行贷款利率为6.8%；

（8）10月30日，小货车在运输途中发生车祸被损坏，损失达5.2万元，次月取得保险公司的赔款3.5万元；

（9）对外投资，分得股息3万元；

（10）通过当地民政部门对边远地区捐款6万元。

要求：计算其应纳的个人所得税。

解：（1）业务招待费按实际发生额计算扣除额=3×60%=1.8（万元）

按收入计算扣除限额=100×5‰=0.5（万元）

按规定只能扣除0.5万元。

（2）购买小货车的费用6万元应作固定资产处理，不能直接扣除。假定按4年年限折旧（不考虑残值）计算扣除：

应扣除的折旧费用=6÷4÷12×7=0.875（万元）

（3）雇员工资可按实际数扣除，但雇主工资每月只能扣除3 500元，超过部分不得扣除。

雇主工资费用扣除额=0.35×12=4.2（万元）

（4）非金融机构的借款利息费用按同期银行的利率计算扣除，超过部分不得扣除。

利息费用扣除限额=10×6.8%=0.68（万元）

（5）小货车损失有赔偿的部分不能扣除。

小货车损失应扣除额=5.2−3.5=1.7（万元）

（6）对外投资分回的股息3万元，应按股息项目单独计算缴纳个人所得税，不能并入营运的应纳税所得税一并计算纳税。

分回股息应纳个人所得税=3×20%=0.6（万元）

（7）对边远山区的捐赠在全年应纳税所得额30%以内的部分可以扣除，超过部分不得扣除。

（8）该个体工商户2016年应缴纳个人所得税计算如下：

①应纳税所得额=100−55−3.3−0.5−0.875−（0.12×6×12）−4.2−0.68−1.7=25.105（万元）

②公益、救济捐赠扣除限额=25.105×30%=7.5315（元）

实际捐赠金额6万元小于扣除7.5315万元，可按实际捐赠额6万元扣除。

③2016年应缴纳个人所得税=（25.105−6）×35%−1.475+0.6=5.81175（万元）

（三）对企事业单位的承包、承租经营所得的计税方法

1.应纳税所得额的计算

对企事业单位的承包经营、承租经营所得是以每一纳税年度的收入总额，减除必要费用后的余额，为应纳税所得额。其中，收入总额是指纳税人按照承包经营、承租经营合同规定分得的经营利润和工资、薪金性质的所得。

自2011年9月1日起，必要费用扣除标准由24 000元/年（2 000元/月）调整为42 000元/年（3 500元/月），实际减除的是相当于个人的生计费及其他费用。计算公式为：

应纳税所得额=个人承包、承租经营收入总额−费用扣除标准

2.应纳税额的计算

对企事业单位承包经营、承租经营所得适用五级超额累进税率，以其应纳税所得额按适用税率计算应纳税额。计算公式为：

应纳税额=应纳税所得额×适用税率-速算扣除数

（1）按年取得承包、承租经营所得的税款计算。实行承包、承租经营的纳税人，应以每一纳税年度取得的承包、承租经营收入，减除每月3 500元的费用，按照适用税率，依公式计算其应纳的个人所得税。

（2）一个纳税年度内分次取得承包、承租经营所得的税款计算。纳税人在一年内分次取得承包、承租经营所得，应在每次分得承包、承租经营所得后，先预缴税款，年终汇算清缴，多退少补。

（3）一个纳税年度内承包、承租不足12个月的税款计算。纳税人承包、承租期不足一年的，以其实际承包、承租经营的期限为一个纳税年度计算纳税。

【例16-12】2015年3月1日，李某个人与某事业单位签订承包合同经营招待所，承包期为3年。2016年招待所实现承包经营利润150 000元（未扣除含承包人工资报酬），按合同规定承包人每年应从承包经营利润中上缴承包费30 000元。试计算该承包人2016年应纳个人所得税税额。

解：（1）2016年应纳税所得额=承包经营利润－上缴费用－每月必要费用扣减合计=150 000－30 000－42 000

=78 000（元）

（2）该承包人2016年应缴纳个人所得税=78 000×30%－9 750＝13 650（元）

（四）劳务报酬所得的计税方法

劳务报酬所得按次纳税。每次收入不超过4 000元的，减除费用800元；每次收入4 000元以上的，减除20%的费用，其余额为应纳税所得额。获得劳务报酬所得的纳税人从其收入中支付给中介人和相关人员的报酬，在定率扣除20%的费用后，一律不再扣除。

每次收入是指，属于一次性收入的，以取得该项收入为一次；凡属于同一项目连续性收入的，以一个月内取得的收入为一次。

考虑属地管辖与时间划定有交叉的特殊情况，统一规定以县（含县级市、区）为一地，其管辖内的一个月内的劳务服务为一次；当月跨县地域的，则应分别计算。

劳务报酬所得依其应纳税所得额和20%的比例税率计算应纳税额。计算公式为：

应纳税额=应纳税所得额×适用税率

对于劳务报酬所得一次收入畸高的，可以实行加成征收。具体办法是：个人一次取得劳务报酬，其应纳税所得额为20 000～50 000元的部分，依照税法规定计算出应纳税额后再按照应纳税额加征五成；超过50 000元的部分，加征十成。

【例16-13】歌星刘某2016年11月外出参加营业性演出，一次取得劳务报酬60 000元。

要求：计算其应纳个人所得税（不考虑其他税费）。

解：应纳税所得额=60 000×（1-20%）=48 000（元）

未加成应纳税额=48 000×20%=9 600（元）

加成征收应纳税额=（48 000-20 000）×20%×50% =2 800（元）

应纳个人所得税=9 600+2 800=12 400（元）

或采用速算扣除数法计算：

应纳税额=48 000×30%-2 000=12 400（元）

（五）稿酬所得的计税方法

稿酬所得按次纳税。每次收入不超过4 000元的，减除费用800元；每次收入4 000元以上的，减除20%的费用，其余额为应纳税所得额。

稿酬所得，以每次出版、发表作品取得的收入为一次。特殊规定如下：

①个人每次以图书、报刊方式出版、发表同一作品，不论出版单位是预付还是分笔支付稿酬，或者加印该作品后再付稿酬，均应合并为一次征税。

②在两处或两处以上出版、发表或再版同一作品而取得的稿酬，则可以分别各处取得的所得或再版所得分次征税。

③个人的同一作品在报刊上连载，应合并其因连载而取得的所得为一次。连载之后又出书取得稿酬的，或先出书后连载取得稿酬的，应视同再版稿酬分次征税。

④作者去世后，对取得其遗作稿酬的个人，按稿酬所得征税。计算公式为：

应纳税额=应纳税所得额×税率×（1−30%）

【例16−14】中国公民田某系自由职业者，2016年收入情况如下：

（1）出版中篇小说1部，取得稿酬50 000元；后因小说加印和报刊连载，分别取得出版社稿酬10 000元和报社稿酬3 800元。

（2）受托对一电影剧本进行审核，取得审稿收入15 000元。

要求：计算其应纳个人所得税。

解：稿酬应纳个人所得税=（50 000+10 000）×（1−20%）×20%×（1−30%）=6 720（元）

小说连载应纳个人所得税=（3 800−800）×20%×（1−30%）=420（元）

审稿收入应纳个人所得税=15 000×（1−20%）×20%=2 400（元）

（六）特许权使用费所得的计税方法

特许权使用费所得按次纳税。每次收入不超过4 000元的，减除费用800元；每次收入4 000元以上的，减除20%的费用，其余额为应纳税所得额。对个人从事技术转让中所支付的中介费，如能提供有效、合法凭证的，允许从其所得中扣除。

每次收入，是指一项特许权的一次许可使用所取得的收入。纳税人采用同一合同转让一项特许权分期（跨月）取得收入的，应合并为一次收入计算应纳税额。

作者个人将自己的文字作品手稿原件或复印件拍卖取得的所得，应以其转让收入额减除800元（转让收入额4 000元以下）或者20%（转让收入额4 000元以上）后的余额为应纳税所得额，按照“特许权使用费所得”项目适用20%的税率缴纳个人所得税。计算公式为：

应纳税额=应纳税所得额×税率（20%）

【例16−15】宋某经某专利事务所介绍，将其拥有的某项专利权授予某工厂使用，使用费为240 000元，同时按协议向专利事务所支付中介费36 000元。

要求：计算其应纳个人所得税税额。

解：按照规定，对于个人从事技术转让中所支付的中介费，若能提供有效合法的凭证，允许从其所得中扣除。

应纳税所得额=240 000−240 000×20%−36 000=156 000（元）

应纳税额=156 000×20%=31 200（元）

（七）财产租赁所得的计税方法

财产租赁所得一般以个人每次取得的收入定额或定率减除规定费用后的余额为应纳税所得额。每次收入不超过4 000元的，减除费用800元；每次收入4 000元以上的，减除20%的费用。

财产租赁所得以一个月内取得的收入为一次。纳税人在出租财产过程中缴纳的税金和教育费附加，可持完税凭证，从其财产租赁收入中扣除。准予扣除的项目除了规定的费用和有关税、费外，还准予扣除能够提供有效、准确凭证且证明由纳税人负担的该出租财产实际开支的修缮费用。允许扣除的修缮费用以800元为限。一次扣除不完的，准予在下一次继续扣除，直至扣完为止。

个人将承租房屋转租取得的租金收入，属于个人所得税应税所得，应按“财产租赁所得”项目计算缴纳个人所得税。取得转租收入的个人向房屋出租方支付的租金，凭房屋租赁合同和合法支付凭据允许在计算个人所得税时，从该项转租收入中扣除。

1.每次（月）收入不超过4 000元的：

应纳税所得额=每次（月）收入额-缴纳的税费-修缮费用（800元为限）-800

2.每次（月）收入超过4 000元的：

应纳税所得额=［每次（月）收入额-缴纳的税费-修缮费用（800元为限）］×（1-20%）

财产租赁所得依其应纳税所得额和20%的比例税率计算应纳税额。计算公式为：

应纳税额=应纳税所得额×税率

【例16-16】赵先生2016年将私有住房出租1年，每月取得租金收入3 000元（不含增值税），当年3月发生租房装修费用2 000元。

要求：计算当年应纳个人所得税（暂不考虑城建税、教育费附加）。

解：应缴纳的个人所得税 =（3 000-800）×10%×9+（3 000-800-800）×10%×2+（3 000-400-800）×10%×1

=2440（元）

（八）财产转让所得的计税方法

财产转让所得，以个人每次转让财产的收入额减除财产的原值和相关税费后的余额为应纳税所得额。其计算公式为：

应纳税所得额=每次收入额-合理费用-财产原值

应纳税额=应纳税所得额×适用税率

1.每次收入的概念。每次收入是指一件财产的所有权一次转让取得的收入。

2.财产原值的确定。财产原值是指：（1）有价证券，为买入价以及买入时按照规定缴纳的有关费用；（2）建筑物，为建造费或者购进价格以及其他有关费用；（3）土地使用权，为取得土地使用权所支付的金额、开发土地的费用及其他有关费用；（4）机器设备、车船，为购进价格、运输费、安装费及其他有关费用；（5）其他财产，参照以上方法确定。

纳税人未提供完整、准确的财产原值凭证，不能正确计算财产原值的，由主管税务机关核定其财产原值。

3.合理费用的扣除。所谓合理费用，是指卖出财产时按照规定支付的有关费用。

4.转让债权的财产原值确定和合理费用扣除的特殊规定。转让债权，采用加权平均法确定其应予减除的财产原值和合理费用，即纳税人购进的同一种类债券买入价和买进过程中缴纳的税费总和，除以纳税人购进的该种类债券数量之和，乘以纳税人卖出的该种类债券数量，再加上卖出该种类债券过程中缴纳的税费。用公式表示为：

$$\frac{一次卖出某一种类债券}{允许扣除的买入价和费用}=\frac{纳税人购进的该种类债券买入价}{和买进过程中缴纳的税费总和}\div\frac{纳税人购进的}{该种类债券总数量}\times\frac{一次卖出该}{种类债券的数量}+\frac{卖出该种类债券}{过程中缴纳的税费}$$

【例16-17】某工厂与赵某签订合同，购买赵某拥有的房屋四合院一座，用作工厂的办公用房，价款为600 000元。该四合院为赵某从某单位购入，当时支付价款300 000元，支付其他有关税费共计21 400元。赵某出售该房产应缴纳土地增值税、城建税、印花税、教育费附加等45 900元。

要求：计算该工厂应代扣个人所得税。

解：应纳税所得额=600 000−300 000−21 400−45 900=232 700（元）

应纳税额=232 700×20%=46 540（元）

转让限售股取得的所得属于"财产转让所得"，以每次限售股转让收入，减除股票原值和合理税费后的余额，为应纳税所得额。

对个人减持限售股，采取证券机构预扣预缴、纳税人自行申报清算的方式征收。

证券公司预扣预缴时：

应纳税所得额=股改限售股复牌日收盘价×减持股数−股改限售股复牌日收盘价×减持股数×15%

个人申报纳税时：

应纳税所得额=限售股转让收入−（限售股原值+合理税费）

【例16-18】李某持有某公司10万股限售股，原始取得成本为10万元。该公司股权分置改革后复牌上市，当日收盘价为12元。半年后，限售股全部解禁，李某将已经解禁的限售股全部减持，合计取得转让收入100万元，并支付印花税、过户费、佣金等税费2 000元。

要求：计算其应纳和应退的个人所得税。

解：（1）证券公司预扣预缴

应纳税所得额=12×100 000−12×100 000×15%=102（万元）

应纳税额=102×20%=20.4（万元）

（2）自行申报清算

应纳税所得额=100−（10+0.2）=89.8（万元）

应纳税额=89.8×20%=17.96（万元）

应退还的税款=20.4−17.96=2.44（万元）

（九）利息、股息、红利所得的计税方法

利息、股息、红利所得以每次收入额为应纳税所得额，不扣除任何费用。

所谓每次收入，是以支付单位或个人每次支付利息、股息、红利时，个人所取得的收入为一次。

对于股份制企业在分配股息、红利时，以股票形式向股东个人支付应得的股息、红利(即派发红股)，应以派发红股的股票票面金额为一次收入额。

股份制企业在分配股息、红利时，以股票形式向股东个人支付应得的股息、红利（即派发红股)，应以派发红股的股票票面金额为收入额，按利息、股息、红利项目计征个人所得税。

对个人投资者、证券投资基金从上市公司（在上海、深圳证券交易所挂牌交易）取得的股息、红利所得，减按50%计入应纳税所得额。其计算公式为：

应纳税额=应纳税所得额（每次收入额）×适用税率

【例16-19】孙某系A市某公司职员，2016年1—6月收入情况如下：

（1）每月取得工资收入4 500元。

（2）3月份取得特许权使用费所得50 000元（不含增值税）。

（3）4月份取得从上市公司分配的股息、红利所得20 000元。

（4）每月取得出租居民住房租金收入5 000元（不含增值税，按市场价出租，当期未发生修缮费用)。

要求：（1）计算1—6月工资应缴纳的个人所得税。

（2）计算特许权使用费应缴纳的个人所得税。

（3）计算股息、红利应缴纳的个人所得税。

（4）计算1—6月租金收入应缴纳的个人所得税（暂不考虑城建税、教育费附加)。

解：（1）1—6月工资应缴纳的个人所得税=[（4 500-3 500）×3%-0]×6=180（元）

（2）特许权使用费应缴纳的个人所得税=50 000×（1-20%）×20%=8 000（元）

（3）股息、红利应缴纳的个人所得税=20 000×50%×20%=2 000（元）

（4）1—6月租金收入应缴纳的个人所得税=5 000×（1-20%）×10%×6=2 400（元）

（十）偶然所得和其他所得的计税方法

偶然所得和其他所得以个人每次取得的收入额为应纳税所得额，不扣除任何费用。除有特殊规定外，每次收入额就是应纳税所得额，以每次取得该项收入为一次。计算公式为：

应纳税额=应纳税所得额（每次收入额）×适用税率（20%）

（十一）个人独资企业和合伙企业的计税方法

从2000年1月1日起，个人独资企业和合伙企业不再缴纳企业所得税，只对投资者个人取得的生产经营所得征收个人所得税；对其从事种植业、养殖业、饲养业和捕捞业“四业”所得暂不征收个人所得税。

1.纳税人。个人独资企业以投资者为纳税义务人，合伙企业以每一个合伙人为纳税义务人。

2.税率。对个人独资企业和合伙企业生产经营所得，个人所得税应纳税额的计算有查账征收和核定征收两种办法。

实行查账征收办法的，其税率比照“个体工商户的生产经营所得”应税项目，适用5%～35%的五级超额累进税率；实行核定征收中的核定应税所得率征收办法的，先按照应税所得率计算其应纳税所得额，再按其应纳税所得额的大小，适用5%～35%的五级超额累进税率。投资者兴办两个或两个以上企业的（包括参与兴办)，年度终了时，应汇总从所有企业取得的应纳税所得额，据此确定适用税率。

3.查账征收应纳个人所得税的计算。

个人独资企业和合伙企业的应纳税所得额，等于每一纳税年度的收入总额减除成本、费用以及损失后的余额。

个人独资企业对外投资分回的利息或者股息、红利，不并入企业的收入，而应单独作为投资者个人取得的利息、股息、红利所得，按“利息、股息、红利所得”应税项目计算缴纳个人所得税。以合伙企业名义对外投资分回利息或者股息、红利的，应按比例确定各个投资者的利息、股息、红利所得，分别按“利息、股息、红利所得”应税项目计算缴纳个人所得税。

（1）收入总额，是指企业从事生产经营以及与生产经营有关的活动所取得的各项收入。

（2）扣除项目，比照《个体工商户个人所得税计税办法》的规定确定，但下列项目的扣除依照《关于个人独资企业和合伙企业投资者征收个人所得税的规定》执行：

①自2011年9月1日起，投资者的费用扣除标准由24 000元/年（2 000元/月）调整为42 000元/年（3 500元/月），投资者的工资不得在税前扣除。

投资者兴办两家或两家以上企业的，其费用扣除标准由投资者选择在其中一家企业的生产经营所得中扣除。

②个人独资企业和合伙企业向其从业人员实际支付的合理的工资、薪金支出，允许在税前据实扣除。

③个人独资企业和合伙企业拨缴的工会经费、发生的职工福利费和职工教育经费支出分别在工资、薪金总额2%、14%、2.5%的标准内据实扣除。

④个人独资企业和合伙企业每一纳税年度发生的广告费和业务宣传费用不超过当年销售（营业）收入15%的部分，可据实扣除；超过部分，准予在以后纳税年度结转扣除。

⑤个人独资企业和合伙企业每一纳税年度发生的与其生产经营业务直接相关的业务招待费支出，按照发生额的60%扣除，但最高不得超过当年销售（营业）收入的5‰。

⑥投资者及其家庭发生的生活费用不允许在税前扣除，其费用与企业生产经营费用混合在一起且难以划分的，全部视为投资者个人及其家庭发生的生活费，不允许在税前扣除。

⑦企业生产经营和投资者及其家庭生活共用的固定资产，难以划分的，由主管税务机关根据企业的生产经营类型、规模等具体情况，核定准予在税前扣除的折旧费用的数额或比例。

⑧企业计提的各种准备金不得扣除。

⑨投资者兴办两家或两家以上企业，并且企业性质全部是独资的，年度终了后，汇算清缴时，应纳税款的计算按以下方法进行：汇总其投资兴办的所有企业的经营所得作为应纳税所得额，以此确定适用税率，计算出全年经营所得的应纳税额，再根据每家企业的经营所得占所有企业经营所得的比例，分别计算出每家企业的应纳税额和应补缴税额。其计算公式如下：

应纳税所得额=各家企业的经营所得

应纳税额=应纳税所得额×税率-速算扣除数

本企业应纳税额=应纳税额×本企业的经营所得÷$\sum$各企业的经营所得

本企业应补缴的税额=本企业应纳税额-本企业预缴的税额

4.核定征收应纳个人所得税的计算。

核定征收办法包括定额征收、核定应税所得率征收以及其他合理的征收方式。应税所得率见表16-4。

表16-4 **核定应税所得率征收方式下的个人所得税应税所得率表**

行　业	应税所得率（%）
工业、交通运输业、商业	5～20
制造业	5～15
批发和零售贸易业	4～15
交通运输业	7～15
建筑业	8～20
饮食业	8～25
娱乐业	15～30
其他行业	10～30

企业经营多业的，无论其经营项目是否单独核算，均应根据其主营项目确定其适用的应税所得率。

实行核定征收的投资者，不能享受个人所得税的优惠政策。

实行查账征收的个人独资企业和合伙企业改为核定征收后，在查账征收方式下认定的年度经营亏损未弥补完的部分，不得继续弥补。其计算公式如下：

应纳税所得额=收入总额×应税所得率

或　　　　　=成本费用支出额÷（1-应税所得率）×应税所得率

应纳税额=应纳税所得额×适用税率

【例16-20】黄某投资开办了甲、乙两家个人独资企业，会计核算健全。2016年，甲企业应纳税所得额为2万元，乙企业有关经营情况如下：

（1）取得货物销售收入180万元、其他营业收入20万元。

（2）发生营业成本140万元。

（3）缴纳增值税42万元、税金及附加4.1万元。

（4）发生管理费用56万元，其中支付业务招待费用10万元、缴纳个体工商协会会员费0.5万元。

（5）当年向某单位借入资金10万元，支付利息费用1万元，同期银行贷款利息率为4.8%。

（6）全年已计入成本费用的雇员工资43.2万元（雇员20人，人均月工资1 800元），计提并发生的三项经费也已计入成本费用；投资者个人每月领取工资5 800元，共发放工资6.96万元，计入管理费用。

（7）年中一辆小货车在运输途中发生车祸被损坏，扣除已提折旧费，损失达4.5万元，年底取得保险公司的赔款2.5万元。

（8）以乙企业名义对外投资，分得投资收益3万元。

（9）通过当地民政部门对贫困山区捐款5万元。

黄某自行计算2016年乙企业应缴纳个人所得税如下：

应纳税所得额=180+20-140-4.1-56-1-4.5+3-5=-7.6（万元）

合并甲企业当年应纳税所得额2万元，仍亏损5.6万元，不用缴纳个人所得税。

要求：（1）计算李某2016年经营所得应纳个人所得税总额；

（2）计算乙企业经营所得应缴纳的个人所得税；

（3）计算李某2016年应缴纳的个人所得税。

解：（1）2016年经营所得应纳个人所得税总额：

①计税收入=180+20=200（万元）

②税前扣除营业成本140万元、税金及附加4.1万元。

③税前扣除的管理费用：

业务招待费用扣除限额=200×5‰=1（万元）

税前扣除的管理费用=56-（10-1）=47（万元）

④向非金融机构的借款利息费用按同期银行的贷款利率计算扣除，超过部分不得扣除。

利息费用扣除限额=10×4.8%=0.48（万元）

⑤支付雇员工资允许扣除，发生的工会经费、职工福利费、职工教育经费支出分别在工资、薪金总额2%、14%、2.5%的标准内据实扣除。

⑥投资者个人的工资费用6.96万元不能在税前扣除，但可以按规定标准扣除生计费，全年应扣除费用4.2万元。

应调增所得额=6.96-4.2=2.76（万元）

⑦小货车损失有赔偿的部分不能扣除。

净损失扣除额=4.5-2.5=2（万元）

⑧对外投资分回的股息3万元，应按股息项目单独计算缴纳个人所得税，不能并入经营所得。

⑨乙企业经营所得应纳税所得额的计算：

应纳税所得额=200-140-4.1-47-0.48-2+2.76=9.18（万元）

公益、救济性捐赠扣除限额=9.18×30%=2.754（万元）

实际捐赠金额5万元＞2.754万元

乙企业全年应纳税所得额=9.18-2.754=6.426（万元）

⑩甲、乙两个独资企业全年经营所得应纳税额=（6.426+2）×30%-0.975=1.5528（万元）

（2）乙企业经营所得应缴纳所得税=1.5528×6.426÷（6.426+2）=1.1842（万元）

（3）黄某2016年应缴纳的个人所得税：

①甲、乙两个独资企业全年经营所得应纳税额=1.5528万元

②分回投资收益应纳个人所得税=3×20%=0.6（万元）

2016年应缴纳个人所得税=1.5528+0.6=2.1528（万元）

（十二）关于个人非货币性资产投资的个人所得税征管问题

非货币性资产投资个人所得税以发生非货币性资产投资行为并取得被投资企业股权的个人为纳税人。

纳税人以不动产投资的，以不动产所在地地税机关为主管税务机关；纳税人以其持有的企业股权对外投资的，以该企业所在地地税机关为主管税务机关；纳税人以其他非货币资产投资的，以被投资企业所在地地税机关为主管税务机关。

纳税人非货币性资产投资应纳税所得额为非货币性资产转让收入减除该资产原值及合理税费后的余额。

非货币性资产原值为纳税人取得该项资产时实际发生的支出。

纳税人无法提供完整、准确的非货币性资产原值凭证，不能正确计算非货币性资产原值的，主管税务机关可依法核定其非货币性资产原值。

合理税费是指纳税人在非货币性资产投资过程中发生的与资产转移相关的税金及合理费用。

纳税人以股权投资的，该股权原值确认等相关问题依照《股权转让所得个人所得税管理办法（试行）》有关规定执行。

纳税人非货币性资产投资需要分期缴纳个人所得税的，应于取得被投资企业股权之日的次月15日内，自行制订缴税计划并向主管税务机关报送非货币性资产投资分期缴纳个人所得税备案表、纳税人身份证明、投资协议、非货币性资产评估价格证明材料、能够证明非货币性资产原值及合理税费的相关资料。

2015年4月1日之前发生的非货币性资产投资，期限未超过5年，尚未进行税收处理且需要分期缴纳个人所得税的，纳税人应于《国家税务总局关于非货币性资产投资有关个人所得税征管问题的公告》下发之日起30日内向主管税务机关办理分期缴税备案手续。

纳税人分期缴税期间提出变更原分期缴税计划的，应重新制订分期缴税计划并向主管税务机关重新报送非货币性资产投资分期缴纳个人所得税备案表。

纳税人按分期缴税计划向主管税务机关办理纳税申报时，应提供已在主管税务机关备案的非货币性资产投资分期缴纳个人所得税备案表和本期之前各期已缴纳个人所得税的完税凭证。

纳税人在分期缴税期间转让股权的，应于转让股权之日的次月15日内向主管税务机关申报纳税。

被投资企业应将纳税人以非货币性资产投入本企业取得股权和分期缴税期间纳税人股权变动的情况，分别于相关事项发生后15日内向主管税务机关报告，并协助税务机关执行公务。

（十三）个人所得税的特殊计税方法

1.两人或两人以上共同取得同一项目收入的计税方法

两人或两人以上共同取得同一项目收入的，应当对每个人取得的收入分别按照税法规定减除费用后计算纳税，即实行“先分收、后扣费用、再计算纳税”的办法。

【例16-21】某大学甲、乙、丙三位教师共同编写出版一本教材，共得稿酬18 000元。按工作量分配稿酬，甲担任主编分得10 000元，乙参编分得5 000元，丙参编分得3 000元。

要求：计算甲、乙、丙各自应纳的个人所得税。

解：甲应纳税额=10 000×（1-20%）×20%×（1-30%）=1 120（元）

乙应纳税额=5 000×（1-20%）×20%×（1-30%）=560（元）

丙应纳税额=（3 000-800）×20%×（1-30%）=308（元）

2.境外所得缴纳税额抵免的计税方法

在中国境内有住所，或者虽无住所但在中国境内居住满1年以上的个人，从中国境内和境外取得的所得，都应缴纳个人所得税。实际上，纳税人的境外所得一般均已缴纳或负担了有关国家的所得税税额。为了避免发生国家间对同一所得的重复征税，同时维护我国的税收权益，税法规定，纳税人从中国境外取得的所得，准予其在应纳税额中扣除已在境外实缴的个人所得税税款，但扣除额不得超过该纳税人境外所得依照税法规定计算的应纳税额。具体规定及计税方法如下：

（1）实缴境外税款。实缴境外税款即实际已在境外缴纳的税额，是指纳税人从中国境外取得的所得，依照所得来源国或地区的法律应当缴纳并且实际已经缴纳的税额。

（2）抵免限额。准予抵免（扣除）的实缴境外税款最多不能超过境外所得按我国税法计算的抵免限额（应纳税额或扣除限额）。

我国个人所得税的抵免限额采用分国限额法，即分别来自不同国家或地区和不同应税项目，依照税法规定的费用减除标准和适用税率计算抵免限额。对于同一国家或地区的不同应税项目，以其各项的抵免限额之和作为来自该国或该地区所得的抵免限额。计算公式为：

$$\text{来自某国或地区的抵免限额}=\sum\left(\text{来自某国或地区的某一应税项目的所得}-\text{费用减除标准}\right)\times\text{适用税率}-\text{速算扣除数}$$

或

$$=\sum\left(\text{来自某国或地区的某一应税项目的净所得}+\text{境外实缴税款}-\text{费用减除标准}\right)\times\text{适用税率}-\text{速算扣除数}$$

上式中的费用减除标准和适用税率，均指我国《个人所得税法》及其实施条例规定的有关费用减除标准和适用税率。不同的应税项目减除不同的费用标准，计算出的单项抵免限额相加后，求得来自一国或地区所得的抵免限额，即分国的抵免限额。分国抵免限额不能相加。

（3）允许抵免额。允许在纳税人应纳我国个人所得税税额中扣除的税额，即允许抵免额要分国确定。在计算出的来自一国或地区所得的抵免限额与实缴该国或该地区的税款之间进行比较，以数额较小者作为允许抵免额。

（4）超限额与不足限额结转。在某一纳税年度，如发生实缴境外税款超过抵免限额，即发生超限额时，超限额部分不允许在应纳税额中抵扣，但可以在以后纳税年度从仍来自该国家或地区的不足限额，即实缴境外税款低于抵免限额的部分中补扣。这一做法称为限额的结转或轧抵。下一年度结转后仍有超限额的，可继续结转，但结转期最长不得超过5年。

（5）应纳税额的计算。在计算出抵免限额和确定了允许抵免额之后，便可对纳税人的境外所得计算应纳税额。其计算公式为：

$$\text{应纳税额}=\sum\left(\text{来自某国或地区的所得}-\text{费用减除标准}\right)\times\text{适用税率}-\text{速算扣除数}-\text{允许抵免额}$$

【例16-22】中国公民展某受聘于A国从事某项工作，2016年1—12月在A国取得工资、薪金收入66 000元（人民币，下同），特许权使用费收入7 000元；同时，又在B国取得利息收入1 000元。该纳税人已分别按A国和B国税法规定缴纳个人所得税1 150元和250元。

要求：计算应纳的个人所得税。

解：（1）在A国所得缴纳税款的抵扣：

①工资、薪金所得按我国税法规定计算的应纳税额：

应纳税额=［（66 000÷12−4 800）×3%−0］×12=252（元）

②特许权使用费所得按我国税法规定计算的应纳税额：

应纳税额=7 000×（1−20%）×20%（税率）=1 120（元）

③抵扣限额=252+1 120=1 372（元）

④该纳税人在A国所得已缴纳个人所得税1 150元，低于抵扣限额，因此，可全额抵扣，并需在中国补缴税款222元（1 372−1 150）。

（2）在B国所得缴纳税款的抵扣：

展某在B国取得的利息所得按我国税法规定计算的应纳税额，即抵扣限额为200元（1 000×20%）。该纳税人在B国实际缴纳的税款250元超出了抵扣限额，因此，只能在限额内抵扣200元，不用补缴税款。其超过限额部分50元（250−200）可以在以后纳税年度仍来自该国家或地区的不足限额的部分中补扣，下一年度结转后仍有超限额的，可继续结转，但每年发生的超限额结转期最长不得超过5年。

3.年所得12万元以上自行纳税申报的计算

个人年度收入在12万元以上的纳税人，须在年度终了后的3个月内，自行办理纳税申报。计算口径规定如下：

（1）劳务报酬所得、特许权使用费所得，不得减除纳税人在提供劳务或让渡特许权使用权过程中缴纳的有关税费。

（2）财产租赁所得，不得减除纳税人在出租财产过程中缴纳的有关税费；对于纳税人一次取得跨年度财产租赁所得的，全部视为实际取得所得年度的所得。

（3）个人转让房屋所得，采取核定征收个人所得税的，按照实际征收率（1%、2%、3%）分别换算为应税所得率（5%、10%、15%），据此计算年所得。

【例16−23】2016年，小王工资收入14万元，当年小王转让一所住房50万元，由于缺乏完整、准确的房屋原值凭证，当地税务机关按1%的比例核定征收个人所得税。那么，小王换算年所得的方法是：

年所得=50×5%（应税所得率）=2.5（万元）

小王全年取得工资所得和房屋转让年所得=14+2.5=16.5（万元）>12万元

因此，小王应自行纳税申报。

（4）个人储蓄存款利息所得、企业债券利息所得。全部视为纳税人实际取得所得年度的所得。

（5）对个体工商户、个人独资企业投资者，按照征收率核定个人所得税的，将征收率换算为应税所得率，据此计算应纳税所得额。

合伙企业投资者按照上述方法确定应纳税所得额后，合伙人应根据合伙协议规定的分配比例确定其应纳税所得额，合伙协议未规定分配比例的，按合伙人数平均分配确定其应纳税所得额。对于同时参与两个以上企业投资的，合伙人应将其投资所有企业的应纳税所得额相加后的总额作为年所得。

（6）股票转让所得。以一个纳税年度内，个人股票转让所得与损失盈亏相抵后的正数为申报所得数额，盈亏相抵为负数的，此项所得按“零”填写。目前，股票转让所得将纳入个人所得，需要申报，但暂不征收个人所得税。

【例16−24】2016年，小明在业余时间炒股，转让股票3次，分别取得收益8万元、1.5万元、−5万元；小明当年工资所得9万元，已扣缴税款。

2016年度小明年所得额=年工资、薪金所得+年财产转让所得

=9+（8+1.5−5）=13.5（万元）>12万元

2016年度小明已达到自行纳税申报标准。

此外，对于纳税人一次取得跨年度租金收入的，全部视为实际取得所得年度的所得。

明确6项所得的计算口径，主要是为了方便纳税人履行自行纳税申报义务，仅适用于个人年所得12万元以上的年度自行申报，不适用于个人计算缴纳税款。

第三节　个人所得税的申报与缴纳

一、减免税

（一）免征个人所得税的项目

1.省级人民政府、国务院部委和中国人民解放军军以上单位，以及外国组织、国际组织颁发的科学、教育、技术、文化、卫生、体育、环境保护等方面的奖金。

2.国债和国家发行的金融债券利息（指财政部发行的债券利息和国家发行的金融债券利息）。

3.按照国家统一规定发给的补贴、津贴（指按照国务院规定发给的政府特殊津贴、院士津贴、资深院士津贴，以及国务院规定免纳个人所得税的其他补贴、津贴）。

4.福利费、抚恤金、救济金。

5.保险赔款。

6.军人的转业安置费、复员费。

7.按照国家统一规定发给干部、职工的安家费、退职费、退休工资、离休工资、离休生活补助费。

8.单位和个人按照国家或者地方政府规定的比例提取并向指定的金融机构缴付的住房公积金、医疗保险费、基本养老保险费和失业保险费。

9.自2007年8月1日起，按规定取得的廉租房货币补贴。

（二）减征个人所得税的项目

1.残疾、孤老人员和烈属的所得。

2.因严重自然灾害造成重大损失的。

3.其他经国务院财政部门批准减税的。

（三）暂免征收个人所得税的项目

1.外籍个人以非现金形式或实报实销形式取得的住房补贴、伙食补贴、搬迁费、洗衣费。

2.外籍个人按合理标准取得的境内、境外出差补贴。

3.外籍个人取得的探亲费、语言训练费、子女教育费等，经当地税务机关审核批准为合理的部分。

4.外籍个人从外商投资企业取得的股息、红利所得。

5.凡符合下列条件之一的外籍专家取得的工资、薪金所得，可免征个人所得税：（1）根据世界银行专项贷款协议，由世界银行直接派往我国工作的外国专家；（2）联合国组织直接派往我国工作的专家；（3）为联合国援助项目来华工作的专家；（4）援助国派

往我国专为该国援助项目工作的专家；（5）根据两国政府签订的文化交流项目来华工作两年以内的文教专家，其工资、薪金所得由该国负担的；（6）根据我国大专院校国际交流项目来华工作两年以内的文教专家，其工资、薪金所得由该国负担的；（7）通过民间科研协定来华工作的专家，其工资、薪金所得由该国政府机构负担的。

6.个人举报、协查各种违法、犯罪行为而获得的奖金。

7.个人办理代扣代缴税款手续，按规定取得的扣缴手续费。

8.个人转让自用达5年以上，并且是唯一的家庭生活用房取得的所得。

9.对个人购买福利彩票、体育彩票，一次中奖收入在1万元以下的（含1万元）暂免征收个人所得税，超过1万元的全额征收个人所得税。

10.达到离休、退休年龄，但确因工作需要，适当延长离休、退休年龄的高级专家（指享受国家发放的政府特殊津贴的专家、学者），其在延长离休、退休期间的工资、薪金所得，视同离休、退休工资免征个人所得税。

11.对国有企业职工从破产企业取得的一次性安置费收入，免予征收个人所得税。

12.国有企业职工与企业解除劳动合同取得的一次性补偿收入，在当地上年企业职工年平均工资的3倍数额内，可免征个人所得税。

13.下岗职工从事社区居民服务业，对其取得的经营所得和劳务报酬所得，从事个体经营的自其领取税务登记证之日起，从事独立劳务服务的自其持下岗证明在当地主管税务机关备案之日起，3年内免征个人所得税。

14.个人取得的教育储蓄存款利息和按国家或省级地方政府规定的比例缴付的住房公积金、医疗保险金、基本养老保险金、失业保险金存入个人账户所取得的利息免税。

二、征收方式

我国个人所得税采取由支付单位源泉扣缴和纳税人自行申报纳税两种征收方法。

1.支付单位源泉扣缴方法

个人所得税以所得个人为纳税人，以支付所得的单位或者个人为扣缴义务人。扣缴义务人向个人支付应税款项（包括现金支付、汇拨支付、转账支付和以有价证券、实物以及其他形式支付的折算金额）时，应当依照税法规定代扣代缴税款。

2.自行申报纳税方法

《个人所得税自行纳税申报办法（试行）》（以下简称《办法》）明确了纳税人须向税务机关进行自行申报的五种情形：（1）年所得12万元以上的；（2）从中国境内两处或两处以上取得工资、薪金所得的；（3）从中国境外取得所得的；（4）取得应税所得，没有扣缴义务人的；（5）国务院规定的其他情形。

符合第（1）种情形的纳税人，即纳税人在一个纳税年度内取得的全部应税所得达到12万元，不论其平常取得的应纳税所得是否已由扣缴义务人扣缴税款，或是纳税人自己已向税务机关自行申报纳税，年度终了后都应当再自行向税务机关办理纳税申报。

符合第（2）至第（4）种情形的纳税人，要进行日常申报纳税，即在取得应税所得时，就按照《办法》的相关规定，在规定的期限内向主管税务机关办理纳税申报并缴纳税款。

第（5）种情形目前暂未明确，其纳税申报办法根据具体情形另行规定。

对于年所得12万元以上的纳税人，在纳税年度终了后3个月内，须申报其各项所得的年所得额、应纳税额、已缴（扣）税额、抵扣税额、应补（退）税额和相关个人基础信息。申报的年所得包含《个人所得税法》规定的11个应税所得项目，同时，在计算年所得时，可以剔除3类免税所得，即免税所得，可以免税的来源于中国境外的所得，按照国家规定单位为个人缴付和个人缴付的基本养老保险费、基本医疗保险费、失业保险费、住房公积金；除个体工商户的生产、经营所得和财产转让所得以应纳税所得额计算年所得外，其他各项所得均以毛收入额来计算年所得。

3.完税凭证的开具

国家税务总局《关于进一步做好个人所得税完税凭证开具工作的通知》（国税发〔2010〕63号）规定，税务机关直接征收税款的（如个体户生产经营所得、自行纳税申报纳税），纳税人申请开具完税凭证的，税务机关应当为纳税人开具通用完税证或缴款书、完税证明；凡是扣缴义务人已经实行扣缴明细申报，可直接为纳税人开具完税证明；纳税人还可以通过税务网站，查询、打印纳税情况，税务机关应告知纳税人开具完税证明的方法和途径。此外，税务机关还可以通过手机短信等方式告知纳税人纳税情况，并告知纳税人到税务机关开具完税证明的方法和途径等。

三、纳税期限

扣缴义务人每月所扣的税款、自行申报纳税人每月应纳的税款，都应当在次月15日内缴入国库，并向税务机关报送纳税申报表。

1.工资、薪金所得应纳的税款，按月计征，由扣缴义务人或者纳税义务人在次月15日内缴入国库，并向税务机关报送纳税申报表。特定行业的工资、薪金所得应纳的税款，可以采用按年计算、分月预缴的方式计征，具体办法由国务院规定。

2.个体工商户的生产、经营所得应纳的税款，按年计算，分月预缴，由纳税义务人在次月15日内预缴，年度终了后3个月内汇算清缴，多退少补。

3.对企事业单位的承包经营、承租经营所得应纳的税款，按年计算，由纳税义务人在年度终了后30日内缴入国库，并向税务机关报送纳税申报表。纳税义务人在一年内分次取得承包经营、承租经营所得的，应当在取得每次所得后的15日内预缴，年度终了后3个月内汇算清缴，多退少补。

4.从中国境外取得所得的纳税义务人，应当在年度终了后30日内，将应纳的税款缴入国库，并向税务机关报送纳税申报表。

5.年所得12万元以上的纳税人，在纳税年度终了后3个月内向主管税务机关办理纳税申报。

四、申报地点

1.年所得12万元以上的纳税人，纳税申报地点分别为：

（1）在中国境内有任职、受雇单位的，向任职、受雇单位所在地主管税务机关申报。

（2）在中国境内有两处或者两处以上任职、受雇单位的，选择并固定向其中一处单位所在地主管税务机关申报。

（3）在中国境内无任职、受雇单位，年所得项目中有个体工商户的生产、经营所得或者对企事业单位的承包经营、承租经营所得（以下统称生产、经营所得）的，向其中一处实际经营所在地主管税务机关申报。

（4）在中国境内无任职、受雇单位，年所得项目中无生产、经营所得的，向户籍所在地主管税务机关申报。在中国境内有户籍，但户籍所在地与中国境内经常居住地（指纳税人离开户籍所在地最后连续居住一年以上的地方）不一致的，选择并固定向其中一地主管税务机关申报。在中国境内没有户籍的，向中国境内经常居住地主管税务机关申报。

2.从中国境内两处或者两处以上取得工资、薪金所得的，从中国境外取得所得的或取得应税所得，没有扣缴义务人的，纳税申报地点分别为：

（1）从两处或者两处以上取得工资、薪金所得的，选择并固定向其中一处单位所在地主管税务机关申报。

（2）从中国境外取得所得的，向中国境内户籍所在地主管税务机关申报。在中国境内有户籍，但户籍所在地与中国境内经常居住地不一致的，选择并固定向其中一地主管税务机关申报。在中国境内没有户籍的，向中国境内经常居住地主管税务机关申报。

3.个体工商户向实际经营所在地主管税务机关申报。

4.个人独资、合伙企业投资者兴办两个或两个以上企业的，区分不同情形确定纳税申报地点：

（1）兴办的企业全部是个人独资性质的，分别向各企业的实际经营管理所在地主管税务机关申报。

（2）兴办的企业中含有合伙性质的，向经常居住地主管税务机关申报。

（3）兴办的企业中含有合伙性质，个人投资者经常居住地与其兴办企业的经营管理所在地不一致的，选择并固定向其参与兴办的某一合伙企业的经营管理所在地主管税务机关申报。

除以上情形外，纳税人应当向取得所得所在地主管税务机关申报。

纳税人不得随意变更纳税申报地点，因特殊情况变更纳税申报地点的，须报原主管税务机关备案。

知识链接 16-2

美国的个人所得税

为了筹措南北战争期间的战争费用，美国于1862年开征了个人所得税，至1866年个人所得税已占联邦政府全部财政收入的25%。1913年，美国国会通过了个人所得税法，实行的是以家庭为纳税单位，以年为纳税期限，将纳税人全年各种所得不分性质、来源、形式等统一加总求和、统一扣除的综合所得税制，对汇总的净所得应用累进税率计算应纳税额。

1.美国个人所得税税基。美国个人所得税的税基非常宽，除了税法中明确规定的免税项目外，其余来源于各种渠道的收入均应计入个人所得，缴纳个人所得税。免税的收入如：州或地方政府的公债利息，各种赠礼、遗产，对因各种原因造成的人身伤残、疾病损害的赔偿费、保险费等。

2.扣除、宽免、抵减范围。美国在确定应税所得时规定了许多详细的所得扣除项目，主要包括“商业扣除”和“个人扣除”。前者即商业经营支出扣除，是为了取得所得而发生的必要的费用支出，后者即纳税人特殊的生活费用的支出。如果各项扣除分别列出，即“分项扣除”，也可以不列明细只选择一个固定的数作为标准，即“标准扣除”。

一般来说，“分项扣除”适用于高收入纳税人，而中低收入者选择“标准扣除”比较有利。“个人宽免额”是免除对纳税人满足最低生活水平的那部分生计费或生存费的税收。最后一个公式中的“税收抵免款”项包括纳税人的子女或抚养人的抵免，65岁以上老年人或按退休规定退休人员及伤残人员抵免等等。

3.税率及结构。美国个人所得税实行统一的超额累进税率，体现了合理、公平的负税原则。经过几次税制改革，至1995年，税率分为三个基本税率档次，即15%、28%、31%，以及两个高税率档次，即36%、39%。2000年布什上台后，又进行了税率调整，从2001年7月1日起，除15%这一档税率保持不变外，其他税率档次下调1个百分点，到2006年，最高税率下降到35%，其他税率也比减税前降低3个百分点。

资料来源：王国华.外国税制［M］. 北京：中国人民大学出版社，2008.

本章小结

个人所得税是以自然人取得的各类应税所得为征税对象而征收的一种所得税。个人所得税法列举征税的个人所得共11项，具体包括：（1）工资、薪金所得；（2）个体工商户的生产、经营所得；（3）对企事业单位的承包经营、承租经营所得；（4）劳务报酬所得；（5）稿酬所得；（6）特许权使用费所得；（7）利息、股息、红利所得；（8）财产租赁所得；（9）财产转动所得；（10）偶然所得；（11）其他所得。

纳税人按照住所和居住时间两个标准可划分为居民纳税人和非居民纳税人。居民纳税人应就来源于中国境内和境外的全部所得征税；非居民纳税人则只就来源于中国境内所得部分征税，境外所得部分不属于我国征税范围。

由于我国个人所得税实行代扣代缴和自行申报相结合的征收方法，所以凡支付应税所得的单位、个人都是个人所得税的扣缴义务人。

个人所得税区分不同应税项目，规定了超额累进税率和比例税率两种形式。计税依据是应纳税所得额，即个人取得的收入减去税法规定的扣除项目或者扣除金额后的余额。计算公式为：

应纳税所得额=各项收入−税法规定的扣除项目或扣除金额

在计算应纳税所得额时，除特殊项目外，都允许从收入中减去税法规定的扣除项目或者扣除金额，包括为取得收入所支出的必要的成本或费用，即采用定额、定率和会计核算三种不同的扣除方法。对于工资、薪金所得和对企业的承包、承租经营所得采用定额扣除方法，即从所取得的收入中减去规定金额的费用，其余额即为应纳税所得额。对于财产转让所得采用会计核算办法扣除有关的成本、费用或规定的必要费用。对于劳务报酬所得、特许权使用费所得、财产租赁所得，采取定额和定率两种扣除方法。对利息、股息、红利所得和偶然所得不扣除任何费用。

个人所得税的基本计算公式为：

应纳税额=应纳税所得额×适用税率−速算扣除数

或

应纳税额=应纳税所得额×适用税率

我国个人所得税采取由支付单位源泉扣缴和纳税人自行申报纳税两种征收方法。纳税人在一个纳税年度内取得的全部应税所得达到12万元，不论其平常取得的应纳税所得是否已由扣缴义务人扣缴税款，或是纳税人自己已向税务机关自行申报纳税过，年度终了后都应当再自行向税务机关办理纳税申报。

关键概念

个人所得税居民纳税人　非居民纳税人　征税对象　税率　费用扣除标准　应纳税所得额　减免税纳税期限　申报地点

基本训练

一、单项选择题

1.下列项目中，属于劳务报酬所得的是（　　）。

A.发表论文取得的报酬

B.提供非专利技术取得的报酬

C.将国外的作品翻译出版取得的报酬

D.高校教师受出版社委托进行审稿取得的报酬

2.根据个人所得税法律制度的有关规定，下列各项中，不属于个人所得税应税项目的是（　　）。

A.劳动报酬所得　B.稿酬所得　C.保险赔款　D.彩票中奖所得

3.居民纳税人来源于中国境外的所得在境外已纳税款，在计算其应纳税额时可作（　　）处理。

A.分国分项限额扣除　B.分国不分项的限额扣除

C.提供完税凭证原件的，据实扣除　D.提供完税凭证原件的，也不予扣除

4.下列所得项目中，属于一次收入畸高而要加成征收个人所得税的是（　　）。

A.稿酬所得　B.利息、股息、红利所得

C.偶然所得　D.劳务报酬所得

5.个人出租房屋使用权取得的所得属于（　　）。

A.财产转让所得　B.财产租赁所得

C.特许权使用费所得　D.劳务报酬所得

6.下列属于非居民纳税人的自然人的是（　　）。

A.在中国境内无住所且不居住，但有来源于中国境内所得

B.在中国境内无住所

C.中国境内无住所，但居住时间满一个纳税年度

D.在中国境内有住所，但目前未居住

7.下列应税项目中，不使用代缴方式缴纳的是（　　）。

A.工资薪金　B.稿酬所得

C.个体户生产经营所得　D.劳务报酬所得

8.个体工商户与其他企业联营而分得的利润缴纳个人所得税时（　　）。

A.按生产、经营所得项目征收个人所得税

B.按利息、股息、红利所得项目征收个人所得税

C.按财产转让所得项目征收个人所得税

D.不需要征收个人所得税

9.根据个人所得税法的规定，我国居民纳税人与非居民纳税人的划分标准是（ ）。

A.住所 B.籍贯

C.住所和居住时间 D.国籍所在地

10.个人所得税法中规定不适用附加减除费用的是（ ）。

A.在我国外商投资企业和外国企业中工作取得工资、薪金所得的外方雇员

B.应聘在我国企事业单位、社会团体、国家机关中工作的外籍专家

C.在我国外商投资企业和外国企业中工作取得工资、薪金的中方雇员

D.华侨和港、澳、台同胞

二、多项选择题

1.在下列所得中，以一个月取得的收入为一次计征个人所得税的项目是（ ）。

A.书稿酬金 B.工资、薪金所得

C.财产租赁所得 D.财产转让所得

2.下列项目的（ ）属于个人所得税的劳务报酬所得。

A.个人接受委托审查稿件所得

B.个人从事技术服务所得

C.个人在报刊上发表文章所得

D.教授应外单位聘请从事讲学所得

3.下列项目中的（ ）属于个人所得税的偶然所得。

A.中奖 B.中彩 C.咨询费 D.书画费

4.下列所得属于个人所得税免税项目的有（ ）。

A.科学发明奖 B.单位发放的津贴 C.国债利息 D.军人的复员费

5.下列各项中，属于个人所得税居民纳税人的是（ ）。

A.在中国境内无住所，但一个纳税年度中在中国境内居住满1年的个人

B.在中国境内无住所且不居住的个人

C.在中国境内无住所，而在境内居住超过6个月但不满1年的个人

D.在中国境内有住所的个人

6.下列各项中，适用5%~35%的超额累进税率计征个人所得税的有（ ）。

A.个体工商户的生产经营所得 B.个人独资企业的生产经营所得

C.对企事业单位的承包经营所得 D.合伙企业的生产经营所得

7.下列各项中，以取得的收入为应纳税所得额直接计征个人所得税的有（ ）。

A.稿酬所得 B.偶然所得 C.股息所得 D.特许权使用费所得

8.下列各项所得中，应计算缴纳个人所得税的有（ ）。

A.职工个人以股份形式取得的没有所有权的企业量化资产

B.职工个人以股份形式取得的拥有所有权的企业量化资产

C.职工个人以股份形式取得的拥有所有权的企业量化资产，转让时所获得的收入

D.职工个人以股份形式取得的以量化资产参与企业分配而获得的股息

9.下列收入中属于中国境内所得的是（　　）。

A.在中国境内任职、受雇而取得的工资、薪金所得

B.因任职、受雇、履约等而在境外提供各种劳务取得的劳务报酬所得

C.将财产出租给承租人在境外使用而取得的所得

D.转让境内的建筑物、土地使用权等财产，以及在境内转让其他财产取得的所得

10.个体工商户可以在计算个人所得税应税所得额时扣除的项目有（　　）。

A.本人工资支出　　B.与生产经营有关的修理费用

C.分配给投资者的股利　　D.公益性捐赠

三、判断题

1.扣缴义务人向本单位支付应税所得时，应代扣代缴个人所得税；向外单位个人支付应税所得时，由收款人自行申报缴纳个人所得税。（　　）

2.个人所得税的非居民纳税人履行有限纳税义务。（　　）

3.承包人对企业经营成果不拥有所有权，仅按经营成果取得一定所得的，对其所得计征个人所得税时按工资、薪金所得项目征税。（　　）

4.个人对企事业单位承包、承租经营后，工商登记改变为个体工商业户的，应按个体工商业户的生产经营所得项目征收个人所得税，不再征收企业所得税。（　　）

5.用来确定个人应税所得的收入额是指以现金形式取得的全部收入。（　　）

6.企业实行个人承包的，若工商登记仍为企业的，不论其分配形式如何，均应先纳企业所得税，然后对承包人所得征收个人所得税。（　　）

7.我国的居民纳税人，按个人所得税法规定，其来源于中国境内和境外的所得，应当合并计算应纳税额。（　　）

8.个人转让财产时，以收入总额扣除收入的20%后的余额为计税依据。（　　）

9.多人共有一项应税所得收入时，应先纳税，后分给每个人。（　　）

10.企业和个人按照省级人民政府规定的比例提取缴付的基本养老金、失业保险金，不计入个人当期的工资、薪金收入，免予征收个人所得税。但个人领取时，则应征收个人所得税。（　　）

四、计算题

1.钱某为一外商投资企业雇用的中方人员，2016年1—12月收入情况如下：

（1）外商投资企业每月支付的工资5 500元。

（2）利用休假时间为国内某单位进行工程设计取得收入80 000元。领取收入时得知该单位遭受严重水灾，当即捐赠20 000元。

（3）为境外一企业提供一项专利技术的使用权，一次取得收入150 000元。已按收入来源国税法在该国缴纳了个人所得税20 000元。

（4）个人出租住房，每月取得租金收入3 000元，每月发生的准予扣除项目及修缮费用500元，取得合法票据。

要求：计算钱某2016年在我国应缴纳的个人所得税。

2.中国公民孙某系自由职业者，2016年收入情况如下：

（1）出版中篇小说一部，取得稿酬50 000元，后因小说加印和报刊连载，分别取得出版社稿酬10 000元和报社稿酬3 800元。

（2）受托对一部电影剧本进行审核，取得审稿收入15 000元。

（3）临时担任会议翻译，取得收入3 000元。

（4）在A国讲学取得收入30 000元，在B国从事书画展卖取得收入70 000元，已分别按收入来源国税法规定缴纳了个人所得税5 000元和18 000元。

要求：计算孙某2016年应缴纳的个人所得税。

主要参考文献

[1] 安仲文，蒙丽珍.纳税会计实务［M］. 3版.大连：东北财经大学出版社，2013.
[2] 中国注册会计师协会.税法（Ⅰ）［M］. 北京：中国税务出版社，2016.
[3] 中国注册会计师协会.税法（Ⅱ）［M］. 北京：中国税务出版社，2016.
[4] 安仲文.纳税会计实务操作［M］. 4版.大连：东北财经大学出版社，2015.
[5] 蒙丽珍，安仲文.国家税收［M］. 5版.大连：东北财经大学出版社，2014.
[6] 安仲文.税务管理［M］. 北京：经济科学出版社，2010.
[7] 中国注册会计师协会.税法［M］. 北京：经济科学出版社，2015.
[8] 安仲文.税法［M］. 4版.大连：东北财经大学出版社，2015.
[9] 安仲文，陆莉.企业所得税操作实务［M］. 大连：东北财经大学出版社，2010.
[10] 安仲文.最新增值税操作实务［M］. 大连：东北财经大学出版社，2009.
[11] 安仲文，李海宁.最新消费税操作实务［M］. 大连：东北财经大学出版社，2009.
[12] 安仲文.中国税制［M］. 大连：东北财经大学出版社，2009.
[13] 蒙丽珍，安仲文.税收学［M］. 大连：东北财经大学出版社，2008.